비상하는 용
베트남

BBC 기자가 본 오늘의 베트남

빌 헤이턴 지음 · 이종삼 옮김

Vietnam: Rising Dragon

한울
아카데미

이 도서의 국립중앙도서관 출판예정도서목록(CIP)은 e-CIP홈페이지(http://www.nl.go.kr/ecip)와
국가자료공동목록시스템(http://www.nl.go.kr/kolisnet)에서 이용하실 수 있습니다.
CIP제어번호: CIP2015034284(양장), CIP2015034321(학생판)

Vietnam

Rising Dragon

Bill Hayton

Vietnam
Rising Dragon

by Bill Hayton

차례
contents

감사의 글

이 책을 쓸 수 있었던 것은 베트남 안팎의 수많은 사람들이 참여와 지원을 해주고 통찰력을 일깨워주었기 때문이다. 우선 이 책에 나오는 모든 사람들, 이를테면 필자의 질문에 참을성 있게 대답해준 공장 조립라인 노동자, 찻잎 따는 일꾼, 정치가, 과학자, 그리고 취재로 인해 가족을 부양하거나 나라를 발전시키기 위한 그들의 노력을 잠시나마 방해받은 여러 사람들에게 감사를 드린다.

베트남에 처음 왔을 때 거리에서 아주 쉽게 사람들을 붙들고 질문을 할 수 있었지만, 그 같은 공식적인 접촉에서 듣는 답은 역시 공식 메니스커스 meniscus를 거의 벗어나지 않는다는 것을 알고는 몹시 놀랐다. 듣고 보는 것에 대한 정확한 이해는 얇은 막을 통해 지식의 분자들을 옮기는, 학문적인 삼투현상을 일으키는 동인動因으로 행동할 준비가 되어 있는 소수의 사람들과 조용한 대화로 시간을 보낼 때만 가능했다. 이 책에 나오는 그들 모두에게 감사를 드린다. 베트남에서 나를 도와준 모든 사람(베트남 국적이든 외국 국적이든 간에)이 신원이 밝혀지지 않기를 바랄 정도로 이 나라의 지적 생활엔 압박의 징후가 보였다.

이 책을 쓰면서 베트남을 이해하는 데 추가 도움을 받은 것은 여러 해 동안 열심히 베트남인들의 생활 모습을 연구한 몇몇 서구 학자의 저서였다. 그중 많은 것이 이 책에 언급되거나 참고가 되었는데 특히 다음에 소개하는 사람들에게 감사를 드린다. 이 책 제1장은 체셔Scott Cheshier, 코코Ari Kokko, 펜로스Jago Penrose, 핀커스Jonathan Pincus, 라마Martin Rama, 터크Carrie Turk, 애커디Brian Van Akardie, 그리고 특별히 포드Adam Fforde 의 작품이나 충고를 많이 활용했다. 아울러 제2장은 맥켈위Pamela McElwee와 그레고리오Mike de Gregorio의, 제3장은 드러먼드Lisa Drummond, 함스Erik Harms와 토머스Mandy Thomas 의, 제4장은 시델Mark Sidel, 코David Koh 와 런던Jonathan London, 제5장은 아브라미Regina Abrami, 멀레스키Eddy Malesky, 게인즈버러Martin Gainsborough, 페인터Martin Painter, 시델Mark Sidel과 바사바쿨Thaveeporn Vasavakul의, 제6장은 아부자Zachary Abuza의, 제9장은 아메르Ramses Amer, 폭스Diane Fox, 부빙Alexander Vuving, 부Tuong H. Vu와 특히 타이어Carlyle Thayer, 그리고 제10장은 후에땀호따이Hue-Tam Ho Tai, 세일민크Oscar Salemink와 특히 칼 데이어의 작품이나 충고를 많이 활용했다. 이들 대부분은 베트남 스터디 그룹의 온라인 회원이며 그들의 토의 내용이 자주 베트남의 개화와 격려의 원천이 되고 있다.

하노이에 주재하는 소수의 외신 기자들은 베트남에 대한 정보를 제일 먼저 알려주고 조언을 해준 사람들이다. 그들 가운데서도 특히 라우라스Didier Lauras, 매킨리Catherine McKinley, 미턴Roger Mitton, 스테인글라스와 젤러Frank Zeller에게 감사드린다. 외신 기자라면 누구나 알다시피 현지 일선에서 뛰는 실무자들은 우리의 해결사이며 통역사들이다. 필자는 현지 고용원인 응오쑤언뚱Ngo Xuan Tung, 응우엔 아인투Nguyen Anh Thu, 도민투이Do Minh Thuy,

쩐티응옥란Tran Thi Ngoc Lan과 부쫑카인Vu Trong Khanh의 비상한 솜씨 덕을 크게 볼 수 있는 행운을 누렸다. 익명으로 된 다른 이들에게도 감사를 드린다. 부이깜하Bui Cam Ha, 레꾸옥민Le Quoc Minh, 응우옌홍응안Nguyen Hong Ngan과 팜쭝박Pham Trung Bac을 포함한 많은 현지 기자들은 친구이면서 조언자가 되었다. BBC 베트남 사무소의 현지인들은 필자가 베트남에 주재했던 시기 내내, 그리고 그 이후에도 큰 도움을 주었다. 특히 응우옌장Nguyen Giang, 응우옌호앙Nguyen Hoang, 응우옌티빅응옥Nguyen Thi Bich Ngoc과 홍응아Hong Nga에게 감사하다. 장과 응아는 원고의 일부를 읽고 수정해주었다. 나는 또한 가멜가드Jacob Gamelgaard, 콜먼Mike Coleman, 휴스Ross Hughes, 나이트Tim Knight, 루트머Nora Luttmer, 페인David Payne, 로버트슨Scott Robertson, 터너Michael Turner와 앞서 언급한 사람들, 그리고 이름 밝히기를 원하지 않는 더 많은 사람들의 충고와 조언에 깊이 감사드린다. 이 책의 편집 책임자였던 예일대학교 출판부 맥컬럼Heather McCallum에게는 첫째, 이 책의 출판을 응낙해준 점과 둘째, 매우 적극적인 비판으로 책의 질을 높인 점에 대해 두 배로 감사드린다.

필자의 베트남어 선생인 팜꾸옥닷Pham Quoc Dat과 쩐하인안Tran Hanh An은 베트남의 언어와 문화의 풍요로움에 눈을 뜨게 해주었다. 레인보우Rainbow 스쿨의 아름다운 직원인 레티리Le Thi Ly는 필자의 아이들을 돌보아 주었고 그레인너Grainner와 줄리언Julian, 찰리Charlie와 미셸Michelle은 베트남 체류 비자 연장에 실패했을 때 홍콩에서 보호해주었다. 가족들은 감사해야 할 목록에서 항상 제일 마지막에 들지만 그들이 없었다면 필자의 베트남 주재나 이 책에 대한 탐색은 없었을 것이다. 그들에게 사랑과 감사를 전한다.

영국 콜체스터
2009년 9월

또 하나의 베트남
Another Vietnam

　베트남의 관광 권장 표어에 '숨은 매력'이란 말이 있다. 베트남 사람들은 별로 좋아하지 않지만 모험과 발견을 열망하는 외국인들을 지분거리는 말이다. 그 말은 베트남을 요약하는 이미지를 그려낸다. 농촌 아가씨들이 원뿔 모자 가장자리를 살며시 들고 쳐다보며 얼굴 아래쪽에 수줍은 미소를 짓는 이미지다. 담황색 모자와 밝은 녹색의 논, 그리고 이곳저곳에서 한가로이 풀을 뜯는 검은 물소들……. 그야말로 숨은 매력이 느껴지는 순수하고 아름다운 세계다. 보려고 열심히 노력하고 '숨은 매력'이란 표어를 되새기면, 여러분은 평온하고 우아하며 아름다운 경치를 보상받게 될 것이다. 베트남은 현재 여러분의 세계에서 잊고 있었던 모든 것, 이를테면 우아한 여인들, 간소한 삶, 손상되지 않은 풍경을 약속해준다. 베트남은 한때 가장 중요한 시기에 남북으로 분단되었다가 다시 태어났으며, 외국의 몇 차례 강탈에도 그 본질이 훼손되지 않았다. 인내심을 가진 안목 있는 방문자는 곧 그것을 알 수 있을 것이다.

시간이 없거나 성미 급한 사람들은 아직도 대도시 길거리, 어느 아틀리에의 캔버스에서 그것을 포착할 수 있다. 자전거를 타고 가는 흰 아오자이를 입은 소녀들, 대나무 장대 양 끝에 매단 짐을 어깨에 메고 가는 햇볕에 그을린 여인들, 물소 등에 올라앉은 소년들, 과일을 가득 싣고 가는 거룻배 등, 한 국가의 이미지를 재생해내는 그림과 태피스트리(여러 가지 색실로 그림을 짜 넣은 직물 - 옮긴이) 사진을 보고 우리는 단번에 그곳이 베트남임을 알게 된다. 그것은 넓은 풍경의 화면이 아닌, 완전히 미학적인 세부 묘사 - 논, 농민, 사원 - 다. 외국인이 추구하는 베트남의 이미지는 '별난 것'에 대한 단기 학습으로 얻을 수 있는 것들이다. 원뿔 모자를 쓴 소녀와 조망을 해치는 새로 들어선 고압선용 철탑 영상을 렌즈로 서서히 축소해 보라. 물소 등에 타고 있는 소년으로부터 시선을 돌리면 그의 부모가 새로 지은 콘크리트 집이 영상을 '망쳐놓는다'. 베트남의 개발 기획자들은 서구 여행객의 심미안 따위는 염두에 두지 않는다. 그것을 사회주의 방식이라고 하든, 프롤레타리아 방식이라고 하든 또는 그냥 꼴사납다고 하든, 그들은 산업화 이전의 농촌 풍경보다는 전기 변전소가 필요한 것이다. 그들은 진보와 번영을 원한다. 우리는 공상의 나라를 찾고 있지만 그들은 얼른 그런 나라에서 벗어나길 원한다.

우리는 특히 한 가지 이유로 베트남에 관심을 갖는다. 베트남은 현대 세계가 그들을 내동댕이치며 행했던 모든 잔혹 행위를 극복해냈다. 다른 어떤 국가도 그 같은 반향을 보여주지 않았다. '베트남의 교훈', '베트남의 유령', '또 하나의 베트남'……. 우리는 이런 말들의 의미를 잘 알고 있다. 1965년부터 1975년까지 유혈의 10년이라는 덫에 빠졌던 '베트남'은 이제 관념적인 공간이 되었다. 베트남은 일상의 담론 속에 살아 있다. '베트남'은 미국 사회 내에서 너무 많은 분열을 일으키는 호칭 대상이 되었기 때문

에 '베트남'에 관한 뉴스 제공 서비스를 일상적으로 검색하다 보면, 이 동남
아시아 국가에 대한 것보다는 미국에 관한 이야기를 더 많이 접하게 될 것
이다. 민권법이 '베트남 시대 법률'로 기술되어 있을 것이고, 사고를 낸 자
동차 운전자에게 걸핏하면 '베트남 참전 용사'란 수식어가 붙어 있을 것이
며, 정치가와 시사 해설자는 '베트남의 교훈'을 외교정책 문제 전반에 대한
그들의 입장을 옹호하는 둔탁한 무기로 사용하고 있을 것이다. 미국인은
베트남을 끼워 넣는 이 같은 표현법이 단순히 한 먼 나라에 대한 것보다 훨
씬 더 많은 의미를 내포하고 있음을 잘 안다.

이 책은 그런 내용의 '베트남'에 관한 것이 아니라 거의 9000만에 달하
는, 세계에서 13번째로 인구가 많은 동남아시아의 한 나라, 필자가 한때 활
동했고 필자에게 영감을 준 나라, 그리고 추방 명령이 떨어질 때까지 한동
안 생활했던 나라에 관해 쓴 것이다. 이 책은 다른 사람들이 이해해온 모든
다른 시각에 오염되지 않은 베트남관觀을 기술했다고 주장하지 않으며, 그
들의 추정 이면에 존재하는 어떤 '본질적인' 베트남관을 기술했다고 주장
하지도 않는다. 베트남은 자신들의 비밀을 잘 지켜가고 있다. 장기 체류 외
국인들도 그들 주위에서 일어나는 일에 대해 베트남 친구들이 부지런히 아
주 분명한 설명을 해줄 때까지는 이해하지 못하며 천천히 사태를 인식하게
된다. 뉴스 보도를 끝내고 여러 번 획기적인 보도를 했다고 생각했지만, 사
실은 자주 BBC 베트남 사무소의 현지인 친구나 동료가 필자가 전혀 모르
는 이야기에 대한 몇몇 중요한 본질을 지적해주고 나서야 비로소 사태의
진전을 '실제로' 이해할 수 있었다. 이면에 거대한 조류가 흐르는데 표면의
잔물결만 평가했었다는 생각을 여러 차례 했다. 이 책은 바로 그러한 이면
의 조류를 평가하기 위한 시도다.

베트남은 지금 한창 혁명이 진행 중이다. 자본주의가 명목상의 공산주

˙의 사회 속으로 도도하게 넘쳐흐르고, 논밭이 새로운 공업단지 조성으로 사라지고 있다. 마을이 무더기로 신도시로 변하고 젊은이 문화가 만발하고 있다. 친족 관계라는 조밀한 망상網狀 조직은 더 큰 개인적 자유를 주장함으로써 뒤틀리고, 전통은 현대적인 삶에 대한 매력으로 부식된다. 전국 도처에서 일찍이 유래 없는 놀라운 사회적 변화가 일어나고 있다. 베트남은 10년 전과 비교해도 아주 다른 나라가 되었다. 1990년대 말 템플러Robert Templer가 『섀도 앤드 윈드Shadows and Wind』를 썼을 때 베트남은 경제 위기로 곤경에 빠져 경화증에 걸려 있었으며, 타고난 활력으로 변화를 불러일으킬 필요성조차 느끼지 못했다. 베트남은 아직도 강력한 도전에 직면해 있고 심히 긴장된 정치 시스템을 갖고 있긴 하지만 혁신이 진행 — 공식 슬로건slogan을 사용하며 — 중인 나라이기도 하다. 방과 후 영어 학습반에 몰려드는 젊은이부터 베트남이 동아시아의 호랑이들(한국, 대만, 홍콩, 싱가포르)을 따라잡기를 원하는 정치 지도자들에 이르기까지 베트남 도처가 야심에 차 있다. 문제는 이들 지도자들의 야심이 대중의 야심과 어떻게 조화를 이루느냐다. 공산당이 지배하는 베트남이 국민의 열망을 과연 충족시킬 수 있을까?

현재까지의 징후는 매우 긍정적이다. 베트남은 기초 교육의 기회를 제공하고 건강관리에 힘쓰며, 거의 모든 사람의 삶의 기준을 향상시키는 등의 큰 걸음을 내디뎠다. 정치 지도자들은 혼란이나 위기 없이 정권 이양을 이룩해냈으며, 그들이 젊고 힘찬 그리고 야심적인 사회 변화를 계속 이룩해야 한다는 것에 대해 적극적으로 생각한다. 베트남은 발전이 가능하며 단시간 내에 극적으로 가난을 떨쳐버리고 부유해질 수 있음을 증명해 보이고 있다. 국제개발기구들은 베트남이 이룩한 영광스러운 업적에 힘입어 현지에서 맹활약 중이다. 그들은 베트남을 경제 자유화와 정치 개혁의 모델로 치켜세운다. 그러나 실상은 그렇게 간단치가 않다.

많은 사람들은 베트남으로 들어오는 수십억 달러의 외국인 투자로 인해 필경 정치적 변화가 뒤따를 것으로 확신해왔다. 그러나 자유화는 급격히 증가하는 인구를 부양하고 고용해야 하는 필요성 때문에 시작되었을 뿐이며 지금도 엄격한 제한이 가해진다. 자유화의 과시적인 요소들이 거리 곳곳에서 분명히 나타나고는 있지만, 공산당은 경제에서 언론에 이르기까지 권력의 유일한 원천으로 남기로 단단히 결심했다. 거대한 변화 이면에는 편협하고 뿌리 깊은 권위주의적 정치 시스템이 도사리고 있다. 베트남의 번영은 오히려 외부인에게 드러내 보이는 것만큼 분명하지가 않다. 경제정책의 실수, 국민의 불만과 환경 파괴에서 오는 위험 – 대중의 비판을 용인하지 않음으로써 더 큰 위험을 만들어내고 있다 – 은 베트남의 번영이 보증된 것이 아님을 의미한다. 안정에 대한 도전이 나날이 증가하는 시기에 응집성과 규율을 유지하는 공산당이 모든 것을 결정하고 있다.

당의 리더십에 대한 문제는 어떻게 통제를 지속하느냐의 문제와 직결된다. 베트남 공산당은 획일적인 조직이 아니며 그런 적이 없었다. 당의 지배는 일련의 파벌 – 군부에서 국영기업 경영주와 평당원에 이르기까지 – 의 경쟁적인 이해관계의 균형에 의존한다. 과거에는 이 같은 시스템이 당이 적응하고 생존할 수 있는 유연성을 주었지만 지금은 신진 엘리트들이 국가 개발을 자기 멋대로 이끌어 미래에 위기의 근거가 되지 않도록 예방하는 역할을 하는 것 같다. 연줄이 좋은 사업가들이 저리자금과 영향력이라는 은밀한 고리로 거대한 기업 제국을 건설함으로써 밑바닥 사람들의 생활비가 증가해 경제적으로 착취당하고 있다. 베트남의 체제는 '가난한 사람들에게는 자유기업 체제, 부자들에게는 사회주의 체제'라고 했던 비달Gore Vidal의 말과 다소 유사해 보인다.[1]

베트남은 과거 30년간 크게 발전해왔지만 그들의 진보는 종종 위기를 맞았다. 공산주의적 통제를 하면서 동시에 자본주의의 케이크를 먹는 타고난 모순이 매 10년의 끝자락, 즉 1979년, 1988년, 1997년 그리고 2008년에 한계점을 드러냈다. 그때마다 베트남 공산당은 평화롭게 사태를 진정시켰지만 그 해결책은 차기 싸움을 위한 무대 마련에 지나지 않았다. 미래의 결과는 공산당 내, 그리고 공산당과 국외자들 사이의 힘의 균형에 의존하게 될 것이다. 주말에 베트남 도시의 거리들을 휘젓고 다니는 젊은이들의 오토바이 부대를 목격한 사람이면 누구나 공산당 지도자가 직면한 도전을 실감할 수 있다. 아직은 큰 곤란에 직면하지 않은 사회와 기득권층은 앞으로 수년 동안 지금까지 가능했던 것의 한계를 반복해서 시험받게 될 것이며, 한편으로 당 중앙은 계속 권력을 확보하려 할 것이다. 논밭과 인터넷 카페와 사무실에서 일상적으로 사소한 충돌이 일어나고 있다. 다음에는 무슨 일이 일어날지 모르지만 결코 재미없는 일이 될 것 같지는 않다.

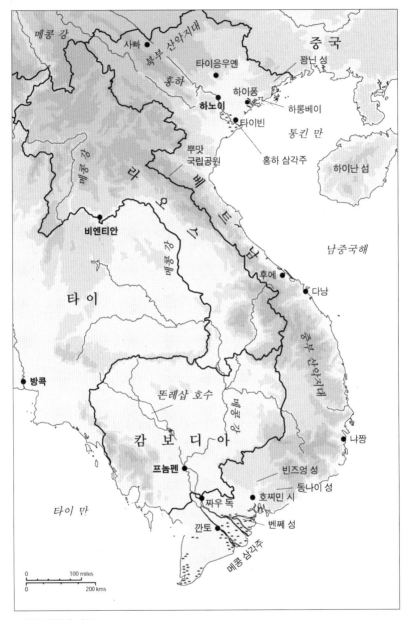

메콩 강

북부 산악지대

중국

사빠

타이응우옌

꽝닌 성

홍하

하이퐁

하노이

하롱베이

타이빈

통킨 만

뿌맛
국립공원

홍하 삼각주

하이난 섬

비엔티안

남중국해

후에

다낭

타이

중부 산악지대

방콕

똔레삽 호수

캄보디아

나짱

프놈펜

빈즈엉 성

짜우독

동나이 성

호찌민 시

깐토

벤쩨 성

타이 만

메콩 삼각주

0   100 miles

0   200 kms

1 베트남(일반 지도)

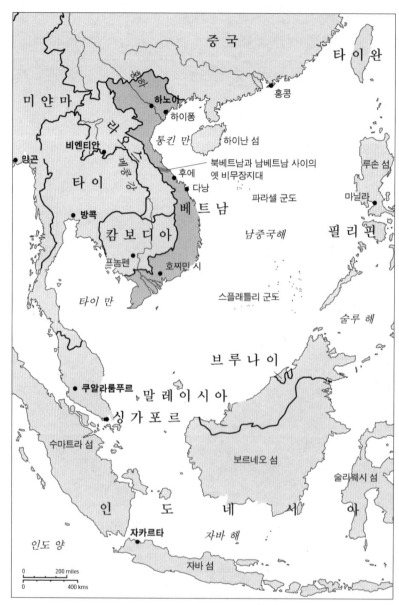

2 동아시아와 남아시아의 경계선을 이루고 있는 베트남. 남중국해南中國海(베트남에서는 동해라 부른다)는 영토 분쟁으로 위기가 고조되는 지역이다.

3 독일 지리학자인 허먼 몰Herman Moll 이 1720년에 유럽인의 견해로 그린 '인도차이나' 지도. 메콩 강 삼각주와 지금은 소멸한 남동부 베트남의 짬빠Champa 왕국을 지배하고 있는 캄보디아를 보여준다.

1

공산주의적 자본주의의 훈련장

The communist capitalist playground

베트남의 가을은 결혼철이다. 기온이 떨어지고 습도가 줄어들며 모든 사람들이 파티 준비를 한다. 일요일 저녁이면 사이공Saigon의 중심 거리는 주말 퍼레이드 — 젊은이들의 오토바이 축전과 그로 인한 소음과 배기가스 — 로 채워진다. 젊은 남녀는 넓은 대로를 오토바이를 타고 누비며 그들의 새로운 도시 문화인 자유를 만끽한다. 그들은 베트남 최후의 스탈린주의 지도자의 이름을 딴 레주언Le Duan 거리에서 출발해 미국 영사관(오랫동안 폐허였던 옛 미국 대사관)을 지나 옛 사이공 정권의 권부였던 재통일 궁 정문 쪽으로 올라갔다가, 벤타인Ben Thanh 시장 곁의 거대한 원형 교차로로 내려간다. 그리고는 레로이Le Loi 거리에서 오페라하우스 — 1900년에 프랑스 식민 정부가 완공해 한때 남부 월남 정권의 국회의사당으로 활용했으며, 지금은 다시 음악당으로 쓰이고 있다 — 까지 승리의 굉음을 지르며 내달린다. 그들은 오페라하우스에서 두 갈래로 나뉜다. 일부는 북쪽으로 방향을 틀어 콘티넨탈 호텔 — 이곳에서 그레이엄 그린Graham Greene이 베란다에 앉아 『조용한 미국인

The Quiet American』을 썼다 — 을 지나 노트르담 성당 쪽으로 올라가 레주언 거리의 군중과 다시 합류한다. 이것은 분단에서 전쟁, 가난을 거쳐 새로운 번영의 길로 들어서는 베트남의 최근 역사를 둘러보는 여정이기도 하다. 남쪽으로 방향을 튼 젊은이들은 동코이Dong Khoi 거리 — 옛 까띠낫Rue Catinat 거리 — 로 내려가 사이공 최초의 호화 호텔이며 한때 '미국인이 벌인 전쟁(베트남전)'을 취재하는 기자와 여성이 득시글거렸던 까라벨Caravelle 에 도착해 결혼 파티 행렬에 바로 합류할 수도 있다. 그러나 그들이 사이공 강 쪽으로 내려가는 길에서 속력을 늦춘 것은 한 쌍의 결혼식을 그렇게 중요하게 생각하지 않았던 듯하다.

까라벨은 이제 이 도시에서 유일한 호화 호텔은 아니지만 사이공의 새 엘리트들은 이곳에서 결혼식을 올리고 싶은 강한 열망이 있다(사이공 사람들 중 소수는 이 도시를 호찌민 시라 부른다). 우아한 내부 장식, 최고급 음식, 그리고 상류층만이 이용할 만한 고급스러운 멋은 결혼식을 올리기에 이보다 더 멋진 장소가 없으며 비용이 꽤 많이 든다는 것을 말해준다. 모든 경비를 포함해 이 호텔에서 치르는 결혼식 비용은 쉽게 4만 달러에 이를 수 있다. 그러나 적절한 하객을 초청하면 그 비용은 그들이 내미는 봉투의 알맹이에 의해 커버될 수 있다. 2008년 11월 16일에 이곳에서 결혼식을 올린 젊은 한 쌍은 비용 걱정 따윈 하지 않았다. 신랑은 36세의 응우옌바오호앙Nguyen Bao Hoang으로 투자회사인 IDG 벤처 베트남IDG Venture Vietnam 의 사장이었고 신부는 27세의 응우옌타인프엉Nguyen Thanh Phuong으로 또 다른 투자회사인 비엣캐피탈VietCapital 의 회장이었다. 그 두 회사는 베트남에 약 1억 5000만 달러를 투자하고 있었다. 이들 두 젊은이가 그처럼 어마어마한 돈을 주무를 수 있다는 것은 지난 20년 동안 베트남에 특별한 변화가 있었다는 증거다. 인구의 절반 이상이 26세 이하인 베트남은 아시아의 이웃 국가들을 따라잡기를 갈망한다. 국민 대부분의 생활이 빠르게 향상되고 있으며 많은 기회를 만들기에 가장 좋은 위치에 있는 사람들은 젊은이다.

그러나 이 결혼식에는 약간 특별한 것 이상의 어떤 것이 있었다. 응우옌 타인프엉은 투자은행가가 아니며 베트남 총리인 응우옌떤중Nguyen Tan Dung의 영애다. 그리고 신랑 역시 투자은행가가 아니고 미국 시민권자이며 1975년에 공산주의자들을 피해 베트남을 탈출했던 사람의 자제다. 만약 누군가가 새로운 베트남이 탄생했다는 증거를 필요로 한다면 베트남 공산주의자의 딸과 미국을 배경으로 한 벤처 캐피털리스트의 결합이 확실한 증빙 사례가 될 것이다. 비록 뒷날 이 한 쌍이 '조촐한' 결혼식을 선택한 탓으로 돌려지긴 했지만, 그 결혼식에 참석한 축하객은 그 호텔 예식장이 수용할 수 있는 최고 인원인 200명이었다. 그 결혼식은 한 사이공 신문에 조그마한 기사가 난 것 외에 베트남에서 공식적으로 보도되지 않았다. 그러나 이것은 베트남이 어떻게 변화하고 있는지에 대한 또 다른 표시로, 이를 재빨리 알아챈 인터넷 블로거들은 그것을 주제로 마치 서구의 어떤 가십 칼럼이 했음 직한 토론을 벌였다.

'새로운 베트남'은 어떤 종류의 사회를 지향하고 있을까? 베트남은 아직도 명목상 공산주의 국가지만 북미 사람들과 유럽 사람들이 일반적으로 생각하는 의미는 분명히 아니다. 베트남은 진짜 공산주의 국가에서 볼 수 있는 단조로움이나 울적함도 없고, 밝고 열정적이며 빠르게 움직이고 다채롭다. 이 나라의 지도자들은 프랑스 식민주의, 미국 제국주의 그리고 국내의 자본주의와 싸워 권좌에 오른 사람들이지만 나라를 이끌어가면서 프랑스, 미국 등 다른 나라 기업에 문호를 개방하고 번영을 위해 사유 기업을 허용했다. 세계은행은 베트남을 경제 자유화를 위한 '포스터 보이poster boy'라고 부른다. 그렇다면 베트남 공산당의 사회주의적 이상에 무슨 일이 일어난 것일까? 많은 방문자들과 심지어 일부 시사 평론가들은 베트남의 깜짝 놀랄 만한 변화를 보고는 베트남이 본격적으로 자본주의를 선택했으며 사회주의적인 어떤 겉치레는 죽어가는 교리의 흔적이라고 확신한다. 변화는 확실히 엄청났다. 비포장도로였던 도시 거리는 한 세대 사이에 네온사인이 번쩍이는 번화한 상가로 변했으며, 농민들은 물소 대신 동력 쟁기로 논을 갈게 되었고 논이 구획정리 됨으로써 일관작업이 가능해졌다. 환자들은 의료비를 지불해야 하고, 부모는 학교에 수업료를 내야 하며, 실업자는 스스로를 돌보지 않으면 안 되게 되었다(과거에는 이 모든 것을 국가가 책임졌다). 그러나 이것이 이야기의 전부는 아니다.

베트남에서 자본주의적인 요소가 매우 두드러져 보이긴 하지만 실속 없는 소규모 상거래가 주의를 산란하게 한다. 그들은 경제를 완전히 자유화하는 방식으로 ─ 가장 인상적으로 빈곤을 줄인, 빠른 경제성장에 발맞춰 ─ 발전시키지 않았다. 물론 사유 기업에 대한 제한을 철회하고 시장을 활성화시켰으며 외국 투자를 장려하기는 했다. 그러나 베트남의 성공은 세계은행의 정설에 따른 성공과는 거리가 멀다. 어떤 사람들은 '사회주의 지향의 시장경제'라는 공식적인 표현에 킬킬거릴지 모르지만, 그것은 결코 허황된 슬로건이 아니다. 지금도 베트남 공산당은 경제활동 대부분을 통제한다. 핵심 전략산업을 독점하는 국영기업을 통해 직접 통제하거나, 국영기업과 외국 투자자들 사이의 합작 투자를 이용하거나, 또는 요즘 점점 증가해가는 사례로서 새로운 민간 부문에 공산당을 개입시키는 엘리트 네트워크를 통해 통제는 계속되고 있다.

공산당에게 더 중요한 것은 경제 교리보다는 자기 보존이다. 그 밖에 모든 것, 이를테면 성장, 빈곤 감소, 지역 불균형 해소, 언론 자유, 환경보호 등은 자기 보존이라는 근본적인 본능에 부수하는 것들이다. 당은 살아남기 위해 간단하지만 겁나게 하는 숫자인 연간 100만 개의 일자리를 만들어내야 한다. 해마다 베트남의 학교들은 100만 명의 새로운 농민과 프롤레타리아를 배출한다. 취학 어린이가 이렇게 많은 것은 전후 왕성했던 베이비붐의 산물인데 정부의 강력한 '두 자녀' 갖기 정책에도 출산율은 줄어들 기미를 보이지 않는다. 경제성장은 지극히 중요하지만 지나치게 큰 불평등을 만들어내는 대가를 치르게 해서는 안 된다. 또 빈곤은 당연히 줄여야 하지만 지나치게 경제성장을 지연시키는 대가를 치르게 해서는 안 된다. 과거 30년 동안의 경제정책은 때로는 성장 선호 쪽으로, 때로는 안정 쪽으로 오락가락했다. 수혜자는 농민과 프롤레타리아였다. 베트남의 빈곤 감소는 매우 인상적이다. 정부가 제시하는 수치에 따르면, 1993년 국민의 60%가 빈곤선貧困線 이하의 생활을 했다. 그 수치는 2004년에 20%로 떨어졌다. 베트남은 일찍이 유엔이 세운 개발 목표인 새천년 (발전) 목표의 대부분을 성취해내고 최빈곤 국가 대열에서 벗어나 '중간층 소득 국가' 그룹에 합류했다. 국민의 생활수준이 급상승하고 있으며 시야는 넓어지고 야망은 커졌다. 그러나 이 같은 성공에는 위험이 뒤따른다. '새로운 베트남'은 옛 베트남과는 다르다. 국가 통제와 자유화, 당과 개인적 이해관계의 밀접한 결합은 많은 사람들의 필요보다는 일부 사람들의 필요를 위한 경제로 왜곡되었다. 그리고 이 같은 '정실 사회주의' 네트워크는 베트남의 미래 안정에 위협이 되고 있다. 베트남은 세계은행의 옛 포스터 보이 ― 불황에 이은 경제 붐 ― 에 운명을 크게 내맡기고 있다.

❋   ❋   ❋

그런데 베트남은 실제로 세계은행의 정설에 맞는 포스터 보이일까? 베트남의 경제적 성공에 대한 통상적인 설명은 대체로 다음과 같다. 즉 1980년대 초의 경제 위기는 1986년 제6차 공산당회의에서 시장 원리를 받아들이는 의식적인 선택을 하게 했으며, 세계은행의 충고로 경제를 자유화한 이후 베트남은 마침내 2007년 세계무역기구WTO에 가입하게 되었다는 것이다. 이것은 기껏해야 이야기의 절반에 지나지 않는다. 다른 절반을 이해하기 위해 여러분은 더 초기의 베트남 역사를 되돌아보아야 하며 초점을 바꾸어야 한다. 베트남의 성공에 대한 더 나은 설명은 개혁으로 국영 부문이 폐지되지 않고 '보호'받기 시작했으며, 국가의 개입이 개혁 기간 내내 지속적으로 유지되었고, 최근까지도 다만 공산당 자체의 우선순위에 알맞은 것을 제외하고는 세계은행의 정책 충고가 부인되어왔다는 점이다. 이것을 충분히 이해하기 위해서는 베트남의 경제사를 잠깐 살펴볼 필요가 있다.

통일 베트남의 첫 경제 위기는 공산군 탱크가 사이공의 대통령궁 정문으로 요란한 소리를 내며 돌진해 '미국인이 벌인 전쟁'은 물론 베트남을 20년간 남북으로 갈라놓았던 분단을 끝낸 지 겨우 4년 만에 찾아왔다. 농촌 경제는 황폐해지고 북부 지역은 산업화 이전 시대로 되돌아갔으며, 전쟁으로 인해 죽고 다치고 국외로 쫓겨 간 숫자가 수백만에 이르렀다. 하지만 승리는 공산주의 모델의 우월성을 증명해주는 것처럼 보였다. 그들은 자본주의자들과 미국의 후원자들을 매도했다. 그러나 승리의 기쁨은 오래가지 않았다. 베트남의 국가사회주의는 사태를 개선시킬 수 없었다. 1979년, 중공업은 재원을 마구 삼키면서도 생산 효과는 크게 나타나지 않았고, 경공업은 수축되고 농업은 새로 공산화된 남부 베트남의 농민들이 집단농장화에 저항함으로써 활기를 잃고 있었다. 정부는 애오라지 기아 방지를 위해 20만 톤의 쌀을 수입해야 했다. 설상가상으로 베트남이 캄보디아를 침입하자 중국이 베트남을 공격하고 모든 경제 원조를 중단했다. 중국의 수입에 의존해왔던 경제 부문들이 위기에 빠졌다. 무언가를 해야만 했다. 1979년 8월 공산당 지도부가 취한 결정은 그들이 사반세기를 보내며 건설하려고 애썼던 공산주의 경제를 계속 보존하겠다는 것이었지만, 궁극적으로는 공산주의 경제를 풀어주는 것이었다. 중앙 집중화한 경제계획과 국가에 의한 재원의 할당 — 이 모든 교리가 결국은 사라질 참이었다. 공산당 지도부는 생산을 '급격히 늘리도록' 독려했다. 국영기업들은 여전히 중앙에서 수립한 계획에 따라 의무를 다해야 했지만 이제 잉여 생산품을 독립적으로 사고팔 수 있게 되었다. 농민 역시 할당량을 국가에 바치고 남은 쌀을 개별적으로 팔 수 있었다.[1] 중국과 소련이 산업자본주의를 받아들이기 전인 1979년에 베트남 공산주의자들은 이미 그것을 실험하기 시작했던 것이다.

이 정책의 목적은 사회주의 계획경제를 포기하는 것이 아니라 그것을 구하려는 것이었다. 일부 국영기업은 이미 비공식적인 거래를 하고 있었으며 심지어 외국인과 무역을 하며 바로 환어음을 이용하기도 했다. 당 지도부는 이 같은 비공식적인 거래를 넌지시 인정해주면서 이를 관리하고 단계적으로 제어해가려고 했다. 그러나 정반대 현상이 나타났다. 1980년, 시장의 20%였던 비공식적인 거래가 2년 후에는 40%로 두 배가 되었다.[2] 이것은 일을 할 수 있도록 규칙을 변칙 적용하는 것, 즉 파라오pha rao — 울타리 허물기 — 로 알려졌다.[3] 이에 당 지도부는 1981년 1월, 강경 조치의 일환으로 모든 국영기업은 시장 거래를 명부에 반드시 기록하도록 명령하는 포고 25-CP를 공포했다. 이는 암시장을 통제하려는 시도였지만 동시에 국영기업이 일단 공식적인 경제계획에 대한 약속을 이행하는 한 '자가 균형' — 자유롭게 사고파는 — 을 맞추도록 허용해주는 것이기도 했다. 이는 실질적인 경제개혁의 시작이었다. 남부 지역 지도자들은 한 걸음 더 나아갔다. 1985년 말 호찌민 시 당국은 국법을 무시하고 일방적으로 기업이 경영에 '새로운 기법'을 도입하는 것을 허용했다. 이처럼 경제 자유화는 1986년 개혁이 '공식적으로' 시행되기 훨씬 이전에 이미 시작되고 있었다.

그리고 그해에는 많은 일이 한꺼번에 일어났다. 식량 생산이 감소한 탓에 성장률이 떨어지고 인플레이션이 거의 500%에 이르렀다.[4] 그리고 1969년 호찌민Ho Chi Minh이 사망한 후 베트남을 공식적으로 이끌어왔던 (그리고 비공식적으로는 호찌민 사망 이전 적어도 10년 동안 나라를 이끌어왔던) 당 서기장인 스탈린주의자 레주언Le Duan이 1986년에 죽었다. 당은 국회를 소집했고 10년 동안 내부적으로 쌓인 모든 압력이 폭발해 일대 개혁이 단행되었다. 그 주역들은 부분적으로는 당내의 일부 경제개혁 그룹이었지만 핵심은 그간 울타리 허물기의 열매를 즐기며 합법적인 거래 자유화를 소망해왔던 국영기업 경영자들이었다. 그들은 당 지도부가 중앙기획을 포기해 시장이 더 큰 영향력을 갖도록 만들었다. 이 같은 진전은 지금은 도이모이doi moi로 알려졌는데 글자 그대로 해석하면 '새로운 어떤 것으로의 변화'라는 의미지만 더 일반적으로는 '혁신'으로 번역된다. 점차 유사 '자유' 시장이 지배적인 추세가 되고, 옛 스타일의 중앙기획과는 다른, 어떤 국가사회주의 나라보다 부드러운 변화를 허용했다. 방대한 토지개혁 프로그램으로 농민에게 경작지 관리권을 주어 농업(아직도 경제의 40%를 차지하는)[5] 생산량이 크게 증가했다. 캄보디아에 주둔 중인 군대를 철수하고 중국과의 관계를 정상화했다. 이로 인해 북쪽 국경무역이 재개되어 중국에서 저렴한 수입품이 들어오게 되었다.[6] 평화는 군사비 지출도 크게 줄일 수 있게 해주었다. 소련의 원조가 감소해 전반적으로 공공 지출을 크게 줄이지 않을 수 없던 차였다. 1991년 인플레이션은 관리가 가능한 수준으로 떨어졌다.

그러나 변화가 부드럽게 진행된 만큼 느리고 헷갈렸으며 모순이 드러나기도 했다. 베트남이 종종 경제 자유화의 훌륭한 사례로 떠받들어지는 것은 역설적이다. 실상은 여러 가지 점에서 정반대다. 베트남의 변화는 경제 부문에서 국가 개입도를 높이는 것이 특징이었는데, 이는 중앙에서 경제를 관리·감독하려는 적극적인 노력과 자주적인 길을 택하려는 공산당의 결단력이 가져온 결과이며 세계은행과 국제통화기금, 그리고 다른 '자유방임적laissez-faire' 자본주의 옹호자들의 충고와는 관련이 없다. 매 위기 때마다 당의 우선 사항은 자신들의 생존이었다. 반대자 무마의 필요성, 성장 이익의 확대와 지역 불균형 완화는 항상 자유화와 규제 철폐 또는 지속적인 경제성장을 지나치게 추구하는 구실이 되었다. 그 결과 지금까지 다른 어떤 개발도상국과도 비교가 되지 않는 경제성장과 빈곤 감소, 정치적 안정의 조화를 이루어냈다. 호찌민의 말대로 그것은 '성공, 성공, 위대한 성공'이었다.

유럽에서 공산주의 정권들이 붕괴했을 때 베트남에서 공산당 통제를 유지시킨 이는 외국 자본가들과 국제 차관기관이었다. 1981년 소련의 원조는 베트남 국가 예산의 거의 40%를 차지했다. 1991년 소련 원조가 완전히 중단되었다. 당은 베트남을 외국인 투자에 개방한다고 선언했으며 저임금, 제대로 활용되지 않는 공장 그리고 큰 지리적 이점의 배합은 외국 기업들이 놓치기 싫어하는 충분한 유인 조건이 되었다. 그러나 이 시점에도 베트남은 여전히 통제적이었으며 외국인 투자는 국영기업과의 합작 투자로 허용되었다. 경제정책 전환에 착수한 다른 공산주의 국가들은 국가에 의한 경세 통세 비율이 대폭 줄어든 때였다. 베트남의 경제 통제 비율은 1993년 39%이던 것이 2003년 41%로 실질적으로 높아졌으며 이 수치에는 국영기업들과 합작한 외국인 투자회사는 포함되지 않았다.[7] 그러나 많은 다른 나라들과는 달리 베트남에서의 국가 통제는 경제적 무기력 상태를 의미하는 것은 아니어서 경제성장이 연간 8%에 이르렀다. 경제 붐은 특히 베트남 남부 지역에서 현저했다. 1990년대 말까지 호찌민 시의 국영기업들은 국가 예산의 거의 절반을 부담했다. 사실상 사이공과 그 주변 지역이 20년 전 소련의 역할을 도맡아 해냈다.

이 무렵 경제 부문에서 국가 역할이 커진 다른 거의 모든 나라는 경기 침체와 재정 위기, 초인플레이션으로 몸살을 앓고 있었다. 베트남이 그들과 달랐던 것은 국영기업이 대체로 국가의 지원 없이 운영을 해나갔고 '경영자들' − 정부 장관, 지역 지도자, 당 조직 등등 − 은 비록 국영은행에서 차입을 하고 국가기관에 보호를 의뢰할 수 있는 우선적인 접근권이 있음에도 회사를 사실상 개인기업처럼 다루었다는 점이다. 베트남 경제 분석가로 유명한 포드Adam Fforde는 이들 국영기업을 '사실상의 주식회사'라 부른다. 그들은 이익을 창출하고 사업을 확대하며 투자를 다각화한다. 베트남의 수출은 1990년과 1996년 사이에 네 배로 증가했다.[8] 국영기업 경영자들은 그들을 보호해주는 이들과 흥정한 후 상납하는 방법으로 회사를 번영시켰다. 적절한 연줄이 있는 국영기업들이 라이벌 회사, 수입 회사 또는 새로 진출한 외국 기업과의 경쟁을 물리치기는 쉬웠다. 부패가 고질화되었으며 국영은행들은 앞뒤 재지 않고 멋대로 돈을 빌려주었다. 일부 회사들은 스스로 작은 기업 왕국을 건설하려고 했다. 몇몇 회사는 소유자로 간주되는 국가의 눈을 피해 비밀스러운 투자자들과 비공식적인 합작회사를 만들기도 했다. 최악의 경우 몇몇 국영기업은 공공연히 범법자들의 온상이 되었다.

국제 차관기관들이 줄곧 요구해왔던 것은 이것이 아니었다. 미국의 통상금지 조치가 해제되어 베트남에 대한 차관 공여를 부활했던 1993년 이래 세계은행 − 그리고 IMF − 은 경제 자유화라는 그들의 전통적인 비책을 따르도록 베트남 정부를 계속 설득했다. 1996년에는 세계은행, 베트남 정부 그리고 IMF가 자유화 착수 단계를 정리한 '합동 정책 구조 백서Policy

Framework Paper'를 작성하는 데 합의했다. 이것은 결코 실행되지 않았다. 베트남 공산당 내에는 국영기업의 입지를 위태롭게 하거나 경제를 외국의 과도한 간섭에 내맡기려는 시도에 반대하는 간부가 수두룩했다. 인도네시아와 같은 이전의 세계은행 포스터 보이들이 경제적 파탄으로 어려움이 가중되었던 1997년에도 국제 차관공여기구는 계속 베트남을 설득했다. 세계은행은 구조 조정 차관Structural Adjustment Credits으로 3억 달러를 제시했다. 베트남은 그것을 간단히 거절했다. 베트남은 외국 부채가 매우 적었고 수출과 외국인의 상업 투자로 충분한 외화를 벌고 있어 외부의 현금 공여가 필요하지 않았다. 무시당하는 데 익숙하지 않았던 세계은행은 다리 사이에 꼬리를 감춘 여우 같은 꼴이 되어 떠나버렸다.

세계은행은 1998년 말 되돌아왔다. 세계은행과 다른 국제 차관공여기관들은 만약 베트남이 남은 국영기업을 매각할 시간표를 제시하고 국영은행을 구조 조정하고, 무역 개혁 프로그램을 제시하는 데 동의한다면 추가 지원으로 5억 달러(조건 없는 자금으로 최고 22억 달러까지)를 빌려주겠다고 제의했다. 베트남 정부는 그 거래에 동의했지만 그 전제 조건을 실행하는 조치는 취하지 않았다. 공산당 주류가 받아들여야 할 요구 조건이 너무 많았던 것이다. 1999년 12월 국제 차관공여기관들은 만약 베트남이 그들의 권고를 수락한다면 더 많은 차관 — 7억 달러 — 을 제공하겠다고 약속했다. 반응은 시큰둥했다. 기획투자부 장관인 쩐쑤언자Tran Xuan Gia는 기자들에게 "여러분은 돈으로 개혁을 살 수 없습니다. …… 아무도 베트남이 연기演技를 하도록 몰아세우지 못할 것입니다"라고 말했다.[9] 당의 우선 사항을 능가하는 논증은 있을 수 없었다. 베트남은 3년 동안 총 15억 달러의 차관 공여 제의를 거부했다. 경제적 자유화보다 정치적 안정이 우선이라는 이유에서였다. 세계은행은 부대조건이 붙지 않은 거액의 일반 차관을 계속 제공했지만 그들의 조건을 강요하는 데는 실패했다. 베트남은 워싱턴 D.C.의 이 강력한 기관과 정면으로 대치해 이겼다. 세계은행은 베트남 공산당과 서로 버티기보다는 그들과 함께 일하는 것이 더 쉽다는 결론에 도달했다.

그러나 베트남 공산당은 세계은행과의 싸움이 격렬해지는 동안 비록 외국 투자를 끌어들여도 국가 부문만으로는 연간 필요한 100만 개의 일자리를 제공하기 어렵다는 점을 이해하기 시작했다. 그들은 마침내 민간 산업을 활성화시키는 역사적인 결정을 내렸다. 1999년 5월 새로운 기업법이 통과되어 그동안 민간 기업의 정식 등록을 가로막아왔던 성가신 정부 기구 대부분을 없앴다. 2000년 1월 1일 일단 이 법률이 발효하자 그 효과가 즉시 나타났으며 이후 5년 동안 16만 개의 개인기업이 등록했다. 이들 기업 대부분은 허가 없이 운영해온 기존 기업들이었으며 새로운 등록법으로 혜택을 보게 되었다. 어쨌든 이 법의 발효는 경제개혁을 시작한 지 20년 만에 민간 부문이 마침내 베트남에서 정식으로 인정을 받게 되었음을 의미했다. 나중에야 알게 되었지만 아마도 소규모 '자영' 기업들은 자유로운 시장 원리의 무례한 충격으로 땅바닥에 내동댕이쳐지기 전에 긴 준비 기간을 거쳐 자본을 축적하고 경험을 쌓을 시간을 벌었을 것이다. 베트남은 이런 점에서 다른 많은 '경제체제 변환' 국가들보다 훨씬 더 잘해냈다.

공산당은 민간 부문에 대한 속박을 풀어준 후 국제무역에 대한 문호를 어느 정도로 개방할 것이냐를 두고 마지막으로 큰 논쟁을 벌였다. 특히 미국과 상호무역협정을 체결할 것인지가 초점이 되었다. 1995년에 시작된 회담은 1997년 하노이 Hanoi 에서 결렬되었지만 이후 다시 시작되었다. 두 나라는 아홉 번의 긴 협상 끝에 ― 1999년 7월의 마지막 협상은 무려 17시간을 끌었다 ― 100쪽이나 되는, 미국 역사상 가장 복잡한 통상교섭이라는 딱지가 붙은 협정에 합의했다. 베트남 측의 핵심 인물은 당시 부총리였던 응우옌떤중이었다. 몇 번이고 계속해서 회담이 합의에 이르지 못하고 막다른 골목에 다다르자 미국 대표들은 직접 응우옌 부총리와 이야기해 난관을 돌파했다.[10] 그러나 부총리의 개입은 아직도 외국과의 무역은 물론 미국에 적대적인 당내 일부 사람들의 기분을 상하게 했다. 그해 아시아·태평양 정상회의 때 최종 조인식을 하기로 했지만 마지막 순간에 취소되었다. 당의 핵심 인물들이 조약 명세를 당 정책 기구인 중앙위원회에서 검토해야 한다고 요구했기 때문이다. 2000년 7월에야 중앙위원회가 조인에 동의했다. 그것은 중대한 계기가 되었다. 중앙위원회는 미국과의 상호무역협정에 동의했을 뿐 아니라 호찌민 시의 주식시장 개방을 승인했다. 이 시점부터 민간 부문의 전진적인 성장이 국가 부문을 앞지르기 시작했으며, 그 이후 줄곧 동일한 기조를 유지했다.[11] 베트남은 국제 경제의 통합을 향한 길에 들어섰으며 2007년 1월 (긴 협상 끝에) 세계무역기구에 가입함으로써 절정을 맞았다. 이미 미국과의 상호무역협정 조인을 도왔던 응우옌떤중이 베트남의 총리로서 지도적인 개혁가가 되어 있었고 그의 딸은 투자은행가가 되어 있었다.

✦　✦　✦

　　베트남의 대도시 ─ 하노이, 다낭Da Nang, 하이퐁Haiphong, 호찌민 ─ 거리를 메우고 있는 사람들을 바라보노라면 베트남이 완전히 시장 자유화가 되었고 사회주의 국가가 아니라는 생각을 하기 쉽다. 머리 위의 다채로운 광고판, 그 아래 온갖 장사치들이 조성하고 있는 아수라장, 샛길마다 줄줄이 늘어선, 잠재력을 지닌 국수 매점, 모든 나무 그늘을 차지하고 있는 간이 이발소들을 보면 그런 생각이 들 만도 하다. 발전은 글자 그대로 '자유분방함

free wheeling'이다. 닳아 해진 오토바이의 안장이 바로 그것을 말해준다. 그러나 그런 부산함은 토착 민간 부문의 중요성을 과장한다. 민간 부문은 수많은 일자리와 많은 자극을 주지만 제대로 된 규모의 개인기업은 극소수다. 과일과 채소를 팔며 하노이의 구시가지 교차로를 막고 있는 농촌 부녀들부터 오만한 자세로 그들을 지켜보는 상점 주인들에 이르기까지 대부분의 개인 장사꾼은 낮은 수익으로 살아간다.

베트남의 민간경제 부문의 역사는 구시가지의 항찌우Hang Chiu (난전亂廛거리)와 응우엔티엔투엇Nguyen Thien Thuat(프랑스 식민 통치자들에 대한 초기 레지스탕스résistance 활동 후에 붙여진 이름)의 길모퉁이에 있는 한 상점에 사실상 내재되어 있다. 행인들은 이 가게의 소비자용 포장지에 핀 백화白化를 보고 가게의 내력을 알 수 있다. 전면에 치장 벽토로 새긴 사회주의식 글자 도안은 아직도 이곳이 국영 상점임을 공언한다. 한때 이곳은 국가 보조금 체제 아래서 본인에게 할당된 변변찮은 식품을 사려고 사람들이 줄 서서 기다리던 곳이었다. 응우엔꽝하오Nguyen Quang Hao는 당시 이 국영 상점 관리자 중 한 사람이었는데 그 시절을 잘 기억한다. "보조금 체제하에서 사람들은 오직 그들이 할당받은 몫만 살 수 있었지요. 그들은 할당량 카드를 제시해야 했는데 한 달에 고작 15킬로그램의 쌀만 살 수 있었답니다." 현재 이 가게의 주인인 하오는 비교적 부유한 사람이다. 그는 유명한 디자이너의 이름이 새겨진 안경을 끼고, 돈 궤짝 주위에 국내산과 수입산 인스턴트 식품을 잔뜩 쌓아 놓고 손님을 기다린다. 그는 이 상점을 1989년에 인수해 운영해왔으며 이제는 성공한 개인 사업체의 소유주가 되었다. 하오는 경제 개혁에 매우 만족해한다. 그는 씩 웃으면서 "이제 사람들은 원하는 것이면 무엇이든 살 수 있습니다. 돈이 있는 한 말입니다"라고 말했다.

더 큰 민간 회사들도 있지만 그 수는 매우 적다. 현재 350개 회사가 베트남의 증권거래소 두 곳에 등록되어 있다고는 해도 베트남 기업의 99%는 아직도 중소기업 규모다. 2005년에는 상위 200대 기업 가운데 국내 민간이 소유한 회사는 고작 22곳이었으며 앞으로 알게 되겠지만 '민간 기업'이라는 말은 아직도 논쟁의 여지가 있는 용어이다.[12] 현재 이 나라에 더 중요한 것은 국제 민간 부문이다. 하오의 상점에서 동쪽으로 직진, 홍하紅河 (송꼬이Songcoi 강으로도 불린다 — 옮긴이) 의 쯔엉즈엉Chuong Duong 다리를 건너 하노이 시 경계 바깥으로 나가면 베트남에 대한 외국인 직접 투자의 의미를 즉시 이해하게 될 것이다. 하노이와 하이퐁 사이의 고속도로 주위는 한때 온통 볏논이었는데 지금은 대부분 공업단지로 변했으며 두 도시 사이의 50마일에 걸쳐 생산 공장이 계속 이어져 있다. 하이퐁 시 외곽의 이런 대형 공장들 중 하나는 타이완인 소유의 스텔라Stella 구두 공장이다. 이 거대한 공장에는 노동자 7000명이 네 군데의 대형 작업장에서 열심히 일하고 있다. 각 작업장마다 두 개 또는 세 개의 긴 컨베이어 벨트가 달리고 있으며 신발 제조 과정이 한눈에 들어온다. 미국의 아웃도어 브랜드인 팀버랜드Timberland와 머렐Merrell 부츠, 영국 회사인 클락스Clarks 구두, 그리고 유명한 이탈리아 디자이너의 상표가 붙은 신발도 이곳에서 만들어진다. 클락스 — 유럽에서 가장 큰 규모의 신발 브랜드 중 하나 — 는 세계 총생산량의 3분의 1을 베트남에서 만든다. 기계가 가죽을 쿵쿵 찧어 부드럽게 하고, 구두창을 만들고, 밀봉하는 일을 하지만 다른 대부분의 작업은 손으로 한다. 가죽을 오리목 위에 펴서 정확히 못질하는 것은 솜씨를 요하는 작업이다. 소음이 심하고 작업이 고되지만 구두 공장은 좋은 직장에 속한다. 공장이 밝고 시원하며 근로자들은 의료·복지 서비스를 받는다. 클락스의 베트남 현지 책임자인 피들러Graeme Fiddler는 그의 회사와 결코 함께 일할 기회가 없을 베트남의 다른 수많은 구두 공장을 방문해왔다. "클락스의 소유주들은 퀘이

커Quakers 교도들입니다. 이 말은 그들이 도덕적 기준대로 살아가려 한다는 의미입니다"라고 피들러는 설명했다.

피들러는 전원 지역에 공장을 지어 단 몇 년 만에 현 수준으로 발전시켜 온 과정을 지켜봤다. 그의 공장이 모집한 최초의 공원들은 벼농사를 짓던 농민들이었는데 기능 교육부터 시켜야 했다. 그들 대부분은 이전에 현대식 변기를 사용한 적이 없어 오물 제거용으로 바나나 잎사귀를 작업장에 가져오곤 했다. 그들은 스포츠화 제작 기술을 서서히 익혔으며 기능이 향상되어감에 따라 가죽 신발도 만들었다. 2006년 중반 공원의 평균 월급은 60달러에서 80달러 선이었다. 유럽과 북미에서는 그 돈으로 살아갈 수 없지만 당시 베트남에서는 최저임금의 두 배 수준이었다. 또한 현지의 농민이 벌 수 있는 금액보다 훨씬 많았다. 아동용 신발 생산 라인의 부티탐Vu Thi Tham 은 그녀가 하는 일에 크게 기뻐하는 기색을 보이진 않았지만 농사를 지을 때보다 훨씬 많은 돈을 번다고 했다. 그녀는 "빈트엉Binh Thuong"이라고 말했다. "좋아요. 소득이 안정적이기 때문에 이곳에서 일하고 있어요. 이전에 농사를 지을 때는 그해 기후에 따라 소득이 변했어요. 기후가 알맞은 해에는 수익이 그런대로 괜찮았지만 좋지 않은 해에는 영 형편없었답니다. 풍년이 든 해에도 한 달 수입이 기껏해야 30달러였는데 이곳에선 60달러를 받고 잔업을 하면 더 많이 받을 수도 있어요."

어느 개발 도상국이든 전통적으로 제일 먼저 시작하는 부문은 신발과 같은 미숙련 노동 집약 산업이다. 베트남에서 이 부문의 업체들은 수십만 개의 일자리를 만들었으며 경제 붐의 버팀목 역할을 했다. 그러나 경제성장을 지속하기 위해서는 더 나은 임금을 제공하는 고도 기술 기업들을 끌어들일 필요가 있다. 베트남은 다국적 기업들이 중국에 지나치게 의존해온 자신들의 분별력을 의심하기 시작했던 바로 그 시기에 경제를 개방한 것이 큰 행운이었다. 많은 다국적기업들이 중국의 남부와 동남부 연안 지역에 공장을 세우느라 엄청난 금액의 투자를 해왔지만, 이제 중국이 배가 불러 자신들을 배척하는 상황이 올지도 모른다는 생각을 하며 이에 대비하고 있던 시기였다. 이 같은 '중국 + 1' 전략이 많은 대형 기업들을 베트남으로 오게 했다. 일본의 거대 전자 기업인 캐논Canon도 그중의 하나였다. 캐논은 컴퓨터 프린터 연간 생산량의 절반 이상을 지금 하노이 북동쪽 박닌Bac Ninh 시 외곽의 공업단지에서 만들고 있다. 2005년 당시 캐논 베트남 법인은 이 나라에서 13번째로 큰 기업이었다.[13] 비교적 단순한 잉크젯 프린터로 시작해 점점 더 정교한 레이저 프린터로 옮겨갔으며 계속 생산량을 확대해 왔다.

공장 건물은 회색의 큰 상자 모양이며 창문이 없다. 보안은 가장 큰 관심사다. 회사의 기술적인 비밀이 새어 나가지 않게 외부인의 출입을 금지하고 있으며 그 안에서 모든 것이 고도의 통제를 받는다. 이른 아침에 정문이 열리면 자전거를 탄 수백 명의 근로자들이 들어와 회사 작업복으로 갈아입고, 열을 지어 서서 사가社歌를 부른다. 노래 부르기는 베트남 어린이들이 날마다 학교에서 수업 시작 전에 하는 것으로 그 덕분에 캐논은 자신들의 취향에 맞는 공원들을 데려오기가 한결 쉬웠다. 캐논의 현지 사장인 카게야마Kageyama(원문에는 Sachio Kageyama로 되어 있다. Sachio는 사장이란 뜻인데 저자가 이름으로 오해한 것 같다 – 옮긴이)는 캐논이 베트남에 자리를 잡은 이유를 이렇게 분명하게 이야기한다. "우선 베트남의 정치가 매우 안정되어 있고 뛰어난 노동력을 갖고 있으며 경제가 착실히 성장 중입니다. 이것은 상당히 유리한 점입니다." 베트남 캐논 공원들의 대부분은 다른 곳에서 생산된 부품을 단순 조립하는 작업을 한다. 하루 종일 대형 트럭이 외국에서 수입한 부품을 실어 나른다. 카게야마는 다음과 같이 설명한다.

당분간 우리는 대부분의 부품을 중국 남동부에서 수입할 것입니다. 베트남의 산업 기술이 아직 그에 미치지 못하기 때문입니다. 하지만 우리는 현지 부품의 비율을 높이기 위해 노력하고 있으며 일부 핵심 부품은 공장 내에서 만들고 있습니다.

잠재적으로 베트남에 더 중요한 것은 정문의 대형 트럭 대열보다는 캐논 조립라인에 부품을 공급하기 위해 설립한 현지의 다른 공장에서 적은 수량의 부품을 싣고 오는 몇 안 되는 작은 트럭이다.

이곳에는 캐논만 있는 것이 아니다. 베트남은 점점 더 많은 하이테크 기업을 끌어들이고 있다. 한국의 삼성은 7억 달러를 들여 인근에 휴대전화 공장을 짓고 있다. 미국의 반도체 회사인 인텔Intel은 호찌민 시 외곽에 10억 달러짜리 공장을 완공했다. 애플Apple의 아이팟ipod과 델Dell, 휴렛팩커드HP의 컴퓨터를 생산하는 한 타이완 업체는 하노이 인근에 10억 달러를 들인 공장을 가동하고 있다. 그리고 많은 다른 업체들 예컨대 NEC, 폭스콘Foxconn, 브라더Brother와 마츠시타Matsushita도 이 대열에 참여했다. 베트남은 2006년 400억 달러 치의 상품을 수출했는데 이들 대부분은 외국 투자회사가 생산한 것이었다.[14] 베트남은 지금 잘 돌아가고 있다.

그러나 경제성장은 베트남의 허약성을 노출시켰다. 외국 제조업체들은 도로 사정은 엉망이고 항구 시설이 빈약해 상품의 이동이 지나치게 지연된다고 자주 불평한다. 더 심각한 것은 기술인력의 부족이다. 인텔이 공장 근로자를 모집하기 위해 2000명의 지원자를 심사했으나 겨우 40명만이 합격권에 들었는데, 이는 인텔이 공장을 가동하는 해외 여러 나라 가운데서 가장 낮은 비율이었다. 다른 외국 기술 회사들도 유사한 문제점을 보고했다. 베트남은 문맹 퇴치에는 크게 성공했으나(공식 통계에 따르면 글을 읽고 쓸 수 있는 사람이 국민의 90%에 달했다) 대학 교육은 부패와 마르크스-레닌주의 Marx-Lenin 연구, 국가 방어 훈련으로 장기간 타격을 받아왔다. 한 베트남 국립대학교의 학위 취득 필요조건에 100미터 달리기와 AK-47 소총 사격이 포함되어 있으며 직업을 위한 기술은 그다지 강조되지 않는다. 교육부는 2015년까지 학생의 30%가 박사학위를 받을 수 있도록 전문 분야의 대학 강의 비율을 배가시킬 계획이라고 한다. 교육부가 그 문제를 해결할지, 아니면 대학이 유명무실한 박사들을 양산해냄으로써 사태를 더 악화시키게 될지는 두고 볼 일이다.

베트남의 외국 기업이 직면한 또 다른 중대한 문제는, 2006년 당시 세계에서 20번째로 큰 은행이었던 네덜란드의 ABN 암로Amro 은행이 지적했듯이 법률이 제대로 지켜지지 않는다는 점이다. 이야기는 응우엔티꾸인반 Nguyen Thi Quynh Van 이라는 한 여인으로부터 시작된다. 베트남에서 네 번째로 큰 국영은행인 '베트남 산업·상업은행 Industrial and Commercial Bank of Vietnam (줄여서 인콤뱅크Incombank 라 한다)' 하이퐁 지점에서 무역금융부 차장으로 근무하던 반은 36세 생일이 얼마 남지 않은 2006년 3월 어느 날 '국가에 중대한 손실을 끼친' 혐의로 체포되었다. 그녀는 ABN 암로 은행 외에도 최소한 다른 두 외국 은행과의 투기적인 거래로 540만 달러의 손실을 끼쳤다는 혐의를 받았다. 대부분의 나라에서 이것은 '악덕 주식 중개인'을 기소하는 비교적 간단한 소송 사건이 되었을 것이다. 그러나 베트남에서 국고에 손실을 끼치는 행위는 사형 선고를 받는 범죄이다. 인콤뱅크는 자사 종업원의 경범죄 혐의에 초점을 맞추지 않고 ABN 암로 은행을 고소해 그 금액을 회수하는 길을 택했다. 인콤뱅크의 한 간부는 "많은 종류의 통화가 불법적으로 인출되었는데, 일단 어떤 회사가 의도적으로 우리 은행에 손실을 끼치면 그들은 자신들이 취한 것을 반환할 책임을 져야 하는 것이 우리 은행의 정책"이라고 주장했다. ABN 암로 은행은 "거래는 정당했으며 모든 셈이 청산되었다"고 주장하며 반환을 거절했다. 이후 8개월 동안 벌어진 일은, 인콤뱅크가 정부를 내세워 ABN 암로 은행을 상대로 공갈 행위처럼 보이는 국가보안군을 활용함으로써 베트남 시장경제와 법의 지배 모두의 한계를 드러낸 일이었다. 그 주식 중개인(반)과 은행(인콤뱅크)은 베트남인이 '우산' — 어떤 권력자 — 이라고 부르는 것의 비호를 분명히 받고 있었다.

반이 체포된 지 6주 후, 경찰은 ABN 암로 은행 백오피스back office(고객들을 상대하지 않는 부서)의 현지인 종업원 두 명을 체포했다. 반이 공금을 유용하도록 도왔다는 혐의였다. ABN 암로 은행의 현지 최고 책임자인 데 팜De Pham — 미국 국적의 베트남인 — 은 임신 건강검진을 위해 해외 여행이 필요한데도 출국이 금지되었으며 다른 외국인 고위 간부는 국외로 추방되었다. 그해 7월, 또 다른 ABN 암로 은행 현지 직원 두 사람 — 둘 다 외환 딜러였다 — 이 체포되었는데 그날은 하노이 법정에서 이 사건의 심리가 있던 날이었다. 이 무렵 인콤뱅크 소송은 아주 불명료한 한 줄의 규정 — 베트남 국립은행State Bank of Vietnam: SBV이 이미 7년 전에 정한 것이지만 ABN 암로 은행 직원의 체포가 이루어질 때까지 시행은 되지 않았던 규정 — 에 의존하고 있었다. 1999년 6월 23일의 결정서101/QD-NIHN에 따라 외환 딜러들은 베트남 국립은행에 등록해야 할 의무가 있는데, 인콤뱅크 간부에 따르면 "우리 지점과 관련된 그 사람들은 등록을 하지 않았고 다른 은행에 관련된 사람들은 이 사실을 알면서도 그 외환 딜러들과 계속 거래를 해왔기 때문에 그들 모두 과오를 저질렀음이 분명하다"는 것이다. ABN 암로 은행은, 그 규정이 은행들 사이에서 행해지는 거래에 대해서가 아니라 일반인에게 외화를 판매하는 은행에 적용하려고 만든 것이라고 주장하며, 베트남 국립은행은 이번 일이 말썽을 일으킨 후에야 각 은행에 외환 딜러 등록을 챙기도록 요구했다고 지적했다. 베트남 국립은행은 업무상 금융 규정에 대한 책임이 있음에도 이에 대해 설명하길 거부했다. 고위 간부 한 사람이 단지 이렇게 말했을 뿐이다. "그 사건에 대한 조사는 경찰의 경제 범죄 담당 부서 소관이다. 우리는 그들의 결정을 기다려야 한다."

대체로 하노이의 기업가들은 응우옌티꾸인반과 인콤뱅크가 공안부와 깊은 연줄이 있는 사람들에 의해 보호받고 있다고 추정한다. 경찰은 그저 베트남 국립은행에 폐가되지 않는 방향으로 사건을 몰아갔다. 문제는 법이 아니라 무시무시한 권력이었다. ABN 암로 은행 직원 여섯 명이 감옥에 가거나 가택에 연금되거나 출국 금지를 당한 것을 보면 공안부의 권력이 미치고 있음이 분명했다. 그러나 그때 투쟁의 첫 징후가 보이기 시작했다. 이번 사건에 대해 그동안 일관되게 침묵을 지켜왔던 현지의 외국 기업계가 목소리를 높이기 시작한 것이다. 하노이 미국 상공회의소 소장인 오도어 Tom O'Dore는 "정상적인 사업 거래의 유죄화와 금융기관과 관련된 법적 절차에 베트남 국립은행이 연루되지 않았다는 것"에 우려를 표명하며 이번 사건이 "베트남의 기업 활동을 위축시킬 수 있으며 베트남의 일부 금융시장과 특히 외환시장에 부정적인 영향을 줄 수 있다"고 경고했다. 마침내 외국 언론이 이 사건을 다루기 시작했고 응우옌 총리가 조사를 지시했다. 곧 보증 공탁금 1만 달러와 귀국 약속을 조건으로 ABN 암로 은행 현지 최고 책임자 데팜의 치료를 위한 출국이 허용되었다. 그러나 동시에 베트남 언론은 '만약 문제의 네덜란드 은행이 인콤뱅크에 손실금을 되돌려준다면' 그녀에 대한 고발이 취하될 수도 있다고 보도하기 시작했다. 외국 관찰자들에게 이것은 극도로 비도덕적인 것으로 비쳤다. 만약 당국이 범법 행위를 확신한다면 그들은 그 혐의를 밝히거나 고소를 취하해야 하는 것이다. 그들이 취하는 태도는 남의 재물을 강탈하려는 것처럼 보였다.

2006년 9월 네덜란드 정부가 이번 사건에 우려를 표명하기 위해 개발협력부 장관을 하노이에 보냈지만 경찰의 유일한 반응은 범죄 조사를 더 확대하는 것이었다. 조사 단장인 팜구이응오Pham Guy Ngo 육군 소장은 경찰이 정상적인 기업 경영을 범죄시하고 있다는 주장을 논박하려고 애썼지만 기자회견은 조사팀이 금융 업무를 잘 이해하지 못하고 있다는 사실을 드러내 보였다. 그는 '500회의 (외환) 거래가 환전 없이 행해졌다는 것'에 놀라움을 표시했다. 특정한 기간의 손실에 대해 이익을 상계시켜버리는 일이 그에겐 이해가 되지 않는 것으로 보였다. 하지만 그는 새로운 혐의를 제시했다. 즉 인콤뱅크와 ABN 암로 은행 사이의 거래 중 일부가 외환 거래 허용 범위를 넘어서는 비율로 거래되었다는 것이다. 그는 이것이 '새로운 형태의 범죄 행위'라고 주장했다. 그 무렵 각 은행들은 미국 달러화와 베트남 동dong화 양쪽 모두 베트남 국립은행이 정한 비율의 단 0.25% 범위 내에서 거래하도록 허용되고 있었다(그럼에도 금융계에서는 그 거래가 정기적인 옵션과 다른 금융 수단의 활용을 통해 그 범위 바깥에서 이루어진 것으로 널리 인식했다). 그러나 조사 단장은 "만약 ABN 암로 은행이 그 돈(인콤뱅크의 손실액)을 되돌려 준다면 데팜은 어떤 형사책임도 지지 않을 것"임을 다시 암시했다.

이것은 살인자를 감동시켜 마음을 움직이게 하려는 것처럼 보였다. 베트남 국립은행은 10월 말 "ABN 암로 은행 하노이 지점에 대한 자신들의 조사와 초기 경찰 조사는 ABN 암로 은행 하노이 지점이 베트남 법률과 국제관행을 심각하게 위배했음을 확인했다"고 선언하며 경찰과 같은 입장을 취했다. 베트남 국립은행은 ABN 암로 은행과 다른 국영은행인 농업개발은행과의 거래에 대한 조사에 착수할지도 모른다는 점을 은근히 내비치기도 했다. 당시 농업개발은행 역시 투기적인 외환 거래로 1800만 달러의 손실을 본 것으로 알려졌다. ABN 암로 은행은 불길한 징조를 깨닫기 시작했다. 현지의 법률이 아주 모호하기 때문에 그들의 무죄를 증명할 수 없었으며 그들의 직원들이 여전히 여러 형태로 구금되어 있었다. 결국 ABN 암로 은행은 두 손을 들고 말았다. 2006년 11월 말, 그들은 450만 달러를 경찰 관리 계좌로 옮겼다고 발표했다. ABN 암로 은행의 유일한 공식 코멘트는 자기들은 "다른 사람들의 불법 거래에서 이익을 보려고 하지 않았다"고 말한 것이었다. 곧 ABN 암로 은행의 모든 직원들이 여러 형태의 구금에서 풀려났으며, 베트남 정부는 인콤뱅크의 불법 거래자는 사형 선고를 면했다고 발표했다. 사태는 잠시 조용해졌고 그로부터 7개월 후에 정부 조사단은 그 사건의 조사 결과를 발표했다. 조사단은 "불일치가 생기게 된 것은 은행들 사이의 외환 거래에 대한 적절한 규정이 없었기 때문" — ABN 암로 은행이 지난해에 누누이 주장해온 그대로다 — 이라며 모든 책임을 베트남 국립은행과 국립은행 총재인 레죽투이Le Duc Thuy에게 돌렸다. 2008년 4월에 인콤뱅크가 이름을 비에틴뱅크Vietinbank로 개명한 것을 제외하곤 사태가 종결된 것처럼 보였다. 하노이의 기업인들은 부분적으로는 이번 고소 사건으로 인한 국제적인 평판 때문에 득을 본 것도 있다고 했다. 비에틴뱅크는 2008년 성탄일에 주식시장에 상장되어 두 번째로 큰 국영은행이 되었다.

☆　　☆　　☆

외국인 투자 부문은 수백만 명을 고용하고 많은 세수를 올려줌으로써 베트남 경제에서 매우 괄목할 만한 부문이지만 위풍당당하게 고지를 지배하고 있는 것은 아니다. 그들은 아직 이론적으로는, 적어도 국가의 통제 아래 있다. 2005년 베트남의 대기업 200곳 중 122곳이 국영이었다. 일부 개인 소유의 은행들이 이제 막 힘을 기르고는 있지만, 이 수치가 그 이후 약간 변했을 뿐이다. 베트남 공산당에게는 국영 부문을 강화시키는 일이야말로 세계화시대에 국가의 자주성을 유지할 수 있는 길이었다. 국가의 자주성 유지란, 2006년 12월에 베트남의 '해양 경제' ─ 석유 개발에서 어업과 조선업에 이르기까지의 모든 부문을 망라하는 포괄적인 개념 ─ 를 발전시키기로 한 결정처럼 당이 아직도 큰 목표를 세울 수 있다는 의미이다. 당은 또한 자연자원, 수송, 금융, 기간 시설, 국방·통신과 같은 전략적으로 중요한 부문에 대해 높은 수준의 국가 통제권을 유지하기로 결정했다.

당은 과거의 실수로부터 배워왔다. 국영기업을 외부 세계로부터 차단하는 것은 나라에 이롭지 못하며, 번영하기 위해 신규 투자와 현대적인 기술과 관리 능력이 필요하다는 것을 배웠다. 당은 경제 항해에서 사회주의적인 부분을 지키기 위해 자본주의 교과서에 나오는 모든 묘기를 활용할 준비가 되어 있었다. 전체적인 경영을 당의 명령에 따르는 한, 기업들은 자유롭게 외국 파트너들과 합작 사업을 벌이고, 주식 보유분을 외국 투자자들에게 팔며, 심지어 '공정화equitise'('민영화'라는 말은 아직도 정치적으로 의아심의 대상이 된다)할 수 있게 되었다. 당의 명령에 따르는 보답으로 기업은 바람직한 정부 지원을 받을 수 있었다. 유일한 것은 아니지만 가장 좋은 사례 중 하나로 베트남 조선 산업 그룹Vietnam Shipbuilding Industry Group(이하 비나신VinaShin)의 경우를 들 수 있다. 비나신은 정부의 특별 지원을 받았다. 베트남이 2006년에 7억 5000만 달러 상당의 첫 국채를 발행했을 때, 그 매상금은 도로 건설이나 대학이 아닌 비나신으로 갔다. 2008년 응우옌떤중 총리가 독일을 공식 방문해 이룩한 한 가지 명백한 성과는 도이치뱅크로부터 20억 달러의 차관을 얻은 것이었는데 이것 역시 비나신을 위한 것이었다.[15] 스위스 은행인 크레딧 스위스 또한 이 회사에 10억 달러를 빌려주었다.

비나신은 2018년까지 베트남을 세계 4대 조선국으로 만든다는 야심 찬 목표를 갖고 있다. 그렇게 할 수 있는 한 가지 길은 국가의 지원을 받아 세계 어느 곳보다 선박을 더 싸게 만드는 일이었다. 선박 수입 회사 중 하나로 영국의 그레이그Graig가 있다. 웨일스의 중심 도시인 카디프에 본거지를 둔 그레이그는 벌크bulk 운반선 위탁 전문 회사이며 국제 해상무역의 노역말workhorse 역할을 할 정도로 계약고를 올리고 있었다. 특히 1만 3000중량 톤짜리 '다이아몬드 53' 선박들이 사업 성공에 도움이 컸다. 이 선박의 대부분은 중국에서 건조했지만 2004년에 비나신이 15척(총 3억 2200만 달러 상당)을 건조하기로 하는 계약에 성공했다. 그 거래는 베트남 정부의 지원이 없었으면 성사되지 못했을 것이다. 비나신의 설비와 기술 수준은 처음에 아주 빈약했기 때문에 그레이그는 나중에 만약 배가 제대로 뜨지 않으면 전액을 되돌려 받는다는 보증을 요구했다. 그러나 민간은행들이 그런 보증을 제공하려 하지 않았으며 처음엔 국영은행들도 마찬가지였다. 계약일 바로 전날 응우옌 총리가 국영은행에 그 보증을 해주도록 직접 지시하고 나서야 실행되었다.

2006년 4월에 첫 건조 선박이 꽝닌Quang Ninh 성 먼 북동쪽에 있는 하롱Ha Long 조선소에서 진수 준비에 들어갔다. 큰 행사가 될 참이었다. 그도 그럴 것이 이 플로렌스호는 지금까지 베트남에서 건조한 가장 큰 선박이었다. 진수식 날 190미터 길이의 검고 붉은 선체가 30미터 높이로 축하객들 옆에 우뚝 솟아 있었다. 이 배를 건조한 노동자석이 조용해지고 이 중요한 행사에 참석하러 온 고관들이 모두 자리를 잡았다. 베트남 해양 산업을 위해 아주 중요한 순간이었다. 진수 명령이 떨어지고 플로렌스호가 선가船架를 미끄러져 내려갔다. 그 순간 모두가 손뼉을 치며 환호했다. 그러나 몇 시간 뒤에 그 환호는 부끄러움과 당황으로 바뀌었다. 플로렌스호에 물이 새기 시작한 것이다. 방수격실防水隔室 다섯 개 중 네 번째에 물이 반이나 차올랐다. 그것은 비나신이 베트남의 선박 건조 빅 리그 입문을 기록할 것으로 추정한 날에 원했던 종류의 홍보가 아니었다. 언론은 몇 가지 설명을 곁들여 보도했다. 배를 진수할 때 철판 블록 하나가 떨어져 나가 선체에 1미터 길이의 구멍이 생겼는데, 선가를 너무 짧게 급경사로 만들어 배가 물에 부딪힐 때 선체에 균열이 갔다는 것이다.[16] 그레이그사로부터 온갖 트레이닝을 받고 조언을 듣긴 했지만, 비나신은 분명히 선박 건조에 대한 지식이 부족한 실정이었다.

아무튼 그 구멍은 수리되었고 플로렌스호는 몇 척의 다른 베트남제 다이아몬드 53 선박과 함께 바다를 안전하게 항해하고 있다. 그 불운한 진수식 이후 그레이그사는 비나신과의 계약을 늘려 다이아몬드 53형 29척과 더 작은 다이아몬드 34형 10척 - 총 10억 달러 상당 - 을 주문했다. 그러나 하버드 대학교의 경제학자인 데피스David Dapice는 베트남 정부가 비나신에게 자금 지원한 금액을 감안하건대 전체적으로 과연 베트남이 그 거래에서 이익을 보았을지 의아해했다. 그는 비나신이 그레이그사로부터 수주해 건조한 첫 15척의 선박 1척당 1000만 달러의 손실을 볼 수 있었다고 추산했으며, 과연 이것이 이 가난한 나라가 그렇게 돈을 낭비하는 것이 최선의 길인지 묻고 싶다고 말했다.[17] 그러나 그럴 때는 즉각 다른 우선 사항이 의제로 설정되어 그런 비판을 막아낸다. 비나신은 베트남 '해양 경제' 전략의 핵심 역할을 하는 회사이며, 그래서 미래에 그들이 필요로 할 기술과 경험을 쌓기 위해 적어도 당분간은 계약에서 큰 손실을 보는 한이 있어도 그들이 원하는 것을 할 만한 여지가 있다는 것이다. 그러나 그레이그와의 이 거래가 비나신이 저리자금으로 사업을 벌여온 유일한 경우가 아니다. 다른 많은 대형 국영기업들처럼 비나신의 관심은 그들의 초기 사명감에서 이탈해 잠재적으로 베트남에 큰 두통거리를 가져올 영역으로 빠져들었다.

저리자금의 일부는 선박 건조에 들어갔지만, 비나신은 2007년 한 해에만 자회사 154개를 설립했는데 주말을 빼면 하루 반에 회사 하나씩을 만든 셈이다.[18] 그들의 신규 투자 가운데는 양조장과 남딘Nam Dinh 성의 호텔 단지가 있다. 비나신의 주요 업종과는 전혀 동떨어진 사업이다. 석유 생산 독점 업체인 국영 페트로베트남PetroVietnam 또한 호텔업에 진출했으며 다른 국영기업들은 호화 주택단지를 개발했다. 이 같은 투자는 2007년과 2008년 거대한 부동산 거품을 일으키는 데 한몫했다. 그러나 전반적으로 베트남에 더 위험한 것은 국영기업이 금융업에 뛰어드는 관행이다. 베트남은 동아시아 국가들이 걸어온 길과 유사한 길을 가고 있다. 초대형 국영기업들은 자금 공급을 위해 최소한의 경제적 논리를 가진 프로젝트에 이상한 금융 채널을 만든다. 2008년 6월까지 국영기업 28곳이 약 15억 달러를 들여 자금운용회사, 증권회사, 상업은행과 보험회사를 설립하거나 지배 지분을 사들였다. 베트남 금융회사의 4분의 3은 현재 초대형 국영기업(이들은 '제너럴 코퍼레이션General Corporations'으로 알려졌다) 소유이다. 시멘트, 석탄, 고무 부문 독점기업들은 모두 적어도 하나씩의 금융회사를 소유하고 있다. 베트남 법률에 따르면 '금융회사'는 결제 업무를 제외하곤 은행과 업무가 거의 동일하다. 그러나 일부 대형 국영기업은 기존 은행에도 지분을 가지고 있다. 비나신은 하노이 빌딩 뱅크hanoi building bank(하부뱅크Habubank)의 일부를 소유했으며 몇몇 다른 사례들이 있다. 또한 많은 대형 국영기업들은 주식을 거래하는 증권회사도 사들였다.

이 모든 회사들과 그리고 초대형 제너럴 코퍼레이션의 일부는 자기금융 '블랙박스'가 될 잠재성이 있다. 그들의 자금처리 방식은 불투명하다. 예를 들어 2008년 말 베트남 전기 회사Electricity Viet Nam: EVN는 EVN 파이넌스EVN

Finance의 지분 40%와 에이비뱅크AB Bank의 지분 28%를 소유했으며, 다시 에이비뱅크는 EVN 파이넌스의 지분 8%를 소유했다. 에이비뱅크와 EVN 둘 다 집단을 이루어 EVN 파이넌스의 지분을 갖고 있는 증권회사들을 소유했다. 유엔 개발 프로그램United Nations Development Program: UNDP 베트남 사무소에 보내는 최근의 한 보고서 내용 중에는 "초대형 국영기업들은 회원 기업들의 주식회사화equitisation(베트남식 영어, 베트남어로는 Cổ phần hóa)를 통해 회사가 발행하는 새 주식을 일괄 인수할 수 있고, 구매·거래·시가 조정을 할 수 있으며 이익을 취할 수 있다"라는 구절이 있다.[19] 비윤리적이고 범죄적인, 그리고 온 나라를 소란하게 하는 행위들을 할 기회가 수없이 많다. 초대형 국영기업체 대표들은 그들의 핵심 사업보다 이들 회원 기업 부문에 잠깐 손을 대면 더 많은 돈을 벌 수 있다고 생각한다. 석유 독점 회사인 페트로베트남의 고위 간부는 한 신문기자에게 "비즈니스에서 가장 중요한 것은 경제적 효율성이다. 우리 그룹 수익의 40% 이상은 비非석유와 비非가스 기업에서 나온다. 우리는 우리가 본업에 집중해야 한다는 것을 알고 있지만, 주 업종 부문에 대한 투자가 비효율적인데 어떻게 거기에 투자를 할 수 있겠는가?"라고 말했다.[20] 국가의 과분한 부조扶助로 수익을 올리고 있음에도, 기업 대표들은 때때로 그들이 책임지고 있는 국가 전략기업보다는 자신에게 이익이 돌아오는 부문에 더 신경을 쓴다.

공산당 지도부는 국영기업을 선호한다. 그들이 기업의 정책을 입안하고 실행할 수 있기 때문이다. 그 기업들을 경영하는 당원들은 당의 정책을 이행하라는 명령을 받을 수 있다. 그러나 많은 기업 대표들은 당 지도부에 있기보다는 국영기업의 대표 자리를 선호한다. 국영기업이 부자가 될 기회를 더 많이 제공하기 때문이다. 자회사를 설립해 스스로를 그 회사 이사회에 등재시키면 쉽게 돈을 벌 수 있는 길이 열린다. 다른 방법은 친구나 친척

명의로 개인 회사를 설립해 자기가 맡고 있는 국영 회사의 자산을 싼 가격으로 이 신설 회사에 매각하거나 유리한 계약으로 넘기는 일이다. 쉽게 번 돈으로 후원자·관리·단속자에게 뇌물을 주고 위법행위를 숨기는 것은 어렵지 않다. '꼬리'인 국영기업을 맡고 있는 당원들이 '개'라는 정책을 흔들어대고 있는 꼴이다. 그러나 이것이 이야기의 전부가 아니다. 베트남에서 놀라운 일은, 위기의 순간에 정도를 벗어난 공산당 당원을 징벌할 수 있는 길이 있다는 점이다.

그런 일이 어떻게 일어나는지를 이해하기 위해서는 당 운영 방식을 살펴볼 필요가 있다. 베트남 공산당 지도부는 프랑스의 드골주의와 유사한 어떤 노선에 따라 이 나라를 통치하고 싶어 한다. '베트남식 드골주의' 아래서는 막후 엘리트(공산당)가 종합적인 정책 방향을 정하고 정부(당에 의해 통제되는)에 그것의 실행을 위임하는 것으로 되어 있다. 정부는 법을 기초하고 정책을 집행하는 데 필요한 이용 가능한 수단 ― 정부 관료, 국영기업, 민간 부문, 외국 투자자, 국제 차관공여기관 또는 누구든 ― 은 무엇이든지 활용한다. 그리고 그 이면에서 당이 나서서 정책이 제대로 집행되는지를 확인하기 위해 여러 관계자들을 감시하고 찾아내고 강요한다. 이는 적어도 당이 무슨 일이 생기길 좋아한다는 의미이다. 현실은 대체로 무언가 다르게 진행된다. 때때로 당은 결정을 내리고 강요하며 응집력 있는 지배력을 행사하지만, 당은 이따금 파벌로 ― 부분적으로는 이데올로기로, 그러나 점점 더 개인과 그들의 비호patronage 조직망으로 ― 사분오열되기도 한다. 비호 조직망을 구축해 그들에게 반대급부를 주지 않고는 아무도 공산당 지도부의 15인 정치국원으로 선출되지 못한다. 어떤 특별한 결정이 이데올로기 때문인지 아니면 비호 조직망 때문인지를 구분하기는 종종 불가능하다. 대부분의 경우 아마도 두 요소가 약간씩 혼합되어 있을 것이다.

국가주석인 응우옌민찌엣Nguyen Minh Triet(현 국가주석은 쯔엉떤상Truong Tan Sang이다)을 예로 들어보자. 찌엣 주석은 바로 호찌민 시 외곽 빈즈엉Binh Duong 성의 당 조직을 통해 권좌에 올랐다. 그는 빈즈엉 성을 경제발전소로 키우는 데 크게 기여했다. 엄청난 액수의 외국인 투자를 끌어들이고 수십만 개의 일자리를 만드는 데 국가 예산의 상당 부분을 쏟아 부었다. 그는 투자자들을 만족시키기 위해 '울타리 허물기', 즉 규정을 악용했다. 산업단지 건설을 위해 경제개발계획 규정을 고치고, 외국 기업을 끌어들이기 위해 세율을 낮추고, 국영기업들에겐 그들이 필요로 하는 일에 도움을 주었다. 성공에 대한 보상은 당내에서의 승진이었으며 처음엔 호찌민 시 당 주석이 되었다가 마침내 국가의 우두머리가 되었다. 그러나 그의 정치적 기반은 여전히 빈즈엉 성이며 그곳은 이제 가족의 영지가 되었다. 그의 조카가 성장省長의 자리에 있고 가족의 다른 구성원들이 성 행정조직의 많은 부분을 지배한다. 베트남인들은 누가 누구의 '우산' 아래 있다는 이야기를 곧잘 한다. 찌엣 국가주석의 '우산'은 빈즈엉 성에 있는 그의 가족과 그 조직망을 비호하며, 마찬가지로 그의 동료들의 우산은 다른 지역에서 그들의 가족들과 그 조직망을 비호한다. 이 은신처는 성省, 국영기업, 그리고 차츰 이들 기관을 맡고 있는 사람들 — 그들이 법으로부터 '보호받고 있음'을 알고 있는 — 에게 규정을 악용하고 위반할 여지를 주고 있다. 그러나 어떤 국가 지도자도 자신의 지역 조직망 이익을 추구하는 데는 한계가 있다. 궁극적으로는 국가의 이익이 우선되어야 하는 것이다. 정책은 합의로 도출되어야 한다. 국가적·당파적, 그리고 지역적인 이익 모두가 고려되어야 한다. 그러나 합의에 이르는 데는 대개 지독한 내부 투쟁이 따른다.

정부는 2008년 초 부동산과 주식시장 거품이 지나치게 크게 일고 있음을 알았다. 주식시장의 난조로 경제 전반이 요동쳤다. 2006년에 호찌민 시 거래소의 주요 주가지수인 VNI Vietnam Index가 145%로 치솟았다. 그리고 2007년 들어 2개월 반 만에 또다시 50%가 올랐다. 대도시 증권회사 객장은 당일치기 주식매매 인파로 만원을 이루었다. 일부 국민은 그들의 저축 예금을 해약해 주식 거래에 투기했다. 낙관론이 억제되지 않았다. 2007년 3월 12일, VNI가 역대 최고인 1170포인트를 기록했다. 그것이 마지막 최고 시세였다. 주가는 잠시 요동쳤지만 그해엔 전체적으로 약 20% 상승으로 끝을 맺었다. 그러나 2008년 들어 주가가 와르르 무너져 내렸다. 지수가 70%나 폭락해, 저축 통장을 헐어 투기를 했던 막차 탄 소액 거래자들과 그 가족들 대부분을 빈털터리로 만들었다. 물가가 30%나 치솟아 도시 가구의 생활이 크게 궁핍해졌으며, 공장들이 파업으로 몸살을 앓고 민심이 흉흉해졌다. 당의 통치를 위협하기 시작하는 것처럼 보였다. 지도부가 반격에 나설 시점이 된 것이다.

2008년 4월에 응우옌떤중 총리는 공식적으로 국영기업이 비핵심 사업을 총자산의 30% 선으로 제한하게 하는 조치를 취했다.[21] 국영기업들이 법을 따르도록 하는 정부의 '촉구'가 줄어들고 있다는 사실은 그들을 계속 통제하는 데 문제가 있음을 드러냈다. 국영기업들은 말을 듣지 않았으며 막후에서 격렬한 내분이 일어났다. 정부는 다른 방법을 쓰지 않을 수 없었다. 초대형 국영기업들에게 낮은 이자율로 특혜를 베풀며 푸짐한 자금을 공급해왔던 중앙은행이 (긴축정책에) 동참하라는 지시를 받았다. 이자율이 오르고 저리자금의 공급이 줄어들었다. 활짝 펴 놓았던 보호 우산들이 접히고, 지도부는 국가적인 이익을 생각해 행동하지 않을 수 없었다. 이러한 대응이 효과를 거두어 요동치던 경제가 진정되고 위기의식이 누그러졌다.

초대형 국영기업들은 본래 여러 가지 점에서 한국 재벌을 본뜬 것이었다. 한국의 재벌들은 많은 실패를 했지만 현대와 삼성 같은 일부 기업은 거대한 수출 역군이 되었다. 베트남의 초대형 국영기업들은 한국 재벌에 비해 훨씬 덜 성공적이었다. 비나신은 원가 이하의 입찰로 주문을 받았으며, 쿠바와 베네수엘라에서 페트로베트남이 석유 사업을 벌일 수 있게 된 것은 회사의 능력이라기보다는 정부의 외교적 산물이었다. 국영 섬유 산업의 대부분은 적자에 허덕이고 제철 산업 역시 크게 뒷걸음질을 치고 있다. 그러나 국영 부문은 여전히 당의 통제 ― 경제정책의 도구로서, 또한 지역 지지자들, 노조와 다른 이해 그룹들을 달래는 수단으로서 ― 를 뒷받침하는 대들보 역할을 했다. 많은 국영기업이 매각되고 있지만 당은 100개 내지 150개의 가장 중요한 국영기업은 계속 유지하기로 방침을 굳혔다. 이들 국영기업들은 계속 국가의 아낌없는 지원 혜택을 입고 있다. 한 국영은행으로부터 연화 차관soft loan을 받던 일은 거의 과거사가 되었지만 아직도 그들에게 자금 지원을 할 많은 방법이 남아 있다. 국영 베트남 개발은행Vietnam Development Bank(외국 정부로부터 원조 자금을 보조받는)과 그들의 사회보험기금Social Insurance Fund(2015년까지 베트남에서 가장 큰 단일 투자회사가 될 것으로 예상되는)은 국영 부문의 이익을 위해 설명할 수 없는 '비자금' 창구 역할을 할 것으로 보인다.[22] 분명 베트남은 국영기업들에게 큰 기대 ― 미래가 반드시 밝지만은 않지만 ― 를 하고 있다.

❊   ❊   ❊

당과 기업이 뒤얽혀 있는 조직망은 국영 부문에만 국한하지 않고 민간 부문 역시 지배한다. 많은 '민간' 기업은 전에 국영기업이었거나 아직도 일부 정부 지분이 남아 있으며 여전히 당원이 경영한다. 진정한 민간 기업들마저도 좋은 연줄이 없으면 허가·등록·세관·통관과 많은 다른 귀중한 서류를 받아내기가 거의 불가능하다는 점을 알고 있다. 재빨리 손을 쓰지 않는 기업들은 어려움에 봉착한다. 조사한 바에 따르면 개인이 소유한 은행들까지도 '연줄이 있는' 사람들에게 돈을 빌려주고 싶어 한다.[23] 민간 부문의 전망 좋은 고지들을 지배하고 있는 사람들 대부분은 당이 임명한 사람들이거나 그들의 가족 또는 친구들이다. 공산당 엘리트는 베트남식 자본주의를 가족 사업으로 바꾸고 있다. 새로운 비즈니스 엘리트는 공산당과 구분되어 있지 않으며 당원이거나 당과 관계가 있는 사람들이다.

에컨대 베트남에서 가장 부유한 사람들 중 하나인 쯔엉자빈Truong Gia Binh은 FPT로 불리는 회사의 사장인데, 이 회사는 현재의 '금융·기술진흥 공사Corporation for Financing and Promoting Technology'로 발전하기 전에는 국영 식품가공기술공사Corporation for Food Processing Technology로 출발했으며, 지금은 베트남 제일의 정보기술IT 회사가 되었다. 그는 또한 베트남에서 이름 앞에 상례적으로 '전 사위'라는 접두사가 붙는 유일한 사람이기도 하다. 왜냐하면 그는 이전에 보응우옌잡Vo Nguyen Giap — 전쟁 영웅이고 전 육군 총사령관이었으며 한때 부총리였던 — 의 딸과 결혼했기 때문이다. 1990년대에 만약 어떤 기업이 육군이 관할하는 광범위한 기업들과의 접촉이 필요했거나 건설이나 통신 부문에서 계약이 필요했다면, 잡 장군을 반드시 만나보아야 했을 것이다. 소프트웨어와 휴대전화기 판매 회사들에게 유용한 연줄인 쯔엉자빈은 이제 다른 연줄을 갖고 있다. 그의 회사에 투자한 기업들 가운데 미국의 벤처 캐피털 회사인 인텔 캐피털Intel Capital과 텍사스 퍼시픽 그룹Texas Pacific Group이 있기 때문이다.

더 많은 사례들이 얼마든지 있다. 실은 하도 많아서 베트남인들은 이제 그것들을 수식하는 특별한 말, 즉 'COCC'와 '5C'라는 말을 지어냈다. COCC는 새로운 당 사업 엘리트의 하위층 — 지역 대표들과 당과 정부의 하위직 관리들 — 을 말한다. COCC는 꼰옹짜우짜Con Ong Chau Cha — 글자 그대로 풀이하면 '아버지의 아들, 할아버지의 손자'라는 뜻이다 — 의 머리글자이지만, 베트남 가족들의 전통을 잘 알고 있는 사람이면 누구나 그 의미를 분명히 알고 있다. 즉 젊은이는 충성을 바치고 늙은이는 그들을 보호해준다는 것이다. COCC의 우산 아래 있는 사람들은 보호자들이 경찰과 법원의 윗자리에 있기 때문에 거의 어떤 처벌도 면할 수 있다. 진짜 엘리트는 5C로 알려졌다. 그들은 단연코 어떤 벌이든 모면할 수 있다. 어떤 5C 아들이 사람을 살해했으나 모든 것이 은폐되어 버렸다는 주장까지 있다. 5C는 꼰짜우깍꾸까Con Chau Cac Cu Ca를 말하는 것인데 글자 그대로 풀이하면 '대단한 할아버지의 모든 아들들과 손자들'이라는 뜻이다. 꾸Cu는 베트남 가족에서 가장 고귀한 지위를 말하는데, 역대 국가주석과 공산당 총서기장이 결국 이 칭호를 받게 된다. 5C의 우산은 거의 모든 가족을 포함하는 직계 후손들을 덮을 정도로 넓게 펼쳐진다.

베트남에서 이런 친족 관계는 어떤 시가時價를 갖고 있다. 기업들 — 국내외 모든 기업 — 은 의사결정자들을 소개받고 접촉하는 데 많은 수수료를 지불할 준비가 되어 있다. 이미 접촉을 하고 있는 사람들 — 가족 연줄을 통해 — 은 큰 이점을 갖는다. 핵심 관리에게 잘 연결해주는 일은 10만 달러의 값이 나갈 수도 있다. 돈은 보통 정치인에게 직접 주지 않고 협력자 — 때로는 친척 — 에게 준다. 때때로 돈이 아닌 선물이 될 수도 있으며, 심지어 아파트일 수도 있다. 아파트는 명목상 월급이 100달러인 국가 공무원들이 성공한 기업 지도자의 생활수준에 맞먹는 생활을 할 수 있는 곳이기 때문이다. 베트남인들은 "한 다리는 안쪽에 다른 한 다리는 바깥쪽에 두는" 시스템을 갖고 있다고 말한다. 관료사회 어딘가에서 박봉의 지위에 있는 가족 구성원들은 연줄을 살리는 유용한 길이 될 수 있으며, 그의 아내, 형제와 사촌은 외부 비즈니스를 은근히 노린다. 현재의 공식적인 직책 또한 가치가 있다. 공공기관 부서장은 하급 직원에게 기회와 연줄을 제공해주고 몇천 달러를 받을 수 있다.

그러나 소개를 해주는 것은 돈을 버는 여러 길 중 단지 한 가지 길일뿐이다. 고위 공직자의 가족 구성원들은 업계 모든 부문에서 활동 영역을 찾아왔다. 공산당 엘리트들은 경제개혁 초기부터 자녀들을 외국에 유학시켰으며, 업무적인 이익에 자신의 지위를 지렛대로 삼아왔다. 이들 자녀들은 훌륭한 자격을 갖추고 귀국해 외국 투자회사와 새로운 민간 부문에 취직했다. 1990년대 초에 세계은행은 베트남에 민간 부문 발전을 촉진하도록 권고하면서 많은 베트남 젊은이들에게 해외 유학 장학금을 지급했다. 이들 가운데는 딘티호아Dinh Thi Hoa라는 여학생도 있었는데 그녀는 공산 베트남의 첫 하버드대 출신 경영학 석사가 되었다. 그녀는 귀국해 갤럭시Galaxy라 불리는 회사를 세웠는데, 이 회사는 현재 광고대행사 하나, 고급 서구 스타일의 레스토랑 체인 대부분, 그리고 호찌민 시의 대형 영화관과 영화제작 회사를 거느리고 있다. 이 회사는 여러 가지 점에서 민간 부문의 성공 모델이다. 그러나 갤럭시는 결코 맨 바탕에서 도약한 것이 아니다. 이 회사는 당 엘리트들의 자녀들이 창업한 많은 회사 중 하나이다. 세계은행이 딘티호아에게 유학 장학금을 지급한 이유 중 한 가지는 그녀의 아버지가 외교부 차관이었기 때문이다. 개혁은 처음부터 정치가들에게 직접적이고 확실한 보상을 해줌으로써 촉진될 수 있었다.

자본주의의 도래가 공산당과는 관계가 없는 수익원을 가진 중산층이라는 새로운 세력을 사회에 만들어내어 그들이 홀로 서고 스스로를 지켜내게 할 수 있을 것이라는 것이 베트남에 대한 많은 관찰자들 사이에서 나오는 일반적인 가정이다. 시간이 가면 그럴지도 모르지만, 먼 장래의 일이 될 것이다. 당장 더 잘살기 위해서는 당에 대한 충성이 필요하다. 현재로선 좋은 연줄을 잘 활용해야만 부자가 될 수 있으며 부자가 국가로부터 보호받기 위해선 그들의 돈을 잘 활용해야 한다. 그 결과 부자와 가난뱅이 사이에 불평등이 더 커지고 있다. 공식적인 수치로는 발표되지 않지만 그럴 만한 많은 이유가 있다. 베트남의 지니계수 ─ 불평등을 측정하는 데 널리 이용되는 ─ 는 1993년에서 2006년까지 0.33에서 단지 0.36으로 높아졌는데, 이는 대부분의 유럽 국가들과 거의 같은 수치이다. 하지만 이 데이터는 소규모 조사 ─ 1993년에 단 5000명을 대상으로 ─ 에서 나온 것이며 최하층 주민, 즉 저임금 이주 노동자들 대부분은 제외되어 있다. 그것은 또한 농촌과 도시 지역에 대해 구식 분류법 ─ 일부는 한때 농촌 지역이었지만 지금은 도시 지역이 되었는데도 ─ 을 이용하고 있어 농촌 마을과 도시의 생활양식 사이의 실질적인 불평등을 충분히 짚어내지 못하고 있다.[24] 현실에 더 기반을 둔 빈곤 측정을 하게 되면 이야기가 달라진다. 가난한 가정은 유아사망률과 영양실조의 감소 정책에서조차 부자 가정보다 덜 혜택을 입어왔다. 가난한 집 아이들의 3분의 1은 부잣집 아이들의 단 5%와 비교해도 표준 체중 이하이다. 베트남선 '빈곤선'이 한 달에 약 15달러인 점을 감안해, 그 금액보다 더 버는 가정은 '빈곤 가정'으로 분류하지 않는다. 또 다른 문제는 베트남의 부자들 대부분은 대체로 떳떳하지 못한 수단으로 재물을 모았기 때문에 부자임을 숨기고 있다는 점이다. 실제로는 최상층 부자들과 최하층 빈민 사이의 간격이 크며, 점점 더 커지고 있다.

최근까지 베트남은 어느 이웃 국가들보다도 공정하게 성장의 혜택을 분배해왔다. 당의 사회주의적 방침은 여전히 중요한 의미를 가지고 있다. 그러나 앞으로 재분배는 체제 유지에 가장 중요한 공산당 지지자들로부터 부를 덜어내어 가난한 사람들에게 분배하는 것을 의미하게 될 것이다. 과연 베트남은 부자들이 자신의 아이를 홀로 서게 하고, 먼 시골의 더 가난한 사람들에게 혜택을 주는 세제를 통해 자신들이 가진 부의 일부를 넘기도록 요구할 능력을 갖고 있을까? 일이 되어가는 것을 보자. 바오손Bao Son(낙원)이라는 회사는 하노이 외곽에 테마파크를 건설했다. 하노이 중심가의 바오 손 호텔로 성장한 이 회사는 한 공산당 지도자의 가족이 소유하고 있으며 단층집과 기와지붕, 자갈길로 이루어진 구舊 하노이 시가의 재개발에 중요한 역할을 하고 있다. 그리고 그 테마파크에서는 요금을 부담하면 누구나 인력거를 탈 수 있다. 사람이 끄는 인력거는 초기 공산주의 혁명가들에겐 식민지 시대 착취의 상징적인 사례처럼 보였으며, 그들이 정권을 잡은 후 그것을 금지시켰다. 오늘날 베트남의 새 부유층인 그들의 아이들과 손자들은 그들을 기만하고 있다. "그들은 베트남을 자신들 소유의 나라로 만들려 하는 것일까?"라는 질문이 나오지 않을까 싶다.

2

토지수용과 보상

Selling the fields

베트남이 세계무역기구에 가입하기 하루 전날인 2007년 1월 10일, 북부 하떠이Ha Tay 주의 쩐티뿌Tran Thi Pu 여인은 논흙을 파서 외바퀴 수레로 옮기는 작업을 하고 있었다. 쌀쌀한 겨울 날씨 속에서 그녀와 그녀의 사촌은 괭이로 논바닥의 표토를 긁어내어 그것을 낡은 비료 포대에 수북이 퍼 담아 수레 위로 들어 올렸다. 두 사람은 다시 그것을 몇 백 미터 떨어져 있는 자신들의 마을인 호아이죽Hoai Duc으로 날랐다. 과수 재배 사업을 확대하고 있는 이웃에게 팔기 위해서다. 그들 뒤에는 나무로 만든, 낮은 키의 위치 표시 푯말이 논을 가로질러 늘어서 있었다. 그것들은 몇 주 안에 미래와 과거 사이의 경계선을 표시하게 될 것이다. 그 푯말들의 왼쪽에 있는 모든 것은 민간 주택 개발의 일부가 될 것이고, 흙을 나르는 맨발의 여인들 오른쪽에 있는 모든 것은 볍씨를 뿌리고 그 묘苗를 손으로 옮겨 심을 볏논으로 계속 남을 것이다. 뿌 여인은 하루 전에 자신의 땅이 농민으로서 5년 치 수익에 해당하는 보상금을 받게 될 것이란 얘기를 들었다. 그러나 그녀는 기쁘지 않았다. 그녀는 이렇게 말했다.

나는 그 돈으로 무엇을 할지 몰라요. 아마도 어떤 것에 투자하겠지만 무엇에 투자해야 할지 막막합니다. 나는 농사꾼이며 벼를 심고 가축을 기르는 것밖에 모르거든요. 장사나 사고파는 것도 모르고요. 차라리 정부가 여기에 공장을 지어 우리가 거기서 일할 수 있게 하면 좋을 것 같아요. 그게 보상이나 아파트 짓는 것보다 더 나을 것 같아요.

늘어선 푯말 오른쪽(토지수용이 되지 않은 쪽)에는 일상생활이 계속되었다. 또 다른 농사꾼인 응우옌티항Nguyen Thi Hang은 송아지들을 몰고 나오려 차가운 회색 물속에 들어가면서도 그녀의 토지를 생각하며 더없이 행복해했다. 그녀는 과거 어느 때보다도 사정이 훨씬 나아졌다는 것을 알고 있었다. "5년 전에는 가축들에게 먹이기 위해 자전거에 채소 쓰레기를 싣고 하노이 시장에서 집까지 오느라 거의 꼬박 하루가 걸렸습니다. 지금은 남편이 나를 오토바이로 태워다주면 두 시간 안에 갔다 올 수 있습니다"라며 그녀는 새로운 유형의 농민에 대한 이야기로 말머리를 돌렸다. "베트남 토종 돼지는 60킬로그램으로 키우는 데 6개월이 걸리곤 했는데, 지금 기르는 서양 품종은 단 2개월 만에 그 무게로 키울 수 있습니다." 그녀의 이야기는 나라 전체에 대한 것으로 이어졌다. 올챙이배를 한, 토박이 품종의 돼지가 거의 전멸해버린 나쁜 소식도 있었지만, 수백만 베트남 농민들의 혁명적인 생활 향상에 대한 이야기도 있었다. 그녀와 그녀의 남편은 계속 농사일을 했지만 그들의 아이들은 흙투성이 손으로 허리를 굽혀 일해야 하는 농사꾼으로 살 마음이 없었다. 그들은 매일 오토바이를 타고 하노이를 왕복했는데, 아들은 컴퓨터 회사에 근무하고 딸은 옷 가게에서 일했다. 5년 전만 해도 그들은 중국산 혼다 드림을 타는 것이 소원이었다. 지금 그들은 그런 구식 남자용 자전거는 안중에도 없다. 오토바이든 휴대전화든 그들의 소비는 사람 눈에 띄는 것을 대상으로 한다.

그러나 이 모든 것에도 불구하고 이 가족은 토지를 포기하고 싶어 하지 않았다. 토지는 그들의 위안거리였다. 거기로부터 100미터 정도 떨어진 곳에서 쩐티뿌 여인이 슬퍼하고 있는 것은 그 위안거리를 잃게 되었기 때문이다. 이들 두 여인뿐 아니라 30세를 넘긴 어느 여자 농사꾼이든 여성 특유의 생생한 추억이 있다. 1980년대에 한동안 전쟁, 베트남에 대한 국제 제재, 그리고 교조적인 국가사회주의가 심각한 식품 부족과 기근을 가져왔다. 그 시절의 유산은 영양실조로 발육부전에 빠졌던 모든 베트남인들의 신체에 분명히 나타나 있다. 그러한 일이 다시 일어날 수 있다는 두려움이 농민들을 토지에 매달리게 하는 것이다. 설사 휴대전화 울리는 소리가 멈춘다 하더라도, 그들은 자신이 먹을 쌀을 재배할 수 있기 때문에 살아남을 수 있다는 신념 바로 그것이다. 그들에게 토지를 잃는 것은 불확실성 속으로 내동댕이쳐지는 일이다.

이들 두 여인, 응우옌티항과 쩐티뿌는 베트남 변화의 살아 있는 증인들이다. 생활은 20년 전보다 크게 나아졌다. 농촌 생활의 옛 우여곡절 대부분은 이제 극복되었다. 영양실조를 겪는 농민들이 거의 없어졌고 전염병이 저지되었으며 예상 수명이 연장되었다. 토지가 광범위하게 분배되었고 이론적으로 농민들은 원하면 누구든지 농장을 살 수도 팔 수도 있게 되었다. 그 결과 극적인 변화가 일어났다. 30년도 못 되어 겨우 입에 풀칠이나 하며 살아가는 사람들의 숫자가 수직으로 줄어들었으며, 도로가 나고 전기가 들어오고 병원·학교가 세워지고, 하수구 등 위생 시설이 구비되었다. 그러나 과거의 무거운 짐을 완전히 벗어버리는 데는 오랜 시간이 걸린다. 농민으로서의 삶은 아직도 힘들다.

공업화가 진척됨으로써 1980년대 중반 국내총생산GDP 가운데 농업 생산의 몫이 40%이던 것이 지금은 약 절반인 20%로 감소했다. 그러나 농민의 숫자는 1980년대에 전체 인구의 4분의 3에서 지금은 약 2분의 1로 감소율이 훨씬 느렸다. 바꾸어 말하면 농민들은 여러 업종의 사람들 가운데 훨씬 적은 몫의 성장 수익을 배분받아 왔다. 그들은 옛날보다 넉넉해지긴 했지만 농업 이외의 부문에서 일하는 사람들보다 훨씬 덜 부유하다. 일부 농민들은 잘하고 있지만 다른 농민들은 변화에 대처하느라 고전하고 있으며, 일련의 새로운 문제에 직면했다. 토지 가로채기, 약자를 이용해먹는 지역 관리, 그리고 세계 농산물 가격의 널뛰기로 인해 볏논에서의 역경은 여전하다. 이런 현상은 베트남의 미래에 심각한 영향을 미칠 것이다. 앞서 두 여인이 경험해 알고 있듯이 많은 지방에서 '농지'는 진정한 토지의 모습으로서가 아닌 공적인 범주로 존재하긴 해도, 농촌에서는 아직도 대부분의 베트남인들 — 거의 70% — 이 살아가는 터전이기 때문이다. 호아이죽 주택 개발이 끝난 뒤에도 오랫동안 이곳은 '농촌 지역'으로 분류되어 있을 듯하다.

농민들의 권익을 대변하는 조직의 본부는 하노이 꽌타인Quan Thanh 거리에 위치한 '당黨 지구' 내의 노란색 페인트를 칠한 많은 빌라 중 하나에 자리 잡고 있다. 본부 회의실에는 모든 공공기관이 그렇듯 과시적인 장식들이 있다. 붉은 벨벳 커튼, 호찌민의 청동 반신상, 그리고 "베트남 공산당의 영광은 영원하리라"라는 대형 황금색 글씨로 된 표어가 그것이다. 이들이 이끄는 농민노동조합은 당의 주요 '대중조직'들 중 하나다. 그들은 당에 농민들의 의견을 전하는 '전달 고리' 역할을 하지만 농민에게 당의 정책에 대해 지시하는 역할도 한다. 2007년도 농민노동조합 전국위원장 부응옥끼Vu

Ngoc Ky는 중책을 맡았으면서도 여가의 대부분을 이전처럼 글을 쓰고 시를 발표하는 데 보낸다. 필자가 방문한 날, 그는 또 다른 시 짓기 — 그의 일원들에게 부치는 영광송頌 — 를 막 끝낸 참이었다. 그는 시에서 나라를 부유하게 만들어 세계 여타 부국들을 따라잡자고 농민들에게 호소했다. "봄은 많은 기대와 더불어 오도다. / 장미는 싱싱하게 피어나고 / 우리는 내일을 향해 전진한다." 그가 쓴 시의 한 구절이다. 그러나 그는 하루하루 살아가기 바쁜 농민들에게 봄은 기대보다는 불길한 전조를 가져온다는 것을 잘 알고 있다. '추수 때까지 양식이 남아날까? 어떻게 벌어 1년을 먹고사나?' 하는 걱정거리가 앞서는 것이다.

다른 대부분의 나라 농민 지도자들과는 달리 부응옥끼 위원장은 자신의 임무를, 토지를 경작하며 사는 농민조합원들의 권리를 보호하는 일로 보지 않았다. 그는 무엇을 해야 할 필요가 있는지에 대해서는 솔직했다. "지금 우리나라엔 농민 3200만 명이 있는데, 그들 중 대략 1000만 명이 능력 이하의 일을 한다고 말할 수 있습니다." 그의 해결책은 농민들이 생활을 유지할 수 있도록 더 많은 보조금을 지급할 필요가 있다는 것이 아니었다. 당은 나라를 산업화하기로 결정했고, 많은 수의 농민들이 토지를 떠날 필요가 있으며, 자신은 농민노동조합의 수장으로서 그 같은 정부의 정책이 성공하도록 최선을 다한다는 것이었다. 부응옥끼 위원장은 농업 현대화와 수입 농산품과의 경쟁으로 인해 앞으로 수년 내 이 나라 농민들의 3분의 1이 농촌을 떠날 것으로 예상했다. "그래서 지금 가장 중요한 것은 서비스산업의 요구에 부응할 더 나은 기술을 가질 수 있도록 그들을 교육시키는 일"이라고 그는 말했다. 달리 말하면 농민들을 웨이터와 운전기사로 만들기 위한 재교육이 필요하다는 것이다. 농민노동조합은 이미 그들이 생각하는 새로운 경제에서 소요될 기술을 가르칠 학급을 만들고 있었다.

❂　　❂　　❂

　　삶을 이어가는 주식 ─ 농촌뿐 아니라 국가 전체에서 ─ 은 쌀이다. 20년 이상의 경제 자유화 정책 실시와 생활수준의 향상에도 불구하고 베트남 국민은 아직도 일상 칼로리 섭취량의 대부분을 쌀에 의존한다. 쌀 생산은 농촌 가구 수익의 약 3분의 2를 차지한다. 쌀은 그처럼 베트남 문화의 필수 부분이어서 쌀을 나타내는 말 ─ 꼼com ─ 은 또한 '식사'와 '아내'라는 두 가지 의미로 사용할 수 있다. 일부 농민들에게 쌀은 오로지 생존 수단이다. 해안선까지 산맥이 뻗어 있고 양질의 농지가 적은 중부 지역에 사는 농민들은 평균적으로, 추수한 쌀의 고작 3분의 1만 판매한다. 농지는 척박하고 농사짓는 방법도 비능률적이어서 대부분은 충분한 수확을 하지 못하며 오직 극소수만이 상당한 여분의 쌀을 내다 팔 수 있을 뿐이다. 그럼에도 그들은 벼농사를 계속한다. 벼농사는 자립 수단이고 그들에겐 일종의 보험과 같은 것이다. 열심히만 일하면 최소한 살아갈 수는 있기 때문이다. 다른 많은 사람들에게 쌀은 상품이며 부유해질 수 있는 수단이다. 하노이와 하이퐁 시 주변인 북부 홍하 삼각주 지역의 농민들은 생산한 쌀의 3분의 2를 판매하고 있으며 남부 메콩 강 삼각주에서는 더 많은, 거의 4분의 3을 판매한다. 메콩 강 삼각주의 생산량은 점점 늘어나 인근 도시 주민들을 먹여 살릴 뿐만 아니라 해외 수출로도 수익을 올린다. 제조업이 성장하고는 있지만 쌀은 아직도 베트남 전체 수출액의 거의 5분의 1을 차지한다.

　　메콩 강 삼각주의 이 같은 풍요의 원천은 티베트의 산맥에서 거의 3000마일을 흘러오는 메콩 강에서 시작된다. 메콩 강은 중국, 미얀마, 라오스, 타이, 캄보디아를 거쳐 메콩 강 삼각주에 있는 아홉 개의 입을 가진 용인 꾸롱Cuu Long의 볏논에 자양물을 실어 나른다. 역사적으로 메콩 강의 연례적인 홍수는 이곳 삼각주 지역의 토지를 휩쓸어 바닷물이 내륙까지 싣고 온 소금기를 씻어내고 그 대신 먼 내륙에서 싣고 온 침적토를 깔아준다. 이곳 농민들은 아등바등 살아가는 중부 지역 농민과는 달리 한결 여유로우며, 북부 지역 사람들처럼 상습적인 가뭄과 호우로 인한 불확실성을 염려하지 않아도 된다. 예상 가능한 홍수와, 토지의 활력을 재생시키는 침전물을 연례적으로 제공해주는 인도차이나 반도의 거대한 젖줄인 메콩 강으로 인해 이곳 주민들은 1년에 쌀을 3모작할 수 있다. 그러나 이런 풍요는 단지 메콩 강의 선물만은 아니다. 농업 전문가들의 재능이 없었다면 베트남의 쌀 산업은 성공하기 어려웠을 것이다. 그 점을 알아보기 위해서는 짜우독 Chau Doc 시 외곽에 있는 누이삼 Nui Sam 이라는 신성한 산으로 자동차를 타고 가야 한다. 산 정상(군이 방문 순례자들에게 청량음료와 스낵을 판매하는 장사를 시작하기 전에는 비밀 군사기지로 사용되던 곳이다)으로부터 한 가닥의 선이 뱀처럼 꾸불꾸불 산 풍경을 갈라놓는다. 베트남과 캄보디아의 국경선이다. 남쪽 방향으로는 국가 발전에 작은 역할을 하는 어린 벼들이 가득한, 밝은 초록색 들판이 펼쳐져 있다. 울타리 넘어 들판은 다갈색이다. 캄보디아의 농민들이 추수를 끝내고 지금 잠시 휴지기에 들어가 있는 것이다. 베트남의 성공은 수백만 농민과 포기할 줄 모르는 일부 과학자들의 열성과 근면으로 이루어졌다. 핵심 인물 중 한 사람은 누이삼 산이 보이는 곳에서 태어난 보똥쑤언 Vo Tong Xuan 이다.

쑤언은 사무직 근로자의 아들로 태어난 도시 소년이었지만 친척 아저씨가 사는 시골 마을을 여행한 후 베트남 농민에 대한 애정을 키우게 된다. 그는 농민들이 오랜 시간 열심히 일을 하는데도 작은 수익을 올리는 것에 연민의 정을 느낀다. 공학 학위를 받을 수 없었던 그는 필리핀에서 농학을 공부하고, 수많은 신품종의 쌀과 다양한 재배 기술을 개발 — '녹색혁명'으로 알려진 — 한 필리핀 국제 쌀 연구소International Rice Research Institute: IRRI 에서 연구를 계속했다. 1971년 그의 고향 성省에 있는 깐토Can Tho 대학교는 그에게 고향으로 돌아와 그가 배운 것을 학생들에게 전수해달라는 요청을 해왔다. 그는 남부 월남군 입대 영장을 받고 두 달 만에 귀국했지만, 깐토 대학교 총장의 막후 조정 덕택에 기초 훈련만 받고 병영을 떠나 학생들을 가르칠 수 있었다. 그는 스스로 번역한 소책자를 활용해 친척 아저씨와 같은 농민들에게 녹색혁명에 대한 멋진 소식을 알려주었다. 그는 곧 농민들이 벼의 진을 빨아먹는 벌레인 벼멸구로 고심하는 것을 알고 IRRI에서 개발을 지켜보았던, 해충에 저항력이 강한 벼 품종 IR125를 심도록 장려하는 노력을 폈다. 메콩 강 삼각주 농민들이 새 품종에서 오는 위험을 감수하려 들지 않아, 쑤언은 지역 라디오 방송을 통해 메시지를 전했으며, 새로운 품종의 이점을 설명하고 1킬로미터 떨어진 역 앞으로 오는 농민 누구에게나 무료로 볍씨를 제공하겠다고 제의했다. 농민들은 이 유혹에 넘어갔으며 마침내 벼멸구는 퇴치되었다.

그러나 이 같은 성공에도, 메콩 강 삼각주 지역의 상황은 공산군(베트콩)과 정부군(남부 월남군) 사이의 격렬한 전투로 점점 더 어려워졌다. 그런 와중에도 쑤언은 강의와 연구를 계속했다. 1975년 초 그는 뚜렷한 목표를 가지고 일본으로 건너가 박사 과정을 이수했다. 그는 쉬이 다른 어떤 나라로 망명할 수도 있었지만, 전쟁이 막바지에 접어들어 공산군의 사이공 함락이 가까웠던 4월 2일에 다시 귀국해 그가 배운 것을 메콩 강 삼각주 지역의 농민들에게 전수하기로 결심했다. 그와 동료들은 깐토 대학교를 전시 혼란기의 약탈로부터 지켜냈고 새로 임명된 대학 총장과 협력해 업무에 들어갔다. 공산주의자 총장은 고등학교도 나오지 않은 사람이었지만 기존 교수들이 연구와 강의를 계속하도록 허용했다. 그것은 다행스러운 결정이었다.

1976년에 IR125 벼 품종의 내성을 압도할 수 있는 새로운 변종 벼멸구가 메콩 강 삼각주 들판에 날아들었다. 그에 대한 대응으로 쑤언 교수와 학생들은 다른 IRRI 품종인 IR136의 장점을 살려 변종 해충을 퇴치할 수 있었다. 하지만 삼각주 지역 농민들의 사정이 더욱 나빠지고 있었다. 물론 이 시기의 문제점들은 모두 사람들이 만든 것이었다. 벼멸구는 이 지역 농민이 직면한 유일한 침해가 아니었다. 승리에 도취된 하노이 정권은 재빨리 집단농장제도 ─ 지난 20년간 북부 월남에서 실시하여 실패해왔는데도 ─ 를 강제로 실시하기 시작했다.

집단농장에서 농민들은 대개 '근로대'로 조직되고 주로 그들이 기여한 노동량에 따라 계산된 '노동 점수'에 근거해 임금 ─ 식량으로 그리고 때로는 현찰로 ─ 을 받았다. 그러나 농민들은 전체 근로대의 성과를 기준으로 임금을 받았기 때문에 게으름을 피운 사람들이 남의 노력을 가로채기가 쉬워 사기가 떨어졌다. 일은 더욱 꼬여 쌀의 농장 출고 가격이 의도적으로 인하되었다. 농민들을 저임금으로 희생시켜 도시민들에게 싼 식품을 공급하기 위해서였다. 결국 농민들은 공익을 위해 일하는 것으로 간주되는 95%의 집단농장 일보다는 개인적으로 농사를 짓게 허용해준 5%의 토지에 더 많은 노력을 기울이게 되었다. 북부 지역의 쌀 수확량은 집단농장화가 시행된 1958년 초부터 바로 이 시기인 1970년대 초까지 감소해왔다. 공산당이 남부 월남에 집단농장화를 강제하려고 했을 때 생산적인 농민들 대부분은 간단히 참여를 거부했다. 통일된 지 10년 후인 1986년까지 메콩 강 삼각주 지역 농민의 6%만이 집단농장에 참여했다. 그러나 쌀 생산량은 여전히 감소하고 있었다. 남부의 쌀 생산량은 1976년 이후 4년 만에 4분의 1이 줄었다. 비료와 같은 투입 물자가 비효율적인 국영기업의 통제 아래 국가가 정한 가격으로 공급되고 있었기 때문이다. 농민들은 국가용으로 생산한 쌀을 제외한 자신들의 쌀(5%의 개인용 토지에서 생산한 쌀)을 비공식적인 시장을 통해 점점 더 많이 판매하는 것으로 이 새로운 사태에 대응해갔다. 1970년 대 말까지 쌀 생산량 감소, 외국 원조의 중단, 국가 투자 감소, 그리고 일련의 자연재해로 베트남 국민은 기아에 직면해 있었다. 1979년에 베트남은 생활필수품인 쌀 소비량의 13%를 수입해야 했다.

생각건대, 공산당은 군대를 각 지방으로 파견해 농민들을 더 부지런히 일하도록 다그치고 이에 저항하는 사람들을 숙청하는, 이전에 이오시프 스탈린Joseph Stalin과 크메르 루즈Khmer Rouge가 밟았던 길을 따를 수도 있었다. 그러나 그들은 그렇게 하지 않았다. 그들의 행동 원리 때문이든 아니면 실용적인 정책 때문이든, 다른 길을 추구하기로 결심했다. 베트남은 집단적인 농사에서 개인 생산으로 되돌렸다. 중국이 같은 조치를 취한 2년 뒤의 일이다. 1980년대는 성장의 10년이었다. 1989년 베트남은 여러 해 만에 처음으로 쌀을 수출했다. 하노이가 남부에 북부 스타일의 토지 정책을 강행하려 한 지 10년 만에 공산당은 자신들의 한계를 인정하지 않을 수 없었다. 이제 농민들이 생산의 근본적인 결정에 대한 책임을 지게 되자 수확량이 급격히 늘어났다. 적어도 남부 베트남은 세계에서 타이 다음으로 2위의 쌀 수출국이 되었다(2위의 쌀 생산국은 아니다. 베트남의 쌀 생산량은 중국, 인도, 그리고 차이는 적지만 인도네시아보다 적다).

하지만 쌀 생산자들에게 모든 것이 장밋빛만은 아니다. 베트남의 쌀 산업 성공은 품질보다는 수량에 근거한다. 수량으로는 세계 전체 쌀 수출량의 약 5분의 1이지만, 금액으로 따지면 단지 5%에 지나지 않는다. 수출의 대부분이 필리핀과 인도네시아, 그리고 쿠바, 이라크와 같은 옛 정치 동맹국들과 정부 대 정부 계약을 통해 이루어지기 때문에, 상황을 개선시킬만한 인센티브가 거의 없다. 이 같은 거래는 통상산업부와 그 예하 기관 관리들이 두둑한 떡고물을 챙길 유리한 기회를 제공한다. 농민들은 이론적으로는 누구에게나 쌀을 팔 수 있게 되어 있지만 실제로 농민들은 알고 있는 사람, 구매 자본을 갖고 있는 사람들에게 매여 있다. 그들은 보통 국영기업체의 현지 에이전트들agent이다. 또한 이들 국영기업은 농민들에게 종자를 제공하고 영농 기술을 자문한다. 농민들은 시스템에 꽁꽁 묶여 있다. 이것이 2008년 남부 곡창지대 곳곳에 위기를 몰고 온 원인이 되었다.

그해 초, 식품 부족에 대한 공포로 국제 곡물 가격이 치솟자 베트남 정부는 국내 비축량을 유지하기 위해 쌀 수출 통제를 엄격히 했다. 그러나 그것은 국제 가격을 더욱 상승시킬 뿐이었다. 5월에 가장 높은 등급의 쌀이 국제시장에서 톤당 1000달러 이상으로 거래되었지만, 베트남 농민들은 수출금지 조치 때문에 국제 가격 상승으로 이득을 볼 수 없었다. 그 대신 국영 식품 회사의 국내 관리들과 에이전트들은 가을에 이익을 볼 것을 기대하고 그해의 두 번째 추수분으로, IR50404로 불리는 '녹색혁명' 품종의 벼를 최대한 많이 재배하도록 농민들에게 권장했다. 그러나 일이 꼬이느라 그 후 국제 곡물 가격이 재빨리 반락해버렸다. 9월이 되자 국제시장에서 1등품 쌀의 가격이 톤당 겨우 600달러 선을 턱걸이하고 있었다. 품질이 아주 떨어지는 위탁판매 쌀(싸라기를 포함한) 가격은 그보다 훨씬 낮았다. 그러나 삼각주 지역 농민들에겐 그저 운이 나쁜 해가 되었을지도 모르던 것이 상층부 관리들의 부패로 인해 비극적인 결과로 변했다. 쑤언 교수가 있었다면 아마도 그것을 '쓰라린 교훈'이라고 말했을 것이다.[1]

쌀 수출은 이른바 자유 시장, 부패한 관리, 그리고 자신들의 독점적인 지위를 수익 창출의 지렛대로 생각하는 국영기업의 베트남적인 결합에 의해 이루어진다. 그 과정에는 의도적인 불투명성이 있다. 비록 베트남은 2001년 5월, 공식적으로 수출 쿼터quota를 폐지해 이론상 국내 어떤 회사든 쌀 무역을 할 수 있었지만, 국가는 통제를 통한 영향력을 결코 포기하지 않았다. 공식 기구인 베트남 식품 협회Vietnam Food Association: VFA는 계속 최저 수출 가격을 책정하고 있으며, 협회 승인 없이는 합법적인 쌀 수출은 불가능하다. 명목상 이 승인제도는 외국 무역업자들의 착취로부터 농민을 보호하기 위한 것이라지만, 실제로 그것은 부패를 지속하기 위한 수단이며 오히려 수출에 장애가 되고 있다. 사실상 수출 가격은 막후에서 통상산업부 관리들이 정한다. 그들은 정부 대 정부 계약을 감독하고 대형 국영 식품 회사 세 곳 ― 북부의 비나푸드VinaFood 1, 남부의 비나푸드 2, 그리고 중부의 비나푸드 3 ― 사이에 쌀 수출권을 분배한다. 국제 쌀 거래상들이 농민들로부터 직접 쌀을 살 수 없고, 국내 개인 회사들은 여전히 수출 허가를 베트남 식품 협회에 의존하고 있기 때문에 모든 거래가 사실상 철저히 통제되는 셈이다. 통상산업부 관리들은 일부 대형 거래에서 수수료를 챙기기 때문에 농민이 잉여 생산량으로 공개시장 거래를 할 수 있도록 권장하는 일에 전혀 관심이 없다.

2008년 중반에는 국제 쌀 가격이 계속 하락하고 있음에도, 베트남 식품 협회는 통상산업부 지시에 따라 1등급 쌀은 이전처럼 톤당 600달러를 받아야 한다고 주장하면서 계속 그 가격을 고수했다. 8월 중순에 베트남 식품 협회는 한 술 더 떠 최저 가격을 톤당 650달러로 올렸다. 그러나 국제 가격이 그보다 훨씬 낮기 때문에 어떤 수출 기업도 수출용 쌀을 구입하려하지 않았다. 그런데도 베트남 식품 협회나 통상산업부는 이 문제로 전혀 고민하지 않았다. 그들의 대규모 거래는 이미 계약이 체결되어 있었기 때문이다. 정부는 그 후 마치 쌀에 대한 중앙계획제도가 아직도 존속되는 것처럼 명령을 내리기 시작했다. 총리는 쌀 수출 회사에 싼 이자로 수출 금융을 제공하도록 중앙은행인 베트남 국립은행에 지시하고, 수출 회사들에게는 농민이 40%의 이익을 볼 수 있는 가격 — 그러나 그 가격이 어떤 선이어야한다는 결정은 내리지 않은 채 — 으로 쌀을 구입해야 한다고 포고했다. 농민들은 봄에 수확한 쌀을 팔 수가 없었으며, 농림수산부는 메콩 강 삼각주에 300만 톤의 쌀이 쌓여 있는 것으로 추산했다. 곧 있을 가을 수확은 대풍이 예상되었다. 더 이상 쌀을 저장할 곳이 없었다. 농장에 그냥 무더기로 쌓아둔 축축한 벼가 썩기 시작했다. 곧 가을비가 내리기 시작하고 홍수가 닥칠것이며, 모든 수확물이 위험에 처하게 되었다. 쌀을 팔 수 없는 일부 농민은 종자와 비료 대금으로 빌린 은행 부채를 갚을 길이 없었다. 사태가 갑자기 국가적인 문제로 번졌으며, 농림수산부 차관인 지엡낀딴Diep Kinh Tan은 베트남 식품 협회가 책정한 최저 가격이 국제 시장 가격보다 더 높았다는 사실을 몰랐다고 말했다. 농민들은 지난 20년 동안 이렇게 힘든 적은 없었다고 푸념했다. 그들은 지금 쌀을 팔면 톤당 약 100달러의 손실을 볼 것으로 추정했다. 그러나 그런 절망적인 가격으로라도 팔 준비가 되어 있는 농민도 구매자를 찾을 수 없었다. 그 문제는 당장 쌀 공급망을 왜곡시켰다. 시장 가격이 떨어지자 거래자들은 앞으로 가격이 오를 것으로 보고 재고를 창고에 쌓아두었다. 뱃사공인 쩐반남Tran Van Nam은 그해 초에 큰돈을 들여 햅쌀을 사서 한 번에 20톤을 운반할 수 있는 바지선에 실었다. 그러나 가격이 너무 급격하게 떨어졌기 때문에 바지선을 끌고 강을 내려가는 동안에 이미 손실을 보고 있었다. 그날 저녁 구매자에게 도달했을 때 화물 가치는 그날 아침에 농민으로부터 샀을 때보다 200달러 감소해 있었다. 그는 "아내와 나는 바지선의 모든 쌀을 처분한 후 이 사업에서 손을 떼고 다른 직업을 찾아보기로 했습니다"라고 ≪타인니엔Thanh Nien≫지 기자에게 말했다.

9월 초에 쌀 가격은 25%나 폭락했다. 9월 말 허우장Hau Giang 성 농업 및지역개발 국장인 응우옌반동Nguyen Van Dong은 "사태가 매우 심각하다"는 점을 인정했다.[2] 그 성의 농민인 응우옌반타인 Nguyen Van Thanh 은 그 상황을 '불위에 앉아 있는 것'에 비유했다.[3] 통상산업부 차관인 응우옌타인비엔 Nguyen Thanh Bien 은 메콩 강 삼각주의 IR50404 품종 생산량(아마도 전체 생산량의 4분의 1)의 절반이 품질 불량으로 인해 구매자를 찾을 수 없다고 솔직히 시인했다. 상인들의 비난은 대부분 베트남 식품 협회 쪽을 향했다. 수출을 억제하는 베트남 식품 협회의 가격 조정 메커니즘이 문제라는 것이다.[4] 그러나 베트남 식품 협회는 반성하는 기색을 보이지 않았다. 베트남 식품 협회 회장 직무대행인 후인민후에 Huynh Minh Hue 는 문제의 최저 가격은 '예방용으로, 높거나 유연성이 없는 가격'이 아니라며 모든 명백한 반증에도 불구하고, 최저 가격은 '수출 회사와 농민의 권리와 이익을 보호하는 데 목적이 있다'고 주장했다.[5] 정부의 아이디어는 모두 고갈되었다. 통상산업부는 10월 정기적인 수출 관련 회의에 기자들의 출입을 금지시켰다. 그런 조치는 10년 만에 처음 있는 일이었다. 정부는 12월에 부득이 쌀 시장 관리에 대한 모든 노력이 실패했음을 인정하고 농민들로부터 직접 100만 톤의 쌀을 구매할 것이라고 발표했다. 가격은 후하지 않았다. 농민들은 많은 돈을 잃었다. 정부는 또한 새 고객인 나이지리아에 그 100만 톤의 25%를 수출하기로 했다. 지난해의 추이를 감안할 때, 이것은 아마도 가장 저급한 품질의 쌀을 처분한 거래였던 듯하다.

2008년의 대풍과 실패는 메콩 강 삼각주의 변화를 촉진했다. 생산을 늘리기 위해 능력 이상으로 차입을 해왔던 일부 농민들은 돈을 갚지 않으면 땅을 차압하겠다고 나서는 농업 관련 원·부자재 공급자, 무역업자와 은행의 희생물이 되었다. 수많은 사람들이 품팔이 노동자가 되거나 일자리를 찾아 도시로 향하는 사람들의 행렬에 섞였다. 경제개혁의 또 다른 결과는, 그것이 일부 사람들에게는 발전을 가져왔지만, 많은 사람들에게 훨씬 큰 불확실성을 안겨주었다는 점이다. 아시아 개발은행마저 최근의 보고서에서, "베트남의 쌀 거래 자유화는 경제 전체에 많은 긍정적인 영향을 주었지만, 그 이익은 주로 더 부유하고 땅을 많이 가진 가구에 돌아갔으며, 반면에 가난한 사람들은 큰 이익을 보지 못했다"[6]라고 솔직히 인정했다. 자원을 갖지 못한 사람들은 새로운 경제적 폭풍에 취약할 수밖에 없는 것이다.

✪　✪　✪

타이응우옌Thai Nguen 성은 베트남에서 차茶 산지로 유명하다. 차는 적갈색부터 밝은 녹색에 이르기까지 수십 가지 품종이 있으며 긴장을 푸는 차, 약차, 교제를 위한 차 등으로도 구분된다. 타이응우옌 성에 있는 차밭의 대부분은 계약직 노동자들이 가지런하게 큰 등고선을 그리며 동일한 키의 차나무 덤불로 키우는 인도나 중국의 차밭과는 공통점이 거의 없다. 일부 농민들이 계약직으로 일하는 대규모의 기업적인 차 재배지가 없는 것은 아니지만, 타이응우옌의 차 대부분은 관개시설이 거의 없고 곡식을 재배하기 힘든 산비탈의 조그마한 땅에서 가족들에 의해 재배된다. 그들이 직면하는 어려움은 메마른 땅만이 아니다. 베트남은 중요한 차 수출국이지만, 그 생산품은 대개 하등 품질이며, 역사상 베트남의 가장 큰 시장은 수출량의 40% 정도를 가져가는 이라크였다. 2003년 미국의 이라크 침공은 비단 이라크 국민의 참사만은 아니었고 수만 명의 베트남 차 재배 가족들의 생계도 크게 위협했다.[7] 그들 중 많은 이들이 응우옌티프엉Nguyen Thi Phuong처럼 그날그날을 간신히 살아가는 사람들이었다. 건조된 1킬로그램의 차를 생산하기 위해서는 2시간 동안 찻잎 5킬로그램을 따야 한다. 건조된 차 1킬로그램이라면 꽤 많은 양인데 농민들은 시장 상인들에게 상점 가격의 절반인 1만 5000에서 5만 동(미국 달러 1~3달러)을 받고 판다.

차는 4월과 10월 사이에 가장 잘 자란다. 이 6개월은 차 재배 가구들이 외상값을 갚기에 충분한 돈을 만질 수 있는 행복한 기간이다. 어쩌다 운이 좋으면 묵은 빚을 다 갚을 수도 있으며, 특별한 운이 찾아오면 겨울을 위해 돈을 일부 저축할 수도 있다. 그러나 만약 날씨가 서늘해져 찻잎의 생육이 느려지면 생활은 더욱더 어려워진다. 그런 식으로 몇 개월이 지나면, 프엉 가족은 마을에 있는 학교가 두 아이들에게 부과하는 수업료 2달러를 지불하기 위해 빚을 내야 한다. "돈을 벌기가 몹시 어렵습니다. 차 수확이 시원찮거나 차 가격이 떨어지면, 아이들을 학교에 계속 보내기 위해서는 부득이 더 많은 돈을 빌려야 합니다"라고 프엉은 푸념했다. 몇 년 전에 이들은 종려나무 잎사귀로 지붕을 얹은 판잣집을 지어 거처로 삼아왔는데 여름 장마에는 비가 새고 폭풍에 지붕이 날아가곤 해서 계속 손을 보아야 했다. 지금은 바닥과 벽, 지붕이 모두 콘크리트로 된 집에 산다. 그들의 생활수준을 개선시킬 수 있었던 것은 1998년부터 사용하게 된 전기였다. 이들 가족은 라디오나 텔레비전도 없지만 가장 초보적인 수동 차 건조기를 가지고 있다. 뜨거워진 바구니로 수확물을 가공할 수 있어 차의 가치를 약간 더 높일 수 있고, 그들과 도시의 차 상점 사이의 많은 중간상인들 하나를 배제시킬 수 있었다. 그러나 중간상인들을 모두 배제할 수는 없다. 이들은 차를 시장에 운반할 오토바이가 없어, 더 좋은 가격을 받을 수 있는 도시 도매상들과 직거래를 못 한다. 그들은 저축이 없어 첫 수확이 끝나면 곧장 팔아야 하는데, 이때는 이웃 차밭 주인들도 생산품을 파는 시기이다. 중간상인들은 이 점을 알고 가격을 후려친다. 만약 이 가족이 겨울에 차 가격이 오를 때까지 생산품을 저장할 수 있는 여유가 있다면, 값을 두 배 받을 수 있다. 그러나 그러다간 굶주리게 될 것이며, 아이들은 학교에서 쫓겨나고 말 것이다.

프엉 내외는 딸들이 자라면 차 농사를 그만둘 것이라는 소박한 꿈을 갖고 있다. "우리는 그 애들이 선생님이 되기를 바랍니다. 그건 훌륭한 직업이지요. 딸들이 차밭 일을 하거나 멀리 떠나기를 바라지 않습니다. 만약 선생님이 될 수 없다면 농사를 지어도 좋습니다. 그러나 차밭 일을 하는 것은 원치 않습니다. 그건 품이 너무 많이 들고 힘드니까요." 프엉 내외는 다른 차밭을 사들여 차 농장을 확대하고 기계화된 생산을 한다는 꿈은 갖고 있지 않다. 새로운 형태로 사업을 다양화할 기술도 능력도 없기 때문이다. 그들은 다만 아는 일을 하며 기본적인 생활을 꾸려갈 수 있길 원할 뿐이다. 그러나 상황이, 이 부부가 그런 방식으로 살아가도록 내버려두지 않는 것 같다. 생활비 부담이 점점 더 커지면 커졌지 줄어들 리가 없는 것이다. 베트남이 세계무역기구에 가입한 이후, 프엉 내외의 차는 외국 수입 차와 경쟁해야 했다. 국산 차의 품질과 가격을 개선시키려는 시도는 규모의 경제를 도출할 수 있고 지속적인 품질 기준을 유지할 수 있는 대규모 생산자에게 혜택이 돌아갈 것이다. 소규모 농가 생산은 언젠가 결국 생존 가능 한계 이하로 처지고 말 것이다. 부채가 너무 커지거나 야심이 높아지면 차밭 가족들이 마음을 바꿔먹을 수 있다. 아마도 프엉 가족은 아이들이 도시의 직장에 들어가 집으로 송금을 할 때까지, 또는 아내나 남편이 땅을 포기한 수백만 다른 가족들의 전철을 밟게 될 때까지, 오랫동안 차밭을 놓지 않으려 할지도 모른다.

베트남에서 이주에 관한 통계는 개략적이다. 베트남은 중국처럼 아직도 호커우ho khau(이에 대해 더 상세한 설명은 제4장 참조)라는 거주 허가제도로 이주를 통제하려 한다. 없애지 않고 질질 끄는 호커우 제도의 영향으로 엄청난 수의 '불법' 이주가 행해져, 공식적인 조사에서 누락되고 있으며, 합법적인 이주에 관한 데이터마저 그 정확성을 의심받고 있지만, 수백만 명이 이동하고 있는 것은 분명하다. 1990년대 후반기에 인구의 6.5%가 이주했으며 이주민 수는 그 이후 분명히 증가했다.[8] 마을을 돌아보면, 어느 가족이 아이들을 도시에 보내 돈을 벌게 하는지 쉽게 알 수 있다. 그런 집들은 대개 규모가 더 크고, 종종 오토바이가 집 바깥에 있으며, 집 안에는 과시용으로 대형 TV 세트가 있기 마련이다. 눈에 띄는 그런 소비는 마을에 사는 다른 모든 사람들에게 아이들을 도시에 보내는 것이 좋다는 점을 선전하고 많은 젊은이들을 객지로 나가게 고무한다. 국제 NGO 단체인 옥스팜 Oxfam이 조사한 바에 따르면, 호찌민 시와 하노이 시의 평균 소득은 지방 노동자들보다 평균 다섯 배 더 많다.[9] 가난에서 가장 빨리 벗어나는 길은 농사를 포기하는 일이라는 것이 가차 없는 진실이 되고 있다. 하지만 매우 가난한 사람들은 대체로 성공한 이주자가 될 기회가 가장 적기 마련이다. 그 같은 큰 모험을 뒷받침할 돈이 없거나 좋은 일자리로 이끌어 줄 연줄이 없는 사람들은 당시 붐을 이루었던 조립·제조 공장에 일자리를 찾기가 더욱 어렵기 때문이다. 일부는 시장이나 거리에서 자전거에 물건을 싣고 다니며 파는 뜨내기 장사꾼이 되고, 대부분은 건설 현장에서 일용직으로 일한다.

시골 출신 노동자들은 하노이와 하이퐁 항구 사이의 새 고속도로 변의 박닌Bac Ninh 단지와 같은 베트남 공업단지의 성장 근원이 되고 있다. 저렴한 노동력 덕분에 공장을 짓는 건설사들은 고가의 건설 장비에 많은 돈을 들이지 않는다. 건물의 기초를 (굴착기나 불도저 대신) 삽으로 파서 조성하고 벽은 모르타르mortar를 거칠게 바른 후 매끈한 석고 코팅을 함으로써 현대식으로 보이게 한다. 2007년 초 박닌의 건설 현장에서 일하는 이주 노동자 대군을 위한 막사는 신축 중인 플라스틱 공장 옆 공터에 열을 지어 조립해 놓은 대나무 움막이었다. 그 움막들은 가장 황량한 느낌을 갖게 하는 노동자 기숙사였다. 널따란 나무 평상이 움막 길이로 놓여 있고 각각의 침대 공간은 천정에서 바닥으로 펼쳐 놓은 한 장의 천으로 나뉘어 있다. 침대 위 여기저기에는 일꾼들의 작은 소지품 더미, 주로 옷들이 흩어져 있다. 나무 평상은 공사 현장 한쪽 구석에 설치된 공동 세면대 겸 빨래터에서 현장을 가로질러 흘러오는 개숫물로부터 그들을 보호해준다. 그곳에 있는 큰 콘크리트 탱크는 공사 현장에 물을 공급해주고, 작업을 교대하고 오는 사람들을 위한 대형 노천 목욕탕이 되기도 한다. 공동 화장실 구역에서 흘러나오는 지표수와 누출수는 노동자들의 생활공간을 자극적인 습지로 만든다.

공동 화장실 구역 근처, 지표수와 누출수 도랑을 벗어난 곳에 현장 요리사인 팜티중Pham thi Dung이 잠시 앉아 쉬고 있다. 건설 일꾼들이 잘 먹게 해 열심히 일할 수 있도록 하는 것이 그녀의 책임이다. 다섯 개의 포효하는 불꽃이 쌀과 쌀국수가 가득한 거대한 솥에 열을 가하면 중고 군용 텐트 안은 연기와 김으로 가득 찬다. 그녀는 결코 텐트 안팎의 조건에 짜증을 내는 것 같아 보이지 않는다. "매우 안정된 직장이어서 이 회사에서 5~6년간 일해 왔습니다. 회사가 새 현장으로 갈 때마다 그들과 함께 갑니다. 고향에서는 하루에 약 1만 8000동(겨우 1달러 남짓)을 벌었지만, 지금은 그 두 배를 받습니다. 많은 편은 아니지만 안정적이어서 좋습니다. 나는 가족들을 도울 수 있습니다." 그녀의 가족은 아무 데서도 보이지 않았다. 그들은 팜티중이 매월 송금해주는 돈으로 땅을 지키려 고향에 살고 있다.

✹ ✹ ✹

북부와 중부 베트남의 전형적인 마을들은 역사적으로 주민들 사이에 평등도度를 유지하도록 서로 도와주거나, 또는 적어도 사리에 맞는 범위 내에서 불평등을 유지하는 문화가 있다. 마을에는 성씨, 나이, 종교와 직업에 근거해 계가 조직되어 있는데, 이 계는 만약 어떤 계원이 의지가지없는 가족을 남긴 채 죽거나 자연재해를 당하면 도움을 주는 사회보험의 한 형태로 기능했다. 공동 축제와 종교의식은 나이나 재산 또는 학식을 가려 마을의 다양한 위계질서를 증명해 보이고 강화시켰다. 이런 습속은 공산주의자들이 그들을 싫어하는 이유가 되었다. 공산당은 집단화를 통해 상호부조의 윤리를 흡수하려고 했지만 실패했다. 실패의 주된 이유는 국가가 충분한 보상도 하지 않은 채 마을의 생산물을 뺏으려고 했기 때문이다. 공식적으로 사회주의 통치가 시작된 지 40년이 흘렀는데도 아직 이들의 공동체적 결속 전통은 약화되지 않았다. 옛 계들 중 상당수는 특히 매년 마을에서 가장 노동 집약이 필요한 시기에 강력한 상호부조 윤리의 기본 원칙을 지키며 여전히 건재하고 있다. 농민들은 농작물의 씨를 뿌리고, 옮겨 심고, 추수를 할 때 이웃을 돕는데 도움을 주는 사람 역시 언젠가 도움을 받을 것이란 점을 잘 안다. 결혼과 장례 의식은 금전 부조를 통해 부자로부터 가난한 사람에게 재원이 전달되는 기회로 활용된다. 이런 종류의 이웃 관계가 남아 있는 곳에서는 경제 개발로 사회가 변화하고 있음에도 서로 도와 가며 마을의 결속을 유지한다. 그들은 또한 개발에 대한 여러 가지 저항의 근원이기도 하다.

남부 베트남은 이와는 달랐으며 지금도 다르다. 프랑스 식민주의가 더 강력하게 영향을 미쳤고, 훨씬 더 상업화했으며, 쌀과 고무처럼 수출에 적절한 작물을 많이 재배하는 곳이어서 그런지 이곳의 마을 문화는 상당히 덜 협동적이며, 덜 평등적이고 더 이익 중심적인 사회이다.[10] 메콩 강 삼각주에서는 개별 가구의 토지 보유도가 훨씬 더 높다. 가구당 평균 4헥타르로 북부의 4분의 1 헥타르와 큰 대조를 보인다. 남부의 농민들은 노동의 상호부조보다는 오히려 임금노동에 더 의존하는 경향이 있으며, 호혜적인 이익을 위해서가 아니라 자신을 위해 일하고 돈을 번다. 이 모든 것들이 왜 집단화가 메콩 강 삼각주 지역에서 비참하게 실패했는지를 설명해준다.

집단화가 총체적으로 재앙을 가져온 것은 아니다. 집단화는 베트남을 먹여 살리는 데는 실패했지만 사회주의의 은전恩典 – 의료 서비스, 학교, 공공 행정 등 – 을 전국 방방곡곡으로 확산시켰다. 글을 읽고 쓰는 수준이 급속히 높아졌고 질병에 걸리는 비율이 현저하게 떨어졌다. 그러나 그 후에 도입된 경제 자유화가 이 같은 국가지원제도를 무너뜨렸다. 중앙정부는 현재 교사들의 임금, 도로 건설, 용수 공급과 같은 곳에 제한된 지원만 하고 있을 뿐이다. 지방 행정 당국이 주민들에게 그 부족액을 메우도록 강제하는 의무를 지웠다. 그 결과 지역 주민에 대한 가장 큰 재정적 압력의 일부가 현재 그들을 보살피는 것으로 간주되는 사람들, 즉 성 지역과 면(코뮌) 단위 수준의 현지 행정 당국자들에게서 나오고 있다. 1998년 정부 조사에 따르면 가장 기초 행정기관인 전국의 면(코뮌)사무소가 현지에서 부과하는 세금으로 세입의 약 절반을 충당했으며 '기부'와 '증여'로 추가 30%를 메운 것으로 드러났다. 세입은 현금으로 납부되지만 일부는 시골 생활의 현실을 더 반영해 현지 개발 프로젝트에 대한 노역 또는 현물의 형태로 거뒀다.

이것은 재원을 걷기 위해 불가피하고 실용적인 방법으로 보일지 몰라도, 실질적인 수행은 종종 압제적이며 때때로 사회 계급의 최말단에 있는 사람들에겐 징벌적인 것이었다. '세금'은 대체로 수익이나 토지 소유 규모에 근거해 부과되었지만 '기부'는 투명하지 않은, 때로는 기부할 능력과는 상관없이 모든 사람들에게 균등하게 요구하는 방법으로 부과될 수 있었다. 2005년 미국의 인류학자인 패멀라 맥켈위Pamela McElwee 는 북중부 하틴Ha Tinh 성의 농촌 마을에 대해 연구한 적이 있다.[11] 그녀는 그곳 주민들이 어떻게든 적어도 14가지 종류의 지역 '기부금'을 납부해야 한다는 사실을 발견했다. 토지와 다른 재원에 대한 국가 세금이 있고, 공공사업과 재해 대비 조치와 같은 서비스 갹출이 있고, 신규 도로 건설과 공공건물 공사에 대한 것, 마지막으로 홍수 피해나 참전 용사들을 위한 기금과 같이 자발적인 것으로 간주되지만 실은 강력한 사회적 압력으로 내지 않을 수 없는 몇 가지 기부가 있었다. 일부 가구는 각종 세금과 기부금 명목으로 통틀어 연간 수익의 40% 이상을 지불하고 있다고 했다. 이것은 엄청난 증가였다. 맥켈위는 이들이 4년 전에 수익의 단 5% 정도를 지불했다는 것을 알고 있다. 하틴 성의 '기부'는 모든 사람들에게 부과되지만 가난한 가구에 더 큰 영향을 미친다. 우선 그들은 기부할 만한 돈을 거의 갖고 있지 않으며, 대체로 대가족을 거느리고 있어 기초생활비가 많이 들어가기 때문이다. 맥켈위는 이처럼 기부금이 지불 능력을 고려하지 않고 부과되고 있다는 사실뿐만 아니라 강제로 시행되고 있다는 몇 가지 사례도 발견했다. 마을 도로의 건설공사에 대한 기부는 가구원의 나이가 많고 적음과 병든 사람의 숫자에 근거해 부과되었다. 장차 그(그녀)의 장례 행렬이 새로 만든 도로 위를 지나가야 할 것이란 이유에서다.

외국인들은 종종 베트남을 중앙정부의 명령을 전국 방방곡곡에서 일사불란하게 시행하는 완전히 통제된 국가로 생각한다. 동시에 지방 당국자들이 지역에서 벌이는 일들은 필시 중앙으로부터의 직접 지시에 의해서일 것으로 추정한다. 어느 것도 사실이 아니다. 정부 각급 기관의 공식적인 정책과 실사회의 조처는 매우 다르며, 실질적인 발생은 경쟁적인 이해관계 ─ 이 중 하나는 하노이가 요구하는 것이다 ─ 사이의 투쟁 결과에 따라 달라진다. 지방 수준에서 가장 강력한 압력을 받는 사람들은 대체로 부자들이며, 부자가 되는 가장 손쉬운 방법은 부동산 사업에 뛰어드는 것이다. 농

2. 토지수용과 보상 **79**

토를 주택단지나 공업단지로 전환하는 데는 엄청난 액수의 돈 ― 특히 주요 도로를 낀 단지의 경우 ― 이 들어간다. 세계은행은 베트남에서 소도시와 대도시 외곽의 약 1만 헥타르의 농토가 매년 개발되고 있는 것으로 추정한다. 국민 소유의 토지가 가구당 평균 0.5헥타르이고 부양해야 할 가족이 평균 다섯 명이라고 가정할 때, 매년 개발을 통해서만 약 10만 명의 국민이 토지를 잃고 있는 셈이다. 10년이면 100만 명이다. 호아이죽 마을의 쩐티뿌와 같은 사람들은 모든 게 운명이라 체념하고 말지만 일부는 투쟁에 나섰다.

2006년 8월 하노이 남동쪽 홍옌Hung Yen 성 사람들 1000여 명이 수도로 몰려와 국회의사당 밖에서 며칠간 농성을 했다. 그들은 앉을 돗자리, 비를 피할 방수포를 가져오고 음식과 마실 것을 준비할 정도로 매우 조직적이었다. 그들은 몹시 분노해 의사당의 정문을 차단했고, 이따금씩 수도의 중심 대로 중 하나에서 연좌시위를 벌이기도 했다. 이론적으로 그들은 분노할 이유가 없었다. 그들의 토지는 어떤 민간 기업이 주택 개발을 위해 수용했고, 그들은 2년간의 임금에 해당하는 1200달러의 정당한 보상금을 받게 되어 있었다. 그러나 그것이 문제가 아니었다. 토지를 수용한 개발 회사들은 2004년 6월 시행 중인 법률이 정한 비율에 따라 보상했다. 보상 기준 날짜가 아주 중요했다. 왜냐하면 2주 후인 2004년 7월 1일 이후에는 농지 가치로서가 아닌 시장 가치로 보상 수준을 정해야 한다고 규정한 새로운 토지법이 시행되었기 때문이다. 농민들은 법적 정당성 따위엔 별 관심이 없었다. 차액이 얼마라는 것을 아는 농민들은 막무가내로 그 차액을 받기로 결심하고 나선 것이다. 그 시위는 아무것도 해결하지 못한 것으로 보였다. 며칠 후 시위는 사라졌다. 그러나 몇 주 후, 첫 시위 때는 아무것도 보도하지 않던 신문들이 문제의 개발 회사들이 보상금을 증액하기로 농민들과 합의했다는 기사를 실었다. 막후에서 압력이 가해졌고, 타협이 이루어졌으며, 더 만족스러운 해결을 본 것이다.

베트남에서 토지 분규는 가장 뜨거운 정치적 이슈이며 다당제 민주주의를 요구하는 것보다도 더 공산당의 정통성을 부식시키고 있다. 당홍보Dang Hung Vo는 그런 이슈들을 해결하려고 시도하는 사람들 중 하나다. 2007년 초 그는 환경·천연자원부 차관으로서 임기를 몇 주 남기고 있었는데, 결론적으로 말하면 정부 고위 관리치고 개방적이고 솔직했다. 그는 국가 토지 관리청National Land Administration 부청장으로 18년을 근무한 후 차관이 되어 4년을 근무했으며, 하노이대학교의 토지 관리부 책임자로 '은퇴'할 예정이었다. 하노이의 서구식 교외 지역인 응우옌찌타인Nguyen Chi Thanh 거리의 매우 검소하고 엄격하며 사회주의적인 노란색 정부 오피스 블록에 있는 그의 사무실은 강박증 장애를 가진 대학교수의 연구실 같았다. 환경에 대한 그의 노력이 전혀 일회용이 아니었던 듯하다. 아마도 환경·천연자원부가 다루었을 것으로 생각되는 엄청난 범위의 문제점들 때문이었을 것이다. 토지 분규로부터 오수 관리에 이르기까지의 모든 것과 베트남의 석탄 산업을 관리하는 모든 것이 거기에 있었다. 환경·천연자원부는 베트남에서 최소한 1만 5000건의 토지 분규가 진행되고 있는 것 ─ 정확한 수치를 갖고 있지는 않았다 ─ 으로 당시 추산했다. 이들 가운데 "약 70%는 보상을 해야 하고, 10%는 주인들과 논란 중에 있으며, 다음 10%는 역사와 관련된 경우이고, 5%는 부패와 관련되어 있습니다"라고 그는 말했다. 그는 나머지 5%를 잡다한 '다른 경우'라고 설명했다. 바꾸어 말해, 공식적으로 기록된 분규의 대부분 ─ 약 1만 건 ─ 은 개발을 위해 토지를 수용해 보상을 논의하고 있는 것이었다. 그는 "많은 마을에서 토지 관리인들이 권력을 이용해 특정인들에게 이익이 되는 결정을 내리고 있고, 나머지 사람들이 이 결정에 동의하지 않고 있습니다"라고 솔직하게 말했다. "우리 부의 의견은 이런 상황을 모른 척할 수 없으며, 우리가 나서서 과거에 잘못된 것을 바로잡고, 국민의 법적 권리를 정당하게 찾아줘야 한다는 것입니다. 현재 우리 부는 이 사태를 다루기 위한 많은 조치를 취하고 있지만, 분규가 양과 질 모두에서 매우 심각합니다. 사태가 긴박해질 수 있습니다."

지방정부의 부패가 문제를 키워왔고 근년 들어 항의자들의 숫자가 점점 늘어나고 있었다. 가장 극적인 항의는 타이빈Thai Binh 성의 경우였다. 1997년 이 성에서 폭동에 가까운 사태가 벌어졌고, 대규모의 경찰이 투입되었으며, 혼란을 가라앉히고 분규를 해결하기 위해 당 최고 지도부에서 대표단을 파견했다. 안닌An Ninh 면에서는 마을 사람들이 7만 달러 상당의 도자기와 가구로 장식된 현지 인민위원회 건물을 박살내고, 다시 현지 관리들의 집 여덟 채를 때려 부수었다. 한때는 마을 사람들 1만 명이 항의하기 위해 지역 관공서 소재지에 운집했으나 경찰과 소방차에 의해 해산되었다.[12] 2001년 하틴 성에서 일어난 또 다른 주요 분규는 한 지역의 마을 사람들이 부패에 항의하는 뜻에서 남북을 관통하는 국도 1호의 보수 공사를 돕는 의무 노역을 거부하면서 시작되었다. 그들은 이후에 지역 정부 건물을 공격하고 며칠간 국도를 봉쇄했다.[13] 작은 분규는 거의 지속적으로 일어나며, 농민들이 하노이나 호찌민 시 거리로 진출하는 빈도가 점점 더 늘어나고 있다.

베트남에는 "왕의 통치권은 마을 입구까지만 미친다"는 속담이 있다. 역사적으로 베트남 왕의 통치 아래 각 마을(지난 여러 세기 동안 주로 북부와 중부에 위치했던 마을들을 말한다)은 대체로 자치를 해왔으며, 왕에게 충성을 다하고 세금을 바치는 한 중앙정부의 간섭을 받지 않았다. 이 속담은 오늘날에도 자주 입에 오르내리지만, 이제 그것은 하노이의 공산당 지도부가 지방 곳곳에서 일어나는 일들을 통제하는 문제점을 상징한다. 타이빈 성 같은 곳의 현지 지도자들은 지위를 이용해 다스리는 지역을 개인 또는 가족의 영지처럼 만들었다. 돈과 영향력이 신뢰할 수 없는 집단을 만들어낸 것이다. 당 지도부는 문제점을 잘 알고 있으며 그것을 당의 정통성에 대한 분명한 위협으로 보고 있다. 일단 주민들이 현지 지도자에게 불만을 품게 되면, 당의 전체 통치권이 불신을 받는 것은 잠깐이다. 1998년에 농민 노동조합이 결성된 것도 그 때문이었다. 농민들이 인민위원회 책임자들과 그들의 인맥에 맞서 개인과 가족들을 돕기 위해서는 지방에 '압력 그룹'이 필요하다는 것을 인식하게 된 것이다. 그러나 농민 노동조합 역시 결국 인민위원회 책임자들의 손아귀로 넘어갔으며, 당은 이 문제를 바로잡을 새로운 방법을 찾고 있다. 그 답은 민주주의를 향한 약간의 시험적인 발걸음이다.

1997년 타이빈 성 소요에 자극을 받은 공산당은 영어로 풀뿌리 민주주의 법령Grassroots Democracy Decree으로 알려진 것을 발표했다. 이것을 만든 의도는 "인민이 알고, 인민이 토론하고, 인민이 행하며 인민이 관리한다"라는 공식적인 슬로건에 의해 설명된다. 이것은 선거로 이루어지는 대의 민주주의는 아니지만 예산이 투명해지고, 일부 결정이 전체의 중의에 따라 이루어지며 특정한 정책 집행이 모든 사람들에 의해 감시되는 직접 민주주의의 한 형태이다. 하지만 이 법령의 효력은 매우 제한적이다. 인민은 중앙과 지방정부의 정책에 대해 단지 '알' 권리를 가지고 있을 뿐 그것을 토의할 권리는 갖고 있지 않다. 그들은 정부 정책의 '실행'을 알고 그것에 대해 의견을 표시할 권리가 있지만, 어떤 결정을 내릴 권리는 마을 내의 기반 시설과 사회적 문제에 한해서이다. 하노이의 당 지도부가 안고 있는 큰 문제는 지방 여러 곳에서 현지 당 간부들이 '인민들'의 의지나 감시에 무관심하거나 노골적으로 적대적인 행동을 한다는 점이다. 여러 지역에서 국제 NGO들이 마을 사람들에게 새로운 권리를 교육시키고 그 권리를 어떻게 주장하는지를 가르치는 현상이 벌어지고 있다. 외국인 단체가 이같이 상당히 민감한 일을 할 수 있도록 허용했다는 사실은 중앙정부가 그 법령의 시행에 대해 진지한 생각을 하고 있음을 보여준다. NGO들이 대체로 자신들의 의도를 가장해가며 더 일반적인 개발 사업에 항거해야 한다는 사실은 성, 지역·지방 당국자들이 풀뿌리 민주주의에 동참하도록 설득하는 것이 어렵다는 것을 말해준다.

전국 각 마을에서는 흥미를 끄는 많은 투쟁이 계속되고 있다. 일부 지방에서는 풀뿌리 민주주의 법령의 처리 과정이 그 시행 책임을 지고 있는 관리들에 의해 장악되었다. '지역 공동체 개발위원회'가 설치되어 '지역 공동체'가 개발 프로젝트를 관리할 수 있게 된 곳에서는 당연직 위원으로 임명되는 기존의 현지 관리들이 위원회를 지배하는 경향이 있었다. 하지만 또 다른 지방에서는 마을 주민들이 현지 당 관리들이 추천하는 후보자 대신 그들 자신이 후보자를 정해 마을 대표로 선출했다. 공개적으로 토의하는 일은 드물지만 모든 것이 조용히 변하고 있다. 2008년 11월 국회는 더 실질적인 민주주의의 실험을 허용할 법률을 거의 통과시킬 뻔했다. 그 법률이 통과되었다면 2009년에 거의 400개 면(코뮌)에서 인민위원회위원장이 주민 투표로 선출되었을 것이다. 그러나 국회의원들은 그 법안에 너무 많은 결함이 있음을 발견했다. 예를 들면 누가 위원장 후보자를 선정할지도 불분명했다. 의결 투표는 연기되었고 현 위원장들의 임기가 2년 더 연장되었다. 그러나 현재 민주주의로 향하는 과정은 그 자체에 탄력이 붙고 있는 것으로 보인다. 베트남의 각 마을에 '관리 민주주의managed democracy'의 한 형태가 미구에 시행될 것으로 보인다.

＊　＊　＊

　베트남 농민들에겐 어떤 미래가 기다리고 있을까? 이에 대한 대답은 각 지역에 따라 다를 것이다. 하노이 근방의 홍하 삼각주 지역의 토지에 매달리고 있는 농민들 대부분은 엄격한 경제 논리에 비춰 봐도 별로 전망이 밝지 않다. 그들의 농장 규모가 너무 작고 수익도 적기 때문이다. 이곳의 중간 규모 농장에서 쌀을 재배해 나오는 수익으로는 네 식구를 거느린 가구가 공식적인 빈곤선 이하로 살 수밖에 없다. 그럼에도 마을 문화가 주민들을 단단히 붙잡고 있다. 주민들 중 가장 가난한 하위 20% 가구들 사이에서도 단지 7%만이 토지가 없는 것으로 분류된다. 생산성이 낮은 중부 지역에서는 비교적 적은 양의 농산물을 내다 팔고 있어 수익이 적고 당의 통제가 여전히 엄격하며, 변화가 느리고 주민들은 생존을 도시로 나간 식구들에게 의존한다. 남부에서는 비非토지 소유가 늘고 있다. 메콩 강 삼각주 지역에서는 기업농으로의 전환이 대부분 완료되었다. 많은 사람들이 선택에 의해서든 마지못해서든 토지를 떠났으며 남아 있는 토지 대부분은 기계화한 장비와 고용 노동자로 농사를 짓는 대형 농장에 편입되었다.

　도시로의 이주가 가속화하고 있지만 지금까지 베트남은 대부분의 아시아 국가의 도시 변두리에서 곧잘 발견되는 거대한 판자촌 조성을 대체로 억제해왔다. 부분적으로는 호커우 제도 탓이긴 하지만, 정부는 밀려드는 이주자들로 몸살을 앓고 있는 도시에 대해 관료들이 제대로 대처하지 못하고 있음을 진작부터 알고 있었다. 농가들이 고향에서 대안적인 일거리를 구할 수 있게 해줄 필요가 있었다. 정부는 오래지 않아 약 100만 명을 고용하게 될 최소한 1000개의 '수공업 마을' 개발을 홍하 삼각주 전역에서 지원해왔다.[14] 하노이 인근에는 수세기 동안 수공업제품을 전문적으로 생산해

온 특별한 마을들이 있다. 옛 것과 새것의 차이는 현재 그들의 수공업이 전통적인 것(원뿔 모자 제조, 실크 짜기 또는 국수 제조와 같은)에서 산업적인 것(금속 조각 제련에 전문적인 박닌 성의 다호이Da Hoi와 같은)으로 변하고 있다는 점이다. 주옌쯔엉Duyen Truong 마을은 전문적으로 칠기를 대량생산한다. 그들은 나무 액즙 막을 이용해 물건의 윤을 내는 옛날 기술을 자동차 페인트 분무기를 이용한 즉석 윤내기 기술로 대체했다. 또 하나, 손동Son Dong 마을은 골동품 제작을 전문으로 하고 있다. 이곳 기능인들에게는 제품을 아주 고색창연해 보이게 하는 기술이 있다. 이런 마을들이 개발됨으로써 하노이에서 하이퐁에 걸친 거대한 산업 집합 도시가 탄생해 홍하 삼각주의 운명을 바꿔놓을지도 모른다.

공산당은 이 모든 것에서 매우 모호한 역할을 하고 있다. 그들의 가장 중요한 경제적 우선순위는 경제성장과 팽창하고 있는 인구에 부응할 수 있는 직업 창출이다. 그러나 이를 위한 정책은 항상 그들의 권력 유지 욕망으로 인해 흔들린다. 한편으로 당은 농촌 생활을 혼란에 빠지게 하고 어떤 경우에는 파괴하는 정책들을 밀어붙이는가 하면, 다른 한편으로는 지역의 분노와 불만을 일소키길 원하는 정책을 실행하려 한다. 그렇게 함으로써 분명히 불리한 점은, 이러한 개발 정책이 토지 수탈과 부패를 유발하고 자신들이 도와주려는 사람들의 생활에 새로운 스트레스를 주고 있다는 점이다. 호아이죽 마을의 두 여인, 쩐티뿌와 응우엔티항이 간파하고 있듯이, 개발은 사람들을 유복하게 만들면서 동시에 안전하게 해주고 그들의 삶에 의미와 목적을 주었던 옛 사회구조를 갈가리 찢어놓고 있다. 베트남의 농촌은 크게 변화해 겉으로는 그럴듯해 보이지만 여전히 혼란에 빠질 여지가 많다.

3

길거리에서 생계 꾸리기

Living on the streets

24시간 내에 응우옌꾸이죽Ngueyn Quy Duc 거리가 건물 잔해 더미로 뒤덮일 것 같았지만, 2006년 12월27일 정오에도 모든 것은 정상적이었으며 상점 130곳은 아직도 장사를 하고 있었다. 응우옌꾸이죽이 깔끔한 거리는 아니었지만 하노이 신시가지의 많은 다른 거리보다 크게 더 지저분한 곳도 아니었다. 남서쪽인 이 지역은 구시가지 경계 바깥이었는데 오래전에 인구가 폭발적으로 늘어난 곳이다. 하노이 시 기획자들은 이 지역을 통과하는 4차선 고속도로를 건설하고 그 도로를 새로운 대학 캠퍼스, 공장, 구소련의 원조를 받아 지은 주택단지와 연결시킨다는 원대한 뜻을 갖고 있다. 그들은 콘크리트 블록들 사이에 그 뜻을 펼 많은 공간을 미리 마련해두었다. 바로 초청받지 않은 사람들이 차지한 공간 — 응우옌꾸이죽 거리와 같은 공간 — 이 그것이다.

그들의 이야기는 세계 어디에나 있는 이주 노동자들의 이야기다. 그들은 일과 돈, 그리고 은신처를 찾아 도시로 나왔으며, 조그마한 빈터를 구해

약 3미터 폭에 2미터의 길이로 판잣집을 세웠다. 경제가 자유화되면서 그들의 삶은 순조로워졌다. 길거리에서 음식, 옷, 과일, 채소와 같은 생활필수품을 팔았으며, 그 과정에서 판잣집을 금방이라도 무너질 것 같이 엉성한 콘크리트 집으로 바꾸기에 충분한 돈을 벌기도 했다. 그중 일부는 한 층을 더 올리거나 최소한 중이층中二層으로 만들어 위층에 친척들을 살게 하기도 했다. 응우옌꾸이죽 거리의 북쪽은 회색 콘크리트, 함석지붕, 줄무늬가 있는 차양과 신발, 베트남식 독일 소시지를 선전하는 플라스틱 광고판이 어지럽게 범벅이 된 동네로 변했다. 그들의 집은 상점이면서 동시에 거처였다. 음식은 집 앞에서 숯 화로로 조리해 판매용 물건들 사이의 플라스틱 판 위에 올려놓고 먹었다. 늦은 밤 고객들의 발길이 끊기면, 상점 바닥은 식구들의 잠자리가 된다. 전체적으로 상점 130곳에 1000명이 넘는 사람들이 살았다.

주민들은 의심할 여지 없이 불법 거주자들이었지만 약 20년 동안 이곳에 집을 짓고 보수해가며 살아왔으며, 일부는 현지 당국자에게 대지 사용료를 지불하기도 했다. 건물은 불법이긴 했지만 그것을 지은 사람들의 생계 원천이며 미래의 희망이기도 했다. 그런데 지금 그들은 집을 비우고 떠나야 한다는 말을 들은 것이다. 현지 당국자들이 도시 미화 프로젝트라고 부르는 것을 위해서라고 했다. 그들이 살던 터에는 나무가 들어설 것이라고 했다. 철거 3주 전, 거주자들 사이에 최후가 다가오고 있다는 소문이 돌기 시작했다. 그로부터 2주 후, 그들은 집이 철거될 것이고, 5일의 말미를 줄 것이며, 그 이전에 모두 떠나야 한다는 공식적인 통보를 받았다. 또 다른 사람들은 보상 제의를 받았는데, 일부 상점 주인에 따르면 보상액도 다양해 현지 당국인 타인쑤언Thanh Xuan 지구 인민위원회 관리들과 얼마나 좋은 관계를 유지했느냐에 따라 액수가 달라진다는 것이다.

대부분의 사람들은 보상금으로 300만 동(그 당시 약 200달러) — 겨우 1개월 치 수익에 해당하며 그들이 상점에 투자한 액수보다도 적었다 — 을 제의받았다. 냉동 음식 가게를 운영해왔던 한 여인은 더 많은 금액 — 2000만 동 — 을 제의받았다. 그녀가 잃게 될 냉동 시설과 재고품을 계산한 금액이었다. 축축하고 차가운 기온인데도 몸을 따뜻하게 해줄 것 같지 않은 얇은 윗도리를 걸친 균형 잡힌 용모의 어떤 중년 여인은 완전히 정신 나간 모습으로 임박한 철거를 규탄하며 절규 조로 신세타령을 했다. 호아Hoa 부인의 집은 낮에는 쌀국수를 파는 점포였고, 밤에는 청각장애 아들을 포함한 식구 열네 명의 안식처가 되었다. 그녀는 보상 제의 — 그녀 말에 따르면 2개월 치 수익에 해당하는 약 100달러 — 를 받았지만 거절할 것이라고 했다. 그녀는 아스팔트 위에 그냥 퍼질러 앉아서 울부짖었다. 란Lan이라는 이름의 또 다른 여인은 세 살 때부터 이 거리에서 살았다. 그녀의 집은 옷 가게였으며 그런대로 장사도 잘되었다. 구색을 갖춘 재고품은 철제 셔터 뒤에 감춰져 있었다. 그녀는 이곳에서 나가면 어디 갈 곳이 없었으며, 일단 집이 헐리면 거리에서 잠을 자야 할 형편이었다. 그녀는 끝까지 버티며 저항할 소수 중의 하나가 될 사람이었다.

24시간 내에 응우옌꾸이죽 거리의 22년간의 건설이 파괴되었다. 그것은 베트남 정부가 해야 할 필요가 있는 일은 할 수 있다는 식의 교과서적인 시위였으며, 고도로 효율적인 설득, 뇌물, 영향력과 위협의 혼합으로 이룬 결과였다. 촉박한 철거 통보는 거주자들에게 뭉칠 시간을 거의 주지 않았으며, 거주자들 중 공산당원은 좋은 본보기를 만들라는 지시를 받고 자신의 집을 일찌감치 헐었고, 연줄이 있는 사람들은 다른 사람들보다 더 많은 보상을 받았다. 끝까지 버티는 사람들에겐 냉혹한 선택이 주어졌다. 자기 집을 스스로 허물고 필요한 자재를 챙기라는 것이었다. 그렇게 하지 않으면 불도저로 집을 깔아뭉개버리겠다고 했다. 대부분이 스스로 자기 집을 허무는 길을 선택했다. 불도저가 현장에 도착하기 전인 다음날 아침 6시까지 응우옌꾸이죽 거리는 이미 절반이 허물어졌다. 랜 여인을 포함한 몇몇 사람들이 문을 잠그고 셔터를 내리곤 했지만 그것이 불도저의 진행에 방해가 될 수는 없었다. 손수 지은 집들이라 앞서 불도저가 깔아뭉갰던 대나무 집들보다 버티는 힘이 더 강하지도 않았다. 불도저가 거리를 따라 차례차례 한 채씩 철거 작업을 했기 때문에, 거주자들은 거리를 가로질러 뿔뿔이 흩어져, 아직 헐리지 않은 다른 친척 집에 비집고 들어가거나 새로운 불법 판잣집을 짓거나 했다.

응우옌꾸이죽 거리에서 특별했던 것은 별로 없었다. 철거는 베트남의 각 도시마다 으레 있는 일이다. 응우옌꾸이죽 거리에서 일어난 일이 매주 반복되고 있는 것이다. 통치자들이 한때 그들이 살아왔던 프롤레타리아적인 도시들을 미래에 살기를 원하는 부르주아적인 도시로 바꾸려 하기 때문이다. 응우옌꾸이죽의 주민들은 도시에서 시골 생활 방식대로 살던 농부들이었다. 일부는 가게 주인이 되었고 다른 일부는 공장 노동자가 되었다. 그들은 그 구역을 아름답게 꾸미려는 노력으로 인해 쫓겨났다. 그 결과 — 바로 회색 콘크리트와 돌보는 사람 없는 적막감 — 가 아름다움에 대한 통념과는 거리가 멀다는 것이 문제가 되지 않았다. 구역 당국자들에게는 무질서한 가난뱅이들의 집중을 분산시키는 것이 도시 일부가 현대화되었다는 충분한 증거가 되었을 것이다. 이 같은 해체를 통해 베트남의 도시들은 물질적으로는 물론 사회적으로도 리메이크되고 있다. 그것은 헤라클레스Heracles의 싸움이다. 시 당국자들은 매일 아우게이아스Augeas 왕의 외양간(아우게이아스 왕은 소 3000마리를 기르면서 30년간 외양간 청소를 하지 않았는데, 헤라클레스가 강물을 끌어와 하루 만에 청소했다는 그리스 신화의 외양간 — 옮긴이)을 깨끗이 청소하려 한다. 그들이 모든 혼란스러운 조각을 말끔히 치우면 곧 또 다른 조각들이 나타나기 때문이다.

농촌에서 도시로 이주의 파도가 밀어닥치고 있다. 도로는 혼잡하고, 전기는 배급제로 하다 때로는 정전되고, 하수구 설비는 겨우 적절한 수준이었던 것이 있으나마나한 꼴이 되어 버렸다. 하노이, 호찌민, 다낭 그리고 다른 모든 도시들이 일촉즉발의 위기에 처해 있다. 미처리된 수많은 산업 폐기물이 매일 쏟아져 나오고, 너무 많은 지하수를 퍼 올려 쓰는 바람에 집들이 붕괴되고, 호찌민 시 근방의 개천들은 생물학적으로 죽어 있으며, 하노이의 대기오염은 국제적으로 용인되는 수준을 넘어섰다. 그러나 이를 이유로 매일 수천 명씩 도시로 몰려드는 사람들을 제지할 수는 없는 일이다. 그들에겐 이주가 단연코 농촌의 가난으로부터 탈출하는 가장 손쉬운 방법이기 때문이다. 그렇다고 기존의 도시민들이 경제성장의 과일을 차지하는 것 - 집을 채우기 위해 새로운 물건을 사고 새로운 것들을 설치하기 위해 집을 늘리는 것 - 을 막을 수도 없는 일이다. 도시는 매우 분주한 신생국가의 삶과 열정이 충만해 있으며, 그 과정에서 도시 문화를 재생하고 복사하며 창안한다.

❋　❋　❋

현대의 하노이는 늘 초만원이었다. 1954년 프랑스인들이 떠난 후 공산주의자들은 전쟁으로 주택 재고의 4분의 1 이상이 파괴되거나 심각하게 파손된 수도를 물려받았다.[1] 몰려드는 피난민들로 도시 번화가 인구는 30만으로 늘어났다. 피난민 중 3분의 1은 옛 중심지에 억지로 밀어 넣고, 나머지 대부분은 외곽 슬럼가와 판자촌으로 내몰았다. 해결책은 분명해 보였다. 떠나간 식민지 행정관들과 옛 베트남 엘리트들의 재산은 압류되어 공산당이 보답해주고 싶은 사람들에 재분배되었다. 하노이에서 가장 좋은 저택들은 자신들이 차지했다. 바딘Ba Dinh 광장 북쪽 거리를 따라 늘어선 노란 페인트 저택들은 아직도 당 지도부, 전 지도부, 그들의 두뇌 집단, 국가기관원, 행정부 각료들이 차지하고 있다. 시의 다른 곳의 주택은 인민들에게 분배되었다. 방 한 개짜리보다 규모가 큰 모든 주택이 국유화되었다. 새 통치자들은 큰 주택의 경우 분할 분배했다. 본래의 거주자에게는 방 하나만 배당되었으며, 그들은 그것을 명목상의 금액을 지불하고 국가로부터 빌려 사용해야 했다. 다른 방은 당 간부들에 의해 다른 사람들에게 배분되었다. 일부 주택의 경우 기존 거주자가 이 배분을 하게 했다. 그러나 집 나누기 사태를 사전에 예상한 일부 사람들은 미리 자신들의 집을 분리해 친척과 친구들이 들어와 살도록 했다. 그편이 국가가 강제로 낯선 사람들에게 나누어주는 것보다는 낫기 때문이었다.

그 무렵 응우옌민크호아Nguyen Mink Hoa(이 이름은 이후 변경되었다) 할아버지는 남부 베트남으로 도피한 그의 친구로부터 항가이Hang Gai(지금은 '비단 거리'로 더 잘 알려져 있다) 거리에 있는 집 한 채를 돌봐달라는 부탁을 받았다. 그는 두 어린 아들과 함께 그 집 1층의 방 두 개를 사용하고 다른 다섯 개의 방을 집주인의 친척들과 친구들에게 나누어 주어 살도록 했다. 거리 쪽으로 나 있는 1층 방 하나는 원하는 사람이 없어 시 당국에 '기부'했다. 호아 가족의 외가댁은 마메이Ma May 거리에 있는 큰 저택을 소유하고 있었다. 그들 역시 그 집을 친척들과 나누기로 결정했다. 집주인이 1층을 사용하고 1층 뒤편에 있는 방들은 동생 가족에게 주었다. 또한 거리가 내다보이는 방들은 더 먼 친척 가족에게 사용하도록 했다. 항가이 거리와 마메이 거리 모두 하노이의 구시가지 내에 있으며 '36가街'[2]로 알려진 삼각형 미로

이다. 이곳의 도로들은 이곳 상인들이 파는 상품들, 이를테면 종이, 은제품, 바구니 등이 거리별로 전문화된 후 그 이름을 붙여 부르게 되었다. 이들 거리를 따라 늘어서 있는 전통적인 집들은 길고 가는 '튜브 주택' ― 3~4미터의 폭에 길이는 30미터, 때로는 50미터나 되는 ― 이다. 중간에는 대개 그 집에 딸린 뜰이 있다. 그 뜰로부터 올라오는 공기가 온 집 안에 상쾌한 외풍을 그득하게 한다. 뜰에 가까운 방들, 특히 1층의 방들은 사람들을 더욱 편안하게 해준다. 시원할뿐더러 거리의 소음과 먼지로부터 멀어지도록 해주기 때문이다.

이들 공유된 집에서는 프라이버시가 거의 지켜지지 않았다. 부엌과 화장실을 같이 사용해야 하고, 간혹 출입을 하려 해도 남의 가족이 사는 방 옆을 지나쳐야 했기 때문이다. 이 같은 문제는 동거인 숫자가 적고 모두가 친척이면 감내하기 쉬웠을 것이다. 그러나 국가 시책에 떠밀려 한집에 살게 된 집단 세대는 각 가족들 사이의 관계로 종종 어려움에 처할 때가 있었다. 그런데도 시의 인구가 불어나기 시작하자 한 집에 사는 가족의 숫자가 더욱 늘어나 초만원을 이루게 되었다. 그러자니 자연히 가정생활 공간이 거리로까지 연장되었다. 거리는 사람들의 가정생활 공간 이외의 목적으로는 그렇게 많이 사용되지 않았다. 물건을 펴놓고 장사를 하는 사람들도 거의 없었고(당시 대부분의 개인영업 활동은 위법이었다), 흥취를 돋울 만한 곳도 매우 드물었다. 오늘날 베트남 도시의 대혼란에 비추어보면, 상점이나 오토바이가 없고 거리 장사꾼들, 텔레비전 또는 가라오케가 없는, 그리고 아스팔트 포장도로나 전기 불빛이 없는 그런 거리가 있으리라고는 상상하기가 거의 불가능하다. 그러나 20년 전만 해도 도시의 거리는 밤낮 가릴 것 없이 대부분 조용했다. 생활이 뒤집힌 것이다. 거리는 집안 살림을 할 수 있는 '사적인' 장소가 되었다. 여자들은 포장도로 위에서 음식을 조리했고,

좁은 골목길에는 가족들이 나와 머리를 감고 빨래를 하고 아이들을 씻겼다. 얼마간 이것은 도시의 '시골화'라고도 할 수 있었다. 하노이로 이주한 농민들은 집 바깥에서 살림에 관한 일을 하는 것과 같은, 그들 시골 마을의 생활 방식 대부분을 존속시켰다.[3] 그러나 이제는 도시에서 오래 산 사람들 역시 거리에서의 생활이 필요해진 것이다.

1965년 정부가 소련의 원조로 새로운 '사회주의' 주택 건설을 시작한 이후에도 구시가지의 초만원과 공동생활은 계속되었다. 조리 시설과 세면 시설을 공동으로 사용하는 소련식 아파트 블록들이 하노이 시 외곽에 세워졌다. 이들 아파트 역시 완공되자마자 초만원을 이루었다. 경제 제재와 미군의 폭격으로 아파트 건설이 중지되곤 했기 때문에 주택 공급이 수요를 전혀 따라가지 못했다. 이들 현대식 아파트를 공급받은, 비교적 높은 지위에 있는 관료들과 그 가족들조차 기본적인 생활을 공개적으로 영위해가야 할 판이었다. 누구나 초만원의 허름한 거처에서 함께 사는 고위 지도자와 그 가족들을 꺼끄러워한다. 부유한 사람들과 가난한 사람들 사이의 차이는 2 제곱미터로 측정되었다. 하노이 주민 대부분은 비교적 최근까지도 이런 생활 방식을 유지해왔다.

하지만 1980년대 중반부터 일단 시장경제가 국가보조금 경제를 대체하기 시작하자, 주민들은 집을 위쪽으로, 또는 불안정한 탑상형cantilevered 발코니를 이용해 바깥쪽으로 불법 확대하는 등 직접 팔을 걷고 주택문제를 해결하려 들었다. 또한 농촌에서 이주해온 사람들이 응우옌꾸이죽 거리 같은 장소에 (불법으로) 가옥 겸 가게를 세우기가 훨씬 용이해졌다. 국가의 도움 없이도 살아가게 하고, 국가가 가정을 먹여 살려야 하는 의무에서 벗어나기 위한 두 가지 목적에서 소규모 거래 행위가 허용되었다. 주택 확장과 생계를 위한 상거래가 불법이긴 했지만, 만약 국가가 법으로 다스렸다면 대규모 궁핍과 불안정을 불러왔을 것이다. 그래서 각 가정과 국가는 실용적이면서 재미있는 타협을 했다. 1989년에 국영기업과 군부가 150만 명의 직원과 군인들을 해고하거나 제대시키면서 거리가 '개방'되어 베트남의 거리음식 혁명이 시작되었다. 부녀들이 앞장섰다. 그들은 생업 수단, 즉 석유 난로, 대형 솥과 나무(이후 플라스틱) 좌판 몇 개를 가지고 차, 쌀국수, 분짜 bun cha(국수에 산적을 곁들인 음식), 러우lau(스튜), 그리고 지금은 당연히 베트남 음식으로 유명해진, 집에서 만든 기호 음식들을 팔아 생계를 꾸려가기 시작했다. 이전 같았으면 이 같은 소규모 상거래는 즉시 그리고 사정없이 의법 처단되었을 것이다. 이제 경찰의 활동에도 변화가 완연해 그들은 부녀자의 상거래 행위를 눈감아주라는 명령을 받고 있었다.

그리고 음식 좌판들이 앞장서 길을 트자, 다른 비공식적인 상거래 행위 — 이를테면, 채소 장사, 옷 가게, 휴대용 체중계, 파인애플 즙 장사, 길거리 이발사, 자전거 수리 등 — 가 뒤따라 범람했다. 이들은 소규모 자본주의의 선구자들이었는데, 그들은 자신들의 상거래 행위를 제한하려는 단속이 있을 때마다 입에 풀칠이라도 해서 살아가려면 이 짓이라도 할 수밖에 없지 않느냐는 식으로 그들의 도덕적 권리를 주장했다. 돈을 받고 자전거 타이어의 펑크를 고쳐주는 제대 군인들과 같은 일부는 도시 주민이었지만, 이들 장사꾼은 주로 시골에서 이주해온 사람들이었다. 그들 대부분은 재활용 판지를 수집하거나, 신문을 팔거나, 시장에서 노동을 하며 판잣집과 무허가 기숙사에서 살아가는 도시의 빈곤 계층에 머물렀으며 그 수는 점점 증가했다. 그들은 가장 적은 보수로 가장 비천한 일을 마다 않는 도시의 노동 예비군인 부랑 노동자lumpenproletariat(마르크스의 이론에 나오는, 계급의식이 희박해 혁명 세력이 되지 못하는 노동자층 — 옮긴이)가 되었다. 그럼에도 농촌 사람들이 계속 도시로 몰려드는 이유는, 베트남 속담에 "농촌의 부자보다 도시의 가난뱅이가 더 낫다"는 말이 있듯이, 아무리 천한 일을 해도 농촌보다는 도시가 더 낫다는 생각을 하기 때문이다. 도이모이가 시작된 후 짧은 기간에 도시는 그들의 것이 되었다. 그들은 경제를 움직이게 하는 힘을 제공했다. 그러나 20년이 지난 지금 도시는 그들이 어슬렁거리거나 적어도 눈에 띄는 것을 원치 않는다.

시 당국은 현재 거리를 '문명화한 것'으로 보이고 싶어 하는데, 이는 옛날식 거리 생활의 청산을 의미한다. 상황은 반민van minh — '문명화한 생활' — 을 장려하는 공식 캠페인이 실질적으로 시작된 2003년 말에 변하기 시작했다. 베트남이 최초의 큰 국제 행사인 동남아 경기대회Southeast Asia Games를 개최하게 된 것이다. 방문자들에게 베트남이 얼마나 '현대화'되었는지를 과시하려는 시도에서, '눈에 거슬리는' 음식 노점상과 거리의 장사꾼을 일소하라는 명령이 떨어졌다. 호찌민 시에서는 거의 성공했으나 하노이에선 그러지 못했다. 시 당국과 장사꾼들 사이에 아직도 밀고 당기는 싸움이 계속되고 있다. 특히 하노이 시가 거대한 국제 행사를 개최하려는 때에 거리를 청소하려는 주기적인 시도는 일단 그 캠페인이 끝나면 즉시 뒤집히며 단속자들과의 대결이 계속된다. 한국의 현대자동차 로고가 붙은 흰색 경찰 픽업트럭이 거리를 순찰하며 플라스틱 좌판, 과일을 가득 담은 대나무 광주리, 심지어 재봉사의 마네킹 등 거리 장사에 필요한 물건들을 눈에 띄는 대로 싣고 가버린다. 비공식적인 쇼핑 거리는 이제 '개구리 시장'으로 알려져 있다. 장사꾼들이 경찰의 눈을 피해 이리 뛰고 저리 뛰며 '숨바꼭질' 장사를 하기 때문이다.

당은 거리 정비 노력의 일환으로 도시를 깨끗이 하면서 동시에 시민들과의 관계를 재정립하려는 — 자산 소유자들과 새로운 친화 관계를 형성하면서 — 시도를 하고 있다.[4] 사실상 당이 도시의 무질서한 프롤레타리아와 농촌 출신들의 기질을 바꾸어, 더 훌륭한 어떤 사람들로 만들려 하는 것이다. 노동 계급 혁명의 전위가 지금 대중에게 중산층의 가치를 존중하게 하려는 것이다. 도시 미화 프로젝트와 거리 청결 캠페인은 '인민들'이 무엇을 의미하는지를 당이 재정의하는 방식들 중 두 가지다. 이 같은 캠페인은 반민(문명화한 생활)이란 슬로건 아래 — 감히 누가 문명화를 반대할 수 있겠는가? — 시작되었다. 그러나 실제로 문명화는 가난한 사람들의 이익보다는 자산가와 외국 투자자들, 중산층 쇼핑객들의 이익을 우선시함을 의미한다. 그것은 사실상 베트남 정치의 근본 원리인 공산주의의 종언을 — 비록 그것이 공산당 통치를 지속시키기 위해서는 새로운 베트남 사회에서 가장 강력한 세력의 협조를 필요로 하는 상황과 전혀 모순되지 않는 것이긴 하지만 — 의미하는 것이다.

변화는 철저했다. 이제 베트남 도시에서 가장 훌륭한 식당 중 하나는, '맛좋은 음식상'이란 의미의 꽌안응온Quan An Ngon이라 불리는 레스토랑 체인이다. 이 레스토랑 체인은 매력적으로 디자인되어 있고, 간혹 옛 저택을 활용하는 곳도 있으며, 편안함을 느끼게 하며 위생적이다. 내부에서는 중산층 단골손님들이 플라스틱 좌판이 아닌 적절한 테이블에서 식사를 하고, 뜰 여기저기에서는 한때 골목길에서 요리하던 여인들이 이제 멋을 부린 '시골식' 초가지붕 아래서 거리 음식 특제품을 차려낸다. 한때는 생존 수단일 뿐이었던 것이 베트남의 새로운 전통 중의 하나로 변신한 것이다. 그리고 맛나기도 한 것이다.

도시를 변화시키는 정부의 '문명화하기' 캠페인에는 이것만 있는 것이 아니다. 레크리에이션 역시 변화하고 있다. 하루 일이 끝나고 주위가 좀 서늘해지면, 하노이의 거리 보도는 세계에서 가장 민주적인 배드민턴 클럽으로 변한다. 테니스 코트는 인도에 깔린 돌바닥과 아스팔트 위에 이미 흰 페인트로 표시가 되어 있다. 선수들이 할 일이라곤 라켓과 셔틀콕을 가져오고 나무 사이에 네트net를 치고 경기를 하면 된다. 어느 장소든 코트로 사용할 수 있다. 어떤 경우엔 화단 구석 위와 그 다른 쪽 아래에 코트 표시를 하고 경기를 할 수도 있다. 이전 식민지 시대의 넓은 가로수 길 일대에는 흰 옷을 입은 명랑하고 쾌활한 남녀 그룹이 줄을 이어 쌩쌩 달리는 차들은 안중에도 없이 떠들어대며 배드민턴 놀이에 여념이 없다. 거기에서는 땀에 흠뻑 젖어도 아랑곳하지 않고, 라켓을 보행자와 오토바이 탄 사람의 코앞에서 무모하게 휘둘러도 별 신경을 쓰지 않는다. 그러나 거리에서 배드민턴을 치는 이들은 중년층과 나이 든 사람들이 대부분이다. 그것은 신흥 중산층 사람들을 위한 스포츠가 아니다. 벼락부자들은 공개적인 운동을 싫어한다. 그들은 그 대신 동등한 사회적 위치에 있는 사람들에게만 관찰될 수 있는 실내 스포츠를 선택한다. 도시에서 새로 유행하는 스포츠는 테니스다. 테니스 클럽들이 이전 저택의 정원과 공중의 시선이 닿지 않으면서 코트를 만들 수 있는 곳이면 어디든지 생겨났다. 개인 클럽들은 또한 조심성 있는 사람들을 위한 탈의실과 비즈니스 고객들과 정보교환을 할 공간을 마련해야 한다.

그리고 테니스만 할 줄 아는 사람이 아니라면 더 나은 선택은 골프 코스가 될 것이다. 도시 바깥에 있는 골프장은 비록 도시 군중과는 멀리 떨어져 있어도 골프 칠 사람들을 불러들인다.

❋　　❋　　❋

새로 문명화한 도시의 거리는 생활공간은 점점 줄어들고 소비 공간은 점점 늘어난다. 기본적인 생활필수품은 집 안으로 들어가고 집 밖은 허식과 과시의 장소가 된다. 이전의 관례들이 뒤집어지고 있었다. 도이모이 이

전에는 건물에서 거리에 면한 쪽은 가장 가치가 없었다. 지금은 어떤 건물이든 거리에 면한 쪽이 가장 가치가 있다. 이전에 집이나 방을 배당받을 때 제일 끝 순서에 섰던 별 볼 일 없던 사람들은 많은 경우, 특히 그들이 운 좋게 그 후 중요 쇼핑가로 변한 도시 중심가에 살았다면, 지금은 행운의 맨 꼭대기에 앉아 있다. 도이모이가 시작되면서 그들은 간단하게 침실의 거리 쪽 벽을 허물고 창문과 셔터를 달아 가게로 탈바꿈시켰다. 그들은 집세도 거의 지불하지 않고 직접 행인을 상대로 장사할 수 있다. 자본주의가 공산당 고유의 선호도 순서를 뒤집어놓았다. 옛날에 제일 끝에 섰던 사람들이 지금은 제일 첫머리에 오게 된 것이다.

현재 사진관을 운영하는 퐁Phong은 하노이의 구시가지에서 용케 성공 발판에 발을 올려놓은 사람들 중 대표적인 사람이다. 그가 가지고 있는 것이라곤 약 1.5미터가 거리에 면해 있는 공터와 그 위에 있는 방이다. 하지만 그곳은 관광객 호스텔과 여행사가 줄줄이 늘어선 마메이 거리다. 퐁은 큰돈을 제시하며 매각 제의를 받았지만, 어느 곳으로도 이사하려 하지 않는다. 그 거리의 토지 ─ 엄밀히 말해 국가 소유 토지의 점유권 ─ 가격은 제곱미터당 7000달러 이상이다. 다시 말해 대표적인 구시가지 구역의 작은 땅이 50만 달러와 100만 달러 사이 어디쯤 된다는 이야기다. 하노이 이외 지역의 부자들은 투자 조로 시내의 자산을 구입하고 싶어 한다. "그들은 자산을 은행에 넣길 싫어합니다. 만약 당신이 은행에 자산을 넣으면 은행이 당신을 소유하게 되며, 만약 당신이 그 자산을 집에 넣으면, 당신이 집을 소유하게 됩니다"라고 퐁은 말한다. 이 거리에 사는 많은 사람들이 집을 팔지 않고 그대로 두려는 것은 이런 경제적 이유 때문이지만, 또한 그 집이 조상들이 장만한 것이어서 조상의 정신을 기리는 마음 때문에도 그냥 머물고 싶어 하는 것이다. 마메이 거리에 사는 사람들의 절반 이상은 2층에 살며 1

층은 가게와 다른 사업용으로 세를 놓는다.

하노이 중심가가 초만원을 이루고 소유권 혼란을 겪는 것은 거액의 돈을 들이거나 상당한 곤란을 겪지 않고는 '문명화'하기가 불가능할 것이라는 점을 말해준다. 오늘날 베트남에서 한 가옥에 몇 가족이 사는지 알 수 있는 손쉬운 방법은 집 바깥벽에 붙어 있는 전기 계량기 숫자를 세는 것이다. 극단적인 사례로, 가톨릭 성당 인근의 리꾸옥수Ly Quoc Su와 삼깜Sam Cam 거리 구석에 있는 한 가옥은 열두 가족이 산다. 한때 아름다웠던 이 옛 저택은 지금 거주자들 중 누가 집주인이며 누가 수리비를 부담해야 할지 합의를 하지 못해 다 허물어져가고 있다. 하지만 이 같은 분쟁은 옛 시가지의 유산을 보존하기 위해서는 다행스러운 일이다. 한 가옥에 사는 여러 가족이 그 집의 소유권과 보상에 합의한 경우에는, 새 주인들 거의 전부가 낡은 집을 허물고 고층 건물을 세웠다. 새 건물은 대체로 벽기둥을 넣고 발코니를 낸 식민지 시대의 건물을 부활시킨 − 때로는 현지에서 '피사의 탑'으로 알려진 − 그리스-로마형인데 하노이 구시가지 주민들이 자기들 구역을 재건하기 위해 선택한 건물 유형이다. 하노이의 역사적인 건물 대부분은 이런 식으로 영원히 사라져버렸다. 옛 '튜브 주택(폭은 좁고 길이가 긴 주택)'들 중 단 2동이 당초의 상태를 유지(둘 다 외국 원조 덕분에)하고 있다. 나머지 튜브 주택들은 수리를 하지 않아 허물어지고 있거나, 한 건물에 많은 경우 여섯 가족이 따로따로 사는 '피사의 탑'으로 대체되었다.

남부는 사정이 매우 다르다. 비록 통일 후에 사이공에서 가옥과 토지가 국유화되어 재분배되긴 했지만, 그 이전에 북쪽보다 더 많은 주택이, 더 좋은 품질로 건설되었다. 도이모이 정책 아래서 호찌민 시 당국은 진보라는 이름으로 (소유권이 없는) 주민들을 가옥과 토지에서 퇴거시키고, 자산 분규를 해결해주고, 새로운 유산계급의 출현을 촉진하는 일에 무자비한 행보를 보여왔다. 시를 문명화하는 것은 사실상 가난한 사람들이 비공식적으로 소유한 자산을 빼앗아 공식적으로 소유권을 가진 부유한 이들에게 되돌려주는 과정이었다. 자산을 가진 사람들은 새로 문명화한 도시의 선도자로 기려진다. 그들은 새로운 도시 질서의 틈새기에서 자산이 없어 미미한 존재가 되기 마련인 다른 시민들보다 자신들이 더 문명화되었다며 의기양양해한다. 가게 주인들과 전문직 종사자들은 거리의 뜨내기 장사치와 떠돌이 노동자를 깔본다. 그들의 촌스러운 생활 방식을 비웃고 냐꾸에nha que(시골뜨기)라 부르며, 그들을 거리에서 몰아내려는 정부의 캠페인을 적극 지지한다. 그 결과 시 당국자들이 추진하려는 정책에 대한 중산층의 지지가 더 높아지고 있다. 이 (문명화) 과정은 호찌민 시에서는 거의 완성 단계이지만, 하노이와 다른 여러 지역, 이를테면 가난한 사람들이 수적으로 더 많고, 자산권이 상당히 복잡하게 얽혀 있으며, 아직 자본주의가 많은 사회적 차별을 일으키지 않고 있는 지역에서는 여전히 갈등 거리가 되어 지지부진한 상태다.

문명 생활을 위한 캠페인은 자산의 소유 여부를 넘어 '비문명적'인 행동에 대한 더 일반적인 공격으로까지 확대되고 있다. 거리의 생활에 대한 통제가 공식적으로 철회되거나 법 집행이 느슨해지자 도시에서 많은 새로운 것들이 가능해졌다. 거리의 뜨내기장사는 그중 일부에 지나지 않았다. 여흥, 쇼핑, 음주, 오락을 즐길 기회가 갑자기 늘어났다. 경제적 자유화는 뒤이어 사회적 자유화를 가져왔다. 옛날의 국가보조금 경제는 감시에 의존했다. 경찰과 지역 당국자들은 개인적인 상거래 행위 또는 체제를 위협하는 활동을 철저히 감시했으며, 한 가옥에서 여러 가족이 복작거리며 살아가는 사회에서 사람들은 이웃의 일거수일투족을 보고 들을 수 있었고, 일거리가 충분하지 않아 한가한 부모들은 아이들을 감시할 시간이 많았다. 이 같은 생활 속에서 그들은 사실상 인생의 즐거움을 막는 데 공헌할 시스템을 만들어냈다. 모든 것이 통제 아래 있었고, 함부로 나서는 행동은 금기시되었다. 당은 종교적이고 사회적인 의식을 가난한 사람들이 감당할 수 없는 사회적 부담으로 여겼고 결혼식과 기타 가족 행사만이 통제에서 제외되었다. 공식적인 공휴일과 음력설Tet에만 축제가 허용되었다. 이러한 축제일에는 국영 음식점들이 가외의 배급을 받아 음식을 차렸다. 그러나 도이모이 정책이 이 모든 것을 바꿔놓았다. 얼마간 자유롭게 쓸 수 있는 수준의 수익을 올리는 젊은 세대들에게 돈은 자유를 살 수 있는 것이었다. 그들은 돈으로 더 큰 생활공간과 프라이버시를 샀고 관료들을 매수했다. 도시 생활은 이제 눈에 띄게 늘어난 소비, 과시적인 관혼상제, 새로운 모습의 종교의식의 특징을 보인다.

'문명 생활'은 기본적인 생활이 옥내에서 영위된다. 가족들이 스스로 지은 다층 가옥에서 대가족을 이루어 살아가든, 아파트에서 핵가족으로 살아가든, 현재 사람들의 이목이 미치지 않는 곳에서 조리하고, 먹고, 씻고 그리고 한담을 나눈다. 이제 거리는 생활의 기본을 해결하는 장소에서 점점 탈피해 생활을 축하하는 현장이 되어간다. 도시가 더 확대되고, 더 부유해지며, 서로 모르는 사람들로 채워짐에 따라 통제가 더욱 어려워졌다. 국가의 전지적全知的 감시 시스템의 효율성이 감퇴했으며, 이는 아이들을 보살피는 부모의 능력이 감소한 것과 같은 맥락이다. 거리는 이제 당국의 통제 필요성과 젊은이들의 방종 욕구가 서로 대결하는 흥분과 위험의 장소가 되었다. 그 투쟁이 섹스, 마약, 로큰롤이라는 영속성을 가진 문제를 둘러싸고 일어난다고 해서 놀랄 일이 아니다.

여러 가족 구성원들의 지속적인 주시와 아마도 방, 화장실, 부엌 등을 함께 쓰는 공동생활 속에서 성장하고 있는 10대들 거의 대부분은 오토바이를 타고 거리를 쌩쌩 달리면서 자유를 맛본다. 토요일 밤은 거리를 돌아다니며 즐기기에 가장 좋은 때다. 오토바이가 비록 여자 친구의 것이라 하더라도 남자는 그녀를 뒤에 태우고 거리를 누빈다. 멋을 부린 수만 명의 젊은 이들이 잘 닦아서 윤이 반짝반짝 나는 오토바이에 두 다리를 쩍 벌리고 앉아서 무모한 곡예 운전으로 몇 시간을 보낸다. 같은 취미를 가진 이 대군 속에서만이 그들을 못마땅해 하는 시선들을 벗어나 남녀 간에 꼭 껴안을 수 있는 자유를 누릴 수 있다. 아오자이를 입은 검은 긴 머리의 소녀가 자전거를 타던 시대가 지나간 지는 오래되었다. 소녀들은 머리를 짧게 잘라 진홍색으로 염색하거나 과산화수소로 표백해 두드러져 보이게 한다. 그들이 아오자이를 입는 유일한 시간은 가족 축전이나 공식적인 의식을 거행할 때 또는 서비스 회사의 일부 부서에서 일할 때이며, 매우 가난한 10대가 토요일 밤에 아오자이를 입고 자전거를 타고 가는 것을 간혹 볼 수 있다. 하노이에서 매우 전형적인 토요일 밤은 오토바이 위의 아이스크림 상점에서 시작된다. 저녁 내내 오토바이들이 쯩띠엔Trang Tien 거리 인근 골목길로 몰려든다. 이 거리는 한때 오페라하우스와 호안끼엠Hoan Kiem 호수 사이의 거대한 산책로였으며, 배후에 멋진 정원이 있는 공원이었다. 즐거움의 일부는, 비록 한결같이 싼 가격이 도이모이 이전 시대를 상기시키긴 하지만 아이스크림을 먹는 일이다. 재미의 대부분은 오토바이 위에 앉아서 다른 사람들을 관찰하고 그들의 관찰을 받는 일이다.

순응과 반항 사이를 위태롭게 오락가락하는 티 없이 맑은 10대들이 보여주는 강력한 인상은 1950년대 캘리포니아를 떠올리게 한다. 마치 제임스 딘James Dean이 자동차에 오르길 기대하며 심장이 마구 뛰었던 것처럼(영화 〈이유 없는 반항〉에서, 절벽을 향해 달리는 자동차에서 뛰어내리기 시합을 하는 장면에서 ― 옮긴이), 오토바이를 탄 이들을 보면 기대와 불안이 교차한다. 그러나 제임스 딘 세대의 반항이 물질주의에 대한 것이었다면, 베트남의 10대들은 지금 공산주의적 내핍 시대에 반항하는 것이다. 응시의 대상이 되는 이들 남녀 10대들은 돈과 그럴듯한 액세서리 ― 번들거리는 멋진 색상의 흠간 데 없는 오토바이, 디자이너 이름이 새겨진 빳빳한 셔츠, 한국 10대들을 본뜬 헤어스타일 ― 를 가진 젊은이들이다. 멋져 보이기 위해서는 가처분소득이 있어야 하며 시끄럽게 할 수 있어야 한다. 오토바이 문화는 즉흥적인 축하 행사를 가능하게 한다. 공식적으로 인정되는 억제·절제와는 대조적이고 대응적인 축하 행사다. 이 축하 행사는 정형화된 것에서 기괴한 것에 이르기까지, 그리고 축구 승리 축하에서 크리스마스이브에 오토바이를 타고 시 주변을 돌아다니는 산타 모자를 쓴 젊은이들의 궤주潰走에 이르기까지 다양하다.

오토바이는 또한 도시를 가로질러 얼마간 애무를 할 수 있는 몇 안 되는 공공장소로 가서 최초의 은밀한 섹스 시도를 가능하게 해주기도 한다. 쭉박 호수Truc Bach Lake ― 1967년, 베트남전 때 존 매케인John McCain(전 대통령 후보, 현 상원의원)이 몰던 비행기가 격추되어 낙하산을 타고 떨어진 곳이다 ― 와 서부 호수West Lake 사이의 방죽 길에 있는 식물원Botanic Gardens이 이런 장소로 인기가 있다. 다음 단계는 백조 모양의 수상 자전거로 호수 중의 하나를 종종 돌아다니는 일이다. 2007년 1월 하노이에 사는 미술가인 응우옌꽝후이Nguyen Quang Huy는 이 백조 보트 중 하나를 물 바깥으로 끌어내어 세척하고 탑 속의 경건한 물건처럼 전통적인 옻칠의 농담濃淡으로 예쁘게 다시 색칠

해 "오늘날 답답하고 먼지 많은 하노이에서 살아가는 모든 사람들을 위한 사랑의 상징"이라고 이름 짓고는 '사랑의 사원Temple of Love'이라는 표제로 전시했다. 모든 도시의 간선도로를 관리하는 사람들은 개인적으로 더 잘 아는 사람들에게 현재 엄청난 수로 늘고 있는 냐응히nha nghi — 글자 그대로의 뜻으로는 '휴식 가옥' — 의 이용을 권한다. 일부는 휴식을 위해 냐응히를 이용하지만, 대부분은 이용하지 않는다. 이 집의 방은 시간제로 빌릴 수 있으며, 프런트에서는 흔히 있는 의례적인 절차인 신분증 확인을 하지 않는다. 그 방들은 종종 혼전 남녀를 위한 장소로, 또는 다른 종류의, 일종의 외도용으로 사용되며, 사람들로 넘쳐나는 집에서 은밀한 곳을 찾을 수 없는 결혼한 커플들이 사용하기도 한다.

호찌민 시의 젊은이 문화는 더 앞서 있다. 1975년 이전의 선정적인 것들을 지속시켜주었던 미국 고객은 비록 사라졌지만 그 기억은 아직도 살아 있다. 미국과 다른 외국 투자가들이 이 도시에 돌아오자 야간 유흥이 부활했다. 가령 하노이의 젊은이 문화가 1950년대 말에 겨우 도달해 있다고 한다면, 호찌민 시의 젊은이 문화는 1960년대에 완전히 들어가 있다고 할 수 있을 것이다. 경향과 스타일이 더 앞서 있고 차별화되어 있으며, 시민들의 더 높은 수익은 외제 옷과 액세서리들을 하노이보다 더 많이 구입할 수 있음을 의미한다. 그러나 이 남부 사람들은 아마도 더 높은 생활수준 때문에 사회적 지위에 대한 관심이 덜하고, 확실하게 증명된 것은 아니지만 패션이 하노이보다 덜 번지르르하고 최신식 오토바이를 더 많이 타고 다니는 경향이 있다고 할 것이다. 1975년 통일 후 강제 재분배의 경험 때문인지는 몰라도, 부를 공개적으로 과시하는 일에 훨씬 더 신중해 하는 경향 또한 있다. 다낭과 후에Hue 중심가의 생활은 더 침체된 경향을 보인다. 호찌민 시나 하노이보다도 외부 영향에 덜 노출되어 있어 변화의 속도가 던 완만한 것이다.

그러나 현재로선 지역을 가릴 것 없이 도시 젊은이들 대부분의 욕구는 부모와 매우 조화를 이루는 듯하다. 부모들은 궁핍했던 자신의 젊은 시절을 자녀들이 회피해 성공하길 바라며, 자녀들도 그것을 — 생활수준을 향상시키는 실질적인 이익 — 을 바란다. 몇몇 조사에 따르면, 교육을 많이 받은 젊은이일수록 좋은 직장을 얻는 데 더 관심이 높았다. 그들은 물질적으로 성공하기 위해 열심히 공부하고 일할 태세가 되어 있다. 그들은 시야가 넓고 기대가 높다. 청소년 세대의 주류에선 부모의 소망에 대한 냉소나 반항이 매우 적다. 윗사람에 대한 존경이라는 전통적인 가치와 공동체에 대한 책임감은 부모와 학교에 의해 아직도 강력하게 주입되고 있으며, 아이들의 절대다수는 아직도 부모가 자녀의 삶의 방식에 강력한 영향력이 있는 것으로 믿는다. 이들 젊은이들에게 '젊음'은 유년 시절의 요구 사항과 조기 결혼으로 시작될 가정생활이라는 다른 종류의 새로운 요구 사이의 잠정적인 독립 시기이다.

베트남에서 새로이 대두하고 있는 '하위문화'에 심취한 젊은이들 사이에서도 반항은 부모님의 가치관을 거부하는 것이라기보다는 오히려 리듬의 문제라 할 수 있다. 브레이크댄싱, 스케이트보드 타기, 그리고 하노이와 호찌민 시에서 나타나기 시작한 모든 다른 '광경'들은, 젊은이들이 좀처럼 잘 이용할 수 없는 공공장소에 모여드는 경향이 있기 때문에 좀 유별나 보이긴 하지만 규모가 매우 작고, 그에 필요한 액세서리를 구입할 수단을 가진 젊은이들로 구성되어 있다. 댄스 파티와 스케이트보드 타기를 위한 그들의 정기적인 저녁 모임은 생활에 그다지 지장을 주지 않는다. 규정이나 법률을 만드는 사람들 누구나 이 젊은이들을 어깨 위로 막대기를 드는 농민들보다 사회질서에 덜 위협적으로 본다. 그들은 충분히 즐긴 후에는 좋은 아들과 딸인 것처럼 집으로 돌아가 시험공부를 한다. 이런 소동은 기존 질서에 대한 저항의 의미라기보다는 오히려 개인주의의 표현이며 자기 향상 — 아마도 직업적인 댄서나 뮤지션으로서 — 을 전파하는 수단이다.

물론 이것은 이 나라의 젊은이들이 무엇을 위해 노력해야 하는지에 대한 공적인 인식에도 매우 잘 부합한다. 젊은이를 위한 텔레비전 프로그램은 몇몇 종류의 교육적인 퀴즈 또는 다른 퀴즈에서 이기려고 열망하는 안경 낀 초롱초롱한 얼굴들로 가득 차 있다. 젊은이를 베트남 말로 타이니엔thanh nien 이라고 하는데 이것을 글자 그대로 풀이하면 '청년青年, green years'이란 의미이며, 성장·발전·열의라는 가치와 밀접하게 관련되어 있다. 베트남 공산당은 더 젊은 세대로부터의 지지를 촉진하는 데 무척 공을 들여왔다. 도로변에 세워놓은 정치 광고판에는 큰 글씨로 '오늘의 어린이들이 내일의 세계'라고 선언하고 있으며, 어린이들에 둘러싸인 '호찌민 아저씨'의 사진이 여기저기에 모습을 드러낸다. 문화감시 기구와 국영 텔레비전 프로듀서들은 서구의 것과 관련이 있는 고약한 냄새가 나는 수입품을 금기시하면서도 한편으로는 힙합을 현대성과 적극적인 자기표현의 한 유형이라며 건강부회牽强附會한다. 이제 힙합은 미국산 수입품으로 여기지도 않는다. 빅 토우Big Toe, 블루 토우Blue Toe, 콜드 크루Cold Crew와 같은 이름을 가진 조직화된 댄스 그룹들에게 크게 영향을 미치는 것은 미국으로부터 영향을 받은 일본, 한국, 타이의 힙합족들이다. 사실, 훨씬 점잖고 단정한 이 힙합은 지저분하고 소란스러운 원조 힙합보다 받아들이기가 더 쉽다. 그리고 그것이 건설 노동자, 가정 도우미, 도시 빈곤층 사람들이 아닌 가처분소득을 가진 젊은이들의 영역으로 남아 있는 한 그 상태가 유지될 것 같다.

그러나 이처럼 젊은 소비자들의 시장이 성장하고 있음에도, 하노이는 특히 호찌민 시나 다른 남부 도시들에 비해 야간 유흥 문화가 매우 적다. 2007년 4월까지 하노이에는 '뉴 센추리'라는 큰 나이트클럽이 있었다. 2000명을 수용할 수 있는 엄청나게 큰 홀을 가진 이 클럽은 전설적인 곳이 되었다. 유럽이나 미국의 어느 나이트클럽 못지않게 휘황한 이 클럽은 정기적으로 남부 지역의 스타, 국제적인 디제이DJ, 외국 베트남 공동체에서 온 가수들을 호스트로 초빙했다. 이 클럽은 좋은 '연줄'을 갖고 있었다. 현지 경찰관들이 경비 요원 역할을 하는 것으로 알려졌고, 이곳에 오는 VIP들은 반대편에 있는 국립도서관 구내를 주차장으로 사용할 수 있는 재량권이 있었다. 이 클럽은 8년 동안 용케 살아남을 수 있는 행운을 누렸다. 거기서 마약과 매춘은 물론 심지어 몇 차례 살인 사건이 일어났는데도 클럽은 여전히 건재했으며, 하노이 시 당국으로부터 '마약과의 싸움에 기여한 공로'로 표창까지 받았다. 이유는 간단했다. 클럽의 주인이 총리의 아들 친구인 판반카이Phan Van Khai 였기 때문이다. 그러나 2006년 중반 카이가 물러난 후 클럽의 운명이 촉박해졌다. 그로부터 채 1년도 안된 2007년 4월 29일 일요일 이른 시간에 이곳은 군사작전을 방불케 하는 조치에 의해 영원히 폐쇄되었다.

헬멧을 쓴 경찰 특수부대 무장 요원 500명이 동원되었는데, 하노이 경찰이 배제된 것은 그들이 협조하리라고 믿을 수 없었기 때문이다. 그들은 그런 급습이 있을 것이라는 사전 통보조차 받지 못했다. 특수부대 요원들은 클럽 안에서 마약 200다발, 밀실에서 섹스를 하던 남녀 7쌍, 그리고 '이미 사용된 많은 콘돔'을 발견했다고 말했다. 클럽 지배인과 경리 책임자는 마약 사용자들을 비호한 혐의로 고발되었다. 더욱 의미심장한 것은, 경찰 조사 후에, 허가 없이 클럽을 운영하게 한 하노이 시 문화국 국장을 포함한 시청 직원 17명과 경찰관 12명이 강등되거나 징계를 받았다는 점이다. 그러나 이런 조치에도 클럽을 둘러싼 소문은 완전히 잦아들지 않았다. 시내에 떠도는 소문에 의하면 이번의 급습은 마약 사용 때문이 아니라 단지 몇몇 영향력 있는 사람들이 클럽의 수익 배분에서 갑자기 제외되었기 때문이라는 것이다. 당국에 대한 시민들의 불신은 만성화되어 있다. 심지어 당국이 '방범' 대책이라고 일컫는 조치를 취해도, 많은 사람들은 그 동기가 불순하다고 추정한다.

'문명 생활'의 공식적인 교리와 도시 생활의 실체 사이의 간격이 날이 갈수록 더 넓어지고 있다. 매춘은 근절시키려는 노력이 어리석어 보일 정도로 이제 도시 남자들의 삶에 없어서는 안 될 요소가 되었다. 2001년의 공식 보고서는 매춘에 종사하는 여성이 적어도 50만 명 – 전체 여성 인구의 1% 이상 – 이 될 것으로 추산했는데, 이후에 아마 그 숫자가 증가했을 것이다. 문명 생활 캠페인 때문에라도 시 당국자들은 최소한 매춘을 근절하려는 어떤 노력을 보여주어야 한다. 이따금씩 고위층에서 강경 조치를 지시하지만, 일선에서의 실행은 대체로 마지못해 하는 척할 뿐이다. 현지 경찰은 그들의 상부 기관과 지역 정치권력 기관인 인민위원회 양쪽에서 지시를 받는다. 이처럼 헷갈리는 지휘 라인은 종종 일선 경찰들에게 자신들의 어영부영한 자세를 변명할 수 있게 해준다. 특히 일선 경찰의 어떤 고위 관리가 특정한 순간에 특정한 거리에 대해 어떻게든 강경 조치를 취하지 말아달라는 부탁을 받았을 때 그러하다.[5]

수년간 정부의 사회 정화 노력이 집중된 곳은 가라오케 바였다. 이 일본식 노래방은 베트남에서 크게 인기를 끌고 있지만 밀실, 음악, 술, 호스티스가 구비되어 있다는 것은 위장한 갈보집이라는 의미다. 2006년 7월, 가라오케 바의 매춘을 단속하는 법률이 시행되었다. 가라오케 바는 이제 맥주보다 알코올 도수가 더 높은 술은 팔 수 없게 되었고, 하나의 방에 오직 한 사람의 웨이트리스만 일하게 했으며, 방문은 대형 유리로 만들고 전등을 항상 켜놓게 해서, 안에서 무슨 일이 일어나는지를 관리자가 점검할 수 있게 했다. 그러나 위법을 저질렀을 때의 벌금이 매춘으로 벌 수 있는 돈에 비해 너무 적었다. 벌금 최고액이 600달러 — 경찰관의 임금에 비하면 큰 액수다 — 이지만 매춘 수입에 비하면 많은 것이 아니다. 가라오케 바에서의 매춘을 도무지 포기할 수 없는 주인들은 벌금액 정도의 돈으로 고객들에게 경찰 출현을 사전 경고해주는 비상경보 장치를 설치하고 있다.

돈으로 섹스를 즐길 수 있는 유흥 시설의 범위가 가라오케 바에서 일류 호텔로 확대되고 있다. 거래는 다른 여러 아시아 국가의 도시보다 훨씬 눈에 덜 띄긴 하지만, 그것이 덜 만연되어 있다는 의미는 아니다. 특정 거리에서 매춘부와 포주들은 노골적으로 호객 행위를 한다. 하노이 서쪽 교외 타이틴Thai Thinh 거리 사창가의 한 영업점에 대한 어떤 하노이 기자의 폭로 기사는 박리다매식의 매춘 사업을 묘사한다. 10제곱미터 넓이의 방에 불결한 침대 다섯 개가 놓여 있으며 각 침대 사이에는 꽃무늬가 그려진 커튼이 드리워져 있다. 고객들로 가장 붐비는 시간은 저녁 8시에서 10시 사이인데 가끔씩은 층계에 열을 서 차례를 기다리기도 한다. 실내 시설은 합법적인 마사지실인 것처럼 가장해놓았다. 고객은 포주에게 3만 동(약 2달러)을 지불하고 상대 여성에겐 5000동(약 30센트)을 지불한다. 그러나 커튼 안에서의 개인적인 거래는 여성이 팁으로 거의 5만 동을 받는 것으로 알려져 있다. 농촌에서 온 가난한 여성들에게 그 돈은 며칠간의 임금에 해당되며 단 몇 분 동안에 버는 것이다. 더 비싼 호텔의 경우 그 시세는 열 배 이상 비싸질 수 있다. 몇몇 호텔은 한 층 전체를 '마사지실'로 사용한다. 가격이 비싼 만큼 프라이버시가 더 잘 지켜지고, 침대 시트가 더 깨끗하며, 다음 고객에게 자리를 내주기 위해 서둘지 않아도 된다. 이곳에 있는 여성들은 한 달에 100만 동(약 600달러)을 벌 수 있다. 베트남에선 큰 금액이다.

화대花代는 대개 공동으로 지불되는데 친구들이 떼를 지어 함께 가는 일이 많기 때문이다. 하노이에서는 그런 경우를 반쪼이ban choi — 글자 그대로 풀이하면 '놀이 친구'다 — 라 하지만, 이 같은 현상이 전국에서 나타난다. 저녁은 대개 시끄러운 바에서 음식과 비어호이bia hoi(알코올 도수가 낮은 생맥주)로 시작한다. 많은 곳, 특히 비어옴bia om — 글자 그대로 풀이하면 '맥주 껴안기cuddle beer' — 에서는 오락과 매춘을 겸하며, 남자들은 한 손으로는 맥주잔을 잡고 다른 손으로는 여자를 주무를 수 있다. 저녁은 농담을 주고받고, 이야기하고, 그리고 더 많은 음주의 과정을 거쳐 거의 필연적으로 섹스로 이어진다. 이들은 때때로 그들이 나눠 갖게 될 매춘부들을 사기 위해 공동으로 돈을 갹출함으로써 집단정신이 강화된다. 이 그룹 중 한 친구가 그럴듯한 이유를 대며 섹스 대열에서 빠지겠다고 한다면 그럴 수는 있겠지만, 앞으로 그의 대표나 비즈니스 파트너와 자리를 함께 하기는 거의 불가능하게 될 것이다. 이런 경우 섹스를 하는 것은 신뢰와 우정의 유대를 형성하는 훌륭한 방법이며, 따라서 비즈니스에서 중요한 요소가 된다. 이따금씩 비즈니스 파트너와 함께 창녀촌에서 즐기고 오는 것이 상거래에서 윤활유가 되고 축복이 될 것이다.

부정한 섹스는 베트남의 주류 남성 생활에서 거의 주요 요소지만, 분별 있게 처신하는 한 당국의 노여움을 살 염려는 없다. 당국이 정한 법규를 노골적으로 무시하고 직접 도전할 때만 집중 단속이 실시된다. 뉴 센추리 클럽에 대한 평판이 극도로 나빠졌을 때와 가라오케 바가 일반 대중의 험담거리가 되었을 때, 그리고 거리에서의 불법 오토바이 경주가 많은 군중을 끌어들이기 시작했을 때, 당국은 국민들로부터의 신뢰성을 유지하기 위해 행동에 나서지 않을 수 없었다. 당국의 권위를 공공연히 무시하지 않는 한 집중 단속과 같은 조치는 그렇게 자주 발생하지 않는다. 실내에서의 매춘

행위는 단속 대상이 잘 되지 않는 데 반해 거리의 매춘 행위는 대상이 될 수 있다. 코카인을 흡입하는 클럽 회원은 마약 단속에서 빠져나갈 수 있지만, 골목길에서 급증하고 있는 헤로인 사용자들은 단속을 피하기 어렵다. 열악한 환경에서 저임금을 받으며 일하는 이주민 아이들은 대체로 당국의 관심 대상에서 제외되지만, 거리에서 구걸을 하는 아이들은 그렇지 않다.

☆ ☆ ☆

공공연한 매춘 행위·마약 사용·거리 유랑(노숙)에 대한 당국의 공식적인 대응은 한결같다. 우선 위반자들이 비문명적인 생활 방식을 바꾸도록 설득한 다음, 만약 개조될 기미가 보이지 않으면 도시로부터 격리시킨다. 당국이 '사회악'이라고 부르는 것을 통제하는 일에는 경찰이 나서지 않고 현지 인민위원회가 나선다. 당 기간요원들이 '비문명적'인 가정을 방문해 타이르고, 여성 연맹의 활동가들이 매춘부들에게 성매매를 포기하도록 설득하며, 현지의 지역 관리자들이 이웃들을 단합시켜 반사회적 행위를 척결하는 투쟁에 나선다. 그러나 실패하면, 인민위원회 - 법원이 아닌 - 가 유치 명령을 내린다. 문명 생활을 장려하는 캠페인은 사회적인 문제를 처리하는 옛날 방식 - 배제와 재교육 - 을 제멋대로 활용해왔다.

1950년대의 반체제 인사들에서부터 1970년대의 패배한 남부 월남군 장교들, 그리고 오늘날의 매춘부와 마약중독자에 이르기까지, 당은 오랫동안 이들의 마음을 돌려 '더 훌륭한' 인민으로 만들 수 있다는 전제 아래 '이탈자들'을 다루어왔다. 재교육은 자유주의와 전체주의의 엉성한 결합의 산물이다. 정부는 한편으로는 용납하지 못할 행위를 한 사람들 대부분이 '개조'될 수 있다고 믿으면서, 다른 한편으로는 용납될 수 있는 행동에 대해 매우 엄격한 정의를 내린다. 실제로 그들의 재교육은 자유주의적인 것과는 거리가 멀었다. 구舊 남부 베트남 정권의 군인·관리·정치인 수백 명, 아니 아마도 수천 명이 전쟁이 끝난 후 재교육 수용소에서 학대와 방치로 죽었으며, 오늘날 '사회악'에 물든 사람들을 개조하기 위해 세운 센터들은 피수용인들에게 도움을 주기보다 오히려 자주 해를 끼친다.

남성 마약중독자는 '06센터'에 수용된다. 매춘부 — 그들 역시 마약중독자일 수 있다 — 는 '05센터'에 수용되고, 거리의 아이들은 사회보호센터에 보낸다. 이런 시설들은 주로 외딴 곳에 있으며, 공안부가 아닌 노동부의 복지·사회정책국MoLISA 소속으로 되어 있지만, 실제로 그들은 죄수 취급을 받는다. 전국에는 국영 06센터가 80군데 이상 있으며 각 센터에는 약 1000명의 피수용자가 있다. 센터에는 자격을 갖춘 마약 카운슬러나 사회복지사가 거의 없으며, 설사 있다 해도 없는 거나 마찬가지다. 직원들은 노동부에 의해 거기서 일하도록 배속 받은 사람들일 뿐이다. 피수용자들은 모두 동일한 취급을 받는다. 개인적인 상황을 이해하려 하거나 왜 그들이 마약이나 매춘에 빠져들게 되었는지를 알아보려는 시도는 거의 하지 않는다. 재교육은 피수용자들을 개선시키는 데 전혀 도움이 되지 않는다. 하루 일과의 절반은 당의 주장, 죄를 저질렀을 때 받는 형벌 내용을 암기하고, '전 국민은 사회악을 규탄한다'와 같은 슬로건을 큰 소리로 외치는 데 보낸다. 그리고 나머지 시간에는 육체노동을 한다. 피수용자들은 푸른색 줄무늬의 파자마를 입는다. 수용 생활 여건이 열악하며 때로는 구타를 당하기도 한다.

당연한 결과이겠지만, 센터의 재교육은 대체로 실패한다. 2년이나 3년간 그들을 거리에서 격리시켜 놓지만, 출소 후엔 이전 지역으로 되돌아가 이전과 같은 사회적 문제를 일으킨다. 결과는 늘 이전과 같다. 그들은 다시 검거되어 수용소에서 또다시 2~3년을 보내게 된다. 각 센터는 사회를 정화시키는 데 큰 역할을 하고 있다는 인상을 정부에 줄지 모르지만 여러 가지 면에서 그들은 사태를 더 악화시키고 있다. 조사에 따르면 06센터 피수용자들의 60%가 현재 에이즈 바이러스 양성 반응을 보인다. 당국자들은 부인하지만, 정맥에 마약을 주사하는 마약 상습자들이 크게 늘고 있으며 피수용자들 사이에 에이즈 전염 위험이 높은 성행위가 만연하고 있다. 아무런 문제가 없다고 가정하는 노동부의 복지·사회정책국은 피수용자들에게 소독된 주사 바늘이나 콘돔을 제공하려 하지 않는다. 당의 방침을 고수하는 것이 피수용자들을 개조하는 데 실패하는 원인이 되고 있다. 수용소 제도는 에이즈 바이러스 보균자만 더 늘렸을 뿐이다.

당 소속 전문가와 정부 관리들은 그들이 건설하는 새로운 사회에 대한 문제점들을 해결할 새로운 아이디어를 찾느라 고심하고 있다. 공산당 최상층부는 사회주의가 모든 문제를 해결할 수 있다는 몽상에 빠져 있다. 공산주의 이론가들은 아직도 칼 마르크스, 막스 베버, 에밀 뒤르켐과 같은 사회주의 사상가들의 유산을 논하고, 베트남이 안고 있는 문제를 해결하기 위해 그들의 이론을 활용하느라 여념이 없다. 하류층에선 손에 집히는 모든 재원을 활용해 그에 대처하려 한다. 사회복지사업 — 한때 사회주의 국가에서는 필요하지 않다는 이유로 폐지되었다 — 이 다시 장려되고 있다. 가톨릭교회를 비롯한 종교 단체들의 사회봉사 활동을 다시 허용하고 있으며, 에이즈 환자 가족들로 이루어진 '마음을 함께하는 단체'가 당의 허가 아래 자체적으로 결성되었다. 또한 새로운 전략에 대한 조언을 듣기 위해 유엔과 다른 기구로부터 국제적인 전문가들을 초청했다. 서구에서 교육받은 전문직 종사자들이 문제점들을 직접 다루기 위해 지역 NGO들을 계열화시키고 있다.

당의 공산주의 이론가들은 이념적인 매듭에 묶여 문제점을 제대로 직시하지 못하고 있다. 그들은 수십 년 동안 베트남의 사회악은 프랑스 통치 아래에서 시작해 미국의 침입으로 계속되어온 외국 자본주의의 영향 때문이라고 주장했다. 그들은 사회주의가 답을 갖고 있지 않다는 가정 아래 일하는 일선 실천가들에 반대하며, 사회주의가 답을 갖고 있다는 노선을 견지하는 사람들인데, 당의 지도 아래 현재 그들이 겪는 시련을 설명하려다가 스스로 함정에 빠진 것이다. 옛 노선은 훨씬 더 오래 유지될 수는 있겠지만 계속 강력한 지원자들을 확보할 것 같지는 않다. 공산주의 이론가들은 자신들이 창조한 새로운 세계를 이해하지 못하고 있으며 — 예컨대 그들은 아직도 범죄율을 90% 줄이겠다는 정책을 발표한다 — 당분간은 새로운 것을 모색하기보다는 전통적인 생각으로 쉽게 돌아갈 듯하다. 충성스러운 인민들이 별로 가진 것도 없이 그럭저럭 살아나갈 때 당과 국가와 국민의 아량을 매도하는 사람들에게 왜 돈을 낭비할 것인가? 중독자 가족들을 포함한 많은 사람들은 재교육 수용소를 문제에 대한 좋은 해결책으로 본다. 가족들은 마약을 못하게 하기 위해 중독된 아이들을 집에 구금해놓거나 군을 매수해면 섬에 있는 기지에 보내는 것으로 알려졌다. 그들이 06센터에 중독자 아이들을 보내는 것을 왜 반대하겠는가?

거리의 아이들도 이와 비슷한 딜레마가 있다. 거리에서 살아가는 아이들의 모습은 도시에 사는 사람들 — 베트남인과 외국인 — 에게 심한 불쾌감을 준다. 대부분의 아시아 도시들에 비해 베트남의 거리 아이들 수는 비교적 적은 편이지만 분명히 존재한다. 양대 도시(하노이와 호찌민 시) 당국은 거리 아이들에 대해 매우 대조적으로 접근한다. 하노이는 외관상 거리를 떠도는 것 같아 보이는 아이들을 정기적으로 일제 검거하는 더 강경한 노선을 취하는 경향이 있는 반면 호찌민 시는 훨씬 관용적인 태도를 보인다. 하노이에서 구두닦이 소년들은 장사 도구를 드러내고 거리를 활보하지 못하게 교육받는다. 그 대신 학생복을 입고 구두 솔과 구두약을 배낭 안에 넣고 다니면 경찰이 간섭하지 않는다. 또한 하노이의 거리 아이들은 관광지에서 그림엽서를 팔기보다는 시장 안에서 일을 하는 등 눈에 덜 띄는 일을 선택한다. 호찌민 시는 잘 조직된 인신매매단이 번성하도록 내버려 둘 정도로 관대하다. 매매단은 특히 호찌민 시 같은 중심지에서 가난한 가정의 아이들에게 숙식과 일자리를 마련해주겠다고 가족에게 약속하며 돈을 주고 아이들을 '빌린다'. 그들은 가족에게 아이들이 직업훈련을 받게 될 것이고 잘 보살피겠다고 약속하지만, 아이들은 대개 저임금 노동자로 일하게 된다. 꽃을 팔고, 옷감을 자르고, 식당에서 일을 하거나 아니면 남의 집 머슴으로 일하는 게 고작이다. 최저 임금에 하루 16시간씩 일을 하는데 찰스 디킨스의 소설에나 나옴 직한 근로 수준이다.

하노이에서 거리의 아이들은 특히 시내에서 큰 행사가 진행될 때는 보호 시설에 억류된다. APEC 정상회의를 준비하던 2006년 11월 하노이 시 중심가의 지역 보안대는 거리의 아이들을 보이는 족족 검거하라는 명령을 받았다. 그들 중 한 사람이 내게 솔직하게 고백했다. "구두를 닦고 책을 파는 거리의 아이들이 갖고 있는 문제점은 그들이 보통 외국인과 관광객을 따라다닌다는 데 있습니다. 우리는 아이들을 사회보호센터에 보낼 것이고 그러면 국가가 보살펴줄 것입니다." 그와 동료들이 검거한 아이들은 하노이에서 동쪽으로 수마일 떨어진 동더우Dong Dau 마을에 있는 사회보호센터 No.1이라 불리는 곳에 억류되었다. 외부에서 보기에 그곳은 보육원이라기보다 감옥 같다. 논 가운데로 난 도로에서 떨어져 있고 가시철망을 친 담장으로 둘러싸인 그 시설은 정부기관 표시 색깔인 황색 페인트를 칠하지 않았다면 어떤 섬유 공장으로 착각할 수도 있었다.

센터에 대한 당국자들의 견해는 마약 중독자와 거리의 매춘부들에 대한 것과 같다. "증거를 없애라, 그러면 문제는 사라질 것이다"라는 생각에 젖어 있다. 전에 이곳에 수용된 적이 있는 사람들의 말에 따르면, 거리의 아이들을 이곳에 수용하는 목적은 겁을 주어 거리 생활을 청산하게 하는 데 있다. 처음 잡혀온 아이들은 대체로 15일간만 이곳에 잡아둔다. 10명을 한 방에 유치하며, 한 번에 30분씩 하루 두 차례 방 밖으로 내보낸다. 그들은 감시원들이 구타하고, 음식을 불충분하게 공급하며, 위생 시설이 빈약하다고 불평한다. 유럽연합은 이곳에 유치되는 아이들이 가족과 재결합하는 데 도움을 주기 위해 센터 시설 개선과 직원훈련 비용을 지원해왔다. 내부생활의 실체를 정확히 알아내기는 어렵다. 지금 지원자들의 시찰 방문은 사전에 통보가 가기 때문에 모든 것을 훌륭해 보이게 할 수 있다.

어느 것이 문제를 해결하는 더 좋은 방책일까? 비록 이들의 일부가 가출한 아이들이라고는 해도 대부분은 가족들의 동의 아래 시내에서 머문다. 통계는 믿을 수 없지만, 대부분의 미성년 노동자들은 사실상 그들의 가족들과 함께 도시로 흘러온다는 증거가 있다. 미성년 노동은 베트남에서 어쩔 수 없는 현실이다. 평균 어른 둘에 아이들 셋으로 구성되는 시골 가정은 적어도 노동의 3분의 1은 아이들에게 의존하며, 가족들은 대체로 아이들의 노동을 살아가기 위해서는 불가피한 일일뿐 아니라 아이들의 발전을 위해서도 좋은 일로 여긴다. 아이들을 일터로 떠나보내는 것은 그들이 집에서 하는 일의 연장일 뿐이다. 예를 들어 타인호아Thanh Hoa 성의 해안가 어촌의 부모들은 자주 아이들을 하노이에 보내 돈을 벌어오게 하는데, 작은 어선을 사기 위해 빌린 대부금을 갚는 데 도움을 받으려는 목적에서다. 아이들에게 일자리를 찾아주고 그들이 번 돈을 부모에게 송금해주는 조직망이 있다. 아이들이 충분히 나이가 들면 고향으로 다시 돌아와 어부가 되고 새 가정을 이룬다. 가족이 어디 출신이든 생활비의 일부를 차지하는 아이들의 수입이 끊기면 가족 전체가 쪼들리게 될 것이다. 이것은 어머니와 아들뿐 아니라 가족 모두가 도시로 이주하는 계기가 될 수 있다.

✱   ✱   ✱

각 도시가 받고 있는 인구 증가 압박은 날이 갈수록 점점 커져간다. 공식적인 허가와 등록을 거치지 않은 이주는 불법이며 지금까지 이런 제도가 도시의 인구 급증을 막아왔다. 그러나 지금은 한 해 수십만 명이 막무가내로 도시로 이주한다. 일부 이주자들은 가족의 일원과 친구들이 이미 도시에 진출해 있어, 일자리를 구하는 동안 그들과 함께 살 수 있다. 그렇지도 못한 사람들은 밑바닥에서부터 시작해야 한다. 판자촌은 아직은 크게 두드러져 보이지는 않지만, 베트남 도시에서 점점 분명한 현상이 되어가고 있다. 도시의 거리 벽에 많이 붙어 있는, 손으로 쓴 '쪼투에cho thue' ─ 셋방 있음 ─ 란 쪽지는 차고나 창고처럼 보이는 것이 사실상 이주 노동자들을 위한 불법 공동 침실이 된다는 사실을 말해준다. 이들 이주자들의 꿈은 이 도시에서 돈을 벌어 아이들이 교육받고 부모보다 더 나은 생활을 할 수 있게 하는 것이다.

이것은 응우옌꾸이죽 거리의 주민들이 아등바등 살아가던 모습이다. 그들의 아이들은 새로운 소비사회에서 성공을 명시하는 물건들, 이를테면 옷, 오토바이, 신형 광택지로 된 잡지에서 보는 헤어스타일을 갖거나 흉내 내고 싶어 한다. 문제는 당의 정책이 그 과정을 더 쉽게 하느냐 아니면 더 어렵게 하느냐이다. 당이 가장 우선시하는 것은 정치적 생존인데, 그러기 위해서는 주민들을 통제하면서 동시에 새로운 중산층·엘리트 계급과 동맹을 맺을 필요가 있다. 그 결과 이주자와 빈곤층보다는 재산이 있는 도시인들의 이익을 지키는 정책이 나오게 되었다. 당은 모든 사람들에게 경제성장의 이익을 분배한다는 수사학적 약속과 논증 가능한 실적 둘 다를 갖고 싶어 한다. 그러나 그 약속은 부자들과의 새로운 동맹에 직면해 서서히 사라지는 듯하다.

필자와 같은 외국인들은 베트남에 주제넘은 비판을 하지 않도록 주의해야 한다. 오스망 남작Baron Georges Haussman(1809~1891)은 지금 온 세계가 찬미하는 도시를 만들기 위해 옛 파리를 파괴해야 했다. 번잡한 쇼핑 거리에 아무런 허가도 받지 않고 음식 좌판을 벌여놓을 생각을 하는 미국인들은 거의 없을 것이며, 학교도 빼먹은 채 구두를 닦고 있는 소년들을 그냥 보아 넘기려 하지도 않을 것이다. 그들은 '무언가'를 하지 않으면 안 되었을 것이다. 사회의 문제점들을 '해결하려는' 꿈과 단순히 그것들을 '관리하려는' 협의를 대부분 포기해왔던 세계에서 무언가를 해야 한다는 것은 신선한 일이며, 공산당은 아직도 그것이 분명한 해결책을 발견할 수 있을 것으로 생각한다. 그러나 지금처럼 누군가 막연히 권위에 대한 유교적인 존경이라고 부르는 호소력과, 혼합된 구식 사회주의적 개념들의 결합은 해결책이 되지 못할 것 같다. 겉보기에 베트남은 사회적인 문제점들을 원만하게 잘 다스리고 있는 것 같다. 빈곤이 크게 줄어들었고, 도시의 판잣집들이 많이 사라졌으며, 마약 사용자와 에이즈 보균자의 수도 제어할 수 있는 수준으로 보인다. 그러나 대부분의 다른 아시아 국가들과는 달리 베트남은 아직도 이제 막 변화가 시작되고 있는 나라일 뿐이다. 다음 몇 해 동안에 베트남의 도시 인구는 거의 배가 될 것이며 나중에는 세 배가 될 것이다. 베트남은 가난한 나라이며 이미 경제 전환의 압력을 이겨내기 위해 고투하고 있는 나라다. 현재의 구조로는 그것을 극복하기 어려울 것이다.

베트남의 도시 상황이 변화해야 한다는 것을 부인할 사람은 없다. 문제는 그 변화를 어떻게 다루어야 할 것이냐에 있으며, 그 결과가 다수의 이익에 부합하는 것이냐 아니면 단지 소수 엘리트들의 이익에 부합하는 것이냐에 있다. 응우옌꾸이죽 거리의 판잣집들이 철거된 지 2주 후, 시 변두리 다른 곳에 준準합법적으로 지은 방 두 개의 단층 건조물에 사는 가족들 중 한 집을 방문했다. 창밖으로는 볏논이 펼쳐져 있었는데, 20년 전에 응우옌꾸이죽 거리에 살 때도 이런 풍경을 볼 수 있었다. 그들은 거리의 가게가 날아가 버리는 바람에 많은 손실을 보았으며, 그 이후 아직 어떤 일도 하지 못하고 있다. 그들의 집은 거리 방향이 아니어서 가게를 열어 장사를 할 수도 없었다. 그들은 내게 인민위원회가 적절한 보상을 해주거나 거리에 면한 집을 주어 방 하나를 가게로 개조해 장사를 할 수 있게 해주었으면 좋겠다고 말했다. 그러나 그 가족은 더 많은 어떤 것을 원했다. "우리는 존중받길 바랍니다. 그들은 우리의 권리를 존중하지 않습니다. 우리에겐 이 같은 정책에 동의하지 않는다는 말을 할 자유가 없습니다"라고 그들은 말했다. 그들 중의 한 사람은 가슴에 'US Army'라고 쓴 미국 스타일의 야구 재킷을 입고 있었다. 그가 나이 든 사람이었기에 그가 이전의 적국 유니폼을 입고 있다고 농담을 건넸지만 그는 정색을 하며 이렇게 답했다. "나는 군인이었습니다. 10년 동안 하노이 방공부대에서 시가지를 폭격하는 미군기와 싸웠습니다. 그러나 나는 미국인과 프랑스인을 좋아합니다. 그들은 우리가 갖고 있지 않은 권리들을 모두 갖고 있습니다." 그것은 아마도 모든 것을 잃어버린 사람들의 신랄한 감상이겠지만, 또한 국가가 아주 무정하게 다루는 사람들이 국가에 대해 분노하고 있다는 경고이기도 했다. 그들이 보복할 날이 올지도 모를 일이다.

4

할아버지가 너를 지켜보고 있다

Grandfather is watching you

매년 정월이면 응우옌하이Nguyen Hai와 그의 팀은 하노이 시민들의 생활양식 개선을 위한 싸움을 다시 시작한다. 구시가지의 주요 관광 쇼핑 거리 중 한 곳에 자리 잡고 있는 썰렁한 현대식 실내장식을 한 그의 작은 사무실에서다. 이때부터 미스터 하이의 지시가 시의 모든 지역·구역·지구, 그리고 마지막으로 모든 가정에 마구 쏟아져 내려올 것이다. 그 과정이 끝날 때 즈음 하노이의 모든 가구들은 (지난 1년간) 자기들의 생활개선 활동에 대한 자술서를 작성하고 이웃들의 평가서를 첨부해 제출하도록 지시받을 것이다. 이웃들과의 분규와 언쟁에 대한 이야기가 다시 언급될 것이고, 증거 없는 주장들이 나오고 논박될 것이며, 가정생활의 친밀성이 상세히 분석될 것이다. 그리고 이 같은 공공연한 폭로에 대한 포상은 벽에 자랑스럽게 전시하게 될 노란색의 검정 증명서이다. 액자에 넣어 걸어놓을 이 증명서는 그 가정이 자딘반호아Gia Dinh Van Hoa — '교양 있는 가정' — 의 자격을 취득했다는 공식적인 인증서다.

미스터 하이는 하노이 시 인민위원회의 '문명화 생활 및 문화 가족국 Office of Civilized Living and Cultured Families'이라는 부서의 책임자다. 이 부서는 제 3장에서 설명한 문명화 생활 캠페인을 관리한다. 안일은 문화를 퇴보시킨다. 그러나 시 당국자들에게 문화는 독서나 오페라 감상과 같은 것이 아니다. 앞서 말한 검정 증명서를 받을 수 있는 자격을 적시해놓은 공식적인 소책자는 매우 다른 종류의 문화를 이야기한다. 이 책은 '화목하고 진보적인 가정 이루기', '가정의 요소와 정신생활 개선하기', '이웃 간의 상조 정신 강화하기', '시민들의 책임 완수하기'라는 제목의 네 항목 아래 규범 22개를 정해놓고 있다. '문화'는 바로 '모범 시민'으로 해석되기 때문이다. 각 제목 아래에는 '화목하고 성실한 부부 관계', '합법적인 수입', '합리적이고 검소한 소비', '공공 뉴스와 정보의 접근을 위한 기본적인 유형의 오디오와 영상 기기', 그리고 '셋째 아이 안 갖기'와 같은 구체적인 필요조건이 제시되어 있다. 공동체 활동에 참여하고, '공동체 관례 준수', '당과 국가의 지침·정책·규범·법률 준수, 시민의 책무(군 복무와 세금 납부 같은) 완수, 지휘권을 가진 모든 기관의 규칙 준수, 정치적 안보와 사회적 안전·질서의 보호 참여'와 같은 규정들에 완전히 동의한다는 조건도 제시되어 있다. 실제로 미스터 하이는 국가 사회통제 조직의 하노이 책임자다.

그러나 미스터 하이는 '생활양식 개선' 문제를 위에서 설명한 방식으로 이해하지는 않는다. 그는 모든 문명화 생활 캠페인은 자발적이며 참여하지 않는 가족에게 아무런 문책도 없다는 점을 애써 분명히 한다. 표면적으로는 그것이 사실이다. 그러나 그가 지적하듯이, 베트남인들은 가족의 영예를 매우 소중히 생각하는 사람들이며, "그들의 책무에 부응하지 못하는 삶을 부끄럽게 생각하는" 사람들이다. 예컨대 만약 문명화 생활에 참여하지 않은 어떤 가족이 현지 관리에게 도움을 요청한 적이 있다면, 그들은 열심히 정부 시책에 참여했을 것이다. 약 60~80가구로 이루어진 베트남의 각 마을에는 — 베트남어로 이 단위를 단퍼dan pho라 부른다 — '지구 감시자warden' 가 한 명 있는데, 전국의 모든 지구 감시자들은 당이나 정부 관리로 재직하다 은퇴한 사람들이다. 그들의 역할은 주민과 방문자의 활동을 감시하는 일이다. 이 시스템은 서구인들에게는 완전히 오웰적인 것(조지 오웰의 소설 『1984년』에 나오는 전체주의 시스템과 유사한 것 — 옮긴이)으로 보이지만, 베트남 사람들에게는 그것이 전통적인 사회질서 속에 접합된 방식이기 때문에 일반적으로 널리 수용된다. 이 감시자들은 단순히 감시 활동만 하는 것은 아니다. 그들은 공안부에 보고하는 의무를 지지만, 또한 각 마을 공동체에 '소속'되어 있기도 하다. 그들은 그 지방 출신들이며 대개 4년 임기로 마을 사람들에 의해 선출된다. 또한 대체로 나이가 많은 사람들이며 존경과 명예와 관련된 모든 것을 갖춘 할아버지 같은(때로는 할머니 같은) 사람들이다. 감시자 제도는 매우 유연한 형태의 지역 통제 시스템이다.

베트남이 대부분의 이웃 국가들보다 성장과 안정 모두를 훨씬 잘 유지할 수 있었던 데는 여러 가지 이유가 있다. 그 이유들 중 일부는 오랜 공동체 문화의 발전에서 찾을 수 있고, 다른 일부는 매우 현대화한 정치적 통제 기술에서 찾을 수 있다. 그들을 단합한 것은 베트남 통치자들이 레닌주의 — 특히 공산당이 사회에서 지도적인 역할을 해야 다는 개념 — 를 윗사람을 존경하는 전통이 있는 유교에 접목시키는 데 성공해온 방식이다. 더 구체적으로 말해, 공산당은 전통적인 대가족 구조를 거대한 국가 감시 시스템 속에 흡수하려고 노력해왔다.

매년 정월 각 마을의 감시자는 지역 인민위원회 — 최말단 지방정부로 베트남 말로는 프엉phuong이라 한다 — 관리들과 함께 각 가정을 방문해 앞서 설명한 22개 기준 중 어느 것을 성취하기를 원하는지 묻고 상의한다. 성취하는 기준이 표시가 되며, '교양 있는 가정' 인증서를 받으려면 100점 만점에서 80점은 받아야 한다. 그해 말 가족은 자신을 평가할 수 있는 서식을 받는다. 그리고 활발한 움직임이 시작된다. 지정된 날 밤에 그 마을 모든 가정의 가장들은 이웃들이 22개 기준을 얼마나 잘 이행했는지를 판정하기 위한 정식 회합에 초대받는다. 대부분의 회합이 원만하게 진행되지만, 어떤 때는 논란 끝에 주제의 요지가 바뀌고 감정의 응어리가 풀어진다. 이 모든 과정이 끝난 후 마을의 감시자는 각 가정이 '교양 있는 가정' 인증서를 받을 자격이 있는지를 결정한다. 받을 자격이 있다는 결정이 내려지면, 대가족의 수장 – 일반적으로 할아버지 – 에게 인증서가 수여된다. 할아버지는 전통적인 베트남 사회가 그에게 부여하는 모든 권능을 이용해 그의 가족이 국가가 요구하는 책무를 지키도록 할 책임을 진다. 만약 그가 이 책임을 다하지 못하면, 그 인증서는 공개적으로 회수된다. 사실상 이런 캠페인은 할아버지들을 국가를 대신한 집행자로 활용하려는 의도에서 벌어진다. 집단 구성원들이 서로 긴밀히 맺어진 사회에서 할아버지는 규율의 도구로 활용되는 것이며 여기에 평등이란 있을 수 없다.

미스터 하이는, '교양 있는 가정' 인증서를 받는다고 해서 국가로부터 혜택을 받을 자격을 부여받는 것은 아니라고 주장한다. 하지만 그 주장은 마을 사람들의 증언으로 미루어 보건대 설득력이 없다. 각 지구와 마을은 '교양 있는 지방(또는 마을)' 지위를 부여받을 수 있으며, 그 자격 기준의 하나는 전체 가구의 80%가 '교양 있는 가정'으로 간주되어야 하는 것이기 때문에, 지구 감시자와 지방 당 관리들은 자신들이 담당하는 마을이 그 목표를 달성할 수 있도록 권력을 행사할 마음을 갖게 된다. 그래서 만약 어떤 가족이 어떤 일에 대해 도움이나 허가 – 그것이 건물 신축 허가든 차 가판대 설치 허가든 – 를 받을 일이 생기면, 현지 당국의 요구에 부응하라는 압력이 심해질 것이다.

이 캠페인은 다른 목적으로도 활용될 수 있다. 주요 국제 행사 기간에는 지구 감시자들이 나서서 주민들이 예절 바르게 행동하고, 행사장 근방으로 오토바이를 타고 가지 않도록 선도하는 역할을 한다. 2006년 11월에는 쉐라톤 호텔 인근에 사는 사람들에게 지구 감시자들이 집집마다 다니면서, 지금 이곳을 방문한 조지 부시 미국 대통령의 경호팀들이 기겁할 수 있으니, 지붕 테라스에 빨래를 널지 말라는 경고를 포함한 조언을 했다. 2003년 하노이에서 동아시아 게임이 열렸던 기간에는 훌륭한 행동 규범을 보인 사람들에게 인센티브가 주어졌다. 최고 당첨자에겐 현대식 아파트, 그리고 기타 당첨자들에게는 텔레비전 세트, 냉장고, 세탁기가 주어지는 복권 추첨에 참여하게 했다. 하노이에서 개최된 동아시아 경기는 아무런 혼란 없이 거행되어 성공적으로 끝났다. 시 당국자들에게 더욱 다행이었던 것은, 상금으로 내건 그 플랫flat식 주택(각 층에 한 가구가 살게 만든 아파트)을 당첨자에게 주지 않아도 되었다는 점이다. 미스터 하이의 말에 따르면, 복권 당첨자였던 동다Dong Da 구역의 주민이 불행히도 당첨권을 쥐에게 갉아 먹혀버렸다는 것이다. 그 당첨자는 교양 있는 사람이었는지는 모르지만 집 안에 쥐를 많이 기르고 있었던 모양이다.

1990년대 이후 '교양 있는 가정' 캠페인은 더욱 극성을 부렸다. 주요 원인은 강압적인 체제 유지의 실패 때문이었다. 공산 베트남 초기 시절부터 사회통제의 근간은 호커우라고 하는 가족 등록 시스템이었다. 이것은 아직도 존재한다. 모든 사람은 출생지에 등록되어 있어야 한다. 만약 다른 고장으로 옮기고 싶으면 그의 출생지와 옮겨가는 고장 양쪽 당국자의 허가가 필요하다. 중국의 것을 본받은 이 제도는 처음에는 반反공산주의 저항 운동을 억제하기 위해 실시한 것이었다. 그 뒤 수십 년이 흐르는 동안, 비록 중앙정부는 이것이 전국적으로 빈틈없이 시행되고 있다는 것을 확인할 만한 수단을 상실했지만, 이 제도는 경제 기획, 사회복지사업, 식품과 물자의 배분을 위한 근거가 되었다.[1]

그러나 경제 자유화가 진척되자, 사람들이 이 제도를 회피하기가 더욱 수월해졌다. 국가가 제공하는 직업, 식품, 주택 등의 배분은 한때 주로 효과적인 호커우에 근거해 시행되었다. 그러나 더 많은 상품과 서비스가 공개 시장에서 이용 가능해지자, 호커우의 유효성이 줄어들었다. 마을 사람들이 당국의 허가 없이 마을을 떠나고, 도시에서 무허가로 집을 짓는 사람들이 갑자기 늘어나는가 하면, 불법 장사치들이 거리를 메우게 되었다. 최대한 당국을 무시하고도 일상생활을 해나갈 수 있게 된 것이다(이로 인해 '교양 있는 가정' 캠페인과 함께 호커우 제도를 보강할 필요성이 증대되었다). 하지만 호커우 제도는 국가에 계속 필요한 수단이기 때문에 잔존하고 있다. 그것이 불법 이주를 제한하고, 유용한 경제적인 데이터를 제공하며, 그리고 무엇보다도 경찰이 인민들을 감시하는 데 도움이 되기 때문이다. 호커우는 국가 연장통에 들어 있는 또 하나의 지렛대이다. 정당한 호커우가 없는 사람은 누구든지 영구적으로 당국자들의 자비에 의존해야 할 처지가 된다. 미등록 가정은 단순히 삶을 유지하고 특정한 곳에서 일을 하기 위해서라도 당국자들의 부정한 비호를 받지 않으면 안 된다. 만약 그들이 나쁜 짓이라도 하게 되면 삶이 매우 어려워질 수 있다.

미등록은 혹독한 결과를 가져올 수 있다. 미등록 가정 출신의 남녀가 결혼을 하면, 그들이 낳은 아이들의 출생 등록이 어려워지며, 심지어 누가 죽거나 해도 매장지를 찾기가 어렵거나 때로는 불가능해지기도 한다. 그들은 처음 공식 등록한 곳으로 되돌아올 수 있지만, 만약 6개월 이상을 다른 곳에서 미등록 상태로 살았다면 등록이 자동 말소되어 설사 돌아와도 복원할 수 없게 된다. 그 결과 그들은 공식적으로 법률의 보호를 받을 수 없는 처지가 된다. 간혹 뇌물을 주고 살아남는 방법이 있다. 지역 관리들에게 돈을 주고 호커우를 교부받거나 아니면 자신들이 필요한 무슨 일을 할 때마다 슬쩍 눈을 감아주게 하는 것이다. 출생 등록이 말소되어 혼인신고를 할 수 없으면, 불법 주택에 살 수밖에 없으며, 생활 조건이 불안정해진다. 그들은 인구 통계, 빈곤자 계산 또는 사회봉사 조항에도 포함되지 않는다. 2000년에 출생한 아기들의 4분의 1 이상이 부모의 호커우 말소로 등록이 되지 않았다.[2] 이는 2000년 한 해에만 아기 25만 명이 출생 등록을 할 수 없는 상태로 태어났음을 의미한다. 이 때문에 정부는 그 규정을 현실에 맞게 조정하지 않을 수 없었다. 새로운 법과 규정이 제정되어 2004년부터 아이들은 부모의 호커우가 등록된 곳이 아니라 출생한 곳에서 등록을 할 수 있게 되었다. 그러나 지역 당국자들은 돌보아야 할 새로운 주민이 너무 많이 늘어나는 조정을 꺼린다. 결과적으로 베트남 전국에 호커우 없는 공동체들이 계속 증가하고 있어, 아마도 미등록 인구가 몇 백만 명에 이를 것이다.

이처럼 호커우 제도의 실패가 분명히 증명되었는데도 그것을 포기하겠다는 징후는 아직 없다. 부분적으로 이것은 주민들을 감시할 수 있는 제도 본래의 기능을 계속 수행하고 있기 때문이다. 호커우는 이주를 통제하고 경제 기획을 선도하는 더 일반적인 역할 외에 리리치ly lich로 알려진 공안부의 정치적 내력 기록 시스템의 기초가 된다. 리리치는 긴 역사를 갖고 있다. 당초 이 제도가 생긴 1950년대에 모든 사람들은 경찰용으로 자신들의 상세한 경력을 써내야 했다. 프랑스를 위해 일했던 사람들, 공산당이 아닌 정당의 당원이었던 사람들, 또는 그들을 아버지나 할아버지로 둔 사람들은 당시 중요한 지위에서 제외되거나 물자와 서비스의 배급 대열에서 밀려났다.

오늘날 이 같은 옛 리리치의 유산은 후손들 특히 옛 사이공 정권의 전직 관리들과 그 자녀들의 생활을 계속 황폐화시킨다. 그리고 새로운 리리치가 아직도 강요되고 있다. 그 서식이 공공 부문의 직장에 취직을 하거나 공산당 가입을 원하는 대부분의 사람들에게 계속 사용된다. 그러나 경찰은 감시하거나 주시할 필요가 있다고 생각하는 사람들 예컨대 기자, 외국인, 그리고 그들과 접촉하는 사람들 등에 대해서는 자신들의 리리치를 만든다. 리리치는 이제 일반적인 요구 사항이 되지는 않겠지만, 그리고 더는 공식적인 절차가 되지는 않겠지만, 공안부의 업무 절차에는 계속 남아 있다. 베트남은 비밀경찰의 파일, 지역 감시자들에게 주어진 거주 허가권, 그리고 교양 있는 가족 캠페인으로 수준은 낮지만 효율적인 준*총력 감시 시스템을 구축해왔다.

＊　＊　＊

베트남은, 그리고 국제사회는 중증급성호흡기증후군(이하 사스)이 2003년 2월 말 하노이를 강타했을 때 베트남 정치체제의 엄격한 권능에 대해 고마워해야 할 이유가 있었다. 생각건대, 전국적으로 번질 수 있었으며 전세계에 유행할 가능성도 있었던 주요 전염병을 바로 이 베트남의 정치체제가 막아낸 것이다. 비록 세계보건기구 현지 출장소가 나서서 베트남 정부에 이 문제를 심각하게 다루어야 한다는 지속적인 로비를 하긴 했지만, 적어도 베트남 정부는 이 전염병을 퇴치하기 위해 온갖 노력을 다 했다. 세계보건기구는 성명을 통해 억제 조치가 제때에 알맞게 취해졌다고 솔직하게 밝혔다. "보건부의 방역 기동팀들이 다른 감염 억제 조치를 취하면서 한편으로는 사스 증세로 입원한 가정을 매일 방문해 가족 구성원들의 감염 여부를 체크했습니다"라고 말했다. 그러나 그때 하노이에 살던 사람들은 더 인상적인 방역 작전을 기억한다. 획일적으로 무지 옷을 입은 방역 요원들이 환자가 발생한 모든 집 주위에 나타나, 해당 집으로부터 시 쪽으로 향하는 모든 길을 차단하고 접근을 엄격히 제한했다. 그것이 효과가 있었다. 그로부터 바로 한 달 후에 세계보건기구는 베트남에서 사스가 저지되었다고 선언했다.

이처럼 베트남은 비상시에 인적 자원을 동원해 적절한 조치를 내리는 데 전혀 문제가 없는 나라이다. 아마도 서방세계에서 가장 권위 있는 베트남군軍 관찰자라고 해야 할 호주 디펜스 포스 아카데미Defence Force Academy의 타이어Carl Thayer 씨는 베트남의 각종 보안군 규모를 최소한 670만 명으로 추산했다. 이 나라의 전체 노동인구가 약 4300만 명인 점을 감안하면, 이 숫자는 근로자 여섯 명에 한 명꼴로 상근 또는 시간제로 보안군에 편입되어 있음을 말해준다. 그리고 발표된 자료의 부족을 감안하면, 이 수치마저 아마도 국내 보안기관의 총 규모를 크게 과소평가한 것일 수도 있다.

그러나 베트남의 국내 보안 상황의 역설은, 비록 당과 정부가 동원할 수 있는 엄청난 자원을 갖고 있긴 해도 그것의 활용 능력은 제한적이라는 점이다. 제한된 지역이나 짧은 시간대에 한해 막강하고 위압적인 위력을 휘두를 수 있지만, 국가적인 비상사태 외의 어떠한 상황에서 북한이나 미얀마식으로 전국 방방곡곡을 계속 엄격한 통제 아래 둘 수는 없다. 당내에서는 초기에 추구하다가 실패한 스탈린주의를 다시 강제할 정치적 의지가 전혀 없다. 당 지도부는 낮은 계급의 지도자들과 베트남 사회 내 다른 이익 그룹으로부터 적극적으로 지지를 이끌어내면서 조심스러운 발걸음으로 전진해야 한다. 국가 최고위층 사람들은 국영기업체의 지도자나 시 또는 성省 당국자들의 충성이 꼭 진실한 것이라고 생각하지는 않지만 반드시 그들의 지지가 필요하다. 당내 조직망, 정부의 주요 구성원, 군부, 산업계와 다른 핵심 이익 그룹들 사이에서 충분한 수준의 합의 없이 정부가 단독으로 어떤 중요한 결정을 내릴 수는 없다.

상층부의 결정이 내려진 후에도 그것이 당초 계획한 그대로 현장에서 시행될 가능성은 그렇게 크지 않다. 당정 지도부는 전체주의 시스템을 유지하는 것은 고사하고 지방 관리들이 가라오케 바를 통제하거나 건축 규정을 엄격히 시행하게 하는 것도 매우 힘들어 한다. 관리들이 국가 지시와 현지의 요구 사이에서 선택을 해야 할 때마다 대체로 지방 쪽이 승리한다. 현지 관리들은 현지 지도자들에게 화답해야 하기 때문에 현지의 '연줄', 영향력, 뇌물이 중앙 정책보다 훨씬 효과적인 경향이 있다. 정부에서 지급하는 봉급이 아주 낮기 때문에 관리들은 근근이 살아가기 위해 자신들이 단속하는 사람들의 자선에 의존한다. 경제가 성장해감에 따라 돈으로 연줄과 영향력을 사는 사람들은 현지 관리들이 생각하는 것에 신경을 덜 쓰는 경우가 있다. '울타리 허물기'의 전통은 아직도 강력하다. 중앙정부는 체제의 가장자리가 무너지는 것을 막기 위해 계속 분투하고 있다.

'교양 있는 가정' 캠페인은 이 같은 가장자리의 붕괴로 상처를 입었다. 민간 부문에서 일하는 사람들과 정부의 '허가'가 덜 필요한 사람들은 국가와 그 앞잡이들로부터 더 자주적일 수 있다. 관리들은 관청이 아닌 다른 곳에서는 업무 집행에 평소와 같은 열성을 보이지 않는다. 의성어로 푹싸 Phuc Xa라는 하노이 구역의 관리들은 하노이 사람들이 부도덕한 풍조로 여기는 것들과 지는 싸움을 벌인다. 홍하와, 홍수로부터 시를 보호하기 위해 쌓은 제방 사이에 끼어 있는 이 지역은 오랫동안 이주자들, 호커우가 없는 사람들, 가난한 사람들, 그리고 사회 가장자리에 있는 사람들을 끌어들여왔다. 그 결과 푹싸 지역은 사회 개선 작업의 우선순위에 포함된다. 이곳에 사는 일부는 거리 입구에 아치를 세워 '교양 있는 마을' 지위를 선전하는 광고문을 자랑스럽게 달아 놓았다. 이 마을에 대해 하노이 시의 여타 사람들이 갖고 있는 나쁜 인상을 조금이나마 덜어보려는 의도에서다. 이 거리의 어떤 사람은 '교양 있는 가정'에 대한 평가 과정의 허황됨을 이렇게 설명한다. "구역 감시자는 인증서를 받을 만한 가치가 있다고 생각하는 사람들의 명단을 만들어 그것을 회의석상에서 읽습니다. 그 명단에 포함된 사람들은 인증서를 받겠지만, 아이들을 통제조차 하지 못하는 사람들입니다." '교양 있는 가정' 캠페인은 형식적으로 고수되고 있지만 토의가 훨씬 줄어들었고, 공동체 구성원들의 비판도 거의 없어, 사실상 이 캠페인의 근본 자체가 허물어지고 있다. 하노이 시 인민위원회는 너무 많은 가정이 '교양 있는 가정' 자격을 얻고 있다고 불평하며 더 엄격한 지정 기준을 요구하기 시작했다.

이 제도의 붕괴를 막으려면 성실하고 적극적으로 제도를 지키려는 기간 요원과 관리들의 지속적인 동원이 필요하다. 동원에는 여러 가지 형태가 있다. 그중 하나가 '교양 있는 가정' 캠페인이다. 다른 종류의 동원은 거의 모든 거리 모퉁이에서 발견되는 확성 장치로 이루어진다. 하루에 두 차례씩, 즉 아침 6시 30분과 오후 4시 30분에 거리 모퉁이에 설치된 대형 확성기는 시민들에게 뉴스와 시사 해설을 쾅쾅 울려댄다. 확성기의 음질은 좋지 않다. 라디오가 귀하고 애지중지하는 물건이었던 시절로의 놀라운 회귀이다. 오늘날 여기저기 널린 것이 라디오와 텔레비전 세트이며 당이 방송 전파를 독점하는데도 여전히 확성기 방송이 계속되고 있는 것이다. 그러나 거리의 확성기는 방송업계에는 결여된 어떤 것 — 지역 특성 — 을 갖고 있다. 개개 확성기는 지역인민위원회에 의해 관리되며 국가적인 선전 활동과 정보 혼합물을 내보낸다. 대표적인 방송 내용에는 당 중앙위원회의 최근 결정에 대한 소식과 우체국이 다음날 오후에 문을 닫는다는 점을 일깨워주는 것이 포함될 수도 있다. 이들 확성 장치는 MP3 플레이어와 다른 오락기기에 접근하는 사람들에 의해 점점 묵살되고 있지만 계속 중요한 선전도구로 남아 있다. 적어도 사람들은 현지 당 기간요원들이 최근의 동원에 대해 질문할 때 그에 대한 경고를 받은 적이 없다는 말을 하지 못한다.

체제의 감시와 보안망을 감안하면 좀 이상스러워 보일지 모르지만 공산당은 자신들의 고압적인 법 집행 캠페인을 매우 조심스러워한다. 인민들의 열의를 대변하는 것으로 생각하는 당에게 실패는 당혹감 이상으로 나쁜 것이 될 수 있다. 그런 캠페인은 오직 당의 지속적인 권력 장악을 과시하는 시기와 방법에서 위험을 안고 있다. 그러나 그런 위험한 순간이 오면 당은 놀라운 효율성으로 선전 활동, 설득·처벌을 혼합해 무마할 능력을 갖고 있다. 그런 고압적인 법 집행 캠페인 중 하나로 2007년 말 베트남의 거의 모든 사람에게 해당되는, 오토바이 운행 중 헬멧을 쓰게 하는 새로운 법률이 강제로 시행되었다. 고속도로에서는 진작부터 의무적으로 헬멧을 쓰게 되어 있었지만, 시내에선 대부분이 쓰지 않았다. 오토바이를 타는 사람들 거의가 헬멧을 쓰면 너무 덥고, 크고 무거워 사용하기가 번거롭다는 데 의견 일치를 보였으며, 여성들은 헤어스타일을 엉망으로 만든다고 불평했다. 하지만 오토바이 사고 사망자가 매일 평균 30명에 달하고, 아시아 개발은행 추산으로 매년 8억 8500만 달러의 자산과 의료 비용의 손실을 보는 상황에 당으로서는 무언가 필요한 조치를 취하지 않을 수 없었다.

헬멧 쓰기 캠페인은 회유하여 자기 사람 만들기co-option, 위압·선전·징벌을 결합시킨 일종의 고전적인 방식이었으며 국가가 직접 영향력을 행사할 수 있는 사람들(공무원들)이 국민에게 좋은 본을 보이게 하면서 시작되었다. 공무원들은 9월 15일부터 오토바이를 탈 때 농촌 사람처럼 반드시 헬멧을 쓰라는 지시를 받았다. 헬멧을 쓰지 않고는 오토바이를 탈 수 없는 금지령이 12월 15일 발효되기까지 각 시 당국자들이 시민들에게 본을 보이며 설득할 3개월의 기간을 준 것이다. 그해 10월 중순까지는 그 법이 시행 불가능하다고 주장하는 오토바이 운전전자들을 쉽게 볼 수 있었지만, 금지령이 실제로 발효된 날에는 거의 모두가 법을 준수했다. 물론 많은 사람들에게 그것은 이름만의 준수였다. 일부 사람들은 머리에 냄비를 끈으로 묶어 쓰는가 하면 다른 일부는 끈도 묶지 않은 채 헬멧을 썼고, 뒷좌석에 탄 어린이들은 여전히 맨머리였다. 그 결과 국민의 안전을 위한 헬멧 법률의 효과는 당초 바랐던 것보다 덜 인상적이었다. 1년 후 교통사고 사망자가 겨우 10% 줄어들었다.[3] 헬멧 착용은 과속, 음주, 신호 무시 또는 미치광이 운전을 예방하지 못한다. 그럼에도 당은 일부에서 불가능하다고 생각한 것을 성취해냈다. 주민들이 헬멧 법을 준수하게 한 것이다. 당이 진실성을 솔직하게 보여주어 법률을 집행할 능력을 과시한 것이다.

✦　　✦　　✦

20년 동안 베트남 공산당은 점점 축소되는 권력 기반을 계속 유지할 방법을 모색해왔다. 중앙에서 입안된 정책의 위력 상실, 외국인 투자의 쇄도, 민간 부문의 확대가 모두 새로운 위험 요인이 되었다. 보안 관련 권력기관들은 아직도 근본적인 행동 양식에서 모든 것을 통제하려 하지만 사회가 더욱 복잡하고 정교해짐에 따라 점점 어려움을 겪고 있다. 인터넷 통제가 좋은 사례가 되겠다. 베트남은 아주 기본적인 형태의 전자 통신을 조심스럽게 실험한 때로부터 6년 후인 1997년 11월 19일에야 인터넷 접속을 시작했다. 일부 당료들은 인터넷이 나라를 위해 이익이 될 것이라는 점을 분명히 알고 있었지만, 당시 우편정보통신부 장관이었던 도쭝따Do Trung Ta는 1996년 말, 인터넷 접속을 시작하면 그에 따른 '나쁜 영향을 예방하는' 여러 가지 방법에 몰두해야 할 것이라는 검토 결과를 당중앙위원회에 보고했다. 전국적인 방화벽을 설치하는 것이 중요 당면 과제가 되었다.[4] 그때부터 인터넷 사용이 폭발적으로 증가했으나 정부의 통제 충동 역시 그에 못지않게 강력했다.

정부 부서 소유의 회사 세 곳 — 우편정보통신부 산하의 VNPT, 과학기술부 산하의 FPT, 그리고 국방부 산하의 비에텔Viettel — 이 외부 세계와 통하는 인터넷 출입구를 통제하고 있었기 때문에 전국적인 방화벽 설치는 쉬웠다. 처음 몇 달 동안에는 이용자가 겨우 3000명이었고, 대부분 비용 부담으로 곤란을 느꼈기 때문에 쉬이 감시할 수 있었다. 그러나 그런 기간은 길지 않았다. 2001년 말에는 이용자 수가 약 16만 5000명으로 추산되었으며 가격을 인하한 1년 후에는 100만 명이 넘었고, 2007년 말에는 1800만 명에 이르렀다.[5] 그러나 위의 세 회사가 여전히 시장의 98%를 지배했다.[6] 대부분 가정의 주머니 사정이 마음 놓고 컴퓨터를 살 만한 형편이 아니기 때문에 이용자의 절대다수는 여전히 사이버 카페에서 서핑한다. 모든 도시의 주택가마다 적어도 하나 정도의 자랑할 수 있는 사이버 카페가 있으며, 일부 번화가에는 수십 개가 있다. 먼 북서부 산악지대의 각 소도시에서 메콩 강 삼각주의 여러 섬에 이르기까지 취학연령 아이들은 창백한 얼굴에 어깨가 움츠러지고 있으며 반복성 긴장 장애를 겪고 있다. 고대 중국의 서사시적 이야기에 근거해 만든 스릴 만점의 보람쯔루엔끼Vo Lam Truyen Ky — 검객 온라인 — 와 같은 온라인 게임에 빠지거나 채팅룸과 즉석 메신저 사이트에서 최근에 소문난 섹스 테이프를 감상하느라 정신이 없기 때문이다.

인터넷상의 유해 콘텐츠에 대한 국민들의 접속을 억제하고 싶은 나라는 비단 베트남만은 아니다. 유해하다는 것에 대한 정의와 유해한 것을 억제하려는 범위로 인해 베트남이 언론 자유 신장 단체인 '국경 없는 기자회 Reporters Sans Frontières: RSF'가 집계한 '인터넷의 적' 13개국 명단에 포함되었을 뿐이다. 국경 없는 기자회는 "베트남 당국은 정치와 종교를 금기시한다. 그들은 정치적으로 또는 종교적으로 '위험한' 것으로 간주하는 약 2000개의 사이트를 걸러내며, 외국 뉴스와 광범위한 해외 베트남 공동체들이 만든 인권 사이트의 접속을 제한한다"라고 말한다. 이에 대한 베트남 정부의 반응은 냉담하다. 정부 대변인은 기자회견에서 "우리의 정책 목표는 건강하지 못한 사이트를 차단해 젊은이들을 보호하는 데 있다. 정치적 목적을 위해서는 어떤 기준도 적용하지 않는다"라고 말한다.[7] 그러나 실상은 정반대다. 영국과 북미 대학교 네 곳[8]의 공동 프로젝트인 오픈넷 이니셔티브 OpenNet Initiative: ONI가 2006년 여름에 발표한 연구 결과에 따르면, "베트남은 오픈넷 이니셔티브가 조사했던 포르노 사이트는 한 곳도 차단하지 않은 반면 정치적으로 또는 종교적으로 민감한 요소를 지닌 중요한 사이트 중 일부를 ― 어떤 경우 대부분을 ― 사전 체크해 불순한 부분을 제거했다.[9] 다시 말해 베트남의 인터넷 방화벽은 젊은이들의 포르노 사이트 접속은 대부분 허용해주지만 국제사면위원회 보고서에 대한 접속은 허용하지 않는다.

개인 소유의 인터넷 서비스 제공업자ISP는 오직 국가가 통제하는 데이터 연동점internet exchange point: IXP을 통해서만 인터넷에 직접 접속할 수 있다. 인터넷 서비스 제공업자들은 자기들끼리 서로 접속할 수 없으며 웹에도 접속할 수 없다. 따라서 모든 콘텐츠는 국가가 통제하는 제한된 수의 네트워크 접속 중계점access point을 거쳐야 한다. 이 접속 중계점은 국가가 콘텐츠를 매우 쉽게 점검해 불순한 것을 제거하도록 해준다. 그리고 그것을 확실히 하기 위해 2005년 7월에는 모든 인터넷 카페에 사용자들이 방문한 사이트를 기록하는 — 이메일을 하든, 채팅을 하든, 얼마나 오랫동안 온라인에 머물든 — 소프트웨어를 설치해야 한다는 법규가 제정되었다. 또한 인터넷 카페 운영자들은 각 이용자의 이름, 주소, ID 카드 번호를 등록해야 했다. 그러나 당국은 그 법규를 집행하는 데 상당한 어려움을 겪었다. 문제의 스파이 소프트웨어의 설치 마감 기한이 계속 연기되었다. 더구나 인터넷 카페 운영자들 역시 이용자들의 세부 사항을 기록하는 것이 너무 번거로웠다. 도시에서는 기록을 거의 하지 않았으며, 카페 운영자들과 이용자들이 법규를 교묘하게 회피하거나 저항했다.

그래서 정부는 자신들을 대신해 인터넷 서비스 제공업자들을 인터넷 감시자로 활용하려 한다. 그들을 가족 내의 감시자인 할아버지 같은 역할을 하게 하려는 것이다. 그렇게 되면, 인터넷 서비스 제공업자들은 인터넷 쇼핑 사이트들이 법률이 허용하는 범위 내에서 회로를 사용하도록 보장하는 책임을 지게 된다. 또한 고객을 감시할 자체 소프트웨어를 개발할 의무도 진다. 그리고 이 책임 위임은 한걸음 더 나아가, 만약 어떤 이용자가 온라인상에서 불법 콘텐츠에 접속한 일이 발견되면, 인터넷 서비스 제공업자는 그 사실을 지역 당국에 보고해야 한다. 이런 일이 좀처럼 일어나지는 않겠지만 감시 기술이 발전해감에 따라, 국가는 특정한 인터넷 쇼핑 사이트와 법을 어기는 사용자들에게 적절한 조치를 취하기가 더 쉬워질 수도 있다.

그동안 정부에 아주 쓸모가 있었던 것은 대부분의 베트남인들에게 주입된, 위험한 것으로 보이는 어떤 것과 접촉하는 것에 대해 깊이 배어 있는 두려운 감정이다. '오픈넷 이니셔티브'에 대해 조사한 사람들도 이 사실을 알았다. 그들은 중국, 이란 같은 국가에서도 유사한 조사를 했으며 현지 보조원들을 고용해 도움을 받았지만, 베트남에서는 위험 부담을 안고 기꺼이 도와주는 사람을 찾기가 불가능하다는 것을 알았다. 어떤 스포츠 블로그에 대한 정보를 알려달라는, 매우 단순하고 물의를 일으킬 염려도 없는 요구조차 이곳에선 너무 위험한 것으로 간주했다.[10] 이와 유사한 경우로, 한 영국 강사의 강의를 듣는 베트남 국립대학교 사회학부 대학원생들은 대학의 당 대표자로부터 교실에서 해외 사회학 협회 관련 웹사이트에 접속해서는 안 된다는 경고를 받았으며, 베트남 내에서 그 접속 여부를 알아낼 수도 있다는 얘기를 듣고 깜짝 놀랐다. 그들은 자신들이 감시받고 있을 것이란 점을 단지 추정만 해오던 터였다.

✪　✪　✪

베트남이 국가사회주의로부터 후퇴한 후 나타난 또 다른 결과는 비정부기구NGO의 증가였다. 1980년대 말까지만 해도 NGO는 없었다. 국가가 모든 형태의 사회복지를 제공해왔으며 베트남 조국전선Vietnam Fatherland Front: VFF(제5장 참조)이라는 당 통솔 기구 아래에 있는 수많은 조직들 — 특히 여성 연맹, 청년 연맹, 노동 연맹, 농민 연맹 — 이 사회를 동원하는 책임을 맡고 있었다. 하지만 1991년 소련의 원조가 끊긴 후 베트남은 방향 전환을 하지 않을 수 없었다. 재정 위기에 몰린 베트남 공산당은 외국인에게 사회복지 사업에 대한 비용을 지불하게 함으로써 회계장부상의 비용을 크게 상각할 수 있는 길을 발견했다. 점점 폭넓게 자치권을 허용하는 한편으로 모든 것을 확실하게 당의 지배 아래 두는 시스템을 찾아낸 것은 전형적인 당의 선견지명을 보여준 것이다. 당은 NGO가 이끄는 오렌지 혁명의 위험성을 최소화하면서 국제적인 원조의 혜택을 누릴 수 있게 되었다.

우선 새로운 '비정부' 단체들의 지도부에 주로 이전의 정부 관리들을 앉혔다. 심지어 그들 중 일부는 비상근 공무원으로 계속 일하면서 해외 지원금으로 받는 빈약한 봉급을 보충했다. 또한 그들 대부분과 직원들은 당원들이었기 때문에 그들의 이전 상사들이 NGO의 일거수일투족을 감시하기가 어렵지 않았다. NGO에 대한 또 다른 감시는 '소속' 시스템을 통해 이루어진다. 베트남 체제에서 NGO와 같은 위험한 자주적인 조직이 활동할 공간은 아주 작다. 일부 지역단체들 — 동일한 성姓에 기초한 마을 혈통 공동체와 같은 — 을 제외한 모든 단체(체스 클럽부터 시작해)는 어딘가에 '소속'되어 있다. 베트남에서 '소속' — 베트남어로 투옥thuoc 또는 꾸어cua — 은 아주 중요하다.

정식으로 결성된 모든 조직은 공산당중앙위원회와 공식적인 고리로 연결되어 있어야 한다. 그래서 스포츠 클럽은 성청省廳 체육부 등록이 필수적이며, 예컨대 가톨릭 신자들은 베트남 조국전선VFF에 '소속'된 공식적인 애국가톨릭 단체에 등록되어 있어야 한다. 당은 이 베트남 조국전선이라는 통솔 기구를 통해, 다른 나라 같으면 '시민사회'로 간주되어야 할 모든 단체를 통제하려 한다. 고리는 아주 중요하다. 왜냐하면 그것은 만약 누군가가 규칙을 어기기라도 한다면, 적어도 이론상으로는 도와줄 수 있는 고위층이 나서서 조용하게(또는 그렇게 조용하지 않게) 이야기해 문제를 해결해주는 개인적인 연줄이 있음을 의미하기 때문이다. 공식적으로 베트남에서 진정한 '비정부적인' 조직은 없다. 모든 조직은 (적어도 형식적으로는) 당이나 국가 조직의 일부이다. 하지만 실질적으로 당은 조직들을 통제하느라 애를 먹고 있다.

베트남의 일부 비정부조직VNGO은 이전 부처ministry나 다른 정부 부처 또는 대학교의 관할 아래 있다.[11] 정부 부처 조직원들 대부분은 비정부조직에서 일하는 그들의 예전 동료들이 단지 다른 건물에서 더 나은 대우를 받으며 이전에 했던 것과 같은 의무를 다하는 것으로 간주한다. 또한 비정부

조직은 해외 자금에 크게 의존한다. 2000년에 실시한 중요한 조사에 따르면, 운영비의 80%를 해외 자금에 의존한다.[12] 그러나 이것은 베트남에서 장기간 국제 개발과 관련된 업무를 맡았던 어떤 사람의 의견에 따르면, 매우 의도적이다. 정기적인 외국 자금의 공급으로 대부분의 비정부조직들은 언젠가 자신들에게 얼마간 자율성을 허용할지도 모를 자생적인 자금 출처를 개발할 필요가 거의 없어졌다. 비정부조직이 외국인에게 의존한다는 것을 확실하게 함으로써 둘 다 엄격한 속박을 받을 수 있다. 만약 정부가 어떤 이유로 외국 단체를 추방하고자 한다면, 그 단체는 국내에 있는 동료들의 조직이 붕괴된다는 것을 잘 알고 있다. 이것은 국제 NGO들에게 현지 동료들을 위험에 빠뜨리는, 그리고 당해 국가에 파괴의 징후를 사전에 없애려는 구실을 주는 어떤 일도 하지 않아야 할 도덕적인 의무를 갖게 한다.

현지·국제조직의 구성원들은 일상적인 수준에서 자신들이 원하는 방식으로 눈부신 활약을 할 수 있고, 그들이 봉사하려고 하는 사람들을 위해 최선을 다할 수 있는 상당한 자율성을 가지고 있다. 앞서 언급한 조사에 따르면 시민 단체의 52%가 독자적으로 활동한다. 그러나 당이 중대하다고 생각하는 것에 관여하면 모든 것에서 철저한 속박을 받게 된다. 감시는 공식적으로도 비공식적으로도 행해진다. 공식적으로 모든 조직의 활동은 '관인官印' 시스템에 의해 감시된다. 모든 단체는 '관인' ― 어떤 서류를 보증하고, 그것이 단순히 정도를 벗어난 관리의 소행에 의해서가 아니라 공식적으로 인가된다는 것을 증명하는 도장 ― 을 갖고 있다. 정부기관이 발행한 것이든, 민간단체가 발행한 것이든 상응하는 '관인'이 없고 담당자의 서명만 있는 서류는 가치가 없다. 관인의 등록은 엄격하게 관리된다. 어떤 단체도 관인을 간단히 불법적으로 만들어 사용할 수 없다. 잠깐 동안은 법규를 피해갈 수 있겠지만 어떤 공식적인 승인이 필요할 때 문제를 일으키게 된다. 추가 통제도 있다.

외국의 NGO 요원들은 정례적으로 추적을 받고 정탐되고 있으며, 현지 요원들은 외국 파트너들이 절대로 법규를 어기지 않게 하라는 다그침을 정례적으로 받는다.

NGO가 개발계획을 수행할 때 예상되는 일상적인 통제 외에, 그들이 발행하는 모든 출판물은 공식적으로 사전 검열을 받아야 하며 모든 강연은 지방정부 당국의 허가를 받아야 한다. 가난에서 벗어나자는 주장도 물의를 일으킬 수 있다. 2006년 10월 어떤 대형 국제 NGO는 베트남에서 개최하기로 한 국제 '화이트 손목 밴드의 날White Wristband Day' 행사(빈곤 퇴치를 위한 지구적인 행동Global Call to Action against Poverty — 가난을 과거의 역사로 만들자the Make Poverty History는 운동에 의해 준비된 행사)를 취소해야 했다. 행사 주최자들이 불온한 목적을 감추고 있을지도 모른다고 지방정부 당국이 의심했기 때문이다. 하지만 베트남 조국전선의 통제 아래 안전이 확인된 후 이 행사는 치러졌다. 엄격한 감시는 국제 NGO 대표들이 현지 파트너 조직과 지방정부 당국의 일차적인 검열을 받지 않고는 논란의 여지가 있는 문제에 대해서 제대로 입도 벙긋할 수 없음을 의미한다. 그 결과 정부 정책이나 정책의 우선순위에 대해 공개적인 비판이 없어지게 된다. 모든 언급은 당이 통제하는 조직을 거쳐야만 일반에게 전달될 수 있다. 국제 NGO들은 안전하게 길들여졌다. 그들은 그 대가로 개발계획 조직 속에 묻혔으며 정책 공식화로의 투입을 보장받을 수 있게 되었기 때문에 그것이 치를 만한 가치가 있는 희생이라고 믿는다. 하지만 전체적으로 외부 관찰자들은 정책 실패의 증거, 실수, 나쁜 정책 또는 심지어 현지 상황에 대한 객관적인 분석조차 입수할 수 없는 결과를 가져왔다.

　　　　❋　　❋　　❋

　　하지만 지난 몇 년 동안 베트남 NGO들은 자신들의 지위에 대해 더욱 확신을 갖게 되었으며 목소리를 내기 시작했다. 공산당 지도부는 공식적인 정치 시스템 바깥에 있는 일부 사람들의 목소리에 대해 매우 느리긴 하지만 반응하려 하고 있다. 그 반응은 핵심 권력 내에서 움직이는 엘리트 그룹들에서 나오기 시작했지만, 이제 새로운 조직들이 그것을 본떠 당이 관대하게 다룰 한계를 시험하고 있다. 도시 중산계급은 그들대로 조직화하기 시작했다. 그러한 압력단체의 활동 가운데 대중의 관심을 끌게 된 초기 사례는 베트남에서 이름난 국가적인 개발 프로젝트가 가장 중요한 고대 유적지의 보존을 위태롭게 하는 문제를 둘러싼 것이었다. 2002년 12월 몇 사람으로 이루어진 베트남 고고학자팀이 하노이 중심가에 있는 국회의사당 뒤편 정원에 구덩이를 파고 있었다. 그들이 땅을 파는 이유는 정부가 이곳에 웅장한 대형 의사당 건물과 국립 컨벤션센터를 세우기로 계획했고, 이 작업이 지하에 묻혀 있을 것으로 그들이 믿는 유물을 구하는 마지막 기회가 될 것이었기 때문이다. 마침내 그들이 발굴해낸 유물, 이를테면 보석, 무기, 고대 동전, 붉은 진흙으로 구은 불사조, 그리고 돌을 깎아 만든 용은 세계 각처의 역사가들을 흥분시켰으며, 직접 구경할 수 있도록 참관이 허용된 소수의 방문자들을 감탄하게 했다. 그 유물은 몇몇 사람들이 베트남의 역사 정신으로 간주하는 주장을 둘러싸고 최고위 정치권에서 5년간의 긴 싸움을 불러일으켰다.

　　2003년 내내 고고학자들은 모종삽으로 6세기 중국 수나라에서 베트남 최후의 왕조에 이르기까지 다섯 개의 다른 문화가 이곳을 영유했다는 증거가 되는 무수히 많은 유물들을 발굴해냈다. 그 발견은 이 지역이 한때 탕롱

Thang Long 왕조의 옛 성채 일부였다는 발굴자들의 초기 추정을 확인시켜주었다. 탕롱 왕조는 1010년부터 1802년, 수도를 후에Hue로 옮길 때까지 거의 전 기간 '베트남' 왕국을 다스렸다. 성채의 대부분은 19세기에, 특히 1873년 프랑스군이 하노이를 점령한 후에 파괴되었다. 이후 이곳은 방치되었지만, 2003년 여름 이곳에 보물이 묻혀 있다는 소문이 하노이에서 퍼지기 시작했으며 그해 9월 처음으로 관련 기사가 신문에 실렸고, 막후에서는 고고학자들이 동원되었다.

새 의사당과 컨벤션센터 건설 프로젝트에는 몇몇 강력한 후원자들 — 그중에서도 특히 당 서기장인 농죽마인Nong Duc Manh과 그의 지지자들, 그리고 건설부의 프로젝트 매니저들과 연줄이 닿는 사람들 — 이 있었다. 한편, 개발을 반대하는 자연·유적 보호 편에는 머리가 희끗희끗한 학자 한 무리가 있었다. 베트남 역사학회의 덕망 높은 회원인 판후이레Phan Huy Le와 고故 쩐꾸옥브엉Tran Quoc Vuong을 비롯해 베트남 사화과학원의 유력한 원장이면서 이제 막 권좌에 오르기 시작한 당 중앙위원인 도호아이남Do Hoai Nam 교수가 바로 그들이다. 그들에게 크게 유리한 요인이 하나 있었다. 그들이 찾고 있는, 영향력을 미칠 핵심적인 인사들의 대부분이 하노이 국립대학교에서 그들의 제자로 있던 사람들이었다. 이들과 접촉했고 연장자들을 자기 쪽으로 끌어들였다. 고고학회 부회장인 똥쭝띤Tong Trung Tin과 학자들은 만만찮은 연합체를 구성했다. 그들은 유적 발굴에 대해 신문기자들에게 브리핑하고 중요한 사람들에게는 현장을 구경시켰다. 그러나 조심스럽게 행동하며 문제의 건설 계획이나 후원자들을 직접 공격하지는 않았다. 개인적인 비난과 로비가 허용되고는 있지만 지도자들에 대한 외부인의 공공연한 비난은 아직도 정치적으로 수용되지 않았다.

최종 시한이 다가오고 있었다. 정부는 10월 1일을 의사당 신축 기공식으로 잡아놓았다. 그간의 논의가 바로 최고위층으로 전달되었고 최종 시한이 그대로 지나갔다. 그러다가 2003년 11월 초순 공산당 정치국(당 최고 기구)은 추가 협의를 할 때까지 새 의사당 건설 계획을 중단한다고 발표했다. 그에 못지않게 중요한 것으로, 정치국은 당초 의사당과 나란히 짓기로 계획한 국립 컨벤션센터를 새로 하노이 시 남서쪽 교외에 건설할 것이라고 밝혔다. 제1라운드는 역사학자들의 승리였다. 그러나 더 힘든 싸움이 바로 진행되고 있었다. 당 서기장인 농죽마인과 의사당 신축 지지자들이 세력을 키웠다. 그에 대한 대응으로 고고학자들은 탕롱 유적지 발굴 유물에 대한 작지만 비상한 관심을 끄는 전국 순회 전시회를 준비했다. 그 전시회는 특히 남부에서 환영을 받았다. 전 총리인 보반끼엣Vo Van Kiet과 같은 남부 출신 정치가들은 역사적 유적을 보존하는 데 북부 정치가들보다도 훨씬 더 큰 관심을 보여주었다.

　의사당 건설 계획에 수반된 위신과 리베이트 외에도 다른 더 놀라운 (건설) 찬성 요인들이 있었다. 당의 공공연한 무신론과 '과거 회귀주의' 반대 캠페인에도 불구하고 지도부의 일부는 자신들이 보통 '미신'이라고 부르는 것 중 두 가지에 의해 크게 영향을 받아온 것으로 보인다. 하나는 건설 계획 현장이 풍수지리적으로 상서로운 곳이라는 것이다. 그곳 지세의 특징에 대한 해석에 따르면, 옛 성채가 있던 문제의 현장은 '용의 복부'에 해당되며 영험한 곳이다. 다른 하나는 두 차례에 걸친 탕롱 왕조의 도읍지 이전(1397년과 1802년)이 외국의 침입을 불러왔다는 믿음이었다. 이유야 어찌 되었든 농죽마인 지지자들은 마침내 당초 계획한 신성한 땅에 의사당 신축을 강행하기로 결정을 내렸다. 정부는 타협점을 찾으려고 했다. 2004년 8월, 1주일간의 워크숍을 끝낸 후 고고학자들은 그 땅에 새로운 건설공사를 금지하고 부지를 그대로 보존해야 할 것이며, 의회는 1950년대에 지은 현존 건물을 그대로 사용해야 한다는 제안을 내놓았다.

2005년 3월 당시 총리였던 판반카이Phan Van Khai는 해피엔딩으로 생각하는 최종 결정을 발표했다. 새 의사당은 당초 계획한 자리에 짓지 않는다는 것이었다. 고고학자들은 그 성채가 세워진 지 1000년이 되는 2010년에 1000주년 기념행사로 그곳을 세계문화유산으로 지정하도록 유네스코에 제출할 서류를 준비하기 시작했다. 외국 정부는 조언자들을 파견하고 프로젝트를 도울 자금을 지원했다. 그러나 그 이야기에는 에필로그가 있었다. 새 의사당을 건설하라는 압력이 결코 사라진 것이 아니었다. 2007년 9월 의사당 건설 프로젝트가 어쨌든 진행될 것이라는 발표가 있었다. 새 건물은 옛 건물 부지와 인접한 바딘 클럽 ― 프랑스인이 만든 수영장과 종합 위락 시설. 이 클럽의 회원권은 당 기간요원들에게 주는 특전 중의 하나다. 이미 발굴된 출토품들은 별도로 보존하기로 했다 ― 에 건설하기로 했는데, 이 새로운 건설 부지가 보존 구역을 포함하고 있지는 않았다.

고고학자들은 이 새 건설 계획에 기존 캠페인을 강행하는 것은 무의미하다는 결정을 내렸다. 그들은 이미 귀중한 승리를 거둔 터였다. 성채가 있던 가장 중요한 구역을 구한 것이다. 재개발하기로 한 구역은 아마도 옛 의사당과 클럽 시설을 건설할 때 중요한 유물 대부분이 이래저래 유실되었을 것이다. 그리고 이제 당 정치국은 새로운 건설 계획에 대한 어떤 반대도 불충으로 간주하겠다고 최종 결정을 내린 터였다. 제2라운드는 건설 지지파들의 승리였다. 논란은 이제 새 건물 디자인에 대한 최선의 선택에 집중되고 있었다. 그러나 전혀 저항이 없었던 것은 아니다. 전 장군이며 국가적인 영웅인 보응우옌잡이 신문사에 편지를 써서 옛 의사당 건물은 이 나라 공산주의 유산의 일부로 존속시켜야 한다고 주장한 것이다. 정부는 부랴부랴 신문사 편집자들에게 이 사실을 보도하지 말라는 지시를 내렸다. 베트남 조국전선의 대변지인 ≪다이도안껫Dai Doan Ket(위대한 단결)≫을 제외한 모든 신문은 정부의 압력에 굴복했다. ≪다이도안껫≫은 2007년 11월 보응우옌잡의 편지를 1면에 게재했다. 이 사건 외에 두 가지 또 다른 거역이 있은 1년 후 이 신문의 편집국장과 차장이 해고되었다. 그 무렵 옛 의사당은 이미 철거되고 없었다.

☆　　☆　　☆

옛 성채를 살린 주요 인사들은 사실은 당이 요구한 일을 실행하는 역할을 맡고 있는 학계의 전문가들이었다. 그들이 소속된 협회들은 베트남 과학기술협회 연합Vietnam Union of Science and Technology Associations: VUSTA(이하 VUSTA)의 산하기관이다. 이 기구들은 2002년에 정부 각 부처, 산하기관 및 지방과 도시의 각 정부기관들의 프로젝트를 비평하고 평가하는 권리를 정식으로 부여받았다. VUSTA는 당정黨政의 한 부분이며 베트남 조국전선의 '보호' 아래 있다. VUSTA의 의장은 부뚜옌호앙Vu Tuyen Hoang 교수이다. 솔직한 편인 호앙 교수는 공공연하게 베트남에 민주주의, 언론·결사의 자유가 필요하다고 이야기하며 과학의 힘을 개혁적이고 자유롭게 이용하는 데 신명을 다한다. 그는 여러 아이디어 가운데 정책이 경쟁을 거쳐 입안되고 (베트남의) 민주주의가, "인민들이 각 분야의 지도자들을 전문적인 지식에 근거해 선출하도록" 허용하는 개화를 바란다는 뜻을 구체적으로 표현한다. 사람들은 설사 민주주의가 베트남에 시행된다 해도, 호앙 교수를 실망시킬 것이라는 생각을 떨쳐버리지 못하고 있다.

탕롱 왕조의 성채 유적을 구한 것은 호앙 교수의 가장 위대한 성과 가운데 하나다. "거기에는 13세기 동안의 유물이 있으며 그것은 마땅히 보호를 받아야 한다"라고 그는 주장했다. 그는 또한 하노이 북서쪽에 있는 거대한 손라Son La 댐 — 베트남에서 가장 큰 수력발전 프로젝트이며 동남아에서 가장 큰 댐 — 의 환경에 미치는 악영향을 줄인 VUSTA의 성공적인 노력에 매우 만족해했다. VUSTA는 지진 위험을 이유로 댐의 높이를 50미터 줄이는 로비에 성공했다. 또한 VUSTA는 그 프로젝트가 어느 부문에서 정부 자체의 환경보호 기준 충족에 실패했는지를 지적하고 댐 개발로 추방된, 주로 특정 인종인 소수민족들을 재정주시키는 데 조언했다. 그는 "현재 댐은 VUSTA의 계획에 따라 건설되고 있다"고 자랑한다. 그것은 테크노크라시technocracy의 싸움이었다. 즉 국가의 한 부서가 설계를 잘못하는 바람에 과학적 능력에 대한 신뢰를 실추시켰으며 그 영향이 전반적으로 국가에 잠재적인 해를 끼치는 것으로 분명히 증명될 수 있다는 것이다. 이것이 바로 VUSTA가 정부의 요청으로 떠맡은 역할이었다.

그러나 VUSTA는 베트남 '시민사회'의 발전을 위해 더 큰 공간을 마련하려는 몹시 힘든 시기를 보냈다. 최근 몇 해 동안의 가장 중요한 싸움은 결사에 관한 법률로 알려진 것을 둘러싼 싸움이었다. 시민사회가 더 강력한 역할을 해야 한다고 주장하는 사람들은 지역공동체와 국가적인 이익집단들에게 스포츠 시설, 오락, 사회봉사, 공개적인 지지를 제공하거나 표시하기 위해 만들어진 수천 개의 조직들을 새로운 방식으로 조정해야 한다고 계속 요구해왔으며 이들은 국제 원조 단체의 지원을 받아왔다. 베트남의 비정부기구 규정에 관한 포괄적인 법률 문서는 1957년에 호찌민이 공포한 법령이 고작이다.[13] 1989년 정부 포고에 의해 최초로 '대중 단체'의 설립이 허용되었지만, 1998년에 당 정치국은 그 포고를 없애고 단체 설립을 더 엄격히 할 새로운 법을 요구했다. 결사의 자유를 허용하느냐 마느냐의 논쟁은 현재 10년 이상 격렬하게 지속되고 있으며, 아직도 그것을 인정하는 법률이 법령집에 들어갈 기미는 전혀 보이지 않는다.

베트남 주재 외국 대사관들은 결사를 허용하는 법률 제정이야말로 진정으로 자치권을 가진 시민사회가 출현할 수 있는 핵심 단계로 본다. 몇 년 동안 국회의 다음 회기에 통과될 법률 목록에는 아마 포함되겠지 하는 기대가 있었지만, 매번 그 법률의 상정은 철회되었다. 2005~2006년에는 이 문제에 관한 논란이 최고조에 이르렀다. 국제 NGO들이 이 법률의 초안에 대한 협의를 후원했고, 변화를 청원한 단체들에게 원조를 제공했으며, 다른 나라의 시민사회 조직 사례를 배우도록 많은 사람들의 견학 여행을 지원했다. 하지만 2006년 10월 국회 사무총장은 회기 전 기자회견에서 13번이나 바꾼 그 법률 초안에 대해 "해결해야 할 다른 문제들이 산적해 있어 이번 회기에 이 법률은 상정되지 않을 것"이라고 솔직히 밝혔다. 결사에 대한 법률에 관한 한 늘 그 모양이었다. 베트남 과학기술협회 연합(VUSTA)의 진보주의자들과 공안부·베트남 조국전선의 보수주의자들 사이에서는 합의가 이루어질 수 없었다. 결사에 관한 법률을 통과시키기 위해 소비한 수백만 달러(유로)의 돈, 수백 시간의 협의와 수천 건의 견학 여행 탑승 마일리지 모두가 정치국의 반대에 직면해 허사가 되었다. 그 법은 정식으로 폐기되지도 않았고 단지 추가 협의를 위해 보류되고 있을 뿐이다. 그러나 앞으로 몇 년 이내에 국회에서 통과되리라 기대할 수도 없다.[14] 한편 VUSTA과 지지자 단체는 그 법을 한계 이상으로 확대 해석하며 조직의 정비와 로비 활동을 착실히 하고 있다. 이처럼 결사에 관한 법률은 베트남의 다른 많은 생활 영역에서처럼 현안을 제시하려는 의식적인 정책 주도의 시도라기보다는 아마도 생활 현실에 대한 사후-ex-post facto 인식이 될 것이다. 변화는 인민들의 일상적인 행동과 현행 법률의 모호성, 대부분의 국민들에게 잘 맞추고 있는 당 정책을 통해 오고 있다.

당분간 각 단체들은 결사 허용 법 제정에 관한 의제를 계속 밀고 나갈 것이며 당은 일이 너무 커지지 않도록 그것을 되밀려고 할 것이다. 모든 것이 창조적 불확실성의 안개 속에 묻혀 있다. 2007년 지도적인 지식인 그룹이 당이나 정부 기구 어떤 곳에도 소속되지 않은 순수 민간단체인 친親시장 성향의 베트남 개발연구학회 Viet Nam Institute of Development Studies: VNIDS(이하 VNIDS)를 만들었다. 그들은 이 단체가 '학회 institute'이지 '조직체 organization'가 아니기 때문에 과학과 기술에 관한 법률 조항에 근거해 권리가 있다고 주장했다. 그들은 학회를 하노이 시 과학기술부에 등록하고 주로 정부 정책을 비판하는 내용의 경제·사회 부문 개발에 관한 세미나를 매주 개최했다. 미국 자금으로 운영되는 자유아시아 라디오 방송이 이들의 활동을 크게 다루고 당 정치국이 갑자기 주목할 때까지는 모든 것이 순조롭게 진행되었다. 하노이에서 떠도는 소문으로는 당 총서기인 농죽마인이 직접 조사를 지시했다고 한다. VNIDS의 해체 명령이 떨어진 것이다.

VNIDS의 이사들(한 사람을 제외하고 모두 공산 당원이었다)은 자신들이 합법적으로 행동했다면서 완강하게 버텼다. 그러자 당 간부들이 비공식적으로 회원 개개인과 접촉해 자발적으로 모임을 해체하도록 설득에 나섰다. 그들이 말을 듣지 않자 방법이 약간 거칠어졌다. 공안부와 육군 2부가 기관원들을 매주 개최되는 VNIDS의 세미나에 보내 토의 내용을 계속 주시했다. 정부는 내무부와 과학기술부에 VNIDS를 해산시키도록 지시했지만, 이들 양 부서는 법적 근거가 없다며 거부했다. 그 대신 응우옌떤중 총리가 2009년 7월 24일 거시경제학과 '당과 정부의 노선·목적·정책에 반대하는' 시각을 전혀 용납하지 않는 317가지 규범 목록으로 민간 연구 단체를 제한하는 '포고 97'을 공포했다. 그 포고가 발효되기 하루 전인 2009년 9월 14일 VNIDS는 결국 항복하고 단체의 해체를 발표했다. 비록 그들이 스스로 충성스러운 당원이라고 자부하긴 했지만 당 지도부가 묵인하기엔 학회의 자주성이 지나치게 강했다. 그럼에도 중요한 것은 그 포고가 VNIDS를 해체시키긴 했지만, 그와 동시에 덜 논쟁적인 논제를 연구하는 다른 민간 그룹들에게 생존 공간을 만들어주었다는 점이다.

내부자에 의한 이 같은 개척자적인 노력의 결과 이제 더 광범위한 그룹들이 정부의 정책 실행에 영향을 줄 수 있게 되었다. 이 새로운 개방성을 촉진하는 에너지원 중 하나는 최근 들어 유행하기 시작한 에이즈 바이러스였다. 위기감이, 옛 방식으로는 제어할 수 없는 문제에 당이 새로운 방식으로 대처하게 만들었다. 유엔의 에이즈 전담 기구인 유엔에이즈UNAIDS의 베트남 사무소는 에이즈에 관한 경험이 있는 사람들과 연계하는 '공감 그룹' 망을 만들기로 했다. 그 그룹 중의 하나는 하노이 남서부 인민위원회 건물에서 부녀자 다섯 명으로 구성되었다. 2006년 7월, 필자가 만난 그들은 일당 국가를 흔들 수 있는 그런 사람들로 보이지 않았다. 그러나 이들의 회합을 허용하느냐는 문제를 둘러싼 논쟁이 마침내 당 정치국으로까지 번졌다. 이들 부녀자 다섯 명은 에이즈 양성 반응을 보이는 환자이거나 에이즈에 걸린 아이의 어머니였다. 이 '공감 그룹'은 단지 함께 앉아서 이야기하고 경험을 공유하며 서로 정신적인 위로를 할 뿐이었다. 다만 공공기관이나 단체의 지도에 의해서가 아닌 그들의 방식으로 하길 원했다. 2006년, 공산당 내부에서 숱한 내부 논쟁이 벌어진 후, 유엔에이즈는 이제 공감 그룹망을 만들어도 문제가 없다는 사실을 알게 되었다. 최초로 '보통 사람들'이 당 조직 외의 조직을 만들 수 있게 된 것이다.

다른 그룹들도 이제 다른 이슈로 함께 모여 논의할 수 있게 되었다. 그들은 자신들이 하는 일을 설명하기 위해 'lobby'라는 영어 단어를 사용하기까지 했다. '로비'의 열쇠는 그룹의 의제를 지원해주는 정부 내 어떤 부서를 찾아내 그들을 통해 일을 처리하는 것이다. 이 같은 방식의 '정치적' 활동 중 어느 것이든 전적으로 체제에 충실한 것이어야 하며 위협이 되어서는 안 된다. 초기의 한 가지 사례를 들면, 비공식적인 조직망을 가진 활동가들이 하노이 중심가에 기적적으로 남아 있는 오아시스 녹지 공간인 재통일공원(1980년에서 2003년까지는 레닌 공원이란 이름으로 알려졌다)을 상업적인 개발로부터 보존하기 위해 로비를 벌였다. 2007년 초, 하노이 시 인민위원회는 민간 회사 두 곳이 4500만 달러를 들여 50헥타르의 공원, 거의 전 부지에 다른 '구경거리'를 가진 오락장, 지하 5층의 주차장, 상가 지역, 3차원 극장, 나이트클럽을 만들겠다는 계획을 허가했다.[15]

봄이 여름으로 바뀌면서 차츰 일부 자활이 가능한 '전문가들'은 유일하게 이용 가능한 공적 공간인 인터넷을 통해 개발계획을 비판하기 시작했다. 최초로 침묵을 깬 사람은 건축가인 하이응우옌Hai Nguyen으로 온라인 뉴스 제공업체인 ≪VN 익스프레스VNExpress≫가 소유한, 시정市政 웹사이트인 도티넷dothi.net에 "공원을 구하자! 우리의 도시를 구하자!"라는 제목의 글을 올렸다. 중앙정부 관리로 근무하다 은퇴한 건축가, 언론인, 개인들, 그리고 온라인 뉴스 ≪베트남넷VietNamNet≫이 우려의 글을 올리기 시작했다. 그 이면에선 조용한 로비 활동 역시 전개되고 있었다. 공원 보존 지지자들은 시 인민위원회의 한 고위직 관리가 원군이 될 수 있다는 것을 알고는 그 연줄을 활용했다. 또한 공공단체인 베트남 도시계획 입안자협회 Vietnam Urban Planners Association에 개입해줄 것을 요청하고 유력한 언론인들에게 협조를 구했다. 8월 초 캐나다 NGO인 헬스브리지HealthBridge가 지금까지 개발에 반대해온 것으로 알려진 총리실과 '하노이의 녹지 공간 살리기' 구호를 외치다가 지금은 입을 다물고 있는 시 건설부가 나서 줄 것을 요청함으로써 '하노이의 녹지 공적 공간 시스템' 협의회를 지원하고 나섰다. 헬스브리지의 이러한 움직임이 매스컴의 보도와 논평 사태 ― 절대다수가 공원 보존을 지지했다 ― 를 불러일으켰다. 2주 뒤 하노이 시는 건설 계획을 무기한 연기했다. 시 당국에 대한 중앙정부의 압력에 의해, 절대적인지지 여론을 등에 업은 사회운동가들이 승리했다. 공산 베트남에선 처음 있는 일이었다.

✪   ✪   ✪

이 이야기 중 어디에도 공산당이 국민의 정치적 불만을 억누르기 위해 고심하는 대목은 보이지 않는다. 비록 토지수용에 대한 불만으로 빈번하게 항의가 일어나고 경제적인 어려움이 주기적으로 불만을 유발시키고 있긴 하지만, 당의 국가 통치권에 도전하는 사람들은 극소수에 지나지 않는다(반체제 인사에 대해 더 상세한 설명은 제6장 참조). 주민의 절대다수는 점점 늘어나는 자신들의 몫에 만족해한다. 정치체제는 견고하게 레닌주의(어떤 분석가의 표현을 빌리면, 강도 높은 레닌주의)를 유지하고 있다.[16] 인민을 이끌어가는 당의 권리에 대한 도전은 절대로 용납되지 않는다. 하지만 점점 많은 사람들이 당과 국가와는 별도로 자신의 활동을 조직적으로 펴 나가는 방법들을 모색하고 있다. 다른 모든 점에서는 충성스러운 시민인 이들을 엄히 단속할 마음이 내키지 않는 당 지도부는 마지못해 그들에게 그런 활동을 할 공간을 더 많이 주는 실정이다.

그러나 공안부는 이 같은 작은 자유화 단계와 병행해 그런 시도가 도를 넘는 경우를 대비한 예방 조치를 취하고 있다. 하노이 중심가 항바이Hang Bai 거리의 호안끼엠 호수 남쪽의 두 블록은 정부 청사가 밀집한 지역이다. 그 가운데 한 곳에서 외국인의 비자 연장과 여권 신청 업무를 보고 있다.

다른 한편은 트럭과 트럭 이용자들이 차지하고 있다. 하노이에 온 지 몇 달 된 기자가 트럭들에 대해 듣는다. 어떤 종류의 항의가 있을 때마다 트럭들은 그 인근에 주차하며, 때때로 모습을 감추지만 절대로 멀리 가버리는 법이 없다. 그 트럭들은 세계 도처에서 군이 사용하는 녹색 범포를 씌운 일종의 병력 수용 차량이지만 정부기관 번호판을 달고 있다. 즉 군이 사용하는 붉은색 바탕에 흰색 글씨로 된 것이 아니라 청색 바탕에 흰색 글씨로 된 번호판이다. 다리가 긴 사냥개처럼 생긴 트럭 앞뒤에서 모습을 드러내는 것은 주로 한 무리의 깡마른 젊은이들인데 모두 사복으로 변장한 공안부 요원들이다. 일단 어떤 시위가 너무 오랜 시간 지속된다 싶으면 적절한 때에 확실하게 해산시키는 일은 이들에게는 손쉬운 일이다.

공안부는 더 정교한 방법을 찾고 있다. 2007년 1월 말, 벨라루스 공화국의 내무장관인 블라디미르 나우모프Vladimir Naumov가 하노이를 방문했다. 대부분의 고위 벨라루스 관리들과 마찬가지로 나우모프는 반정부 활동가를 탄압한 소문난 전력 때문에 유럽연합EU 국가들을 방문하지 못하고 있다. 그러나 그러한 그의 전력이 하노이 당국자들에겐 아무런 문제가 되지 않았다. 베트남 방문을 끝내고 민스크로 돌아간 나우모프는 벨라루스 관영 통신 기자에게 베트남은 그가 '특별한 기술적인 용구'라고 부르는 것을 갖추는 데 관심이 있다고 말했다. 벨라루스 보안기관 책임자가 말하는 용구란 바로 경찰봉, 최루가스, 전기쇼크 병기와 개인용 방호복과 같은 군중 통제용 장비이다.[17] 벨라루스 내무부는 옛 소련 비밀경찰인 KGB의 후계 기관이다. 벨라루스에서 취재 활동을 하는 기자들은 "벨라루스의 반정부 활동가들이 두려워하는 것은 전화도청 장치와 비밀전화 감시 기기를 활용해 반정부 단체들의 움직임을 철저하게 간파할 수 있는 보안기관의 능력"이라고 말했다. 나우모프는 관영 통신사 기자에게 이러한 것 역시 "양국의 전문가들이 배우게 될" 것이라고 했다.

당의 지배에 대한 어떤 심각한 도전은 단호한 강압에 부닥치게 될 것임은 의심할 여지가 없다. 헌법에 따르면 군은 국가뿐 아니라 사회주의 자체를 수호할 의무를 진다. 국가는 발표와 거의 동시에 거리에 수많은 군대와 경찰을 투입할 수 있다. 과연 그런 사태가 벌어질 수 있을까? 현 상황에서 공산당에 항거하는 전반적인 봉기가 일어날 가능성은 아주 낮다. 국민 대부분은 자신들의 몫에 만족해하며 국가 거대 감시망은 어떤 위협의 징후에 대해서도 충분한 경고로 대처한다. '교양 있는 가정' 캠페인, 인터넷 통제의 정교화, 압력 그룹의 관리는 당이 미래의 도전에 대응할 준비를 철저히 하고 있음을 뜻한다. 당은 또한 다른 접근을 시도하고 있기도 하다. 한때 잠재적인 도전자들 ─ 가톨릭교회에서부터 비판적인 지식인에 이르기까지 ─ 에게 정면으로 맞섰던 곳에서 지금은 비판자들을 포섭하는 길을 찾아내고 있기 때문에, 비판자들이 아마도 본의는 아니지만 당의 입장을 지지하기에 이르렀다. 반대 세력이 '큰 천막' 내로 들어와 길들여지게 된 것이다.

당은 아직도 당이, 오직 당만이, 정치적·경제적 생활의 중심 ─ 변화의 기관사이면서 동시에 안정의 담보자 ─ 이라는 것을 보장하기 위해 밤낮으로 열심히 뛴다. 그러나 당의 통치를 떠받치고 있는 구조의 많은 부분이 가장자리가 무너지고 내부로부터 썩어 들어가는 많은 증거가 있다. 만약 당 지도부가 더 낮은 계층에 대한 통제력을 잃기라도 하거나 부패가 그들의 정당성을 앗아가면, 만약 국민과 국가의 여러 부문에서 체제가 정상적으로 움직이고 있다는 믿음을 잃으면, 그때는 ─ 오직 그때는 ─ 분열과 위기의 결과를 가져올 수 있다. 다음 장에서 알게 되겠지만, 당의 가장 중요한 투쟁은 지위를 보존하는 것이다.

5

'당맞이 봄맞이〔迎黨迎春〕'
'Greet the Party, Greet Spring!'

　베트남 정치생활의 중심지인 바딘Ba Dinh 광장은 퍼레이드를 하기에 알맞게 설계되어 있다. 광장의 서쪽을 끼고 있는 거대한 대로는 수백 대의 군용차량들이 행렬을 지어 지나갈 수 있고, 계단식으로 된 사열대와 건너편 잔디밭에는 환호하는 수천 명의 관람자들을 위한 공간이 있으며, 호찌민의 회색 대리석 영묘靈廟에는 공산당 지도부가 노동 대중들에게 손을 흔들 수 있는 테라스가 있다. 노동 대중도 이제는 이곳에 오지 않는다. 심지어 호찌민 아저씨의 탄신일에도 오지 않는다. 대략 1998년 이전 옛날 옛적의 바딘 광장은 국가적인 행사 때는 만원을 이루곤 했다. 이제 그런 일은 없다. 노동 대중의 당은 이제 더는 군중을 신뢰하지 않으며 군중은 노동 대중의 역할을 실연해 보이는 것보다 더 좋은 일을 한다.[1] 농민들은 이제 노래 부르고 환호하기 위해 버스로 동원되지 않으며, 국기를 흔드는 프롤레타리아트도 거리에 늘어서 있지 않다. 관광객마저 이젠 완전히 끊겼다. 호찌민 아저씨의 추종자들은 가상의 공간을 통해 그의 탄신일을 기린다. 행사 영상이 텔레비전으로 노동 대중에게 전달되기 때문이다. 노동 대중 자체의 개입은 허용되지 않는다. 어쭙잖은 것이라도 난동이 축전을 엉망으로 만들까봐 ─ 더 중요한 것은 화면에 그 장면이 비칠까 봐 ─ 두렵기 때문이다.

2008년 5월 호찌민 탄신일 기념식은 영묘 반대편인 광장 오른쪽에 있는 국회의사당 건물 내에서 치렀다. 기념식은 노래와 춤, 찬사로 이루어진 버라이어티쇼였으며 당 기관지의 보도에 따르면, "지식인, 종교인, 군인을 포함한 각계각층의 인사 800명 이상"이 관람했다. 무대는 꽃다발과 호찌민의 흉상으로만 장식되었으며 가수와 댄서, 찬사를 외는 사람 뒤에는 큰 타원형으로 된 칼 마르크스와 블라디미르 레닌의 초상이 걸려 있었다. 일단 식이 끝나자, 공산당 지도부 인사들인 작은 그룹의 남녀들이 호찌민 영묘에 거대한 화환을 증정하기 위해 텅 빈 광장을 가로질러 갔다. 주위에 호찌민 탄신 기념일을 상징하는 것이라고는 사실상 온 나라의 가로등 기둥에 꽂힌 '19-5'라는 금색 숫자를 써넣은 붉은 기치뿐이었다. 그 밖에 필요한 것은 아무것도 없었다. 모든 사람들은 이 날의 중요성을 알고 있었다.

이 같은 호찌민 탄신일 기념행사는 공산당의 우월성을 공공연히 드러내는 것이긴 하지만 공산당이 경제 자유화의 영향으로 조정되지 않을 수 없었다는 점을 내보이는 것이기도 하다. 공산당 지도자들은 이제 집단적인 헌신을 기대하지 않는다. 그들이 필요로 하는 것은 오직 베트남의 유일한 정치 세력이라는 것을 인정받는 것이며 (호찌민 영묘에 헌화하기 위해) 바딘 광장을 가로지르는 행렬이 주목받고, 존중되고, 방해받지 않기를 바랄 뿐이다. 하지만 한 가지 기본적인 점에서 베트남 공산당은 1930년에 탄생할 때와 똑같다. 바로 레닌의 교과서대로 만들어진 선구 조직이라는 것이다. 그들은 그들만이 사회 전체를 현대화시키고 발전시키는 역할을 해낼 수 있다는 자신감에 차 있다. 그들은 이 같은 역할을 철저하게 방호한다. 변화한 것은 선도 방법이다. 전시와 내핍 시기에 당은 물자와 서비스에 대한 거의 독점적인 배분을 통해 개개인의 일상생활의 대부분을 통제할 수 있었다. 그러나 도이모이 자유화로 족쇄가 풀려 무질서해진 사회는 이제 같은 방법으로 관리할 수 없게 되었다. 그동안 국영기업들은 활동 영역을 개척해왔고 지방과 성省 정부는 지역을 돈벌이가 되는 영지로 바꾸었으며, 민간 부문이 성장했고 당 지도부는 이따금씩 아랫사람들을 지휘 통솔하는 데 곤란을 겪었다.

많은 사람들은 베트남을 획일적인 권력에 의해 관리되는 ─ 칙서로 나라를 다스리는 ─ 고전적인 일당 국가로 본다. 또한 이것은 자연히 베트남 공산당이 사상을 강력히 전하려 한다는 이미지이기도 하다. 하지만 당 지도부의 이벤트 장악력이 불완전하고 취약해질 수 있는 것이 현실이다. 부패에서 환경 파괴에 이르기까지 베트남이 직면한 문제의 대부분은 중앙정부의 통제력 과잉의 결과가 아니라 약화의 결과이다. 당 지도부가 지난 20년간 통제력을 강화하려고 한 시도는 강력한 새 이익 그룹을 흡수하고, 목소리를 더 높여 알아듣게 하고, 특히 버릇없이 제멋대로 굴려는 아랫것들을 길들이기 위해 법률 체계를 정비하고 사리 추구를 강력히 제어하는 등 몇 가지 방향으로 추진되었다. 그때는 마침 국제개발기구들이 세계 여러 개발도상국을 대상으로 '훌륭한 통치'라고 부르는 문제에 초점을 맞추던 시기였다. 베트남의 경우 세계은행, 유엔 개발 프로그램, 대부분의 해외 원조기관들은 일당 통치를 공고히 하기 위해 새로운 방법을 모색하는 공산당에게 자금을 지원하며 충고했고, 바로 이 시기에 당 지도부가 그런 시도를 한 것은 행운이었다.

옛 시절에는 법이 그렇게 큰 의미가 없었다. 실제로 1960년과 1981년 사이에 법무부가 폐지되었다. 필요가 없었던 것이다. 지방 공산당 관리들이 내리는 정치적 결정이 바로 법이었으며 그것으로 충분했다. 지금 당 지도부는 법이 두 가지 기능을 한다고 생각한다. 지방 관리들이 중앙의 지시를 따르도록 강제하는 기능과, 동시에 관리들이 기업가와 투자가를 괴롭히지 않게 해 일자리를 많이 만들도록 하는 기능이 바로 그것이다. 당 지도부는 만약 모든 것을 통제하려 들면 경제성장을 촉진할 수 없거나 국민의 물질적·창의적 열망에 부응할 수 없다는 사실을 인식했다. 그 대신 당 지도부는 '법을 기반으로 한 국가a law-based state', 즉 전국에 안정된 통치가 행해지고 국민이 일정한 자유를 누리는 베트남을 원한다. 이것은 자금줄을 쥐고 있는 국제기구가 바라는 '훌륭한 통치'와 상당히 일치하는 것이지만, 당이 정치에서 손을 뗄 것이라고 생각하는 것은 착각일 수 있다. 오히려 그와는 반대가 될 수 있다. 그렇게 하는 것은 당이 한 걸음 뒤로 물러서서 국가를 통치하는 방식에서 유연성을 더 허용한다는 것이지만, 그렇게 되도록 내버려둘 리가 없다. 당은 그 형세를 이용해 국가에 대한 통제권을 계속 유지하길 원하며, 그 과정에서 국가를 관리하는 엘리트로 이면에 머물고 싶어 한다.

당 지도부가 말하는 '법을 기반으로 한 국가'의 실체는 지난 1000년 거의 전 시기 베트남 정치생활의 중심지 역할을 한 바딘 광장 주위를 몇 걸음만 걸어보면 알 수 있다. 광장의 북쪽 끝에는 고대 베트남의 전설적인 최초의 왕 이름을 따서 지은 홍브엉Hung Vuong이라는 넓은 '승리의 길'이 있다. 동쪽에는 옛 프랑스 식민지 시절의 알베르 사로Albert Sarraut 국립고등학교 건물이 있다. 지금은 공산당의 주요 정책 입안 기관인 중앙위원회가 들어서 있다. 서쪽의 식물원 안에는 옛 프랑스 총독 관저가 있는데 지금은 국가주석 궁으로 사용하고 있으며 그 뒤편 숲 속에는 총리 공관이 있다. 만약 베트남에서 진정한 정치적 변화가 일어난다면, 한편으로는 당 건물부터 다른 한편으로는 정부 건물에 이르기까지 홍브엉 거리 전역에서 일어나는 일방적인 권력 이동이어야 할 것이다. 그것이 그렇게 단순하지가 않다.

만약 실내장식이 어떤 위상을 나타내는 것이라면 어느 부서에 실질적인 권력이 있는지 알기 어렵다. 국가주석 궁 내부의 실내장식은 아직도 프랑스 식민지 시절 그대로여서 강력한 사회주의적 내핍의 냄새를 확 풍긴다. 총리실은 소비에트풍이다. 그러나 길 건너에 있는 중앙위원회 건물은 완전히 호사스러운 신新중국식이다. 엄청나게 큰 나무로 된 문이며, 울리는 소리가 나는 대리석 복도며, 방문하는 대표단을 위한 옥좌같이 생긴 긴 의자가 가득한 금빛 접견실이 그러하다. 옛 프랑스 식민지 시대의 국립고등학교 건물 앞 정경은 현대식으로 바뀌어, 이젠 큰 망치와 낫이 잘 꾸며진 정원을 위압하고 있다. 그 건물을 설계한 사람도 곧 버림받게 될 것이라는 생각은 하지 못했을 것이다. 당은 바뀌고 있는 것 같지만 아직 사라지지는 않고 있다. 호찌민의 탄신일에 바딘 광장을 가로지르는 화환 증정 절차는 베트남 정치권력의 실질적인 순위를 설명해준다. 대부분의 나라에서 국가적인 기념행사는 국가 관리가 주관한다. 베트남에서는 그렇지 않다. 베트남에서 국가를 다스리는 주체가 당이듯이 호찌민 탄신 기념식도 당이 주관한다. 국가와 정부는 그 뒤를 따른다. 화환 증정 행사에서 선두에 선 사람은 당 서기장인 농죽마인이었고, 그다음은 전임자인 레카피에우Le Kha Phieu였다. 응우옌민찌엣 국가주석, 응우옌떤중 총리는 기껏해야 둘째 줄에 섰다. 예상과 전혀 반대임에도 이 나라에서는 이것을 당연한 것으로 여긴다.

호찌민 영묘 맞은편 당 중앙위원회 건물 인근의 1000년 된 탕롱 성채 형적이 부분적으로 둘러싸고 있는 곳에는 권력이 무대 뒤에서 어떻게 작동하는지를 설명해주는 건물(이 글을 쓸 때 그 건물이 개축되고 있긴 했지만 ─ 제4장 참조)이 서 있다. 베트남 헌법에 따르면 국회는 국가의 최고 권력기관이다. 베트남에 삼권분립이란 없다. 법률을 제정하고 정부 각 부서에 책임을 추궁하는 권한을 가진 국회는 대통령과 총리를 선출하고 대법원과 법 체제를 관리하며, 헌법을 개정하고 헌법과 법률 사이의 충돌을 심판한다. 하지만 현실적으로 국회는 여타 기관처럼 당의 도구에 불과하기 때문에 결코 헌법이 규정하는 권력기관이 아니다. 국회에서 의결한 거의 모든 법률은 법률이 근거한 당의 정책 내용을 밝히는 전문을 담고 있으며, 어떤 안건에 대한 내부 의결이 있을 때는 일당 국가에서 예상되는 모든 것이 그대로 행해진다.

2006년 6월 말 국회에서 치른 국가주석과 총리의 선거가 좋은 사례가 되겠다. 두 사람은 회기 마지막 주에 국회에 나왔으며, 외신 기자들이 초대되고 모든 의원은 정장을 하고 등원했다. 국회 본회의장은 수백 명의 고급 양복을 입은 남자 의원, 빳빳하게 줄이 선 군복을 입은 군 장교 의원, 가장 아름다운 아오자이를 골라 입고 나온 여성 의원, 전통 의상의 소수민족 출신 의원, 짙은 황색 법복에 양모로 짠 모자를 쓰고 나온 승려 의원으로 가득 찼다. 국가주석과 총리의 선출은 한 편의 연극이었다. 두 직위의 단일 후보자(이미 몇 주 전에 당 중앙위원회 회의에서 선정된 사람이다)가 정식으로 발표되고 연설을 듣는다. 모든 의원은 단일 후보자의 이름과 "귀하는 이 후보자에 반대합니까?"라는 질문서가 인쇄된 투표용지를 받는다. 그 후 약간의 시간이 주어지고, 모두 우르르 무대로 올라가 대형 투명 투표함에 투표 용지를 넣는다. 국가주석과 총리 투표를 모두 그런 식으로 끝내고 자리로 돌아와 차를 마시는 동안 개표가 진행된다. 아니나 다를까, 그들은 각각의 단일 후보에 대해 거의 만장일치라고도 할 수 있는 찬성표 — 총리 응우옌떤중이 92%, 국가주석 응우옌민찌엣이 94% — 를 던졌다.

이 같은 모습 때문에 있으나 마나 한 허풍선이 국회라는 소리를 곧잘 듣는다. 현 의원들 중 91%는 공산당원이다. 나머지 9%는 당의 엄격한 통제 아래 진행되는 지명 과정을 거쳐 선출된다. 정부 고위직에 출마하는 모든 후보자는 사전에 당에 의해 선정되며 의원들은 당의 지시에 따라 투표한다. 그러나 총리 떤중은 총리로 선출된 지 하루 만에 의원들이 반드시 당의 지시만 따르는 것은 아니라는 사실을 알았다.

그날 국회는 이전 정부의 총사직을 승인하라는 지시를 받았다. 하지만 많은 의원들은 교통부 장관인 다오딘빈Dao Dinh Binh과 그 동료들의 명예퇴직을 허용한 것에 분노했다. 빈 장관은 2주 전에 PMU18 사건(이 스캔들에 대한 상세한 내용은 제7장 참조)으로 알려진 국내 최대의 독직 사건을 막지 못했기 때문에 의원들의 심한 공격을 받았으며 그것이 TV 생방송으로 중계되었다. 빈은 장관직을 사임하는 것으로 법적 책임은 면했지만 많은 의원들은 본보기로 그의 처벌을 원했다. 하지만 응우옌떤중은 빈 장관에 대한 조치가 퇴직한 다른 정부 관료들과 동일해야 한다고 주장했다. 막상 표결에 부쳐졌을 때 거의 절반의 의원들이 총리의 주장에 반대한 것으로 나타났다. 44%가 반대표를 던지거나 기권한 것이다. 지난 반세기 동안 고무도장에 지나지 않았던 조직이 마침내 격렬하게 반발하고 나온 것이다.

어떻게 이런 일이 벌어졌을까? 왜 당의 지배를 받는 국회가 국가 지도부를 그렇게 힐책하기에 이르렀을까? 그 대답은 당이 의도적으로 통치 버팀벽으로 발전시켜온 국회의 역할에 있다. 베트남 국회의 역할 일부는 연극이다. 국민과 외부 세계에는 법률을 제정하고 정부 고위직의 임명을 비준하는 국회 본연의 역할을 하는 기구로 비치지만, 모든 부문에서 국회의 독립성은 단단히 제한을 받는다. 그러나 다른 일부 역할은 현실성을 갖는다. 여러 해 동안 베트남 국회의 발전을 관찰해온 미국 법학자인 시델Mark Sidel은 베트남 국회는 당의 지배체제 내에서 국민을 대변하는 다른 견해를 허용하면서 아울러 지도부 내에서 일부 당의 비판자들의 눈을 가리는 데 도움이 되기도 한다고 주장했다.[2] 그리고 프랑켄스타인Frankenstein 박사가 말했듯이, 비록 로봇 같은 사람들의 집합체라 하더라도 권력의 충격을 받으면 자신의 생명력을 가질 수 있게 된다. 아무튼 베트남 국회는 당분간 당 중앙위원회를 위한 구소련식 고무도장으로서의, 이전 같은 생존과 대다수 의원이 원하는 입법부로서의 적절한 역할을 하는 생존 사이에서 어정쩡한 위치를 계속 유지할 것이다. 한 의원은 솔직히 문제가 있음을 시인한다. 그는 "우리는 레닌의 교지를 어겨왔습니다! 그러나 우리는 그를 지나치게 상처내지 않기를 바랍니다. 점진적인 변화가 필요합니다"라고 짐짓 두려운 듯이 이야기한다.

뚠누티닌Ton Nu Thi Ninh 여사는 2007년 총선 때까지 국회의 국제 담당 대사였다. 우아하고 단정하며 단호하고, 다변가인 그녀는 국회를 대표해 세계를 여행하고 외국 방문자들을 맞았다. 한 영국 장관은 "그녀가 깜짝 놀랄 정도로 매력적"이라고 말했다. 전 왕조에서 고위 관직을 지낸 사람의 딸인 닌 여사는 민주주의를 선호하는 사람이 아니었다. "유권자가 항상 옳다는 개념에 저항감을 느낍니다. 어느 나라든 보수적인 집단이 있는데 그것은 항상 옳은 유권자가 있는 것이 아니기 때문입니다. 매우 보수적인 유권자들이 있습니다. 인종차별 정책을 고수했던 남아프리카에 살았다고 한번 상상해보세요. 당신이 백인 문화권에 간다면 당연히 민주적인 대접을 받을 것입니다. 다수결 원칙이 항상 옳은 것은 아닙니다. 민주주의는 가장 많은 사람들의 주장은 무엇이나 옳다고 말하기엔 너무 복합적입니다." 닌 여사와 당내의 동료 사상가들에게 국회의 역할은, 국민이 나라를 다스리게 하는 데 있는 것이 아니라 정치 세력의 중심에서 듣는 소리의 범위를 넓히는 데 있다. 닌 여사는 언젠가 외국 대사들을 모아놓고 이렇게 말했다. "결국 모든 것은 당의 책임으로 귀착되며 우리는 그런 점을 다행으로 생각합니다." 그녀는 대사들 중 아무도 국회에서 투표를 어떤 방식으로 하느냐고 묻지 않았던 것을 흐뭇해했지만, 이것은 결코 민주주의라고는 할 수 없는 것이다. 충실한 공산당원인 그녀는 지시를 받지 않고도 바르게 투표할 것이라는 신뢰를 받을 수 있었다.

즈엉쭝꾸옥Duong Trung Quoc은 개혁가이다. 그는 동나이Dong Nai 성(호찌민 시의 북쪽에 바로 연결된 성)의 유권자들에 의해 국회의원으로 선출되었지만 더 중요한 것은 그가 베트남 역사 협회 회장이기 때문에 당이 먼저 국회의원 후보자로 그를 선발해 동나이 유권자들이 선출한 것이란 점이다. 꾸옥은 비상근 국회의원이며, 근무시간의 3분의 1을 국회에서 보내고 국회로부터 월급의 3분의 1을 받는다. 그는 나머지 근무시간을 하노이의 베트남 혁명 박물관 뒤편에 있는 작은 사무실에서 보낸다. 그는 이 사무실에서 널리 알려진 몇 권의 베트남 역사서를 집필했으며, 지금은 《과거와 현재 Past and Present》라는 잡지를 편집하고 있다. 은빛 머리칼, 콧수염에 베레모를 쓰고, 깃이 없는 비단 재킷을 입은, 맵시 있는 휴대용 컴퓨터 가방을 들고 다니는 그는 파리의 지식인처럼 보인다. 지금 60대인 그는 국회의원으로 1회 임기를 마친 후 정치에서 물러나 쉬고 싶었지만, 역사학회 회장으로서 국회의원직을 필히 겸직해야 한다는 압력과 부인 때문에 이러지도 저러지도 못하고 있는 상황이었다. 그의 부인("그녀는 내가 만약 은퇴한다면 내내 가라오케 술집에서 시간을 보낼까 봐 두려워한다"고 그는 말했다)은 그에게 국회의원직을 한 번 더 맡도록 졸랐다.

그는 비록 당의 후원으로 국회의원이 되었지만 비당원 의원 중 한 사람이었으며, 당원이 의원의 91%를 차지하는 것은 '비합리적'이라고 생각하는 사람이었다. 그는 많은 당원들이 자신의 의견에 공감하지만 '보이지 않는 벽'이 그런 의사표시를 하지 못하게 한다고 말한다. 그는 국가가 인정하는 역사가(바로 이 유명세가 그의 정치적 지위를 받쳐주고 있다)로서의 공식적인 입지를 이용해 호찌민 정치사상의 전통 내에서 조심스럽게 개혁의 변죽을 울린다. 그는 아저씨 호찌민의 1946년 오리지널 헌법은 국민의 재산권과 자유선거, '올바른' 의회정치를 보장했지만, 1946~1975년 전쟁 기간의 거국적인 투쟁과 그 후 국가 지도자들의 소망에 묻혀 경시되어버렸다고 주장한다. 그의 역사 해석에 따르면, 이제 아저씨 호찌민의 당초 의도를 재발견할 때가 왔다는 것이다.

즈엉쭝꾸옥은 부르주아 개혁의 주창자로 불릴 수도 있었다. 그는 사회가 부자와 아주 가난한 사람들로 점점 더 분리되는 것을 우려하며, 자산을 소유하는 중산층의 확대가 민주주의와 국가 자체를 위해 좋은 일이 될 것으로 본다. "우리가 가진 자가 되어야만 비로소 시장경제나 진정한 민주주의를 향유할 수 있다"라고 말하며, 그는 가진 자 — 예를 들면 기업 경영자들 — 가 국회의원이 되는 것이 민주주의를 실현하는 데 도움이 될 것이라고 주장한다. 그러나 그는 사회적 안정을 도외시하고 '어떤 대가를 치르더라도' 개혁의 속도를 높여야 한다는 사람들에겐 비판적이다. "내가 타협적인 그룹의 일원이 되는 이유도 바로 그 때문"이라고 그는 말한다. 국회는 더 폭넓은 정치적 경향을 추구해야 하지만 앞서가려고 해서는 안 된다는 것이 그의 지론이다. 현 제도가 궁극적으로 한계에 도달할 때 비로소 새로운 사상이 필요하게 될 것이며 그때는 베트남이 '정상적인 국가'가 될 것이라고 그는 믿는다.

그러나 2007년 국회의원 선거 상황을 보면 알 수 있듯이 베트남의 변화 속도는 느리기 짝이 없다. 1월 말 선거일이 공고된 날로부터, 선거는 당의 독무대 ― 비록 모든 것이 다 그들의 계획대로 되지는 않았지만 ― 가 되었다. 선거는 당 정치국 포고 09-CT/TW에 의해 시동이 걸렸는데 이 포고는 "유권자들이 적절한 능력과 훌륭한 인품을 가진 후보자 ― 국가의 최고 권력기관에서 국민의 대변자 역할을 할 만한 가치가 있는 사람 ― 를 선출하는 데 도움을 주는 협의와 추천이야말로 당 전체와 인민 그리고 군인들이 이행해야 할 중요 의무 사항"이라고 규정한다. 3일 후 국회 상임위원회는 5월 20일을 투표일로 정했다. 그리고 그들은 '민주정치'에 익숙해진 사람들과의 치열한 경쟁에서 재선되어야 할 현존 의원들의 수를 전체 500명 중 160명으로 하기로 의견을 모았다. 대부분의 선거에서 재선되어야 할 기존 의원들의 숫자를 미리 정하는 것은 무의미한 일이지만 베트남에서 정치는 경제와 같은 종류의 '지도'를 필요로 하는 중앙 통제하의 또 다른 생활 영역일 뿐이다.

이 '지도'는 베트남 국회를 세계에서 가장 사회적으로 대변하는socially representative 국회들 중의 하나로 만든다. 당이 사전에 누구를 대변자로 할 것인지, 예컨대 여성, 소수민족 출신, 여러 이익 그룹 ― 노인, 군인, 청년동맹, 종교 단체 등 ― 으로부터 각각 몇 명의 의원을 선출할 것이며 정부 각 부서, 각 성省 당국 등으로부터의 추천 비율을 어떻게 할 것인지를 사전에 결정해 선거를 하기 때문이다. 이런 사전 선정은 특별히 공산당 조직, 즉 베트남 조국전선을 통해 행해진다. 베트남 조국전선은 국가기관 ― 그 실체가 헌법에 명시되어 있다 ― 이지만 그 직무는 공산당에 대한 대중의 지지를 조직화하는 데 있으며 헌법적인 용어로는, "정치적이고 정신적인 문제에서 국민의 정신 통일을 강화"하는 데 있다. 하노이 중심가인 쩡티Trang Thi 거리 뒤편의 거대한 프랑스식 빌라에 여러 사무실을 쓰고 있는 이 조직은 베트남 '시민사회'에 해당되는 문제 대부분을 관리하는 책임을 맡고 있다. 베트남의 거의 모든 대중조직들, 예컨대 부녀동맹(회원 수 1200만), 청년동맹(회원 수 350만), 농민조합, 노동조합 등등은 베트남 조국전선 산하에 있다. 헌법상으로는 공산당(기껏해야 310만 명의 당원을 가진) 자체가 베트남 조국전선의 일부이다. 물론 실제로는 당이 베트남 조국전선을 지휘한다.

2007년 베트남 조국전선 의장이었던 팜테두옛Pham The Duyet은 실제로는 덩치가 큰 거친 남자였는데 친척 아저씨 같은 매너를 지녔다는 잘못된 평판이 전해져 있었다. 10년 전 타이빈 성에서 일어난 폭동(제2장 참조) 사건을 처리하기 위해 당 정치국이 파견했던 사람이 바로 그였다. 은빛 머리칼에 안경을 끼고 최신 유행하는 양복을 입고 다니는 그는 베트남 조국전선의 존재 이유에 관한 질문을 쾌활하게 받아 넘겼다. "베트남 조국전선은 모든 대중 조직의 총본산이며 모든 국민이 본분을 다하도록 챙기는 일을 합니다. 당은 베트남 조국전선이 국민을 단합시키길 원합니다. 베트남 조국전선은 또한 사회 비판자들과도 함께 일하며 부패와 다른 사회악과 싸우기 위해 당과 지방정부의 감독 업무를 개선하는 역할을 합니다." 베트남 조국전선은 공산당 통치 기구의 핵심 조직이며 국회를 당의 통제 아래 두게 하는 조직이다. 국민 누구든 이론적으로는 국회의원 선거에 출마할 수 있지만 그들이 출마하려면 우선 베트남 조국전선이 관리하는 어려운 관문을 통과하지 않으면 안 된다. 선거에 대한 통제 수위는 선거 과정이 시작되면서 정해지는 공식적인 목표치에 의해 드러난다. 재선되는 의원들을 제외하고 새 국회는 적어도 여성 의원 150명, 소수민족 출신 의원 90명, 비당원 50명으로 구성된다고 보면 된다.

당선되기 위해서는 의도적으로 매우 성가신 과정을 거치도록 했다. 늘 그렇듯이, 2007년에도 당정黨政의 여러 부서들이 배정되는 의원 몫을 늘리기 위해 책략을 쓰기 이전, 그리고 그 기간에 베트남 조국전선이 주관하는 대표자 회의가 시작되었다. 각종 조직의 의원 몫을 배분하기 위해서였다. 논란 끝에 중앙의 주요 조직들은 167명의 후보자를 추천할 수 있었다. 국회가 81명, 베트남 조국전선이 33명, 정부가 24명, 군부가 16명 그리고 당이 11명을 배출할 수 있게 한 것이다. 전국 64개 성 및 시는 수백 명의 의원 후보자를 추천할 수 있는 권한을 부여받았다. 그런 연후에 각각의 단체와 지역 당국은 누구를 후보자로 내세울지를 결정해야 한다. 성 당국은 행정 조직 내에서 고참순으로 추천하는 경향이 있었다. 기존 의원들은 (국회사무처 직원들과 함께) 재선시켜야 할 의원을 결정하는 비밀 투표를 한다. 베트남 조국전선이 거대 대중 단체들과 군소 단체들(베트남 역사학회, 노인연합, 작가 협회, 종교 그룹 등과 같은) 사이에서 각각의 몫을 배분해야 한다. 이것이 바로 각 단체와 그룹에 일정한 수의 (당선이 보장된) 국회의원직을 배분하는 방식이다.

1997년 선거 때까지 모든 후보자는 공식 기구 – 당이나 정부의 일부 부서 – 의 추천을 받아야 했다. 그러나 그 선거부터는 공식 기구의 추천 없이 입후보가 가능해졌다. 2007년 국제 관찰자들과 현지 언론들은 공식 추천 없이 입후보한 사람들의 숫자에 대단한 관심을 보였다. 다수의 유명 인사들이 자진해서 나섰다. 일부는 기업인들이고 일부는 공식적인 추천 과정에서 탈락한 당원들이었으며, 나머지는 전혀 무명 인사들이었다. 의원 선거에 출마하려 했던 하노이 인근 마을의 교사인 도비엣코아Do Viet Khoa는 2006년 7월, 부정한 방법으로 학교 시험을 치르려 한 학생들을 적발해냄으로써 전국적으로 이름이 나 민중의 영웅이 된 사람이었다. 코아는 동료들과 교장이 그에게 협조하길 거부(부정 시험을 치른 학부모들로부터 뇌물을 받았기 때문에)하자, 학생들의 부정행위를 비디오로 찍어 테이프를 국영방송에 보냈다. 그 사건은 방송 보도를 통해 전국적인 스캔들이 되었고, 마침내 교육부 장관이 교체되는 사태로까지 번졌다. 그러나 이런 그의 전국적인 명성도 당선을 보장하기에는 충분치 않았다. 그는 4월 중순에 경쟁에서 중도 탈락했다.

당선 가능성이 있는 모든 후보자는 두 차례의 선발 대회에서 승인을 받아야 한다. 하나는 직장에서 개최하는 지명 대회이고 다른 하나는 지구 주민들이 개최하는 지명 대회이다. 코아는 부정 시험에 대한 그의 단호한 자세를 높이 산 지구 주민들로부터는 4분의 3이란 압도적인 지지를 받았지만, 그가 '부수입' 소스를 제거한 것에 화가 난 동료 교사들로부터는 전혀 지지를 받지 못했다.[3] 반면에, 여성 기업인이며 등가구藤家具 수출업자인 부 티카인반Vu Thi Khanh Van은 직장 대회뿐 아니라 주민 대회에서도 승인을 받았다. "사람들 중 일부는 내가 승용차를 소유한 것을 못마땅해 했습니다"라고 그녀는 말했다. 더 인기 있는 다른 몇몇 사람들도 탈락했다. 전에 환경부 차관을 지냈으며 이름난 반부패 운동가인 당홍보는 투표용지에 이름을 올리지 못했는데, 분명히 당 동료들로부터 출마를 철회하라는 압력이 내려왔기 때문이었다. 역시 '자발적으로' 출마를 철회한 다른 유명 인사는 그가 받은 압력의 종류를 설명했다. 그는 '일종의 마오쩌둥주의 조사 회의'라 불리는 곳에 출두하라는 호출을 받았는데 거기서 그가 전에 발표한 모든 것을 조목조목 들먹이는 낯선 사람들 여덟 명으로부터 갖은 규탄과 비판을 들었다. 기업가들이 특히 욕을 많이 얻어먹었다. 호찌민 시에서 스스로 출마한 52명 가운데 오직 네 명만이 투표용지에 이름을 올릴 수 있었는

데, 이들 중 두 명은 이미 당원이었다.[4]

그러나 설사 후보자들이 이 단계를 통과한다 해도, 베트남 조국전선 지역 및 전국 위원회가 행하는 마지막 심사에서 탈락될 수도 있었다. 이 같은 중간 심사 제도는 예컨대 표적 그룹들의 대표권을 확대하기 위해, 또는 더 일반적으로는, 어떤 선거구의 경쟁을 줄이기 위해 당초의 규정(공식 기구의 추천 없이 출마할 수 있다는 규정)을 뒤집을 수 있다. 법률에 따르면, 외관상 치열한 경쟁을 거친다는 점을 보여주기 위해(대부분의 선거구에서 의원 세 명 또는 네 명을 선출한다) 당선 정원보다 적어도 두 배 이상의 후보자가 출마하게 되어 있다. 그러나 그 법률은 또한 당선되기 위해서는 한 후보자가 투표자의 50% 이상의 지지를 받아야 하는 것을 규정하고 있기 때문에 베트남 조국전선은 표가 여러 사람에게 분산되는 것을 막기 위해 지나치게 많은 후보자 난립을 허용하지 않는다. 또한 베트남 조국전선의 최종 심사는 어느 중요 후보자가 어느 직능단체의 의석에 도전해야 하는지를 결정한다. 후보자들은 그들이 국가적으로 '대표하는' 지역과 어떤 관계를 가져서는 안 된다. 예를 들어 총리인 응우옌떤중은 하이퐁 시 선거구에 출마하는데 그는 거기에 살아 본 적도 일을 한 적도 없지만 투표자의 99% 지지를 받아 계속 당선되고 있다. 이 같은 배정 절차는 신중하게 처리된다. 중앙에서 추천받은 후보자들은 절대로 서로 간에 경쟁을 하는 법이 없고, 보통 매우 취약한 경쟁자가 있는 선거구에 출마한다. 그들은 당연히 당선되어 국회에서 고위직에 오를 것으로 기대되는 사람들이다. 하지만 지역선거관리위원회는 어느 지역 후보자가 어느 선거구에 출마할지를 결정함으로써 자신들이 선호하는 후보자가 쉽게 당선될 수 있게 보장하는 권한을 지역 정치인들에게 주고 있다. 후보자들에 대한 의석 할당에는 지역 정치 무대에 대한 상당한 지식이 필요하며 중앙 당 지도부와 지역 당 대표들의 이해관계의 균형을 맞추려는 팽팽한 협상 과정이 요구된다. 양측 모두에게 공정한 의원 선출권이 보장되어야 한다. 오직 그런 연후에야 최종 후보자가 결정될 수 있다.

4월 25일까지 전체 후보자가 확정되었다. 493석을 두고 총 877명이 입후보했다. 5월 3일에 정식으로 선거운동이 시작되었다. 선거관리 당국은 이번 선거에 2200만 달러 — 아직도 많은 수의 국민이 빈곤에 허덕이고 있는 나라에선 엄청난 금액이다 — 를 썼다고 주장했다. 당원들이 동원되어 선거에 내몰렸고, 뉴스 프로그램들은 높은 투표율이 국가의 힘을 과시하는 것임을 강조했으며, 거리의 선전 광고판들은 모든 사람들이 애국적 의무를 다해야 한다고 주장했다. 그러나 선거운동의 외관이 실제 내용보다도 더 문제가 있었다. 하노이 중심가에 위치한 한 선거구의 유권자들은, 지역 선관위가 후보자들과 유권자의 공식적인 만남을 주선했는데도 입후보자가 선거구민에게 어떤 어렵거나 곤란한 문제를 요구해서는 안 된다는 경고를 하기 며칠 전에 이미 유권자들을 찾아다녔다고 말했다. 공식적인 추천 없이 출마한 후보자들은 어떤 이슈나 정치적 계획에 대해 이야기할 기회를 가질 수 없는 것에 불만을 토로했다. 유권자들의 결정은 주로 후보자의 경력에 의존하는 것처럼 보였다.

선거운동 기간 중에 지역 당 대표들은 어느 후보가 선두를 달리는지를 알기 위해 안간힘을 썼다. 한 가정의 가장, 할아버지들, 할머니들은 선거권이 있는 가족 구성원 모두가 투표에 참여하도록 강경하게 독려하고 거대 단체들, 특히 여성동맹 회원들은 이 집 저 집을 찾아다니며 꼭 투표에 참여하도록 종용했다. 메콩 강 삼각주의 빈롱Vinh Long 성은 사실상 유권자의 100%가 투표에 참여한 것으로 집계되었다. 전국의 평균 투표율은 99.6%였다. 이 같은 터무니없는 투표율은 일부는 투표함에 부정표를 채워 넣어 달성된 것이지만 대부분은 대리투표 때문이다. 각 가정의 가장들은 전체 가족 유권자들의 투표를 대행하기도 한다. 불법이긴 하지만 그것이 투표율을 높이는 역할을 하며 지방 관리들에게 잘 보이는 방법이다. 누구나 이 투표율이 가공되었다는 사실을 알고 있으며, 국회 내 일부 인사들은 '당혹스러운 현상'이라고 말하기도 하지만 그것은 목표 달성에 대한 당의 일반적인 강박관념의 일부로 잔존하고 있다.

베트남 내의 국제단체들과 많은 개혁가들은 2007년 선거에서 비당원이 많이 당선되리라는 큰 기대를 갖고 있었다. 그들은 비당원들의 당선이야말로 신뢰할 수 있는 야당으로서 활동을 시작할 수 있는 자주적인 정치단체를 단계적으로 만들어가는 길이라고 생각했다. 당내 일부 인사들은 그런 아이디어에 공감하는 것처럼 보였다. 선거일 3개월 전에 베트남 조국전선 의장인 팜테두엣은 그의 조직이 의석의 20%를 무소속 후보자들이 가져가는 데 목표를 두고 있다고 말했다. 일부는 진정으로 자주적인 자천自薦 후보자들이겠지만 나머지는 당이 추천한 비당원 후보자들일 것이라고 그는 덧붙였다. 그러나 그런 일은 전혀 일어나지 않았다. 오히려 무소속 의원의 비율이 10%에서 9%로 이전 국회보다 더 떨어졌다. 자천 후보자의 당선 사정은 더욱 나빠졌다. 자천으로 입후보한 236명 가운데 오직 30명만이 승인 절차를 통과해 최종 입후보자가 되었으며, 그들 중 단 한 명이 당선되었는데 이전 국회에서는 두 명이던 것이 한 명으로 줄어든 것이다. 국회의 대표권을 확대한다는 온갖 논의가 있었음에도 2007년 선거의 실질적인 결과는 이처럼 미미하기 짝이 없었다. 493명의 당선자 중에서 오직 한 명만이 공산당이 추천하지 않은 사람이었다.

흥미롭게도 목표치는 다른 곳에서도 역시 어긋났다. 여성 의원들을 150명으로 계획했으나 127명만 당선되었다. 소수민족 출신들은 거의 목표치

(90명)에 근접한 87명이 당선되었다. 그러나 가장 놀라운 사실은 중앙에서 천거한 후보자들 중 12명 — 역대 가장 높은 수치 — 이 낙선한 점이었다. 이 것은 또한 재선 의원의 수가 목표치보다 12명이 부족하다는 뜻이었으며, 몇몇 의원들이 전문성 부족을 아쉬워하는 요인이 되었다. 이 모든 사실은 당 중앙이 결코 전부 통제하지는 못했다는 얘기다. 몇몇 곳에서는 지방의 이해관계가 선거 과정을 압도해 중앙 후보자를 낙선시킬 수 있었다. 낙선한 중앙 후보자 12명 모두가 '흑자를 내는 성' — 전국 64개 성 및 시 가운데서 국가 예산에 순수한 기증자 역할을 하는 11개 성과 1개 시 — 에 출마했다('흑자를 내는 성'의 중요성에 대해서는 제10장에서 더 상세하게 다룬다). 이 지역의 지방정부는 충분히 자립할 수 있는 세입을 올리고 있기 때문에 하노이의 지원에 의존하는 '적자를 내는 성'들처럼 중앙의 지시에 크게 유의할 필요가 없다. '적자를 내는 성'들은 중앙에서 천거한 후보자들을 한 사람도 낙선시키지 않았다.[5] 이것은 하노이의 중앙정부로서는 분명히 우려할 점이었다. 부유한 성(주로 남부에 있는 성)들의 자율성이 높아지면 전쟁이 종결된 이후 감추는 데 성공해온 지역적인 불만이 다시 터져 나올 수 있을 것이며 이것은 두려운 일이 아닐 수 없다. 지방정부 지도자들이 규율을 지키게 할 필요가 있었다.

✪ ✪ ✪

당이 하위 기관들을 길들이는 데 사용하는 수단들 중 하나는 반부패 캠페인을 벌이는 일이다. 당과 정부는 그런 일에 이골이 나 있다. 하노이 중심가의 디엔비엔푸Dien Bien Phu 거리 일대는 옛 프랑스식 빌라들이 특별히 두꺼운 판유리를 끼고 네온간판을 단 번화한 상점가로 변했으며, 최신식의 번쩍거리는 디지털 기기들을 찾는 고객들로 늘 북적인다. 평균임금이 연간 700달러인 나라인데도 과시적인 액세서리에 눈물겨운 돈을 기꺼이 쏟아붓는 사람들이 적지 않아 보인다. 모비아도Mobiado는 돋보이길 좋아하는 사람들에게 휴대전화를 만들어 파는 캐나다 회사이다. 이 회사의 전화기는 열대산 단단한 나무로 만들어지며 보석으로 장식되어 있다. 14 디엔비엔푸 거리의 한 상점은 이런 모델의 휴대전화를 2200달러에 판매하는데 판매원인 다오디엠아인Dao Diem Anh에 따르면 고객이 끊일 새가 없다. "이 모델의 전화기가 1주일에 약 열 개 정도 팔리며 고객은 주로 정부 관리들과 대형 기업체 간부들입니다." 그들이 직접 사용하기 위해 구매하는 경우는 드물고 대개 선물용이나 호의에 대한 보상용으로 팔린다는 것이다. 명목상 월급이 대략 100달러 선인 정부 관리들이 그런 귀중품들을 선물용으로 살 수 있다는 사실로 부패의 규모를 미루어 짐작할 수 있다.

거의 모든 직무상 거래는 몇 가지 형태의 은밀한 보상을 필요로 한다. 유치원 선생님들은 해고당하지 않기 위해 원장에게 뇌물을 써야 하고, 원생 부모들은 자녀가 좋은 대접을 받게 하기 위해 선생님들에게 '인사'를 해야 하며, 고등학생들은 좋은 성적을 올리기 위해 선생님들에게 '잘 보여야' 하고, 박사 과정을 밟는 학생들은 학위논문 심사위원들에게 적절한 보상을 해야 한다. 비단 교육계뿐만이 아니다. 병원에서 좋은 치료를 받기 위해선 가외의 돈을 지불해야 하고, 전기 회사로부터 '특선' 전기를 끌어들이기 위해, 그리고 거래를 트기 위해 가외의 돈을 주어야 한다. 부패는 조직적이다. 경제 자유화와 인플레이션, 생필품 값의 상승과 정부의 예산 압박으로 모든 행정 시스템이 그 생존을 뒷거래에 의존하고 있는 실정이다. 예컨대 교사의 월급은 60달러 선이며, 대학 교수는 150달러 선이다. 심지어 장관들의 월급도 200달러 선이다.

관리들에 대한 뇌물의 필요성이 지속되는 현실은 늘 원성의 대상이 되어왔지만 뇌물 수수는 지난 20여 년간 체제를 유지하는 길이었다. 그것 없이는 학교와 대학교에서 선생과 교수들이 버텨내지 못했을 것이며, 병원에선 의사들이 남아나지를 못했을 것이다. 체제가 안정된 지금도 뇌물을 받지 않는 사람들은 동료와 윗사람들에 의해 그들의 지위를 훼손할 수 있는 잠재적인 내부 고발자로 간주된다. 부패는 또한 충성을 유지하는 길이다. 박봉은 돈과 이익을 분배해주는 상급자들에게 하급 관리들이 의존하게 한다. 그러나 아마도 부패는 결정적으로 체제를 붕괴시키지는 않지만 휘게 한다. 베트남의 경우 모든 법률과 규정 체계가 몹시 복잡하고 완고하기 때문에 만약 부패가 없었으면 스스로 허물어졌거나 아니면 심한 분노를 불러 일으켜 적극적인 저항 운동이 일어났을 수도 있다. 개인들에게 장애를 타개하는 길을 교섭할 수 있게 허용함으로써 부패는 실제로 체제가 더 폭넓은 개혁 요구를 회피하는 데 도움이 되고 있다.

당은 이 같은 상황을 잘 파악하고 있다. 2005년 당 국내문제위원회(스웨덴의 개발 기구인 SIDA의 지원을 받고 있다)는 전국 각지의 5000명의 사람들과 인터뷰했다. 그중 절반이 자신들의 보스가 부정에 개입했다고 대답했고, 공무원들의 3분의 1은 기회가 닿는다면 뇌물을 기꺼이 받겠다고 대답했다 (나머지 사람들은 아마도 단지 대답하고 싶지 않았던 것 같다).[6] 당 지도부는 이런 사태를 관대히 다루어왔다. 부분적으로는 뇌물의 흐름을 차단하는 것이 하급 간부들을 곤경에 빠뜨리는 일이 되기 때문이고, 일부는 지도부 자체가 부패로 인해 이익을 보기 때문이며, 그리고 그것에 대해 어떤 조치를 취할 수 있는 그들의 권력이 제한되어 있기 때문이다. 그 대신 그들의 대응은 한편으로는 그것을 억제한다는 분명한 태도를 보이긴 했지만 주로 그 문제를 진지하게 받아들이고 있다는 점을 보여주려는 불충분한 홍보 활동에 그

첫으며, 다른 한편으로는 오만해져 명령을 잘 따르지 않는 특정한 사람들을 엄중 단속하는 방편이 되었다.

2007년 2월 2일 국제 공산주의 찬가인 인터내셔널가歌의 장쾌한 음악이 국회의사당에 울려 퍼지고 공산당 특별 회의가 열렸다. 간단히 말해 "호찌민의 도덕적 지침을 연구하고, 공부하고, 따르라"는 당 캠페인의 시작이었다. 혁명가歌 메들리, 호찌민 찬가, 그리고 노동자와 농민 복장을 한 체조선수들의 디스플레이가 끝난 후 '사업'이 시작되었다. '지배자 동료들 중 제1인자primus inter pares'이며 당 서기장인 농죽마인이 연단에 올랐다. 평시에는 달변가였지만 이번 연설은 최고는 아니었다. 더 편안해 보이는 카키색 사파리 재킷이 아닌 검은 색 신사복을 말쑥하게 입은 그는 청중들에게 당의 역사, 이를테면 당 창건 이후 베트남이 지금껏 어떤 도전에 직면해 어떻게 침략자들을 물리쳤으며 그리고 어떻게 동남아에서 제일가는 민주국가가 되었는지 장황하게 설명했다. 그런데도 그것이 재미있었다.

그는 "많은 당원들이 도덕성의 타락을 보여준 것"을 비난하면서 대체로 당에 다음과 같이 당부했다.

도덕성을 혁명적으로 개선하기 위해서는 과감하게 개인주의를 버리는 길로 나아가야 할 것입니다. 지난 77년간 당은 권력을 가진 적지 않은 수의 정부 관료와 당원들 ― 특히 각 조직을 이끄는 사람들 ― 의 도덕성과 생활양식의 타락이 당의 기강을 마비시킬 것이라는 점을 분명히 보여주었습니다.

이 같은 캠페인은 일반 대중을 대상으로 한 것이었으며 행사 자체가 국영 텔레비전으로 전국에 방영되었다. 그러나 대다수 국민은, 만약 어떤 거리의 카페에서의 반응을 기준으로 한다면 대체로 이런 캠페인에 시큰둥했다. "왜 그런 시시한 프로그램을 시청하고 있지요?" 필자 곁을 지나가던 사람이 던진 말이다. 이 날은 금요일 오전이었고, 국민들은 부패에 대한 또 다른 캠페인의 시작을 알리는 방송을 시청하기보다는 다른 더 나은 일들을 하느라 여념이 없었다.

그러나 당이 진지해지면 대중이 관심을 갖게 된다. 대중을 고무시킬 필요가 있을 땐 지역 당의 고위 지도자들도 문책을 받을 수 있었다. 1990년 대 중반 이후 호찌민 시의 고위 지방 관료들을 대상으로 세간의 이목을 끄는 일련의 강경 조치들이 취해졌다. 일반 대중은 그 사건의 전말 ― 수백만 달러의 '소멸', 도박, 매춘 ― 을 몹시 궁금해했으며, 경찰에 의해 모든 것이 밝혀지고 언론에 낱낱이 보도되었다. 이 사건을 연구한 영국의 애널리스트인 게인즈버러Martin Gainsborough는, 문제의 호찌민 시 고위 관료들의 정죄는 잘 못된 처신 때문이라기보다는 지방 관료들을 중앙정부의 통제 아래 두기 위한 조직적 캠페인의 일환이었다고 주장한다.[7] 한때는 제멋대로 구는 하위 당원이나 관료들을 당의 내부적인 지도 방법으로 충분히 통제할 수 있었지만 지금은 그것이 제대로 먹혀들지 않는 실정이다. 당은 지금 다른 수단 ― 특히 법의 통치와 국가권력 ― 을 필요로 하고 있다.

✪　　✪　　✪

당의 국정 간섭을 배제하려는 시도는 서류상으로는 가능할지 몰라도 사실상 하나를 정지시키면 다른 것이 또 시작되는 나라에선 실행이 거의 불가능하다. 모든 정부조직에는 당의 명령을 수행하며 조직이 제대로 운영되도록 보장해주는 것으로 알려진 당 세포 ― 반깐수당ban can su dang, 글자 그대로 해석하면 '당무위원회Party Affairs Committee' ― 가 있다. 반깐수당은 당무의 집행자 겸 정보 수집가 역할을 한다. 그들은 정부 관리들, 특히 지역·지방 관리들의 임명과 파면(빈도가 낮지만)을 감독하고 핵심적인 정책결정 대부분을 관장한다. 지방정부의 행정 책임자인 인민위원회 위원장의 대부분은 지역 공산당 단위 조직의 2인자다. 바꿔 말하면 지역 공산당 보스가 그보다 윗자리다. 또한 지역 대중조직과 경찰의 우두머리들은 공산당 지역 지부의 중책을 맡고 있다.[8] 이와 유사한 배치는 정부 각 부서에서도 발견된다. 당이 국정을 좌지우지하는 것이다. 이는 정부 기구를 통해 당원을 통제하기가 몹시 어렵다는 의미다.

17세기 베트남의 고급 관료정치에서 그랬던 것처럼 당에서 출세하기 위해서는 재능, 연줄, 돈이라는 세 가지 요소가 적절하게 결합되어야 한다. 이 세 가지 중에서 연줄이 가장 중요하다. 지역 지도자들은 필요에 따라 후원 조직을 만들어 지지자들은 확보하고 반대자들은 매수해 정상에 오른다. 대망을 품은 간부들은 평소에 기업계, 법조계, 경찰 등과 교류하며 지지층을 확대한다. 당 지도부가 각 지역 당원들의 중앙당에 대한 확고한 충성을 이끌어내기 위해서는 지역 당 간부들을 다른 지역 출신으로 교체하는 것이 상책이지만, 여기에는 새로 배치되는 간부들에 대한 적절한 봉급과 인센티브를 포함한 다른 재원, 훈련·업무의 거대한 증가와 조정이 필요하다. 다시 말해 해당 지역 사람들을 등용해 중앙에 충성하게 하고 그 대가의 일부로 약간의 부정을 묵인해주는 것이 훨씬 저렴한 것이다. 그러나 지역 당의 불복종이 일정한 통제 수준을 넘으면, 지역 지도자들을 길들이기 위해 그들이 대응할 수 있는 수준보다 높은 곳의 더 큰 정치권력을 적용할 필요성이 생긴다. 하노이의 중앙지도부는, 주요 국가기관 ― 법원, 경찰, 정부 조사단·감찰기관 ― 에 더 많은 권력을 부여함으로써 자신들의 의지를 강행할 수 있는 더 큰 장치를 갖게 된다. 예컨대 지방법원은 지방 정치인의 손아귀에 있는 경우가 많기 때문에, 중앙정부는 현지보다는 중앙의 지시에 더 크게 유념하는 새로운 지방법원 시스템을 만들어가고 있다.

베트남 공산당은 외국 기부자들의 많은 법률을 개정 중이다. 많은 사람들은 개정 법률의 상당수가 궁극적으로 베트남에서 '당의 통치'를 대신할 '법의 통치' 제도를 구축하는 데 도움을 줄 것이라는 환상을 갖고 있다. 당 지도부는 사실상 전략적으로 국민이 그런 환상을 믿게 한다. 2005년 5월 말 당 정치국은 '법률제도의 개발과 개선 전략'이라는 이름의 '결의안 48'을 가결했다. 그로부터 8일 후에는 '사법개혁 전략'이라는 이름의 '결의안 49'를 발표했다. 이들 결의안의 이름이 서로 유사하게 들림으로써 그들 사이의 현격한 차이가 감추어졌다. 법률 개발 작업은 법무부에 배당되었는데, 이 부처는 외국의 많은 조언과 재정 지원을 받아 경제의 국제적인 융합필요성에 부응하기 위한 법률 개정에 집중했다. 국가 교류와 국제무역의 시대에 베트남은 미국과의 쌍무협정과 세계무역기구와의 다자간협정에 조인함으로써 옛 방식을 바꾸어야 했다.

다른 한편으로 '결의안 49'는 당의 새로운 생존 전략 ─ 지나치게 격렬한 변화가 일어나지 않도록 하는 ─ 을 요약한다. 사법개혁은 어떤 귀중한 외국의 정보도 가미하지 않은 채 당 내부 구조의 통제 아래 진행된다. 당은 노골적으로 '인민이 투표로 선출한 기관people-voted agencies' ─ 다시 말해 '당이 통제하는 기관' ─ 이 사법 운영을 계속 지도·감독해야 한다는 점을 분명히 하고 있다. 2002년 국회는 법원의 독립성을 높인 '인민법정조직법'을 가결했다. 그러나 법무부는 그 후 판사들이 계속 지역 당 세포의 승인을 받아 임용되고 '정치지식자격증Political Knowledge Credentials' ─ 당 훈련기관인 호찌민 국립 정치학원 수료 확인증 ─ 을 가져야 한다고 규정한 '회람 05 circular 05'을 이 법률에 덧붙였다.

어떤 진정한 권력 분점도 재빨리 당의 통제력을 훼손하게 될 것이다. 만약 독립성을 가진 대법원이 헌법과 갈등을 일으키는 몇몇 하위 법률 – 예를 들면 언론 자유의 제약 – 을 무효화하기 시작하거나, 하급법원이 날조된 혐의로 구금된 정치범들을 석방하거나, 또는 독립성을 가진 검찰이 최고위층 관리들의 부패 혐의를 소추하기 시작하면 당의 전통적인 통치 기교가 붕괴할 것이다. 지금 당이 필요로 하는 것은 법률에 의한 통치와 권력 분점 같아 보이는 어떤 것이지 실질적인 법률 통치와 권력 분점은 아니다. 그리고 더 큰 자유와 법 앞의 평등을 허용하는 것처럼 보이면서도 당의 국가 관리를 영속화하는 어떤 것이다. 위험한 의미가 내포된 '법의 통치rule of law'와, 당이 그들 자신의 야망과 양립될 수 있다고 믿는 '법에 의한 통치rule by law' 사이에는 차이가 있다. 당은 '권력의 분점이 아니라 정부 각 기관들이 특정한 기능을 부여받고 그 대신 국회의 감독을 받는 '권력의 전문화speciali-zation of powers'를 원한다. 한편 여러 외국 정부는 베트남의 국제적인 법률 교육, 새 법학대학원, 새로운 컴퓨터 시스템과 수백 시간의 자문에 필요한 비용 모두를 지원한다.

☆ ☆ ☆

당의 우선 사항은 무엇보다 권력 유지이다. 비록 많은 당원이 자신의 주머니를 채우는 데만 관심이 있는 것 같아 보이긴 하지만, 전체적으로 당은 국가가 중대한 변화를 겪고 있는 시기에 어떻게 하면 당의 입지를 계속 유지·보전할 수 있을지 골몰하는, 분명히 '영리한' 조직이다. 변화에 대한 그들의 대응 과정은 대체로 호찌민 학원과 당의 여러 싱크탱크의 닫힌 문 안에 숨겨져 있지만 이따금씩 드러난다. 당 간부들을 연수차 외국 대학에 파견하고, 공식 대표단들이 타이완의 국민당부터 독일의 사회민주당에 이르기까지 여러 외국의 당을 방문해 어떻게 권력을 유지하는지 배운다. 또한 국내에서 자주 개최되는 세미나에서 언론, 시민사회 및 경제를 다루는 방법들이 토론의 대상이 되고 있다. 전체적으로 보아 마치 베트남 수뇌부는, 당이 사회와 경제의 지휘부를 계속 통제하는 국가관리 엘리트로 발전하길 원하는 것처럼 보이지만 실제로는 정부의 역할이 줄어들고 있다. 만약 이같은 전략이 성공했다면, 당은 일반 국민이 모르는, 그 자체의 규칙과 의식儀式을 가진, 그러나 공식적·비공식적인 권력 조직망을 통해 막강한 영향력을 지닌 '사회주의적 우애 집단freemasonry'으로 발전했을 것이다. 다른 많은 나라들도 이와 유사한 것 ─ 미국의 아이비리그 협회에서 영국의 옥스브리지 네트워크 또는 아마도 가장 유사한 것으로 프랑스의 국립행정학교Ecole Nrmale d'Administration 졸업자들(소위 말하는 ENA 출신들)에 이르기까지 ─ 을 갖고 있지만 베트남의 경우처럼 잘 훈련되고 격식을 갖춘 제도는 거의 없다.

베트남 공산당은 그들이 이끄는 나라가 변화함으로써 변해왔으며, 또한 내부의 투쟁에 의해서도 변화해왔다. 두 가지 가장 중요한 발전은 신규 당원 모집에서의 변화와 선거에서의 게리맨더링gerrymandering이었다. 1990년대 말, 당은 많은 수의 젊은이들로부터의 불신으로 상처를 입었다. 지난 5년 동안 기껏해야 7000명의 학생들이 당원으로 들어왔을 뿐이었다.[9] 당은 그에 대한 대응으로, 혁명과업 완수라는 당의 주장을 포기하는 대신 개인적인 출세의 길을 걷도록 제의하는 식으로 젊은이들에 대한 당의 회유 방식을 바꿨다. 젊은이들은 종종 "출세를 원한다면, 당원이 되어야 한다"는 말에 넘어가 당원의 길을 택하곤 한다. 젊은 새 당원들은, 조국의 발전에 밑거름이 되길 원한다는 허식적인 애타주의와 경건한 감상주의 아래 자신의 이기적인 동기를 숨기기보다는 친구들에게 개인적인 이익을 위해 당원이 되었노라고 떳떳하게 이야기할 정도로 시대가 변한 것이다. 사실상 최근 베트남에서 대놓고 사회주의 건설이나 혁명을 옹호하는 것은 품위 없는 행동으로 보이기 십상이다. 하지만 당은 계속 잘 굴러가는 것처럼 보인다. 2005년 당에 가입한 17만 명 중 60%가 18세에서 30세 사이의 젊은이라고 당은 주장했다.[10]

대부분의 신규 당원은 당의 주요 청년 조직인 호찌민 청년동맹의 추천을 받아 입당한다.[11] 이 청년동맹은 혁명과업을 위해 청년들을 동원하곤 한다. 전시 중 이들의 슬로건은 "결사 투쟁, 결사 입대, 조국이 원하면 어디든지 가고, 무엇이든지 완수할 준비를 하자"였다. 이제 그 메시지는 출세제일주의자의 것으로 크게 변했다. 그들은 다른 나라에서의 스카우트 활동 회원들과 마찬가지로 조직적인 공동체 활동, 팀 스포츠와 공식적인 의식에 참여하고, 애국적이며 윗사람들과 지도자들에 대한 존경심을 보인다.[12] 회원은 아주 신중하게 엄선된다. 베트남 젊은이의 약 15%만이 청년동맹의 회원들이며 동맹 지도부는 이 수준을 고수하려 한다. 회원은 '좋은 가문' 출신이어야 하며 열심히 공부하는 학생이어야 한다. 청년동맹은 훌륭한 본을 보이지 않는 사람들을 배제하기 위해 회원모집에 최대한 신중을 기하며, 회원들은 가족, 학교, 경력이 상세하게 기록된 서류를 제출해야 한다. 베트남 공산당은 청년동맹을 '사회주의 청년 학교'라 부른다. 청년동맹을 만든 목적은 거대한 수의 젊은이들을 동원하기 위해서가 아니라 그 회원들이 동료들을 지도하고 다음 세대의 정치·사회 지도자들을 배출하는 전위 조직의 역할을 하게 하는 데 있다.

당의 장래에 대한 그들의 기대는 크다. 전통적으로 대부분의 당 간부는 전시 중에 성년이 된 농촌 출신이며 사회주의를 위한 투쟁에서 영감을 받은 사람들이다. 더 젊은 층으로 내려올수록 도시 중산층 출신들이 점점 더 많아지는데 그들의 우선 사항은 점점 더 소유욕이 늘어나고 있는 사회에 확실하게 공헌하는 일이다. 나이 많은 간부들은 당의 정통성을 역사적인 성공에 두지만 젊은 간부들은 현재와 미래의 성취에 둔다. 당은 칼 마르크스의 경구대로 "부르주아 계급의 이익을 우려내는 위원회"로 진화하고 있다. 그러한 개념이 당의 일부를 공포에 몰아넣는 한편, 다른 일부에선 적극적으로 그것을 촉진시키고 있다. 미국의 정치학자인 말레스키Eddy Malesky 는 개혁주의 정치가들이 중앙위원회와 국회에서 친親개혁주의 다수파를 만들기 위해 국가의 선거구를 자기 당에 유리하게 개편 ─ 특정한 지역들을 나누어 ─ 하는 수법을 설명한다.

제8차 당대회에서 국영기업에 대한 특혜를 종식하자는 보반끼엣의 제안이 부결된 이듬해인 1966년, 당시 총리이던 보반끼엣은 경제적 보수파들을 홀대하기 시작했다. 보수파의 권력 기반이 국영기업들이 지배하는 성省이었기 때문에 보반끼엣 총리는 그다음 해 선거에 맞춰 그 성들 중 여덟 개를 교묘하게 분할했다. 그는 특히 그곳에 있는 대부분의 국영기업들의 성에 대한 영향력을 절반으로 줄이고 나머지 절반은 민간 부문의 지배를 받도록 새로운 성 경계를 정하라고 지시했다. 가장 극단적인 사례가 하노이 북서쪽의 빈푸Vinh Phu 성에서 있었다. 이전의 성도省都였던 비엣찌Viet Tri 를 비롯한 빈푸 성의 핵심 지역과 국영 공장들을 성의 절반을 지배하고 있는 정부 관할로 이관 (더 인근의 민간 부문 기업들은 손을 대지 않은 채) 해버렸다.

끼엣 총리는 이 같은 방식(그 성들 중 하나는 이미 민간 부문의 기업들이 주류를 이루고 있다는 점에 유념하면서)으로 여덟 개 성의 선거에서 자유화 촉진 정책을 7 대 1의 반대에서 9 대 7의 찬성으로 돌렸다. 끼엣 총리는 자유화 촉진 정책에 마음 내켜하지 않는 보수적인 지역 지도자들이 진정으로 동조하도록 하기 위해 그들의 선거구로 배당된 새 성에 많은 지원과 예산을 투입해 그들의 환심을 샀다.[13] 새로운 성은 새로운 지도자, 새로운 관료, 새로운 기능으로 이루어짐을 의미했다. 그리고 그에 따른 모든 뇌물 통로가 새로 구성된다는 것을 의미했다. 자신들의 정치적 기초인 선거구가 분리되는 것을 반대했던 보수파 의원들은 끼엣 총리가 제공하는 개인적 이익을 챙기면서 그에게 융화해갔다. 그 결과 당내 투표권의 향방이 경제 개방에 박차를 가하는 쪽으로 기울어졌다. 그러나 그것이 당내의 정치 종언을 의미하지는 않는다. 그와는 거리가 멀다.

베트남은 일당 국가이긴 하지만 독재국가는 아니다. 당은 레닌주의적인 제도를 고수한다. 일단 정책이 결정되면, 일사불란하게 그것을 옹호한다. 그러나 정책입안 과정은 서구식 민주주의에서나 있음 직한 동맹 구축, 책략, 중상모략 등 모든 것이 동원된다. 그 같은 역동성은 복잡하고 유동적이다. 충성과 신의가 조석으로 바뀐다. 개혁파도 있고 보수파도 있으며, 후원을 바라는 마음에서 핵심 인사들 아래 줄을 서는 무리도 있다.[14] 이 같은 다툼이 지금껏 파벌 경쟁의 근간이 되어왔다. 일부 관찰자들은 이것을 장래 어느 땐가 당이 분열될 잠재적인 근거로 보지만, 이러한 여러 파벌이 모든 이슈마다 자신들의 입장을 분명히 표명하는 것은 아니다. 경제 개혁가들은 보수파와 같은 정치적 반대자들을 가혹하게 탄압해왔다. 일부 경제적 보수주의자들은 사회적으로는 자유주의자들이며, 거꾸로 몇몇 경제 개혁가들이 사회적으로는 보수주의를 내세운다. 지금 당장은 당에 대한 충성심이 당내의 어떤 원심력보다 더 강하다. 하지만 파벌 경쟁이 심화됨에 따라 다른 그룹의 의도를 좌절시키기 위해 서로 맞물리는 거부권을 행사할 수 있는 다른 그룹들 — 당 또는 정부 기구의 다른 세력들 — 과 함께 자주 정치적 교착상태에 빠지곤 한다.

그러나 경제 개혁가들이 점점 유리한 고지를 차지하고 있다. 정치적 자유화를 더 확대하고, 국회의원 선거에 자천自薦 후보자들의 숫자를 더 늘리며, 국회의 독립성을 더 높이고, 심지어 다른 이념을 가진 정당의 창당을 허용하자는 공산당 간부들이 늘고 있다. 많은 '개혁가'들에겐 민주주의의 확대가 그들의 의제에 반대하는 사람들을 따돌리는 방법으로 택한 일종의 작전일 수도 있다.

당내에서 당의 권력 독점 종식을 요구하는 사람들은 극소수일 뿐이며 대체로 권력에서 안전하게 물러나와 재야 생활을 할 때 비로소 그런 주장들을 한다. 재임 시절 개혁적이었던 전 총리 보반끼엣과 보수적이었던 전 서기장인 레카피에우는 공공연하게 당의 권력 독점 종식을 거론하고 있는데 이 같은 주장은 아마도 은퇴 생활에서 오는 욕구불만에서 나온 것이라 할 수 있을 것이다. 그들이 현직에 있을 때에는 정치적 다원주의에 대해 관심은 있었지만 아무런 조치도 취하지 않았던 사람들이기 때문이다.

베트남의 정치가 변화하고 있음은 틀림없다. 몇 년 전만 해도 정치가 변하고 있다는 말을 공개적으로 하는 사람들을 감옥에 처넣었지만, 지금은 그런 말들을 공공연히 하고 있다. 그러나 이 같은 혁신은 당의 지배를 더 공고히 하는 데 목적을 둔 것이지 훼손하는 데 있는 것이 아니다. 당 지도자들은 아직도 자신들을 국가의 안정과 발전의 보증인으로 보고, 스스로의 위치를 집요하게 국민 생활의 중심에 두고 있다. 매년 음력 설날인 신년제 Tet 때는 마치 당이 있기에 설날이 있기라도 한 것처럼 거리 곳곳과 마을의 게시판, 플래카드, 심지어 화단에도 꽃으로 새긴 글자로 '뭉 당, 뭉 쑤언 Mung Dang, Mung Xuan' — 당맞이 봄맞이〔迎黨迎春〕 — 이라는 슬로건을 대대적으로 내건다. 이 명구 자체는 멀리 봉건시대 이래 계속되어온 인식의 흔적인데, 이후 호찌민에 의해 통치자가 자연과 조화롭게 살아간다는 뜻으로 장

1 호이안Hoi An 읍내의 한 시장에서 병아리를 팔고 있는 여인. 많은 사람들이 장마당에서 소규모 상거래를 하고 있지만 겉으로 드러난 것만큼 국내 민간 부문이 그렇게 활성화한 것은 아니다.

2 2006년 7월, 응우옌꽝하오Nguyen Quang Hao 가 하노이 구시가지에 위치한, 이전의 국영 상점이었던 자신의 가게에서 빼곡히 진열해놓은 상품들을 살피고 있다. 그는 "오늘날 베트남에선 돈만 있으면 사고 싶은 것을 마음대로 살 수 있습니다"라고 말한다.

3 하이퐁 외곽에 있는 스텔라 구두 공장의 생산 라인 중 하나. 이 공장은 미국인과 유럽인에게 잘 알려진 브랜드의 신발을 생산한다. 신발 공장의 가동으로 이 지역 경제가 크게 발전하고 있다.

4 북서부 마이짜우 Mai Chau 마을의 농부들이 논 사이에 난 길로 물소들을 집으로 몰아가고 있다.

5 하노이 남동쪽에 있는 '원뿔 모자 마을'에서 한 여인이 모자를 만들고 있다. 지방의 소규모 제조업이
사람들의 대도시 유입을 줄인다.

6 하노이의 불법 '개구리' 시장. 단속 경관들이 나타나면 길거리에서 좌판을 벌이던 여인들이 판매용
상품들을 안고 달아나기 때문에 '개구리' 시장이란 이름이 붙었다. 이들 여자 상인들은 대개 인근 지역
의 생산품이나 도매시장에서 구입한 물건들을 판매한다.

7 2006년 12월, 하노이 남동부 응우옌꾸이죽 거리의 주민들이 도시계획으로 집과 가게가 철거되는 것
에 항의하는 시위를 벌이고 있다.

8 2009년 5월의 응우옌꾸이죽 거리 광경. 옛 가게들이 있던 자리가 비포장 주차장으로 변했다. 이곳에
살던 가난한 사람들은 자동차를 가진 사람들을 위해 다른 곳으로 쫓겨났다.

9 레닌 공원의 배드민턴 코트. 베트남이 과밀 도시에 스포츠 시설을 마련해주는 것은 일반적인 해결책이다.

10 남부 하노이에서 새로 결혼한 부부가 하객들에게 차와 담배를 권하러 가고 있다.

11 새로운 얼굴의 베트남 젊은이. 랩 가수인 찜Kim이 남부 하노이의 한 힙합 공연장에서 노래를 부르고 있다.

12 한 디스크자키가 같은 힙합 공연장에서 음악을 틀고 있다. 하노이와 호찌민 시 모두 규모는 작지만 활기찬 힙합 공연장이 있다. 나이 많은 세대는 이 힙합 리듬에 고개를 내젓는다.

13 2007년 11월만 해도 이 거리를 지나는 오토바이족들 중 아무도 헬멧을 착용하지 않았는데, 한 달 만에 거의 모두가 헬멧을 쓰고 있다. 선전과, 설득 그리고 처벌이 일궈낸 승리다.

14 인터넷 이용이 널리 확산되고 있다. 이곳 메콩 강 삼각주 지역의 아이들은 온라인 게임에 열중한 나머지 어깨가 구부정해지고 반복성 긴장 장애를 겪고 있다(2007년 2월).

15 2009년 6월의 성채 발굴 현장. 하노이 1000년 역사의 흔적이 고고학자들과 역사학자들의 로비로 파괴를 모면했다.

16 하노이의 유일한 현대식 대중 놀이 공원인 레닌 공원에서 현지 아이들이 사람들의 이목을 끌며 매달려 놀고 있다.

17 하노이 중심부 바딘 광장의 호찌민 영묘靈廟. 생
전 그의 뜻과는 달리 호찌민 주석의 묘는 관광 명소
와 정치 집회 장소로 변했다(2007년 2월).

18 베트남 공산당 서기장이며 이 나라에서 가
장 높은 지위에 오른 정치인인 농죽마인(2006년
5월).

19 베트남에서 두 번째로 높은 지위의 정치인인 응
우옌떤중 총리(2006년 5월).

20 국회 의석에 앉아 있는 불교 승려 의원과 군
장교 의원. 베트남의 국회의원 선거 방식은 군부
와 당이 통제하는 시민사회 조직의 대표권을 보
장한다(2006년 5월).

21 2007년 음력 설날을 앞두고 남서부 하노이의 한 지역 게시판에 "당맞이 봄맞이"라는 공식 슬로건 이 씌어 있다.

22 인권 변호사인 응우옌반다이 Nguyen Van Dai. 그는 2007년 5월, '반국가 선동' 혐의로 투옥되 었다.

23 2006년 10월, 사이버 반체제 인사인 팜홍손 Pham Hong Son 의 집을 감시하고 있는 사복 경관들. 아 시아·태평양 정상회의 기간에 반체제 인사들은 외국 기자들과 접촉하거나 문제를 일으키지 못하도록 가택 연금되었다.

24 하롱베이│Ha Long bay│의 정크선들. 하롱베이는 베트남 관광산업의 보석 같은 곳이다. 과잉 개발로 이곳의 독특한 환경이 파괴되고 있다(2006년 6월).

25 1972년 미군의 크리스마스 대공세 때 죽은 이들을 기리는 캄티엔│Kham Thien│거리의 추모비. 추모비를 제외하면 파괴의 흔적이 거의 사라졌다.

26 동호│Dong Ho│마을의 한 오토바이에 조상 신전에서 태우는, 종이로 만든 봉헌 제물 상자가 가득 실려 있다.

27 하노이 중심부 한 호
수에 처박혀 있는 베트남
전 미군 폭격기 잔해(2007
년 2월).

28 하노이 중심부에 새
로 들어선 거대한 국방부
청사의 일부(2007년 1월).

29 베트남전 상기하기.
하노이 중심부에 있는 군
사 박물관을 관람하러 온
여성 대표들(2006년 7월).

30 미국 독립기념일 축하. 2006년의 하노이 미국 클럽 구내.

31 북 하노이의 어떤 조각품 제조 가게에서 매물로 세워놓은 자유의 여신상 모조품 앞을 지나가는 오토바이 짐칸에 새로 만든 호찌민의 반신상이 실려 있다.

32 전원을 배경으로 한 과시적 소비. 곧 결혼식을 올릴 신랑 신부가 결혼 기념사진을 찍기 위해 하노이의 민속 박물관에 전시되어 있는 나무 사다리를 오르고 있다.

33 사빠Sa Pa 시 인근에 있는 북서부 고원지대의 비탈밭. 소수민족인 이 마을 주민들은 이곳을 찾는 관광객을 상대로 장사를 하여 생활을 꾸려가고 있다.

34 북서부 고원지대 사빠 인근의 따반Ta Van 마을에서 관광객들을 상대로 수공예품을 만들어 파는 흐몽Hmong 소수민족 출신 소녀들.

35 종교의 부활 ① 메콩 강 삼각주의 남베트남 최고 성지 중 하나인 누이삼Nui Sam 산기슭의 사찰에서 불공드리는 사람들.

36 종교의 부활 ② 과시적으로 경건함을 드러내는 이 부녀들은 사찰 의식을 통해 삶의 의미와 중요성을 발견한다. 하노이 중심가에 있는 꽌수Quan Su 사에서 불공드리는 부녀들(2006년 석가탄신일).

37 종교의 부활 ③ 바다Ba Da 사에서 구정 예불을 드리는 부녀들(2007년 음력설에 촬영).

려되었다. 고급 관료제와 왕족 의례를 갖춘 옛 왕정을 뒤엎고 권력을 탈취한 베트남 공산당은 새로운 고급 관료제로 진화해왔다. 왕조 시절에는 국왕이 수천 명의 고관대작을 거느리고 나라를 다스렸는데 대부분의 실질적인 '통치'는 지방 관리들에게 위임되어 있었다. 지방 관리들은 왕의 이름으로 된 통치권과 그들 방식대로 할 수 있는 막강한 자율권을 갖고 있었다. 왕은 단지 자신의 권위가 침해당하거나 악용될 때만 개입했다. 훈공·돈·연줄로 그 지위에 오른 고급 관료들은 국가의 지도자들이었다. 왕의 정책에는 절대로 오류가 있을 수 없고 오직 공식적인 실시만 있을 뿐이었다. 그리고 바로 이것이 지금 베트남 공산당이 취하는 자세이다. 공산당은 국가를 이끌고 있지만 비판을 초월하며, 무엇이 잘못되어도 정책 자체의 잘못이 아닌 정부의 실행 잘못으로 돌린다. 그러나 실제로 당이 이런 자세를 취하는 것은 그들이 권력의 지렛대를 포기할 수 없기 때문이다. 당에는 최하위급에서 최고위급에 이르기까지 각 계층마다 수천 명의 배후 실력자들이 있으며 그들이 정책 실행에 깊이 관여하고 있다.

외국인들은 대체로 베트남에서 개혁가들이 당연히 승리할 것이며, 역사의 거대한 행진이 이 나라를 자유시장이라는 약속된 땅으로, 그리고 곧 정치적 다원주의로 이끌 것으로 예상한다. 베트남에서 그것은 단지 무산계급이 필연적으로 승리한다는 칼 마르크스의 확신이라는 거울 속의 이미지로밖에 나타나지 않는다. 베트남에서 일어나는 일에 필연적인 것은 아무것도 없다. 모든 것은 당과 인민에 의한 일상적인 선택의 결과일 뿐이다. 민주주의에 대한 요구는 진심에서 우러나온 것이거나, 어떤 특정한 관점을 허용하려는 단순한 책략이거나 또는 다른 사람들을 압도하려는 일련의 단골 메뉴인지도 모른다. 완만하기 짝이 없는 정치발전에 대한 좌절감, 그리고 정책 입안과 그것의 실행 합의에 필요한, 끝없이 이어지는 연립 구축과 협의에 대한 욕구불만이 널리 확산되어 있는 것은 분명하다. 그러나 그것은 다당제 민주주의의 요구 못지않게 쉬이 강력한 단일 지도자를 요구하는 목소리로 변할 수 있다. 베트남 공산당은 현 체제를 더 효율적으로 만들기 위해 개방에 대한 실험을 하고 있지만, 새로운 체제 — 진정으로 개방된 민주적인 체제 — 로의 전환은 아직도 요원하다. 그동안 훌륭한 통치에 사용하도록 수백만 달러, 유로, 파운드의 외국 원조가 있었지만, 그 돈은 다당제 민주주의가 아닌 일당독재를 더 능률적으로 펴는 데 사용되었다.

6

블록 8406의 성쇠

The rise and fall of Bloc 8406

2007년 5월 11일, 하노이 인민법원의 수석 판사인 응우옌후찐 Nguyen Huu Chinh은 법정을 정숙히 한 후 피고 두 사람을 불러내 단죄함으로써 잠깐 돋아난 베트남 민주화 운동의 싹을 잘랐다. 그것은 일종의 여론 조작용 재판이었다. 4시간 동안의 재판 과정을 법정 옆방을 가득 메운 각국 외교관과 외신 기자들에게 중계해주는 특별 조처가 취해졌다. 점심시간 이전에 모든 상황이 종료되었다. 재판이 끝났을 때 공산당에 대해 가장 날선 비판을 해온 사람들 중 두 사람인 피고들은 말이 없었다. 둘 다 인권 변호사인 그들은 '반국가 선동 혐의'로 유죄 선고를 받았다. 찐 판사는 노련한 시민운동가인 응우옌반다이 Nguyen Van Dai에게 5년의 징역형을, 반체제 활동을 한 지 채 1년도 안 된 레티꽁냔 Le Thi Cong Nhan에게는 4년의 징역형을 선고했다.

다이와 꽁냔의 이날 재판은 민주화 운동의 싹을 잘라내기 위해 6주 동안 열렸던 네 차례의 재판 중 하나였다. 네 번의 재판은 반체제 인사들이 정강을 밝히고 네 개의 새 정당과 두 개의 독자적인 노동조합 결성을 선언하고, 지하신문을 발행하며, 베트남의 거의 모든 반대 목소리와 폭넓게 제휴한 전례 없는 1년간의 활동을 종식시켰다. 그 재판은 또한 공산당의 권력 독점 유지 결의와 '적대 세력'의 위협에 대한 당의 과대망상적인 두려움을 여실히 보여주었다. 그렇다면 반체제 인사들은 이번 일로 무엇을 얻어냈을까? 얼핏 보아 그들이 얻어낸 것은 매우 적다. 공산당은 막강한 안전장치들을 활용해 자신들의 통치가 절대로 심각한 도전을 받지 않는다는 점을 과시했다. 그러나 2006년과 2007년의 사건들은 반체제 활동가들의 새로운 지하 네트워크와 그들을 조직화하는 새로운 방식을 만들어냈으며 국내 인사들과 외국 지원자들 사이의 유대를 강화시켰다. 그들의 유산은 공산당 통치자들의 마음을 계속 어지럽힐 것이다.

공산 베트남이 건국된 이후 반체제 인사들은 늘 있어왔다. 1950년대 중반, 일단의 작가와 미술가들은 ≪난반Nhan Van≫과 ≪자이팜Giai Pham≫이라는 두 개의 간행물 지면을 이용해 더 폭넓은 문화 창작의 자유를 요구했다. 1960년대 말, '친소련파'로 비난받은 당의 한 분파가 표면상 '친중국 정책'을 선호하는 다른 분파에 의해 숙청되었다.[1] 1980년대 말에는 이전에 남베트남에서 게릴라 활동을 한 몇몇 공산당 지도자들이 '전직 저항군 클럽Club of Former Resistance Fighters'을 결성해 남부 출신들에 대한 더 나은 대우를 요구하고 당의 부패에 항의했다. 이런 모든 움직임은 서로 그 성격이 다르긴 했지만 관련자들 모두가 대체로 한 가지 특징을 갖고 있었는데, 당 지도부에 반대하는 당원이었다는 점이다. 적어도 처음에는 그들이 반공산당의 모습을 보이지 않았다.

당은 그들을 각각 다른 방법으로 다루었다. 난반-자이팜 그룹과 '친소련' 그룹 사람들은 '재교육' 수용소에서 장기간 교육을 받게 했다. '전직 저항군 클럽' 인사들 역시 상응하는 처벌을 받았다. 그 대신 당 지도부는 공식적인 퇴역 군인 운동단체와 해체된 조직을 흡수했다. 그러나 반체제 인사들 상당수는 계속 불만을 키워갔으며 점점 더 공산당과 소원해졌다. 그들은 정탐을 당하고 활동이 통제를 받아도 계속 명맥을 유지해갔다. 당은 이제 더는 적을 향해 총을 쏘지는 않는다. 1990년대 내내 반체제 인사들은 개별적으로 서로 만나고 종종 해외 언론기관에 편지와 논문들을 몰래 보내곤 했다. 반체제 인사들의 요구가 그 당시에는 당 지도부에 의해 공식적으로 거부되었지만, 지난 수십 년간 당은 사실상 그들의 주장 거의 전부를 수용해왔다. 국회는 더 큰 권한을, 언론은 더 큰 자율성을 갖게 되었다. 이젠 개인들이 불의에 대해 항의를 하는 일이 더 쉬워졌으며, 반부패 운동이 더욱 활기를 띠게 되었다. 예술 창작의 자유가 더 확대되었고 남베트남 출신 정치인들이 더는 무시당하지 않게 되었다. 당 지도부는 절대로 인정하지 않겠지만 반체제 운동이 그런 개혁적인 시책을 펴는 데 얼마간 작용을 한 게 사실이다.

반체제 인사들이 불평하는 남은 개혁 과제는 무엇일까? 그 핵심은 헌법 제4조의 한 구절, 즉 베트남 공산당은 "국가와 사회를 이끌어가는 힘이다"라는 규정을 바꾸는 일이다. 현대 베트남 반체제 운동의 모든 불만의 씨앗은 이 조문 또는 그 이면의 정치 원리에서 배태되고 있다. 반체제 인사들은 부패, 경제적 후진, 중국에 의한 영토 상실, 언론 자유의 제한, 개인적이고 예술적인 표현 억제, 베트남인을 후진적인 국민으로 만들어가는 일 등 이런 모든 것들이 공산당의 권력 독점 때문이라며 비난한다. 그들이 보기에 이런 모든 문제점들의 해결점은 당연히 공산당의 지도적 역할을 철폐하는 일이다. 그러나 공산당은 국민의 여러 생활 영역에서 일부 자리를 양보해온 반면(이 책의 나머지 부분에서 설명하고 있듯이), 정치적 독점은 계속 유지하기로 확고하게 결심한 것으로 보인다.

✪   ✪   ✪

2006년도의 반체제 운동 이야기는 중부에 위치한 도시인 후에Hue에서 시작된다. 이 도시는 19세기와 20세기 초에는 왕국의 수도였으며, 지금은 하노이와 호찌민 시로 인해 그 명성을 잃었다. 후에는 주로 한 사람, 즉 가톨릭 사제인 응우옌반리Nguyen Van Ly의 활동 때문에 특별한 곳이 되었다. 리 신부는 1975년 이후 공산 체제에 대한 반대 선동 혐의로 세 번 투옥되어 총 15년을 감옥에서 보냈으며, 지금도 가택 연금 상태이다. 그러나 그의 정치적 복음주의는 도시에서 — 특히 일부 동료 사제들 사이에서 — 비옥한 토양을 마련했다. 2005년 말에 접어들면서 그들은 정치적 다원주의를 전도할 기회를 맞았다. 제10차 당대회를 앞두고 베트남 공산당이 인민들의 소리에 귀를 기울이는 것처럼 보이게 하는 의식적인 전략의 일부로서 적극적으로 비평과 비판을 수용했던 것이다. 공식적인 토의가 당 통제 조직을 통해 일정 방향으로 진행되어 그 의견이 엄격한 한도 내에서 수용되었다. 신문들은 부패에 대해 비판적인 기사(PMU18 스캔들 때, 제7장 참조)를 게재하긴 했지만 당의 통치권에 대해 공공연히 문제를 제기하지 않는 방향에서였다. 그러나 이것은 반체제 인사들이 말로는 다 말할 수 없는 것을 말할 수 있는 기회였다.

2006년 1월, 리 신부는 후에의 다른 두 신부인 판반로이Phan Van Loi와 응우옌후자이Nguyen Huu Giai, 사이공에 사는 네 번째 신부인 짠띤Chan Tin과 함께 "우리는 이제 두려워하지 않는다. 우리는 진실을 알아야 한다"라는 제목의 언론 자유 호소문을 작성했다. 이 호소문은 '시민적 권리와 정치적 권리에 관한 국제 규약', 베트남 헌법, 그리고 '제2차 바티칸 공의회'를 언급하며, "우리 조상들의 중재를 통한 하느님으로부터의 축복"을 간원하고 공산당이 "국민들의 의식을 망가뜨리고 억눌러 그들을 유순한 노예 집단으로 만들었다"며 비난했다. 그 호소문은 당의 권력 독점 종식을 요구했으며 당원과 군부는 권력에서 물러나고 자기주장을 하는 비공산당 정당들이 그 자리를 맡아야 한다고 주장했다. 네 사람의 사제들은 작성을 끝낸 호소문을 반체제 인사들에게 돌려 서명을 받았다.

이와 동시에 리 신부는 '자유와 민주주의를 위한 선언서'라는 또 다른 서류를 만들기 시작했다. 그는 공동 초안자 두 사람 — 도남하이Do Nam Hai(그는 자신을 엔지니어라고 소개했지만 정치활동 혐의로 해고될 때까지 은행 간부로 일했다)와 북부 타이빈 성 출신인 전직 육군 대령인 쩐아인낌Tran Anh Kim — 과 함께 이 작업을 진행했다. 그들은 당대회가 열리기 2주 전인 4월 초순에 모든 준비를 마쳤다. 호소문은 4월 6일에 정식으로 인쇄되었으며 이틀 뒤에는 (이때 한 사람이 서명을 취소하고 다른 세 명이 추가되었다) 선언문이 인쇄되었다. 발표 일자는 2006년 4월 8일이었다. 그래서 이들 서명자 118명은 '블록 8406Block 8406(2006년 4월 8일을 영어 표기식으로 거꾸로 하면 8406이 된다)'으로 알려지게 되었다.

'자유와 민주주의를 위한 선언서'는 서두에서 노골적으로 "1945년 8월 혁명에서 전 베트남 국민은 국가의 독립을 선택했지 사회주의를 선택하진 않았다"고 선언했다. 공산당 지도부를 이 이상 격분하게 만들기도 어려울 것으로 상상되는 구절이다. 그러나 그 선언서는 용감했던 것만큼 또한 매우 장황했다. 선언서의 첫 쪽은 1945년 독립을 선포한 이후의 베트남 정치사를 개관했으며, 두 번째 쪽은 당의 권력 독점으로 인한 베트남이 안고 있는 문제점들을 비난하는 데 할애했다. 단지 세 번째 쪽과 끝에서 두 번째

쪽에서만 그 선언서가 요구하고 있는 것이 '다원적인 다수당 제도', '정부 각 부 사이의 분명한 권력 분점', 그리고 의견 표명, 집회, 선거 및 종교의 자유, 자유롭게 노동조합을 결성하고 파업할 권리라는 사실을 알 수 있었다. 간단히 말해 서구적인 견해를 반영한 민주화 운동이 내건 최소한의 요구 사항이었다. 맨 마지막 쪽에서 이 선언서는 '자유 투사들'의 비폭력 투쟁 방식의 개요를 설명했다. 선언서는 "일단 국민이 분명하고 올바른 지식을 갖게 되면 적절하고 효율적으로 행동하게 될 것"이라고 주장했다. 그리고 그게 전부였다. 국민이 어떻게 교육받아야 할 것이며 또는 앞으로 무슨 일이 일어나야 할 것인지에 대한 언급은 거의 없었다. 그 선언서는 관념적인 것에선 말이 길고 구체적인 것에선 말이 짧았다.

서명자들의 일부는 반정부 활동 40년 경력의 베트남 반체제 인사들 중 유명인이었다. 그들 중 대다수는 수십 년 동안 고독한 목소리를 내온 사람들이었고 나머지는 새로운 얼굴, 즉 더 급진적인 변화를 추구하는 더 젊은 세대의 행동가들이었다. 3분의 1 이상이 후에 출신들이었는데 사이공이나 하노이 출신보다 그 수가 훨씬 많았으며, 14명은 가톨릭 신부였다. 하노이 출신 서명자들은 단지 아홉 명에 불과했지만 그들 모두가 중요한 인물들이었다. 그들 가운데는 당이 통제하는 마르크스 레닌 철학 학원의 전 원장인 호앙민찐Hoang Minh Chinh과 변호사인 응우옌반다이도 있었다. 이들 두 사람은 그 운동의 구세대와 신세대를 대변했다. 찐과 다이가 서로 성장 과정이 전혀 다른데도 다 같이 반체제 인사가 된 것은 지난 20년 동안 베트남의 정치 상황이 얼마나 변했는가를 여실히 보여준다.

호앙민찐은 당원으로 현 체제 지지자였으며 프랑스군과 싸운 독립전쟁의 영웅이었으나 1960년대 말 당의 '친중국'파에 속했던 것이 문제가 되어 투옥된 적이 있었다. 그는 반체제 인사가 되었으며 1981년과 1995년, 다시 감옥 생활을 했다.[2] 비록 그가 주위에 몰려드는 '민주화 그룹' — 쩐처럼 주로 당 개혁과 더 큰 표현의 자유를 허용하자고 주장하다가 숙청된 당의 희생자들로 이루어진 — 으로 인해 유명해지긴 했지만, 그의 투쟁 경력은 그에게 무언가 존경심을 갖게 했다. 쩐은 2005년에 전립선암 치료를 위한 미국 여행을 허가받았다. 미국에 머무는 동안 그는 미국 하원 국제관계위원회에서 증언할 기회가 있었는데 종교적·정치적 반체제 인사들에 대한 베트남 공산당의 대처 방식을 맹렬하게 비판했다. 이런 증언에도 불구하고 그는 호찌민의 고매한 목적에 대한 그의 계속된 충절 때문에 망명 베트남인 반공 공동체로부터 미온적인 지원 이상은 받지 못했다. 그럼에도 귀국하자마자 그는 당의 분노를 톡톡히 체험했다.

점점 사나워지고 있는 군중이 토마토로 우리를 공격하기 시작했다. 내 셔츠를 붙잡아 내 머리를 물병으로 내려치려 하고 나를 보호하려는 내 친척들에게 악담을 퍼붓고 위협하는 사람들도 있었다. 가족들이 몇 번이나 전화한 끝에 비상경찰대가 경찰관 서너 명을 보내주었다. 그들은 현장을 힐끗 보고는 "이것은 쩐 씨가 미국에서 저질렀던 일의 결과입니다. 이곳엔 어떤 폭력도 없으며, 우리가 관여할 일이 아닙니다"라는 말을 남기고는 가버렸다. 폭도들 중 일부는 기고만장하여 유리창을 부수고 안으로 뛰어 들어와 현관문을 넘어뜨리려 했고 다른 일부는 막대기로 다른 창문을 부수고는 악취를 풍기는 새우젓 병들을 집 안으로 던져 넣었다. 무섭고 끔찍한 순간이었다. 갑자기 그들은 서로서로 '퇴각하자'고 속삭이더니 그들 중 상당수가 "지금 우리는 설사 호앙민쩐이 우리를 초대한다고 해도 그에게 말을 걸고 싶은 생각이 없다"고 외쳤다. 그로부터 5분 안에 그들이 사라진 것을 보면 이곳을 떠나라는 명령을 받은 것이 틀림없었다.[3]

찐은 이번 공격과 그를 겨냥한 국영 언론의 어떠한 비판에도 굴하지 않고 '민주주의 그룹'에서 토론을 계속해나갔다. 2006년 6월 1일, 찐은 '21세기 민주당'이라는 뜻의 DP(XXI)라는 이 나라 최초의 야당 결성을 선포할 참이었다. 이 이름은 1944년에 결성된 바 있는 최초의 민주당Democratic Party을 의식적으로 참고한 것이다. 이 최초의 민주당은 2차 대전 후 독립을 선포할 때부터 1985년 강제 해산될 때까지 베트남 민주공화국에서 공산당과 함께 정당 활동을 해온 당이었다. 찐은 1951년에서 1956년까지 이 민주당의 서기장이었다. 이 같은 유산은 초기의 호찌민 국가혁명 정신을 이용하는 한편으로 최근의 낡은 인습을 타파하길 원하는 찐에게는 매우 중요했다. 그러나 DP(XXI)가 인상 깊은 족보를 갖고 있다고는 해도 현 시점에서 많은 지지를 받고 있는 것이 아니었다. 호찌민 유산에 대한 그들의 계속적인 충성은 ─ 비록 찐이 그것을 비공산주의적 유산이라고 설명하고는 있지만 ─ 과거와 분명한 단절을 원하는, 불만을 가진 신세대 시민들에게 매력적인 요소가 되지 못했다. 2007년 초에 인터뷰한 또 다른 블록 지지자는 DP(XXI)는 주로 하노이와 사이공에 겨우 여남 명의 당원이 있을 정도라고 했다.

공산당 통치자들에 대한 응우옌반다이의 환멸은 찐보다 훨씬 뒤에 시작되었으며 충성스러운 당원의 시각이 아닌, 국외자의 시각에서 비롯된 것이었다. 그는 전기 기술자였으며 1980년대 말에는 동유럽 공산권 국가에 파견되어 일한 수천 명의 베트남인 노동자들 중 한 사람이기도 했다. 당시 이주 노동자로 동유럽 국가에 파견된다는 것은 베트남인들에겐 선망의 대상이었다. 비록 그 무렵 동유럽의 생활 상태가 검소하고 엄격하긴 했지만 몇 년 일하면 가정경제에 큰 보탬이 되었기 때문이다. 다이는 아버지가 공산당 당원이었던 덕택에 동유럽으로 가는 비행기에 오를 수 있었다. 그러나

1989년 유럽 공산주의가 몰락했을 때 다이에게 급격한 변화가 일어났다. 그는 최초로 망명 베트남 단체가 만드는 신문을 읽을 수 있었고 귀국할 무렵에도 유사한 상황을 접했다. 1990년, 그가 속했던 동독 회사가 파산하자 베트남으로 돌아와 "조국을 위해 무언가를 할" 요량으로 하노이 법과대학에 입학했다.[4]

그는 1995년 대학교 졸업 후 하노이 법률 회사에 들어가 법률 조언자로 일하기 시작했고, 1997년 선거법이 개정되자 그와 그의 친구는 최초로 국회의원 선거에 무소속으로 입후보했다. 그들은 낙선했다. 1999년 말, 다이는 '베트남 하느님의 성회Vietnamese Assemblies of God' ─ 미등록된 불법 복음주의 기독교 단체 ─ 의 부탁을 받아, 집에서 금지된 예배를 본 혐의로 감옥살이를 하게 된 응우옌티투이Nguyen Thi Thui라는 빈푹Vinh Phuc 성 출신의 한 여인을 변호하게 되었다. 그녀의 항소는 기각되었지만, 그 후 얼마 지나지 않아 다이는 "내가 하느님의 부름을 받은 느낌이 들었다"며 정식으로 등록된 하노이 복음교회 신자가 되었다. 그는 독일에서 베트남인들이 운영하는 복음교회와도 약간의 접촉이 있기는 했지만 기독교가 그의 생활 ─ 그리고 그의 정치적 반체제성 ─ 의 기본 원리가 되기까지는 10년이 걸렸다. 그의 복음주의 개신교 선택은 비밀경찰의 분노를 사기에 충분했다. 미국에서 수입된 사상에 빠지는 사람들은 무조건 의심을 받았기 때문이다. 2004년 4월 다이는 '정의를 위한 변호사 모임'이라는 단체를 만든 12명의 변호사들 중 일원이었다. 그러나 하노이 변호사 협회는 그 단체의 해체를 명하면서, 이를 거부하면 회원들의 변호사 자격을 박탈하겠다고 위협했다. 결국 11명의 변호사들이 탈퇴하고 남은 사람은 다이뿐이었다. "내가 그렇게 할 수 있었던 것은 기독교 신앙 덕택이었다고 생각한다"라고 그는 술회했다. 그는 그해 연말에 '공무집행 방해죄'로 고발당한 메노파 교도Mennonite 여섯 명의 변호를 맡음으로서 당국을 더욱 노하게 만들었다. 그 후 2005년 4월, 그는 반체제 인사들의 변호도 맡기 시작했다.

이때까지만 해도 베트남의 반체제 인사들은 외로운 − 그리고 대체로 별 성과가 없는 − 활동을 하고 있었다. 대부분의 반체제 인사들은 나이가 많고 찐 같이 당에 환멸을 느낀 전직 공산당원이거나 또는 리 신부 같은 종교인 거부자들이었다. 그들은 수가 적고 사상과 성격에 의해 분열되어 있었다. 할 수 있는 일도 많지 않았다. 베트남의 보안기관은 수십 년 이상 반체제 인사들의 어떤 봉기 시도도 효율적으로, 아주 무자비하게 분쇄해왔다. 그들은 종종 발생하는 토지 분규 같은 지역적 이슈에 대한 항의는 대체로 관대하게 다루었지만, 분명한 정치적 시위 운동의 경우엔 대소를 불문하고 몇 분 이내에 제압했다. 하지만 사정이 변하기 시작했다. 수십 년 전 중국의 마오쩌둥 주석이 "창문을 열어놓으면 파리도 날아든다"고 당에 경고했던 바로 그런 현상이 이제 베트남에서 벌어지고 있는 것이다. 2005년 이후 베트남 반체제 인사들의 행운이 상승한 것을 보면 마오쩌둥의 예언이 옳았음이 증명되었다. 베트남을 글로벌 경제에 통합시키려는 공산당 정책의 직접적인 결과였다.

⭐　⭐　⭐

2006년은 베트남 반체제 인사들에겐 특별한 해였다. 베트남의 세계무역기구WTO(이하 WTO) 가입 협상이 마지막 단계에 접어든 해였다. WTO 회원국과의 개별적인 접촉은 길고 긴 다자 회담으로 이어졌고, 그 후엔 또다시 미국 의회의 길고 긴 통과 과정을 거쳐야 했다. WTO 회원국으로 가입하는 데 부가적으로 필요한 '베트남과의 영속적 정상무역관계Vietnam

Permanent Normal Trading Relations: PNTR' 자격을 미국 의회로부터 승인받아야 했기 때문이다. 게다가 베트남은 2006년에 아시아·태평양 경제협력체인 APEC의 순환 의장국이었고, 그해 11월에는 APEC 연례 정상회의를 개최했다. 이 회의에 총 21개국 정상들이 초청되었으며 미국, 러시아, 중국의 대통령 및 주석과 호주와 일본의 총리가 포함되어 있었다. 베트남은 또한 유엔 안정보장이사회의 비상임이사국이 되기 위해 노력하고 있었다. 그들이 이런 모든 노력을 기울이는 것은 베트남 공산당이 외국으로부터의 비판에 취약하고, 당의 통상적인 능력에 이의를 제기하는 것에 단호한 조치를 취하기가 어렵다는 것을 의미했다.

다른 요인도 있었다. 2006년, 베트남에서 광대역 통신망이 완전히 개통되었고 전국 거의 모든 도시에서 인터넷 상점이 영업을 할 수 있게 되었다. 반체제 인사들은 정부가 그들 주위에 설치해놓은 물리적인 장벽을 인터넷을 통해 용케 허물었고, 그때까지 서로 갈라놓았던 물리적 거리를 축소시켰고, 이념의 틈새를 메웠으며 그리고 — 적어도 중요한 것으로 — 자아의 차이를 극복했다. 본래 10대들이 서로 시시덕거릴 수 있게 허용할 작정이었던 인터넷 서비스가 미국과 기타 여러 나라에 사는 베트남 망명자들과의 연결 고리를 활성화하는 데 이용되었다. 팔톡PalTalk 같은 웹사이트는 수많은 사람들이 서로 메시지를 주고받는 동시에 오디오를 듣거나 비디오를 보는 대화방 역할을 했다. 사실상 각 대화방은 상호작용을 하는 무선 '내로캐스트narrowcast(한정된 지역을 대상으로 한 방송)' 역할을 했다. 내로캐스트들은 정보를 주고받고, 연설을 하고, 개발을 얘기하고, 다른 참여자들로부터 질문과 비평을 듣는다. 갑자기 베트남의 반체제 인사들이 이 새로운 개념의 세계에 그리고 지지자들의 저수지에 접근했다. 그때까지 많은 사람들은 누가 밀고자인지를 알 길이 없어 부득이 서로를 불신하지 않을 수 없었는데,

소수의 해외 활동가들이 '브로커' ― 사실상 그들과 접촉하는 반체제 인사들 ―
를 심사해 그들을 서로 접속시켜주었다. 그들은 또한 자금을 제공하기 시
작했다.

베트남의 생활비가 저렴하기 때문에 해외에서 모금한 비교적 적은 액수
의 돈이 큰 도움이 되었다. 지지자 그룹들이 호주(블록 1-7-06), 미국(블록
1-9-06), 영국(블록 10-12-06)에서 우후죽순으로 생겨나, 반체제 인사들에게
생활비와 컴퓨터 장비를 보내주었다. 해외에 사는 수십만 명의 베트남인들
이 매월 고국의 친척들에게 송금하기 때문에 반체제 인사들에 대한 송금을
감추기는 쉬웠다. 송금은 특별히 비밀스럽게 이루어지지도 않았으며 대부
분 서구 단체들로부터 왔다. 일단 그 돈이 베트남에 유입되면 밀사들이 당
초의 목적지로 운반했다. 2006년 12월 5일, 경찰이 반체제 인사인 응우엔
프엉아인Nguyen Phuong Anh이 탄 차를 수색해 450만 동을 압수했다. 450만
동은 약 300달러로 베트남 노동자들의 평균 6개월치 임금에 해당되는 금
액이었다. 그는 이 돈은 생활이 딱한 신문팔이 소년들에게 옷가지를 사주
기 위해 마련한 것이었다고 말했다.[5] 그 돈은 매우 중요한 용처가 있었다.
반체제 인사들의 상호 접속을 막기 위해 보안기관들이 눈을 부라리던 바로
그 시기에 그들을 서로 연결해줄 수 있는 컴퓨터와 수십 개의 휴대폰, 수
백 개의 SIM 카드를 구입하는 데 사용할 돈이었다.

그러나 인터넷은 반체제 인사들을 서로 묶어주고 논의하는 수단으로 쓸
모가 있긴 했지만, 반체제 세력을 확충하는 수단으로서는 그렇게 위력적이
지 못했다. 국가적인 방화벽이 반체제 인사들의 웹사이트에 대한 일반인들
의 접근을 차단하고 달갑지 않은 이메일을 저지했기 때문이다. 하지만 그
런 장치로 호찌민 시에 사는 중년의 정치 운동가의 활동을 제지하지는 못
했다. 그는 가족이 잠자리에 든 깊은 밤에 베트남 정치에 대해 비판적인

논평을 하는 사람들의 이메일 주소를 찾아내기 위해 베트남의 토론 사이트와 블로그들을 샅샅이 뒤졌으며, 수확물이 발견되는 대로 상세한 내용을 200~300개의 이메일 주소를 통해 반체제 인사들에게 알렸다. 그는 그들에게 파업에 대해 얘기하고 노조를 결성하는 방법과 미국의 활동가들에게 접속하는 방법들을 알려주었다. 그러나 그는 보안기관이 당장 그를 추적해낼 것이 두려워 하나의 이메일 주소로 온 메시지 전체를 전송하는 방식을 피했다. 그 대신 수십 개의 여러 이메일 주소로 온 메시지들을 애써 취합해 일부만을 전송하는 방식을 택했다. 그런 방식이 효과적이어서 그는 경찰의 레이더를 피해 활동을 계속할 수 있었다. 그러나 이 같은 매우 직접적인 전송 방식마저도 제한된 성공밖에 거둘 수 없었다. 이 유령 메시지 전송자는 자신의 대응 성공 비율을 1% 미만으로 추산했다. 결국 모든 기술적인 혁신을 동원해도 적극적인 반체제 인사들의 수는 소수의 범위를 넘어서지 못했다.

반체제 인사들이 실질적으로 수행하는 일 역시 여전히 미미했다. 호앙 민찐 같은 베테랑들은 한때 공산당 사정에 대한 정보통이었지만 비밀을 무심코 입에 올리기 좋아하고 당에 환멸을 느끼는 이상주의자들의 수가 당내에서 점점 줄어갔다. 한때 사람들은 사회주의 건설을 위해 당에 열심히 가입했고 당의 부패를 보고는 몹시 흥분하기도 했지만, 2006년이 지나면서 사람들은 자신의 출세를 위해 당에 가입했으며 부패도 매우 쓸모가 있다는 것을 깨달았다. 이제 남은 곳이라고는 온라인 영역, 즉 반체제 음모자들이 다른 베트남을 상상하고 꿈꿀 수 있지만 현실 세계에는 별로 영향을 주지 못하는 가상의 세계뿐이었다. 다음 해에 있을 총선거를 거부하자는 캠페인을 시작했던 2006년 5월 23일에 블록 8406은 지지자 560명을 확보했는데, 이 숫자는 반체제 운동을 펼치기에 귀중한 숫자이긴 했지만, 전체 인구를 감안할 땐 무시해도 좋을 숫자였다. 그해 8월, 블록 8406은 '4단계와 8순서로 된 베트남 민주화 과정Process to Democratize Vietnam in 4 Stages and 8 Steps'을 발표했다. 그 계획은 다음과 같이 매우 간단했다.

1. 언론 자유 실현.
2. 비공산주의 민주 정당들의 활동을 재개해 설립을 허용하고 발전시킬 것.
3. 임시 헌법을 제정해 국민투표에 부칠 것.
4. 베트남의 민주화 달성.

이것은 블록 8406이 오직 자신들의 메시지를 국민들에게 열심히 전파하면 공산당을 실각시킬 수 있다는 확고한 신념인 초기 선언서와 일맥상통하는 것이었다. 정치적 조직, 지역사회에 대한 지원 활동 또는 대중의 지지를 확보하기 위한 다른 활동들에 대한 실질적인 방법은 전혀 언급하지 않았다.

❋　❋　❋

정부 공안부Ministry of Public Security의 정치 담당 부서인 A42는 난처한 입장이었다. 다른 때 같으면 이따위 말썽꾸러기들을 제압하는 것은 식은 죽먹기였을 것이다. 그러나 WTO 가입 여부가 아직 미결정 상태였고, APEC 정상회의 개최가 코앞에 다가와 있어서 대대적인 탄압을 벌이기엔 정치적으로 시기가 적절치 않았다. 그래서 그들은 국제사회를 심하게 자극하지 않는 범위 내에서 낮은 수준의 단속에 나섰다. 이로 인해 많은 가정이 가택수색을 당하고, 가정의 컴퓨터가 압류되었으며, 컴퓨터 디스크와 메모리

드라이브를 빼앗기고, A42 부서에서 '알아볼게 있다'는 명목으로 운동권 사람들이 경찰서에 불려 다녔다. 그러나 그것은 모두 낮은 수준의 조처였기 때문에 반체제 인사 단체 이외에서 벌어진 일들은 사실상 알려지지 않았다.

응우옌반다이는 그 무렵 무슨 일이 벌어졌는지를 전하는 주요 정보 소식통이었다. 하노이에서 이름값을 하는 유일한 쇼핑몰인 빈꼼Vincom 타워 곁의 눈에 띄지 않는 작은 공간에 위치한 그의 법률 회사 티엔안Thien An은 반체제 인사들의 활동을 전하는 사실상의 통신사가 되었다. 그는 직원 네 명을 고용하고 있었으며, 비록 사업이 잘되는 편은 아니었지만 컴퓨터, 전화, 인터넷 설비가 잘 갖추어져 있었다. 경찰은 결국 사무실을 폐쇄하고 개인용 컴퓨터 5대를 압류해갔다. 그 기기들은 인권침해 희생자들의 변호를 위해 구입한 것이 아마도 아니었던 것 같았다. 많은 사람들은 어떻게 응우옌반다이가 그토록 오랫동안 반체제 활동을 숨길 수 있었는지, 그리고 왜 그는 그가 변호해왔던 많은 사람들처럼 구금되지 않았는지 의아해했다. 일부 외교관들은 그가 A42 공안 부서의 제보자이거나 스파이였을지 모른다고 추정하기도 했다. 또 다른 사람들은 당국이 반체제 운동 용의자들을 감시하는 데 도움이 되는 '제어 채널'로서 반다이 같은 유명 인사들을 건드리지 않는 것이 쓸모 있다는 것을 알았으며, 그가 제공하는 정보는 잠재적인 반체제 인사들이 정작 정치적으로 적극적인 행동에 나설 때 그들에게 무슨 불이익이 돌아올지를 경고하는 내용이었기 때문에 A42에겐 오히려 도움이 되는 역할을 하는 것이어서 그냥 내버려두었을 것이라고 생각했다.

하지만 모든 사람들이 그렇게 생각한 것은 아니었다. 또 한 사람의 변호사인 금년 27세의 레티꽁냔은 블록 8406이 전해주는 메시지를 열심히 경청한 사람이었다. 다이보다 열 살 아래인 그녀는 매우 어린 나이인 일곱 살

때 반체제 성향을 갖게 되었다. "나는 1986년에 국영 상점에서 식품을 구하기 위해 부모님과 함께 줄을 서서 기다리곤 했습니다. 그때 나는 '왜 이런 짓을 해야 하는가?' 하는 생각이 들었습니다"라고 그녀는 말했다. 그녀는 그 또래의 많은 다른 젊은 여성들처럼 동그란 얼굴에, 단발머리에 안경을 쓴, 적당하면서도 지나치게 유행을 좇지 않는 그런 모습의 아가씨였다. 그녀는 훌륭한 변호사였으며 유창한 영어 실력을 갖추고 있었기 때문에 하노이 주재 영국 대사관이 마약 밀매로 사형 선고를 받을 가능성이 있는 영국-베트남 혼혈 여성의 변호를 그녀에게 맡겼다.

역설적이게도 꽁냔이라는 이름은 매우 공산주의적이었다. 꽁냔은 '노동자'를 의미하는데, 그녀의 할아버지는 그녀가 태어난 지 1개월 되었을 때 당국의 비위를 맞추기 위해 손녀의 이름을 그렇게 지었다. 그 이름은 결코 행운을 가져오지 못했다. 그녀의 부모는 교사였는데 그녀는 부모님의 낮은 임금으로 집에는 항상 먹을 것이 부족했다고 말했다. 이미 변호사가 되어 있었던 2006년 8월, 그녀는 '오랜 고심 끝에' 블록 8406에 가입하기로 결정했다. 2주 후, 그녀는 그해에 '베트남 진보당Viet Nam Progression Party: VNPP'이라고 선언한 베트남 제2 민간 정당의 창당 멤버가 되었다. 블록 8406처럼 이 진보당의 근거지 역시 후에였다. 세 사람의 다른 창당 멤버들(응우엔퐁 Nguyen Phong, 응우엔빈타인Nguyen Binh Thanh 및 호앙티아인다오Hoang Thi Anh Dao) 역시 이 도시에 살고 있었다.[6] 그리고 다시 그들에게 영감을 준 사람은 응우엔반리 신부였다. 리 신부는 당원은 아니었지만 ─ 대주교가 그의 가입을 저지했다 ─ 당 고문역을 맡았다.

진보당은 호앙민찐이 창당한 민주당과는 다른 정강 정책을 내걸었다. 진보당은 호찌민의 유산을 깡그리 거부했다. 그런 정강은 학교에 들어간 첫날부터 어린이들에게 아저씨 호찌민을 흠모하도록 교육하는 베트남에선 대중의 지지를 받을 수 없었다. 대다수의 연세 있는 반체제 인사들이 지지하는 정당이 될 수도 없었다. 아직도 두 정당은 8406 선언서에 명시된 기본 원리, 특히 다당제 민주주의의 실현에는 의견 일치를 보였다. 진보당은 방대한 내용의 조직 명세를 포함한 임시 정치 강령을 선포하면서 출발했다. 예컨대 그들의 조직 윤곽을 보면, 열 개의 내부 위원회(재정위원회, 회계위원회, 감사위원회를 비롯해)와 당을 떠나길 원하는 당원들을 위한 규정이 있었다. "당을 떠나려고 하는 자는 이름, 생년월일, 직업, 입당 일자, 당원 번호, 출당 이유 또는 가능하면 출당 이유를 댈 수 없는 이유 등을 적어 제출한다. 이 서류의 사본 1부는 출당 당원이 가져가고, 2부는 당 사무실에 비치한다"고 되어 있다. 그러나 이같이 아주 상세한 내부 규정과는 대조적으로, 베트남 진보당의 권력 인수 계획은 아주 모호하기 짝이 없었다. 그들의 계획은 친민주적 정당 그룹을 만들어내는 데 있었으며 "베트남 공산당이 이 같은 복수 정당정치 영역에 참여하도록 동의하게 하는 데" 있었다. 어떻게 이런 일이 일어나게 할 것인지에 대해선 전혀 이야기하지 않았다.

만약 정권 쟁취에 대한 비밀 계획이 있었다면 베트남 진보당은 공산 폴란드의 결속 운동solidarity movement을 본받았다고 볼 수 있다. 이 정당은 대부분 폴란드에 근거지를 둔 베트남 진보당 해외 베트남인 지지자들로부터 부분적으로는 격려를 받아왔을 수도 있다. 이 당은 베트남 여기저기에 산재해 있는 불만 집단에 정치의식을 불어넣고 사회 운동에 동참시키려고 했다. 그러므로 급선무는 독자적인 노조를 결성하는 일이었다. 그것은 편의적인 선택으로 보였다. 베트남 진보당의 임시 강령은 노동자들의 권리에 대해 별 언급이 없었던 것이다. 실제로 그들이 경제문제에서 유일하게 이야기해야 할 것은 '개인 소유권에 대한 베트남인들의 완전한 합법적인 권리를 회복하고 실행하는 일'이었다. 그것은 무산자의 이익보다는 자본주들의 이익에 더 호의를 보인다는 것을 시사한다.

레티꽁냔이 진보당에 가입한 직후 A42의 요원들이 집으로 찾아왔다. 그녀는 국가를 전복하려 했다는 혐의로 경찰서에 연행되어 사흘 동안 심문을 받았으며, 그 과정에서 경찰로부터 "많은 나쁜 일들이 내게 일어날 수 있다"는 이야기를 들었다고 했다. 그녀가 더 이상의 심문을 거부했을 때 경찰은 그녀의 전화 통화 내역과 서신 내역으로 몰아세우며 체포하겠다고 위협했다. 한 경찰 간부는 경찰이 그녀의 모든 통화 내용을 도청하고 있었음을 그녀에게 상기시켰다. 그러나 그 후 갑자기 경찰의 전략이 바뀌었다. "그들은 내게 꽃을 보내주고 저녁 식사와 영화관에 초대하는가 하면 심지어 새 휴대전화를 사주기도 했다"고 그녀는 말했다. 그녀에게 오는 이메일들은 이제 그녀를 용기 있고 친절한 여인으로 부르고 조국을 위한 그녀의 열의와 꿈을 설명해줄 것을 요구했다. 하지만 그와 동시에 그녀의 가족과 친구들이 그녀의 반정부 활동을 중지시키도록 A42는 계속 채근하고 있었다. A42는 전통적으로 엄격한 베트남의 가족 구조를 조직망의 연장선으로 활용했다. 2006년 9월, 변호사 응우옌반다이는 만약 반체제 인사들을 위한 변론을 계속한다면 부자간의 연을 끊겠다는 아버지의 말을 들었다. 그의 변호사 사무실 직원인 한 젊은 여성은, 그녀의 친구들이 경찰로부터 '그녀가 아주 나쁜 사람을 위해 일하고 있으니 친구의 의리로 막아야 한다'는 말을 들었다고 했다. 그녀는 훗날 "그러나 나는 다이 변호사가 무슨 일을 하는지 잘 알고 있으며 그것을 계속 도울 작정입니다. 그래서 친구들의 조언을 거절했습니다"라고 말했다. 이 같은 압력 때문에 베트남의 반체제 인사들은 외롭고 괴로웠다. 극소수는 생활에 고충을 겪고 상당한 위험을 기꺼이 감수하면서 반체제 인사들의 활동에 참여했다. 공산당과 관영 언론들은 반체제 운동을 완전히 사악한 행위로 폄하하고 심지어 그 구성원들을 반역적인 범죄자로 몰아세웠다.

반정부적인 언사를 내뱉지 못하게 하기 위해 공식적·비공식적인 협박과 가족을 통한 압력 등 온갖 수단이 동원되었다. A42가 사용하는 전술은 장기간의 심문, 공개적인 비난, 국영 언론을 통한 인신공격, 그리고 특별한 경우에는 신체적 공격 등이었다. 다이 변호사가 창설에 일조한 조직인 베트남 인권위원회Committee for Human Rights in Vietnam의 설명에 따르면, 다이 변호사는 1950년대에 큰 재앙을 몰고 온 토지개혁 시대를 상기시키는 일종의 공개적인 탄핵을 받았다.

2007년 2월 8일 저녁, 공산당 정부는 박코아워드Bach Khoa Ward 인민위원회에서 60세에서 80세에 이르는 사람들 약 200명을 동원했다. 그들은 그 모임을 인민회의Conference of the People라 불렀는데 변호사인 다이 씨의 전력을 일일이 밝힌 후 21세기 민주당원이라며 부당하게 매도하고 나라를 팔아먹은 역적으로 몰아세웠다. 그들은 두 시간 반에 걸친 이 같은 저주의 굿판이 진행되는 동안 변호사 다이에겐 한 마디의 발언도 할 수 없게 했다. 마침내 그들은 변호사 응우엔반다이가 형법 88조와 258조를 위반해 두 가지 죄를 저질렀다고 결론 내렸다. 그들은 다이의 변호사 자격을 박탈하고 티엔안에 있는 그의 변호사 사무실을 폐쇄하며, 범죄행위를 치죄하도록 요구했다. 보안대와 과격분자들의 위협을 이용해 그에게 자신들이 불러주는 대로 진술서를 쓰도록 종용했지만, 다이는 끝내 거절하며 이렇게 선언했다. "당신들이 설사 나를 죽인다 해도, 나는 그것을 쓸 수 없다." 결국 그의 진술서를 받아내지 못하고 말았다.[7]

이러한 종류의 압력에 저항하는 데는 특별히 단호하고 완강한 의지가 필요하다. 그래서 그들이 1970년대와 1980년대 동부 유럽의 반체제 인사들처럼 끝까지 저항하는 자신들에 대해 사회가 어떻게 생각하든 별 신경을 쓰지 않고, 타협하지 않으며, 때때로 심한 곤경에 처한다고 해서 그렇게 놀라운 일은 아마도 아닐 것이다. 그들 중 상당수는 기독교인이었다. 리 신부와 판반로이 신부 같은 천주교인이 블록 8406의 조직에 핵심적인 역할을 했으며, 다이 변호사와 꽁냔 변호사는 둘 다 복음교회 신자였다. 미국 텍사스에 기반을 둔 베트남 망명자들이 만든 매우 작은 정당인 '베트남 인민당'의 베트남 내 대표는 침례교 목사인 홍쯩Hong Trung이다. 불교도들도 반체제 운동에 중요한 몫을 했는데, 금지령을 받은 베트남 통합불교 교파Unified Buddhist Church of Vietnam: UBCV가 좋은 사례다(UVCB에 대해 더 상세한 것은 제10장 참조). 그러나 다시 말하지만 주류 사회에서 반체제적 성향으로 따돌림 받는 신세가 된다는 것은 그들이 다른 일반 국민에게 영향력을 미칠 계시의 기회가 최소화된 것이다. 기독교인과 비종교인 반체제 인사들로서 대의에 대한 신념은 그들이 계속 버텨나가는 힘이 되었을지 모르지만, 그 신념이 그들을 더 넓은 사회로부터 격리시키고 있었다.

2006년 9월까지도 레티꽁냔은 앞으로 겪게 될 난관을 전혀 예상하지 못했다. 그러나 사태가 급속히 악화되어갔다. 심문, 회유 또는 동료들을 통한 압력이 효과가 없자, A42는 협박을 선택했다. 그녀는 10월에 노동조합을 결성할 요량으로 진보당의 해외 지지자들이 마련한 회의에 참석하기 위해 바르샤바로 갈 예정이었다. 그녀는 비행기 트랩에 발을 올려놓자마자 저지되었으며 외국 여행을 할 수 없다는 통고를 받았다. 다음날 그녀는 항공권을 바꾸기 위해 오토바이를 타고 가다가 무엇엔가 떼밀려 거의 내동댕이쳐졌다. 그녀는 자신을 공격한 사람들이 A42쪽 사람들이라고 믿었다. 이것은 우발적인 사고가 아니었다. 이후 몇 주 동안 반체제 인사인 팜홍손Pham

Hong Son과 도남하이 역시 오토바이를 타고 가다가 무엇엔가 떼밀려 사고를 당했다. 이 같은 압력에도 불구하고, 그해 10월 20일에 공산 베트남 최초로 자주적인 노동조합인 '베트남 독립 노동조합Independent Labour Union of Vietnam'이 결성되었다. 그러나 반체제 인사들이 조합원들의 의견 차이를 좁히기 위해 어떤 역할을 하지 않았다는 표시로 10일 후에는 베트남 제2의 자주적인 노동조합인 '연합 노동자 및 농민 협회United Workers' and Farmers' Association: UWFA'(이하 UWFA)가 결성되었다. 이들 두 라이벌 노동조합 중 UWFA가 더 강력한 생명력을 갖고 있었다. 이 조합의 설립자인 응우옌만호아인Nguyen Tan Hoanh과 쩐티항Tran Thi Hang은 이미 잠적하기 이전에 파업을 모의한 적이 있는 기존 운동권 인사들이었다.

UWFA 창립자들은 대중 앞에 나타나기 전 약 1년 동안 미국의 베트남 망명자 단체들 중 한 단체와 교류를 해왔다. 그 단체는 훗날 당비단Dang Vi Dan, 즉 '베트남 인민당Vietnam Populist Party: VPP(또한 For the People Party로도 알려져 있다)으로 발전했으며, 한동안 이들 두 단체는 서로 협력했다. 그러나 그 후 전략 차이로 서로 멀어졌다. 베트남 인민당의 창설자이며 미국 휴스턴에 근거지를 둔 응우옌꽁방Nguyen Cong Bang은 UWFA 운영자들에게 자세를 낮추고 지하 조직망을 갖추도록 충고했다. 그는 단체에 대해 너무 떠벌리면 베트남 당국을 자극해 체포 선풍을 일으키게 될 것이며 다른 잠재적인 지원자들을 겁먹게 할 것이라고 주장했다. 그러나 UWFA는 다른, 더 공공연한 활동을 하길 원했으며 미국에 기반을 둔 다른 단체, 즉 더 대결적인 자세를 선호하는 인민 민주당People's Democratic Party과 의기투합했다. 한동안 그들은 보안기관의 감시망을 피해 조직망을 충분히 확보했다. 그러나 응우옌꽁방의 예측이 옳았음이 증명되었다. UWFA가 모습을 드러낸 지 6주 만에 지도적인 활동가 열 명이 구금되었다. 남은 사람들이 활동을 계속했지만 2007년 초를 지나면서 이 단체는 지하공작 활동을 하는 작고 고립된 조직으로 변모했다.

블록 8406의 지지자들은 또한 그들의 메시지를 전파하기 위해 지하신문을 발행했다. ≪뚜도응온루언Tu Do Ngon Luan≫(언론 자유)이라는 이 지하신문은 4월 15일 최초의 선언서를 발표한 1주일 후에 발행되기 시작했다. 역시 이를 선동한 이들은 저항적인 가톨릭 신부들인 응우옌반리, 판반로이, 짠띤이었다. 반체제 인사들이 이런 종류의 간행물을 낸 것이 처음은 아니었지만 정기적인 제작 일정을 가진 간행물을 발행한 것은 처음이었다. 어쨌든 그 신문은 잇따른 갖은 어려움을 겪으며 격주로 발행되었다. ≪뚜도응온루언≫은 온라인으로 제공되었기 때문에 내려받고 복사할 수 있었으며 비교적 쉽게 배포될 수 있었다. 몇 가지 이유로 이 신문은 보안기관의 방해를 전혀 받지 않고 제작될 수 있었으며, 뒷날 리 변호사가 구금된 이후에도 동료 저널리스트들이 자유롭게 이 신문을 편집하고 발행했다.

그해 8월 초, 응우옌반다이를 비롯한 하노이 반체제 활동가 다섯 명은 ≪뚜도단쭈Tu Do Dan Chu≫(자유와 민주주의)라는 이름의 또 다른 신문을 만들기로 했다고 발표했다. 그들이 장기적인 사찰 인물이 된 이후 경찰에 매일 보고서를 제출하도록 지시받은 직후였다.[8] 그들의 집은 수색을 당했고 전자기기와 문서 대부분이 압수되었다. 또한 타인과의 회합은 물론 하노이 이외 지역의 여행도 금지당했다. 이 같은 억압에도 ≪뚜도단쭈≫ 창간호가 9월 2일에 발행되었으며 2007년 초 발행 금지를 당할 때까지 다섯 차례 이상 제작되었다.

반체제 인사와 보안기관원은 상호 충돌이 불가피했다. 하노이에서 개최되는 APEC 정상회의 일정이 다가올수록 블록 8406의 지도급 인사들은 점점 더 대담해져갔다. 그들은 UBCV의 반체제 불교도 인사들과의 관계를 더욱 돈독히 했으며 정상회의 개최 한 달 전인 2006년 10월 16일, 이들 두 단체는 1975년 이래 베트남에서 가장 규모가 큰 반체제 운동을 시작했다. '베트남의 민주주의와 인권을 위한 동맹Alliance for Democracy and Human Rights of Viet Nam'이라는 그 이름은 아웅산 수치Aung San Suu Kyi 여사의 '버마의 민주주의를 위한 국민 연맹National League for Democracy in Burma'을 의도적으로 모방한 것이었다. 처음으로 베트남 내 거의 대부분의 반체제 인사들이 서로의 의견 차이를 불식하고 공산당에 대한 공동전선을 펴기로 합의했다. 공산당의 권력 독점에 대한 도전이 분명했다. 다른 때 같으면 정부 당국의 태도가 결코 관용적일 수 없었지만 미국과 호주의 정부 수뇌들이 APEC 정상회의의 참석차 하노이에 속속 도착함에 따라 유력한 용의자들의 검거가 정치적으로 불가능해졌다.

공산당은 APEC 정상회의를 이유로 마냥 손을 놓고 있을 수만은 없었다. 사태를 어떻게 처리해야 할지를 두고 공산당 지도부 내에 의견 대립이 있는 것처럼 보였다. 10월 초에 정부 대변인인 레중Le Dung은 프랑스 통신사인 AFP 기자에게 처음으로 블록 8406의 존재를 인정했다. 그는 "최근 일부 사람들이 민주주의라는 꼬리표를 그릇된 이론으로 오용해왔다. 그들은 베트남의 정세를 오도하고 조작해왔으며 베트남 국민의 정당한 열망을 거역했다"라고 말했다. 그러나 그로부터 1주일 후, 공식 회견에서 당의 태도가 바뀌었다. 레중 대변인은 민주주의의 오용에 대한 말을 반복하기 전에 "우리는 이 블록 8406을 인정하지 않는다"고 말하면서 발언을 시작했다. 그것은 마치 그의 상관들이 베트남 내에 조직된 반대파들의 존재를 인정하는 것이 더 좋다고 생각하는 것처럼 비쳤다.

반체제 인사들이 일반 국민들을 선동하려 들거나 거리에 나가 대중의 주의를 끌려고 하지 않는 한, 비밀스러운 인터넷 채팅방을 통해 그들이 채

팅할 수 있게 그냥 내버려두는 것이 좋다고 생각하는 중대한 의견을 가진 사람들이 공산당 지도부 내에 존재하는 것으로 보였다. 전직 총리인 보반 끼엣은 훗날 BBC 베트남 특파원에게 베트남의 정치에 대해 "다른 견해를 가진 사람들"과의 대화를 당국이 피해서는 안 된다고 말하고, "대화는 공정하게 이루어져야 한다"고 덧붙였다.[9] 그러나 당내에는 이런 유화책에 절대 반대하고 더 엄정한 조치를 취해야 한다는 사람들도 있었다. 그들이 취한 양보는 반체제 인사들을 체포하지는 않지만 어떤 방법으로든 다가오는 APEC 정상회의에 혼란을 주지 않게 철저한 조치를 취하는 것이었다. 보안기관은 회의 기간 내내 하노이에 거주하는 거의 모든 반체제 인사들이 집 밖을 나오지 못하도록 사실상 바리케이드를 쳤다. 레티꽁냔은 심지어 마약 밀매 혐의로 기소된 영국계 베트남 여성의 변론에도 나갈 수 없었다. 영국 대사관의 강력한 항의도 소용이 없었다.

반체제 인사들의 아파트 주변에는 대규모 경찰 병력이 배치되었으며 외국인들의 접근 금지, 그 지역에 대한 사진촬영 금지 조치가 내려졌고, 반체제 인사들의 집 전화는 모두 불통되었다. 그들에게 전화를 거는 누구든 이 전화번호는 '가입자의 요청'에 따라 일시 정지되었음을 알리는 사전 녹음된 메시지를 들었다. APEC 정상회의가 개최되기 몇 달 전에 반체제 인사들 사이에서 각국 대표들이 알 수 있게 시위를 준비하자는 말들이 있었다. 즉각 당국의 대응 조치가 취해졌고 시위는 전혀 일어나지 않았다. 정상회의 취재차 온 몇몇 외국인 기자들은 반체제 인사들을 만나려고 시도했지만 아무도 뜻을 이룰 수 없었다.

자주적인 노동단체인 '연합 노동자 및 농민 협회UWFA' 회원들도 억류되었고, 그 같은 강경 조치를 나타내는 현저한 사례들 중 하나는 DP(XXI)와 관계가 있는 변호사인 부이티낌타인Bui Thi Kim Thanh은 남편의 승인 아래 강제로 정신병원에 입원 조치된 것이다. 그녀의 남편은 아내가 재산을 빼앗긴 농부들을 돕는 운동을 벌이는 것을 못마땅해 하던 차였다. 호찌민 시에서 취조를 한 후에 경찰은 그녀를 현지 정신병원에 입원시켰지만 의사들은 그녀에게서 어떤 정신적 이상도 발견할 수 없었다. 그래서 당국의 뜻에 맞춰 고분고분하게 진단을 내리는 비엔호아Bien Hoa 중앙 정신병원에 강제 입원하게 되었다.

이런 모든 반체제 활동에 대한 현지 외교관들의 태도는 광범위한 정치적 상황에 대한 고려 때문에 책잡히지 않은 언동을 하고, 그리고 권위주의적인 국가에서 외교 업무를 수행해야 하는 어려움 때문에 제약을 받는 복합적인 것이었다. 일부 외교관들은 몇몇 비밀회합이 발각되었다는 소문이 났던 이전의 충돌 후에 반체제 활동을 돕는 핵심 인사로 의심받아 혼이 난 적이 있었다. 이때 그들은 베트남 정부로부터 엄중한 항의를 받았으며 정부 고위 관리들에 대한 접근 기회가 축소되었다. 예컨대 진보당이 설립을 알리는 편지를 모든 외국 대사관에 보냈을 때 오직 한 곳(스페인 대사관)으로부터만 답장을 받았다. 다른 대사관들은 또 다른 구설수에 오를 위험 부담을 원치 않았다.

그러나 외교관들이 갖는 더 큰 의문은 반체제 인사들의 활동이 과연 그들이 희망해온 안정적인 민주국가로의 단계적인 진행에 도움이 되는 것인지 해를 끼치는 것인지 알 수 없다는 점이었다. 늘 인권 타령을 해온 일부 외교관들 ― 대부분 부유한 국가들의 외교관들 ― 은 베트남의 국가 안정에 더 큰 관심을 보였다. 사실상 모든 유럽 지역 대사관들은 현존 시스템 ― 국회, 정부 각 부처, 감사원, 관제 노동조합 등 ― 의 입맛에 맞는 협력 프로그램에 자금 지원을 해왔다. 그들 모두는 이러한 지원이 단계적으로 베트남을 더 개방적인 시스템으로 질서정연하게 변화시키는 데 도움을 줄 것이라는 희망으로 그렇게 해온 것이며, 반체제 인사들에 대해 목소리를 내는 것은 시스템 내의 자체적인 '개혁' 작업에 위해를 끼치게 될 것이라는 강한 믿음이 있었다. 동시에 반체제 인사들의 활동이 당국자들을 더 불안하게 만들어 당국의 정치권력 장악이 느슨해지는 것을 꺼린다는 강력한 시각도 있었다. 외신 기자들이 당시 베트남 주재 미국 대사인 마린Michael Marine에게 이에 관해 질문했을 때 "그것은 곤란한 질문이군요……. 어느 정도까지는 (공산당) 중앙위원회도 사회의 토론 공간을 넓히는 것이 이 나라를 더 강력하게 보이도록 할 것이라고 믿을 것입니다"[10]라고 답했다. 그런데 그는 계속해서 블록 8406을 '진정한 애국자들'로 묘사했다. 이는 베트남 정부를 격앙시켜 정부 대변인으로부터 격렬한 비난을 유발할 언급이었다.

이와는 달리 몇몇 대사관 — 특히, 서구 국가로서는 제일 먼저 외교 관계를 수립했기 때문에 베트남 정부와 매우 돈독한 관계를 유지하고 있는 스위스와 스웨덴 대사관 — 은 개인의 인권에 각별한 관심을 보였다. 그들은 인권 옹호와 반체제 인사들의 정치적 목적을 지지하는 것을 뚜렷하게 구별했다. 비록 공식적인 노선은 어떤 정치범도 있어서는 안 된다는 것이었지만 그들의 접근법에는 현실주의가 도사리고 있었다. 그들은 1년에 두 번 시행되는 국가주석 특사 때 두서너 명의 정치범을 석방시키길 희망하는 몇몇 핵심적인 사례에 초점을 맞추기로 했다.

✦ ✦ ✦

당국의 편집증이 전적으로 잘못된 것은 아니다. 미국에 기반을 둔 여러 망명 반체제 열성분자들은 주기적으로 베트남의 봉기를 부추기는 무모한 계획들을 꾸며왔다. 그들의 계획은 베트남 보안기관의 제어 능력과 조국에 대한 베트남 국민 대다수의 애국심을 과소평가한 것이었다. 사실 대부분의 베트남 국민은 살림살이가 향상되어가는 것에 비교적 만족해하며 사회주의 공화국의 충성스러운 시민으로서 매우 행복해하고 있다. 그러나 먼 옛날의 시각을 갖고 있는 망명자들은 이는 필시 선전·선동의 결과이며, 만약 베트남 정부의 언론 옥죄기만 저지할 수 있다면 공산당 정권이 쉬이 무너질 것으로 제멋대로 확신했다. 2006년 캘리포니아에 근거지를 둔 '자유 베트남 정부Government of Free Vietnam: GFV'(이하 GFV)라는 한 단체는 남부 베트남 라디오 방송국들의 주파수를 강탈하려는 복잡한 음모를 꾸며 정부 전복을 시도한 것으로 드러났다.

GFV는 미국에서 '작은 사이공'으로 유명한 가든 그로브에서 전직 선원인 응우옌후짜인Nguyen Huu Chanh에 의해 1995년 결성되었다. 이 단체의 지도부에는 1975년 이전 베트남 공화국 정부의 고위 관리들도 포함되어 있었다. GFV는 당초 공산당 정부를 무력으로 전복해야 한다고 주장했는데, 베트남 정부는 2000년과 2002년에 런던, 캄보디아, 필리핀, 타이 주재 베트남 대사관에 폭탄 공격을 획책한 장본인으로 응우옌후짜인을 지목했다. 이 단체는 2001년 9·11 사건 이후 공식적으로 폭력을 포기했다.

GFV는 캄보디아에서 입양·구호단체를 조직해 무선송신기 부품 밀수에 이용하고 적어도 네 사람의 현지 후원자를 물색하느라 무척 애를 썼다. 그 음모에는 베트남 출신의 미국 시민 세 명이 포함되어 있었는데, 특히 플로리다에 근거지를 둔 공화당 행동주의자인 응우옌트엉꾹Nguyen Thuong Cuc(그녀의 결혼 이름인 꾹포시Cuc Foshee로 알려지기도 했다)도 있었다. 그들의 계획은 모두 실패로 끝났다. 베트남 경찰이 모든 음모자를 일망타진한 것이다. 요행히도 그들은 미국 의회가 베트남과의 영속적 정상무역관계PNTR(이하 PNTR) 지위를 승인할 것인지 고심하던 2006년 말에 재판에 회부되었다.

PNTR의 승인을 차단하겠다고 위협하는 플로리다 출신 공화당 상원의원인 멜 마르티네즈Mel Martinez로 인해 판사는 어떤 판결을 내려야 하는지를 알고 있었다. 이 베트남계 미국인들에겐 전에 없이 관대한 징역형 — 그들이 이미 구금되어 복역한 시간에 상당하는 — 을 선고했으며, 재판 후 즉시 방면되어 국외로 추방되었다. 상원의원 마르티네즈는 거부권을 철회했고 PNTR은 통과되었다. 그 음모에 가담한 베트남 본토인들은 감옥에 남아 형기를 채우고 있다.

그러나 더 끈기 있고 현실적인 계획도 대실패로 끝날 수 있었다. 꽁타인도Cong Thanh Do는 캘리포니아에 사는 또 다른 전직 선원이었는데 그는 쩐남Tran Nam이라는 별명으로 팔톡 같은 채팅 룸과 스카이프Skype 같은 인터넷 전화 서비스를 이용해 베트남 내에 반체제 활동가들의 조직망을 구축하느라 5년을 보냈다. 2004년, 그는 비밀리에 '연합 노동자 및 농민 협회UWFA'의 지도부를 비롯한 몇몇 반체제 인사들을 끌어들여 인민 민주당Peoples' Democratic Party: PDP을 창당했다. 그는 거의 혼자서 이 작업을 했으며 가족들에게도 자신이 무슨 일을 하는지 이야기하지 않았다. 그가 온라인으로 의사소통을 한 다른 망명자들도 그의 실제 이름을 몰랐다. 그러나 2006년 8월 14일에 그가 판티엣Phan Thiet의 남부 해변 리조트에서 체포되어 호찌민 시의 미국 영사관을 폭파할 음모를 꾸민 혐의로 고발되었을 때 비로소 국제적인 주목을 받게 되었다. 그의 가족들이 꽁타인도가 어떤 결혼식에 참석하고 있다고 여겼을 때, 실제로 그는 개인적인 지하 조직망과 접선하려 애쓰고 있었던 것이다.

고발당한 후 며칠 만에 그와 여섯 명의 신입 당원들은 기소되었고 5년 간의 노력이 무위로 끝났다. 테러리스트 혐의는 미국 정부의 시각으로는 꽁타인도를 의심하기에 충분했지만 베트남 보안기관이 그것을 입증할 만한 어떤 증거도 제시하지 못하자, 그의 혐의는 반정부 정보 유포로 변경되었다. 한 달 동안 구금된 후 그는 국외로 추방되었다. 그로부터 8개월 후 호찌민 시의 인민 법정에서 베트남 내 꽁타인도의 인민 민주당 지도부 — 당의장인 의학박사 레 응우엔 상Le Nguyen Sang, 언론인인 후인 응우엔다오Huynh Nguyen Dao, 그리고 변호사인 응우엔박쯔루엔Nguyen Bac Truyen — 가 공산주의 베트남 정부를 헐뜯는 선동을 한 혐의로 각각 5년, 4년, 3년 징역형 선고를 받았다. 인민 민주당은 베트남에서 절멸되었다.

☆　☆　☆

2007년 초 부시 대통령이 임기를 마치고 귀향하고 베트남의 WTO 가입이 순조롭게 성사되자 곧 베트남 당국은 모든 외교적 항의를 묵살한 채, 미국의 국제인권감시단체가 훗날 '20년 이래 온건한 반체제 인사들에 대한 가장 가혹한 탄압 중 하나'라고 지칭한 조치를 취했다. 당내에서도 반체제 인사들을 조심스럽게 다루어야 한다는 목소리가 있긴 했지만 당국은 못 들은 체했다. 반체제 인사들 역시 무리하게 설치는 측면이 있었다. 아마도 반체제 인사들은 자신들의 선동에 확신을 갖기 시작하고, 실제로 현 체제에 반대하는 사람들을 위해 거대한 공간을 만들고 있는 것으로 믿기 시작했던 것 같다. 그들은 더 똘똘 뭉쳤다. 진보당과 인민당은 동맹을 맺어 락홍 그룹Lac Hong Group을 만들었다. 그러나 그들은 안전한 가상공간의 경계를 벗어나 국민들에게 직접 메시지를 전하려는 위태로운 시도를 하기 시작했다.

다이 변호사와 꽁냔 변호사는 자신들에 대한 당국의 박해를 하노이 대학생들에게 인권 훈련을 시키는 계기로 삼으려 했다. 다이는 지역 감시원의 충고, '인민 법정', A42의 경고를 무시하고 반정부 활동을 계속했다. 그는 미국의 몽따냐 재단Montagnard Foundation에서 보내준 자료를 배부할 정도로 무모해졌다. 몽따냐 재단은 베트남의 중부 고원지대에 사는 소수민족을 인종차별한다는 이유로 베트남 정부를 비난하는 광신적인 반공산주의 단체였다. 다이는 한편으로는 불교 측 반체제 인사들과 동맹을 맺고 다른 한편으로는 몽따냐 재단과 친교를 맺었다. 아마도 그가 복음주의 기독교인이었기 때문이겠지만 의도적으로 당국을 조롱하는 것처럼 보였다.

경찰은 2007년 2월에 두 번째로 열리는 인권 훈련 행사를 분쇄하고 다이와 꽁냔 변호사를 체포했다. 그 행사장에 참석한 학생들은 이 행사를 주관한 이 두 변호사를 역적으로 매도하도록 종용받았다. 두 변호사는 조사를 받고 풀려났다. 한 달 후 그들은 반국가 선동 혐의로 재판에 회부되었다. 이후 3개월 동안 블록 8406의 지도부, 진보당, 인민 민주당 및 연합 노동자 농민 협회 지도자들이 투옥되고 이들 단체는 조직적으로 와해되었다. 민주당은 본래의 토론 그룹 역할로 되돌아갔으며, '민주주의와 인권을 위한 동맹'은 있으나 마나 한 것이 되어버렸다. 한데 중요한 것은 모든 사람이 다 체포되지 않았다는 점이다. A42는 표적을 조심스럽게 선택한 것으로 보인다. A42가 추적하는 사람들은 스타였고 평범한 사람들이 아닌 어떤 종류의 프로필을 취득한 사람들이었다. 그들은 또한 해외 활동가들과 함께 일을 하고 자금 지원을 받는 국제적인 연줄이 있는 사람들이기도 했다. 언론은 "머리를 잘라 뱀을 죽이는 법칙"이라고 이야기했다. A42는 이처럼 특정한 개인들을 표적 삼아 체포하는 법칙에 따라 행동한 것으로 보였다.

2007년 3월 30일, 후에 시의 리 신부와 진보당 창건자들에 대한 재판은 리 신부가 자신이 지은 반공산주의 시를 큰소리로 읽으려고 시도하면서 주요 국제 뉴스가 되었다. 세계적인 방송국 TV 카메라 앞에서 그가 "베트남의 공산주의식 재판/ 해묵은 추잡한 코미디/ 개코원숭이 무리인 배심원들/ 독재자들의 노예들/ 당신들이 누구를 심판한단 말인가?"라는 시구를 읽어 내려 가자, 사복을 입은 보안관들이 뛰어와 억센 손으로 입을 막아 즉각 제지했다. 이리하여 1년도 못 되어 베트남 반체제 인사들의 이야기는 다시 원점으로 돌아갔다. 후에 시에서 출발한 이 운동은 11개월 후 바로 그 시의 법정에서 분쇄되었다. 리 신부가 법정에서 읽은 시는 블록 8406의 운명에 대한 적절한 은유가 되었다. '검열'을 통상적인 베트남어로 빗미엥bit mieng 이라 한다. 글자 그대로 해석하면 '입을 막는 것'이다.

❉   ❉   ❉

그리고 그것은 바로 블록 8406의 종말을 의미했다. 돌아보건대 2006년에 반체제 인사들이 왕성하게 활동할 수 있었던 것은 특별한 기회의 소산으로 보인다. 바로 국제적인 반작용 가능성을 염려한 당국의 의도적인 '불간섭' 정책 때문이었다. 반체제 인사들은 그들 나름대로 최선의 노력을 했음에도 작은 고립 단체의 범위를 벗어나지 못했다. 블록 8406이 전국에서 기껏해야 2000명의 공개적인 지지자들을 얻은 것이 고작인데, 베트남 인구로 계산하면 4만 명 중 한 사람 꼴이다. 그들이 자신들의 활동을 폴란드 결속 연대Solidarity와 관념적으로 비교한 것은 대상을 잘못 고른 것이었다. 1980년대에 폴란드 경제가 침체기였던 반면, 2000년대 초 베트남 경제는 성장하고 있었다. 폴란드의 결속 연대는 천주교회가 배경이었지만 베트남에선 그에 비견되는 대중적인 지지가 없었고, 양쪽의 행동가들도 같을 수가 없었다. 베트남의 경우 수도의 변호사들이 주축이 되었는데 이들이 폴란드의 수많은 조선소 노동조합원들의 몫을 당연히 해낼 수가 없었던 것이다. 그들은 동일한 사회적 뿌리를 갖고 있지도 않았다. 비교한다면 베트남은 폴란드 쪽보다는 체코슬로바키아 쪽에 더 가까웠다. 헌장 77 Charter 77로 알려진 체코슬로바키아의 반체제 운동 그룹은 1989년 마침내 공산당 지도부가 물러날 때까지 주민 대부분에게 알려지지 않고 고립되어 겁 없이 말하는 지식인들로 구성되어 있었다.

그러나 베트남의 2007년 단속은 온라인 활동이나 항의를 근절하지는 못했다. 아직도 국내에는 반체제적 정신을 지닌 많은 개인들이 있으며 그들 대부분은 이전의 단속에도 걸리지 않은 베테랑들이다. 그들 중 일부는 조직화되고 있고 일부는 아직도 해외 그룹들과 연계를 유지하고 있다. 아마도 그들은 현 체제를 약화시킬 수도 있는 기반을 계속 구축해왔을 것이다. 인터넷 사용은 계속 확산되고 있으며 보안기관의 집요한 감시에도 불구하고 점점 더 효율적으로 회피하는 기술이 발전하고 있다. 각각 다른 장소에 있으며 다른 배경을 가진 활동가들 사이의 결속이 이루어지고 정보와 돈을 옮기는 메커니즘이 자리를 잡아가고 있다.

반체제 인사들의 또 다른 중요한 성과는 해외로 망명한 반공산주의 행동가들 사이에 변화를 가져왔다는 점이다. 세대교체가 이루어지고 있는 것으로 보인다. 사람들은 이제 가망 없는 혁명 음모에는 관심이 적고 꾸준히 진행되는 평화로운 변화를 더 선호하는 듯하다. '자유 베트남 정부 GFV'와 같은 단체들은 자금력이 있고 잘 조직된 '비엣딴 Viet Tan'에 선수를 빼앗겼다. '비엣딴'은 'GFV'처럼 전직 사이공 정권 구성원들에 의해 창설되었으며, GFV와 마찬가지로 초기 성장기에는 베트남에서 무력 투쟁을 수행했으나 실패했다. 하지만 '비엣딴'은 2004년 9월, 평화로운 운동을 전개하기로 작정하고 대중 앞에 모습을 드러냈다. 이 단체는 많은 베트남 망명자들의 관심을 불러일으켰으며, 이들을 테러리스트 조직이라는 딱지를 붙인 베트남 보안기관과 국영 언론에 공포감을 심어주었다. 그럼에도 이 단체는 지속적이고 자생적인 민주화 운동에 대한 지지층을 구축하고 재원을 마련하기 위해 계속 베트남에 반체제 활동가들을 보내고 있다.

2006~2007년의 사건들이 반체제 인사들과 보안기관 사이에 새로운 일시적 타협을 가져온 것처럼 보인다. 체포되어 감옥에 간 반체제 인사들은 단순히 반체제적 생각만 갖고 있거나 온라인상에서 글이나 쓰는 사람들이 아니었다. 그들은 훨씬 더 의미심장한 방법으로 — 특히 자주적인 정당과 노조를 만들어 베트남 정치 조직의 독점성을 허물어뜨림으로써 — 공산당의 관용 한계를 넘어서는 행동을 했다. 그들은 또한 베트남 바깥에 근거지를 둔 반체제 행동가들과 훨씬 깊은 수준의 관계를 맺었으며 해외 반공산주의 단체들로부터 자금 지원을 받아왔고 그들의 메시지를 오프라인 세계 — 대학교와 공장, 베트남 거리 — 에 전하려고 했다. 이런 일들을 하지 않은 반체제 인사들 — 초기 선언서에 서명한 사람들 대다수 — 은 경찰에 의해 끊임없이 괴롭힘을 당하거나 심문은 받았지만 감옥에는 가지 않았다.

한때 개혁 요구는 거의 대부분 당에 환멸을 느끼면서도 여전히 고위직에 몸담고 있는 당원들로부터 나왔다. 이제 규모가 작은 도시 전문직 계층에서도 그러한 요구가 흘러나오고 있어 개혁을 원하는 계층의 범위가 넓어졌다. 하지만 그들이 더 폭넓은 대중의 지지를 받을 공산은 그렇게 커 보이지 않는다. 그들은 외국인들과 음모를 꾸미고 해외 베트남인들로부터 재정 지원을 받음으로써 국내에서의 신뢰성을 훼손했다. 그러나 미래에 무슨 일이 일어날지 누가 알겠는가? 베트남 경제가 성장하는 한 당은 안전할 것이다. 그러나 만약 사회가 불안정해지고 환멸이 점점 커져가면, 반체제 인사들의 메시지가 주민들의 큰 부분에 영향을 미칠 때가 올 것이며 그때는 당이 그들과 어떤 종류의 화해를 모색하지 않을 수 없을 것이다.

7

예리한 칼날,
그러나 지나치게 날카롭지는 않다
A sharp knife, but not too sharp

한 무리의 남자들이 느긋하게 하노이 식물원을 거닐며 즐거운 시간을 보내고 있다. 교육과정 이수 중에 잠시 휴식을 위해 나온 사람들이다. 때는 12월, 날씨는 차가웠지만 부르릉거리는 도시교통의 소음으로부터 식물원이 약간의 휴식을 제공해준다. 도시교통은 이들의 생업과 직결된 것이다. 그들은 도시교통을 통제하는 일에 종사하며 대부분은 업무 과정에서 월급 외에 상당한 부수입을 올리고 있다. 하노이의 교통경찰은 악명이 높다. 약간의 어떤 교통 위반도 비공식적인 거래 없인 선처를 바랄 수 없으며, '벌금'을 받고 영수증을 떼는 일도 없고, 그것을 요구하는 일도 없다. 그러나 이들 중 일부는 노상의 뇌물 행위보다 훨씬 큰 범죄를 예사로 저지른다. 그들은 베트남의 최근 역사에서 가장 큰 부패 스캔들의 핵심에 들어가야 할 사람들이다. 경찰청 C14 소속 간부들이 부이꽝훙-Bui Quang Hung 이라는 교통 경찰관을 심문했는데 8월 말에 이 사람이 심각한 범죄행위인 축구 경기를 이용한 불법 도박을 저지르고 있다는 익명의 편지를 받고 나서였다. 2005년 12월 13일 식물원의 큰 나무 아래서 홍과 그 일당을 급습해 체포했지만 그 파문이 광범위하게 일기 시작한 것은 그로부터 몇 개월 후였다.

그 스캔들은 공산당이 제10차 당대회를 위한 마지막 준비를 하던 바로 그때 불거졌다. 당은 국민의 의견을 수렴해 보이는 일에 최선의 노력을 경주해왔으며, 국민의 가장 큰 관심사는 부패였다. 국민들은 비단 교통경찰의 부패 같은 것뿐 아니라 현 사회상에 분노하고 있다. 그들은 부자들과 관련 인사들이 수뢰와 상납을 통해 점점 더 부유해지고 있다고 생각한다. 그래서 베트남 노동조합연맹이 발간하는 신문인 ≪라오동 Lao Dong (노동)≫이 1월 16일, 경찰관 홍의 체포가 유럽 축구 경기에 최소한 180만 달러 치의 도박판을 벌인 한 국영 회사의 사장에 대한 수사로 이어졌다고 보도했을 때 분노의 여론이 들끓었다. 이후 며칠간 다른 신문들의 더 상세한 폭로가 이어졌다. 하노이 경찰청이 발행하는 신문인 ≪안닌뚜도 An Ninh Tu Do (수도 치안)≫가 그 내막을 상세하게 보도했다. 홍의 컴퓨터에서 나온 증거에 따르면 영국 프리미어 리그의 맨체스터 유나이티드와 아스날의 경기에 32만 달러, 스페인의 바르셀로나와 레알 베티스의 경기에 26만 8000달러라는 거액을 건 것으로 드러났다. 그렇다면 그 물주는 과연 누구였을까? 바로 베트남에서 가장 자금력이 뛰어난 개발 회사인 '프로젝트 매니지먼트 유니트 18'(약자로 PMU18) 사장인 부이띠엔중 Bui Tien Dung 이었다.

PNU18은 베트남 교통부가 발주하는 도로 건설공사를 수주하기 위해 1993년에 설립되었다. 이 회사는 그 후 13년간 약 20억 달러 치의 건설공사를 수주했는데 이들 공사는 부분적으로 베트남 정부는 물론 세계은행, 일본과 유럽 국가들의 자금 지원 아래 시행되었다. 이 회사는 일부 매우 중요한 도로와 교량을 건설했지만 알려진 것 가운데는 교통부의 고위 관리들이 공사 수주를 대가로 거액을 상납 받아 자동차를 사고 방탕한 생활을 즐겼다는 얘기도 있었다. 그들은 식물원에서 체포될 때까지 용케 걸리지 않고 불법을 자행할 수 있는 것처럼 보였다. 그러나 이제 그들의 숨겨진 세계가 적나라하게 드러났다. 이후 4개월 동안 언론과 온 나라가 이 스캔들에 모든 에너지를 소모했다. 그들은 피고들의 혐의와 음란한 사생활 내면까지 시시콜콜 까발렸다. 특히 두 신문 — 《뚜오이째Tuoi Tre》와 《타인니엔Thanh Nien》 — 은 그 사건을 계속 1면에 대문짝만하게 다루어 발행 부수를 대폭 늘리는 호기로 삼았다. 아마도 이때가 사회주의 베트남의 저널리즘 역사에서 가장 자유로운 시기였던 것 같다.

이들 신문의 독자들이 보기에는 PMU18이 권력자와 매우 강력한 어떤 연줄이 있는 것이 분명해 보였다. 문제는 그 부패가 얼마나 멀리 진행되었느냐는 것이었다. 이에 대한 대답이 그해 3월 21일에 나올 뻔했다. PMU18의 전 사장이며 교통부 차관으로 영전했던 응우엔비엣띠엔Nguyen Viet Tien이 소환되어 심문을 받은 것이다. 신문들은 사전 제보를 받았고 그 추이와 내막을 화려하게 보도했다. 4월 말, 청년연합 호찌민 시 지부가 발행하는 《뚜오이째(청년)》는 독자들의 편지와 국회의 개혁 성향 의원인 즈엉쭝꾸옥Duong Trung Quoc의 특별 기고문을 게재했는데, 띠엔의 상사인 교통부 장관 다오딘빈의 사임을 요구하는 것이었다. 예전 같으면 이 같은 요구는 상상도 할 수 없는 일이었다. 다른 신문들, 특히 베트남 청년동맹(청년연합을 포함해 모든 청년 조직들의 상위 기구)이 발행하는 《타인니엔(젊은이)》이 이에 가세했다.

공산당 당대회가 개최되기 딱 2주 전인 4월 4일, 빈 교통부 장관이 사임했다. 다음날 띠엔이 체포되어 친척 농장으로 들어가는 도로 4마일을 건설하기 위해 국고를 사용한 혐의와 한 교량 공사에 의도적으로 200만 달러의 비용을 추가로 들인 혐의로 심문을 받았다. 고위 정치인 두 명의 옷을 벗게 한 신문들은 심지어 보도 방침을 더 큰 물고기를 낚는 데 두기 시작했다. 4월 13일, ≪띠엔퐁Tien Phong (개척자)≫(청년연합 중앙위원회에서 발행)은 행정부 - 총리실 - 의 부패상을 보도했다. 이 신문은 하노이에서 가장 호화로운 호텔 가운데 하나인 멜리아Melia 호텔에서 부이띠엔중이 체포되기 5일 전에 중의 사업 동료가 주관한 점심식사 장면을 상세하게 보도했다. 그 점심식사의 참석자는 총리실 실장인 도안마인자Doan Manh Gia, 부실장인 응우옌반람Nguyen Van Lam 그리고 공안부 조사국장인 까오응옥오아인Cao Ngoc Oanh 육군 소장이었다. 응우옌반람은 이미 부패 혐의로 곤경에 처해 있던 참이었다. 신문들은 3년 전, 람이 하노이 공항에서 각각 1만 달러를 넣은 봉투 열 개가 든 가방을 실수로 놓고 간 적이 있음을 독자들에게 상기시켰다. 신문들은 람의 처남 둘이 PMU18 사장의 동업자들이었다고 보도했다. 이 같은 추문이 있었음에도 람은 한동안 정부 반부패처 처장으로 있었다. 이 모든 정보는 경찰 조사에서 나온 것이었다. 엘리트 사이의 충성과 의리가 완전히 고장 나 많은 사람들에게 오물이 씌워졌다.[1] 그 폭로가 있은 후 오아인 소장은 혐의를 일체 부인했지만 당대회에서 사의를 표명했다. 그것은 그의 이력에 큰 오점이 되었다. 그런 일이 없었다면 그는 장차 공안부 차관이 되었을 것이다.

4월 16일 그러나 마침내 신문들이 일정한 선을 넘어서고 말았다. ≪타인니엔≫지가 몇몇 더 많은 인사들에게 재앙을 가져다줄지도 모를 기사를 게재한 것이다. 하지만 이번에는 그 보도가 언론계 자체의 재앙이 되었다. "부이띠엔중, 40명의 뇌물 무마 사건 폭로"라는 제목의 기사에서 이 신문은 처음으로 뇌물을 받은 사람들 중에 '여남 명'의 '중요한 인사들'이 포함되어 있음을 시사했다. 비록 이 신문은 실명을 거론하지 않는 조심성을 보였지만 함의는 분명했다. 즉 이번 뇌물 사건에 최고위 레벨의 인사들까지 관여되었다는 것이었다. 넌지시 암시하는 기사이긴 했지만 이것이 크나큰 정치적인 문제를 야기했다. 신문이 너무 멀리 나가는 바람에 폭로 기사가 거의 종식되고 만 것이다. 신문들의 주요 소식통인 C14 부서 책임자이며 또 한 사람의 육군 소장인 팜쑤언꽉Pham Xuan Quac은 그 기사를 부인했으며 ≪타인니엔≫은 오보에 대한 해명 기사를 실어야 했다. 경찰로부터 신문에 제공되는 정보의 흐름이 고갈되었다.

왜 이토록 민감해졌을까? 베트남 신문에는 한 번도 보도된 적이 없지만 고위층들 사이에서는 상식이 되었던 PMU18에 관한 한 중요한 사실에 그 답이 숨어 있는 것으로 보인다. PMU18의 경영자들 중 한 명은 당호앙하이Dang Hoang Hai라 불리는 사람이었다. 하이는 베트남 최고 권력자인 공산당 서기장 농죽마인의 사위이다. 하이는 한 번도 비행으로 비난받아 본 적이 없는 사람이었지만 체포된 교통부 차관인 띠엔의 막역한 협력자로 소문나 있었다. 이런 지위의 사람들이 부패해왔다고 추측하는 것만으로도 ≪타인니엔≫은 베트남에서 언론 자유의 한계를 한참이나 넘어선 것이었다. 셔터가 내려졌다. 당대회가 개최되고 새 지도부가 선출되었다. 이번 스캔들에 연루된 관리들은 승진에서 탈락했다. 당대회 이후 PMU18에 대한 새로운 심층 보도는 거의 자취를 감췄으며 언론은 신임 총리인 응우옌떤중이 취한 반부패 대처 계획을 극찬하는 기사를 대서특필로 보도했다. 하지만 닫힌 문 뒤에서는 그 스캔들을 폭로한 사람들에 대한 조사가 진행되고 있었다. 2006년 12월에 반부패를 기치로 내세운 신임 총리는 정부의 관계 기관들이 신문, 잡지, TV 방송국, 인터넷 사이트에 대한 검열 수위를 높이고 법을 위반하는 사람들을 철저히 단속하라는 지시를 내렸다. 문화정보부MoCI의 한 관리는, 총리의 이번 지시는 이번 PMU18 스캔들에 '아무 죄 없는 사람들'을 끌어들인 '부정확한 보도'에 대한 대응이라고 시사했다. 같은 달 경찰청 C14 부서 책임자이며 신문 기사의 주요 소식통인 꽉 육군 소장은 조용히 그 자리에서 물러났다.

　최초의 폭로 기사가 나온 지 정확히 1년 후인 2007년 1월 19일에 경찰은 공식적으로 그 스캔들에 대한 조사를 마무리 지었다. 한 가지 직접적인 결과는 오아인Oanh 소장이, 그리고 나아가 그날 멜리아 호텔의 점심식사에 참석한 다른 고위 관리들 전부가 그 스캔들과는 무관한 것으로 밝혀진 점이다. 뇌물이 그 점심 메뉴에 들어 있지 않았음을 공식적으로 밝힌 것이다. 그것이 그 사건의 전체적인 방향을 변화시켰다. 3월 22일 경찰은 스캔들을 보도한 기자들을 조사하기 시작했다. 그들의 보도는 어떤 면에선 정확했다고 할 수 있다. 그도 그럴 것이 2007년 8월 7일, PMU18의 사장인 부이띠엔중은 다른 일곱 명과 함께 기소되어 13년 징역형 ― 도박 6년과 수뢰 7년을 합쳐 ― 을 선고받았기 때문이다. 식물원의 교통경찰인 부이꽝홍은 6년 징역형을 선고받았다. 하지만 정치적 바람이 바뀌었다. 최초에 공개된 증거는 8월 말에 ≪뚜오이째≫의 널리 존경받는 두 편집자인 후인손푸옥Huynh Son Phuoc과 꽝빈Quang Vinh의 증언에 따라 기각되었다. 그 후 10월에는 전 교통부 차관인 띠엔이 보석으로 풀려났다. 다음 해 3월에 그에 대한 조사가 연기되었으며, 2008년 5월 7일 그의 당원 자격이 회복되었다. '부패한 관리 띠엔'이 완전히 복권한 것이다.

　5일 후 공안부는 PMU18 스캔들 폭로에 주도적 역할을 한 두 기자 ― ≪타인니엔≫의 국내 담당 편집자인 56세의 응우엔비엣찌엔Nguyen Viet Chien과 ≪뚜오이째≫의 국내 담당 편집자인 33세의 응우엔반하이Nguyen Van Hai ― 를 체포했다. 경찰은 또한 PMU18에 관한 정보 대부분을 제공한 것으로 확인된, 사퇴한 전 경찰청 조사국장인 꽉 소장과 전직 조사국 차장인 딘반후인Dinh Van Huynh

중령을 체포했다. 신문들은 폭발했다. "언론인 희생양", "정의가 우롱당하
다"와 같은 대문짝만한 제목으로 정부의 강공책을 비난하는 1면 머리기사
를 실었으며, 속장은 비판 논설과 구금된 사람들을 칭송하는 글로 채웠다.
한 시사 해설자는 "또 다른 미심쩍은 구석이 있어 그걸 감추기 위한 조치임
에 틀림없다"고 했다.[2] 그러나 3일 후 그 폭풍은 진정되었다. 신문들이 갑
자기 온순해지고 체포 사건에 대한 언급이 사라졌다. 곧 구금된 편집자들
에 대한 징계가 내려졌다. 8월 1일 정보통신부는 두 신문사의 편집 차장들
과 선임 편집자가 해임되었다고 발표했다. 신문의 모반은 끝이 났다. 새로
임명된 편집자들은 정부 방침을 따르는 데 최선을 다했고 전국적으로 한때
추상秋霜같던 신문 논조가 온화하고 단조로운 것으로 바뀌었다.

　2008년 10월 14일 아침, 수십 명의 기자들이 하노이 인민법원 바깥에서
동료인 찌엔과 하이, 전직 경찰관이었던 꽉과 후인의 공판을 기다리고 있
었다. 구금된 두 언론인은 서로 매우 다른 태도를 보였다. 나이가 젊은 하
이는 뉘우치는 기색을 보였고 한때 눈물을 보이기까지 했다. 나이가 좀 많
은 찌엔은 도전적이었으며 자신은 신문기자로서 본분에 충실했을 뿐 추호
도 잘못한 일이 없다고 주장했다. 판사가 특별히 찌엔에게 물었다. "부이
띠엔중이 40명에게 뇌물을 건넸다는 정보는 정확한 것인가"라고 물었다.
이에 대해 찌엔은 "나는 한 사람이 아니라 네 사람에게서 같은 정보를 들
었기 때문에 그것이 정확한 것이라고 믿는다. 나는 이미 관련 테이프를 조
사기관에 제출했다"라고 대답했다.[3] 다음날 판사는 선고를 내렸다. 기자
피고들에게는 "자유와 민주적 권리를 남용해 국가의 이익과 단체·시민의
법적 권리를 침해한" 죄를 물었다. 반성의 기색을 보인 하이는 2년 집행유
예 형을, 도전적이었던 찌엔에겐 1년 실형을 선고했다. 경찰관 피고들은
"의도적으로 국가 기밀을 누설한" 죄를 물었다. 현직에서 물러난 꽉 소장

은 경고형을 받았지만 그 밑에서 차석을 지낸 후인은 1년간의 실형을 선고받았다.

PMU18의 진상은 정확히 알 길이 없을지도 모른다. 그 스캔들에 관한 이야기는 아직도 많은 것이 베일에 가려져 있다. 왜 PMU18이 조사 대상이 되었는가? 축구 경기에 처음 베팅한 인사들에 대한 체포는 우연인가, 아니면 누군가가 그들을 파멸시키기 위해 의도적으로 타깃을 삼은 것인가? 그 사건에 관한 언론 보도에 국민들이 환호했던 것은 쌓인 불만 때문인가? 꽉 소장은 까오응옥오아인 소장을 파멸시키길 원했는가? 다른 사람들이 교통부 차관인 응우엔비엣띠엔을 실각시키려 했을까? 그리고 그것이 사위가 그 스캔들에 연루된 당서기장을 실각시키는 길이라고 생각한 것일까? 뜬소문은 그득한데 진실은 알 길이 없다. 우리가 아는 것이라곤 만약 당서기장의 실각이 목적이었다면 그것을 시도한 사람들이 아주 나쁜 수를 둔 것이라는 것뿐이다. 꽉 소장은 은퇴했고, 오아인 소장과 띠엔 차관은 복권되었으며, 농죽마인 서기장은 여전히 건재하다. 보도에 열을 올린 기자들은 독자들에게 진실을 전하려는 노력에 대한 대가를 톡톡히 치렀다. 2009년 1월 16일 정부는 찌엔이 모범수에 대한 구정 특사의 일환으로 조기 석방되었다고 발표했다. PMU18 스캔들이 처음 불거진 후 정확히 3년 만에 사건은 종결되었다. 마지막으로 역설적인 것은 그 발표가 공안부 차관 중의 한 사람에 의해 발표되었다는 점이다. 그가 차지한 차관 자리는 이 스캔들이 터지기 전에 소장 오아인이 앉기로 예정되어 있던 자리였다.

✦　　✦　　✦

매주 화요일이면 머리가 희끗희끗한 한 무리의 남자들이 응우옌두Nguyen

Du 거리의 식민지 시절에 지어진 웅장한 건물 앞에 모여든다. 응우옌두는 프랑스 식민자들이 하노이 중심가에 남긴 가로街路 중 하나다. 옛 친구들은 서로 악수를 하며 반기고, 이 무리에 새로 들어온 사람들이 소개된다. 그들은 거리의 소음이 잦아지는 틈새를 이용해 한담을 나누곤 한다. 그러나 이 것은 은퇴자 클럽이 아니라 매주 갖는 베트남 언론계 엘리트들 — 약 100명의 편집장들 — 의 모임이다. 기자회견을 하는 것도 아니다. 정보통신부MIC 내 모임으로, 보도가 되지 않고 정기적으로 초대되는 선택된 사람들 외에는 누구도 이 무리에 낄 수 없다. 몇몇 참여자들이 조용히 이의를 제기한 적은 있다. 이곳은 공산당이 언론을 관리하는 곳이다. 화요일에 갖는 이 모임은 공산당의 직접적인 주선으로 마련되며 당내 이데올로기 위원회가 주도했다. 그러나 2006년 이 모임은 베트남이 세계에 보여주려는 새로운 이미지 — 법률에 의해 통치되는 정상적인 국가라는 이미지 — 에 더는 적절치 않다는 생각을 갖게 되어 모임에 대한 주체가 당에서 행정부로 바뀌었다. 그러나 정도의 차는 있어도 동일한 참석자, 동일한 목표의 동일한 모임이다.

일단 모든 편집장이 착석하면 정부의 고위 관리 — 대체로 정보통신부 차관인 도꾸이도안Do Quy Doan — 가 회의를 진행한다. 토론은 거의 없고 비판은 더 말할 것도 없다. 정보통신부에서 나온 사람이 베트남의 신문, 잡지, 라디오, 텔레비전, 웹사이트가 한 주 동안 행한 것들 중 정보통신부가 '부정적인 것'으로 생각한 조항들, 이를테면 이러저러한 발표, 페이지, 기사 제목, 주관 부서(정통부)의 감정을 상하게 한 이유 등을 큰 소리로 읽는다. 이것은 단순히 꾸짖는 수준의 첫 번째 경고다. ≪타인니엔≫과 ≪뚜오이쩨≫가 잘 알고 있듯이 실수가 반복되면 더 가혹한 처벌이 뒤따른다. 편집장에게 담당자를 교체하라는 지시가 내려올 수 있고 휴간, 정간, 심지어 완전히 폐간될 수도 있다. 지시는 계속 한 주 앞서 내려진다. 어떤 이슈가 주요 사건 기사로 좋을 것이며 어떤 것은 좋지 않을 것이라는 등의 지시가 내려지는 것이다. 베트남의 일부 지역에 콜레라가 유행했던 2007년 초에 정보통신부는 화요일 회합에서 콜레라 발생 기사가 관광산업을 해칠 수도 있다고 경고했다. 정보통신부 사람들 중 한 선임자는 그와 같은 사회적 문제점을 기사화하는 것은 당연히 허용해야 하지만 여기에 있는 모든 사람들은 대체로 언론이 "이야기를 너무 부정적으로 쓰지 말아야 한다"는 것을 알고 있다고 말했다.

일부 편집자들은 이 회합의 참석 의무를 면제받는다. ≪냐뎁 Nha Dep(아름다운 가정)≫이란 잡지의 발행자는 화요일 아침 시간을 동업자들과 함께 앉아 무료한 시간을 보내지 않아도 되었다. 그러나 그것이 정부의 지시를 따르지 않아도 된다는 의미는 아니다. 하지만 예상과는 달리 ≪냐뎁≫은 당이 ≪냐뎁≫의 내용에 촉각을 곤두세울 정도로 인테리어 디자인에 대한 기사와 아울러 정치 개혁에 관한 기사를 다룰 위험이 아주 큰 것으로 간주되고 있다. ≪냐뎁≫은 공식적으로 '베트남 문학예술 협회 연합 Union of Vietnam Literature and Art Associations' ─ 이 연합은 다시금 대부분의 '시민' 단체들이 소속되어 있는 당이 통제하는 우산 조직인 베트남 조국전선의 회원 조직이다 ─ 에 등록된 전문가 단체인 '베트남 건축가 협회 Vietnam Association of Architects'가 발행자이기 때문에 인쇄만 할 뿐이다. 베트남에서 법적으로 독립된 언론은 존재하지 않는다. 모든 언론기관은 정부나 공산당의 일부 기관에 소속되어 있다. 공산당과 정부의 '관리 조직'(베트남어로는 꼬꽌쭈꽌 co quan chu quan)을 통해 위로는 당 정치국부터 각 언론기관의 편집장에 이르기까지, 다시 편집자와 기자들에 이르기까지 일련의 공식적인 고리로 연결되어 있다. 이들 고리를 통해 모든 언론인은 쓰고 쓰지 않을 것에 대해 당 지도부에 직접 해명할 의무를 진다. 이것은 당 정치국이 직접 ≪냐뎁≫의 이념적 일탈을 면밀히 조사하고 있다는 의미는 아니지만(아마도 정치국원들이 휴일 별장을 치장하는 것에 대한 조언을 얻기 위해 그것을 읽기도 하겠지만), 이론적으로 이 잡지의 내용 — 다른 발행물에 대한 것과 마찬가지로 — 에 대한 지시를 할 수 있고 일부 삭제를 명할 수 있다는 것이다.

이런 점에서 베트남에는 언론 자유가 없다. 베트남은 '국경 없는 기자회'가 해마다 발행하는 '언론 자유 지수'에서 늘 하위 10위권 안에(세계 전체에서 170위 또는 그 이하) 들고 있으며 북한과 미얀마보다 약간 앞설 정도다. 그러나 '언론 자유'의 결여가 거대한 언론 산업 붐을 막지는 못했다. 그 중거는 베트남 거리의 신문 매점에서 찾을 수 있다. 거기서는 이 나라에서 생산되는 800여 종류의 정기 간행물이나 신문과 잡지가 팔리고 있다. 도이모이 이전 시기에는 신문이라곤 간혹 공산당 중앙위원회의 공식 기관지인 ≪년전Nhan Dan(인민)≫ 하나밖에 없을 때도 있었다. 그로부터 20년이 흘렀고 지금 국내에서 성장한 잡지 산업은 ≪냐뎁≫뿐 아니라 심지어 렉서스 자동차와 롤렉스 시계 광고가 그득한 ≪베트남 골프≫까지 나오고 있다(≪베트남 골프≫는 하노이 인민위원회 스포츠부 산하의 하노이 골프 클럽이 발행한다. 이는 당연히 궁극적으로 당 정치국의 통제 아래 있다는 의미다. 당 정치국은 심지어 골프에까지 통제력을 미치고 있는 것이다). 그리고 표제가 급격히 다양화됨으로써 당이 언론기관에 허용하는 논의의 주제도 다양해졌다. 오늘날 신문과 잡지가 다루는 의제는 10년 전이었다면 전혀 허용하지 않을 것들이다. 부패, 추문, 험담을 현대의 베트남 언론은 별 여과 없이 다루고 있다.

이것이 결코 어떤 의미가 있는 것은 아니다. 도이모이가 시작되고부터 줄곧 당 지도자들은 언론이 개혁 대행자로 활동해주기를 바랐다. 당 정치국은 수많은 국민들이 지방 관리들의 부패와 잘못된 행정 처리에 불만을 갖고 있으며, 정치국이 나서서 그들을 모두 색출해 면관시키고 사태를 바로잡을 능력이 없음을 알고 있었다. 그래서 사실상 정치국은 그런 잘못을 조사하고 적발할 일부 권한을 언론에 맡겼다.[4] 1990년에 새로운 언론법이 제정되었다. 이 법은 특별히 기자에게 정보를 수집할 권한을 주었지만 그것이 활동을 방해하는 족쇄가 되었다. 소련 제국의 붕괴로 원조가 끊기자 곧 언론기관에 대한 정부 보조금이 중단되었다. 신문과 잡지들은 살아남기 위해 적극적으로 상품을 판매해야 했으며 독자들이 실제로 구매하길 원하는 상품을 제시해야 했다. 언론 자유가 보장된 모든 국가에서와 같이 편집자들은 신문이나 잡지를 판매하는 가장 좋은 재료는 범죄 이야기라는 것을 알았다. 그리고 경찰 기관지보다 범죄 이야기를 더 훌륭하게 엮어내는 기술이 필요했다. ≪꽁안타인포 호찌민Cong An Thanh Pho Ho Chi Min(호찌민 시 경찰)≫의 독자들에게는 믿을 만한 소식통에서 섹스와 살인에 대한 르포 기사가 자주 제공된다. 이 신문의 사설 노선은 독자들의 간담을 서늘하게 하면서 아울러 경찰이 나쁜 사람들을 잡아들이고 거리를 안전하게 지키는 권력이라는 것을 확신하게 한다. 이 신문이 베트남에서 판매 부수가 가장 많은 신문으로 성공한 것은 바로 이러한 요소가 잘 혼합되어 있기 때문이다.

한편 한때 거의 독점적인 지위를 누렸던 ≪년전≫은 당과 정부기관의 모든 사무실이 의무적으로 한 부씩 구독하게 하여 그 명맥이 유지되고 있다. 만약 자유 판매에 의해 유지되도록 내몰렸다면 오래전에 거덜 났을 것이다. 이 신문은 거리의 신문 매점에서 찾아보는 것이 거의 불가능하다. 인민들은 ≪년전≫을 읽기 싫어한다. 비단 ≪년전≫뿐이 아니다. ≪꽌도이년전Quan Doi Nhan Dan(육군 신문)≫과 하노이 시 공산당 지부가 발행하는 ≪하노이모이Hanoi Moi≫ 또한 강제 구독에 의해 유지되고 있다. 독자들은 이런 종류의 신문 대신 부패를 파헤치고 위법행위를 폭로하고, 보도의 범위를 확대하는 신문을 선호한다. 독자들이 가장 많이 읽는 3대 신문은 PMU18 이야기를 활발하게 추적한 신문인 ≪뚜오이째≫, ≪타인니엔≫ 그리고 ≪라오동≫이다.

이들 신문이 발행 부수를 크게 늘려가자 혹시 주제넘게 한계를 넘어서지 않을까 하고 당의 언론 담당관이 신경을 곤두세우고 있음을 이들은 알아차렸다. 당은 언론 발전에 세심한 주의를 기울이고 있다. 베트남 정치 생활의 중심지인 하노이 국회의사당 인근의 주로 노란색 페인트칠을 한 빌딩 단지에 위치한 '중추부'의 시각이 그러하다. 그곳에서 대로를 사이에 두고 한쪽에선 고고학자들이 1000년 묵은 성채의 잔해를 긁어내고 있고, 다른 쪽의 단조로운 현대식 오피스 빌딩에선 당의 '선전 선동 및 교육 위원회'('이데올로기 위원회'에서 개명되었다)가 언론이 얼마나 빠른 속도로 변해야 하는지를 두고 논란을 벌이고 있다. 이 빌딩 블록의 인테리어는 서구 도시 교외의 비즈니스 파크 스타일로 꾸며져 있다. 회색 벽지, 카펫과 목공, 그림 없이 밋밋한 금속 엘리베이터, 담배꽁초를 가득가득 채우고 있는 재떨이 등이 호사스러움과는 거리가 멀어 보인다. 사무실 여기저기엔 신문들이 흩어져 있으며, 그걸 정리할 비서들은 거의 보이지 않는다. 당 이론가들은 자신들이 마신 찻잔을 스스로 씻어야 한다. 그러나 풍요의 결핍이 권력의 결핍과 혼동되어서는 안 된다.

선전선동위원회는 화요일 회합을 주최하는 그들의 핵심 역할 하나를 잃었으며, 위원들은 지금 정보통신부에 의해 "법에 따라" 관리되고 있음을 애써 지적한다. 그들은 이 위원회가 당의 언론 정책을 개발하는 싱크탱크일 뿐이라고 주장한다. 그 외에 정부 부서가 정책을 승인받기 위해 머리를 조아려야 하는 부서이기도 하다. 싱크탱크의 위원들 책상 위엔 정부 각 부처와 지방 관청에서 온 지시와 지도를 요청하는 서류들이 수북이 쌓여 있다.

국내 언론들이 각종 이슈에 대해 당의 노선을 따르고 있는지 위원들은 익명의 기사들을 정기적으로 검토한다. 당 조직은 언론계의 모든 보도국까지 영향을 미치며 그것이 왕왕 기자와 독자에 대한 편집자의 책임감과 당원으로서의 의무감 사이에서 갈등을 일으키는 원인이 된다. 모든 편집장들(화요 회합에 참석하는, 공식적인 감독 책무가 있는 사람들)이 공산당원이라고 말하기는 어렵다. 감독 책무는 관리 직책에 있는 대부분의 사람들이 갖고 있는 것이 사실이다. ≪뚜오이째≫의 한 탁월한 기자가 신문사 내의 위계질서를 흐트러뜨리지 않도록 설득한 것도 바로 이 감독 책무이다. "내가 매니저가 되길 원했다면 당원이 되었을 것이다. 그러나 나는 그러길 원하지 않는다. 당원이 되는 데는 적어도 1년, 아마도 2년간의 공부가 필요한데 그것은 매우 따분한 일이다. 당의 역사를 열심히 배워야 하는 일이다." 이 기자에 따르면, 신문사에서 가장 영향력이 큰 인사는 보도국 간사들인데 당원만이 수행할 수 있다. "그들은 1면은 물론 신문의 각 면에 무슨 기사를 실어야 할지를 결정한다"고 그는 말했다.

베트남 '언론법' 제6조의 규정에 따라 각 언론사는 두 개의 서로 모순되는 책무를 수행해야 한다. 즉 "국내와 국제 정세에 대해 올바른 정보를 제공하는 일"과 "선전·선동을 하고 정보를 퍼뜨리고 당의 지시·방침·정책과 국가의 법률을 확립하고 보호하는 데 기여하는 일"이 그것이다. 1986년, 최초로 각 언론사에 '소극주의negativism'를 폭로하라는 지시가 내려진 이후 줄곧 이 같은 상호 모순적인 책무를 둘러싸고 당의 보수파들과 진보적인 언론 사이에 갈등을 겪어왔다. 언론인들은 당의 정책이 진실에 부합할 때만 그 원칙을 완전히 받아들일 수 있다. 만약 그렇지 않을 땐 그 원칙 중 어느 조항을 받아들여야 할지 선택하게 된다. 조항 2를 위배하는 결과가 더 나쁘기 때문에 대체로 베트남 언론인들은 '정직한 정보를 제공하는' 책무로 인해 고통을 받는다.

베트남 공산당 내에는 더 많은 언론의 자유를 부여하고 싶어 하는 사람도 많고 그에 대해 의아심을 나타내는 사람도 많다. 그래서 정책은 이들 두 그룹 모두를 만족시키는 것이어야 한다. 이따금 당은 무슨 일이 일어나는지 알기 위해 개방을 실험해보곤 한다. 그 결과 사태가 걷잡을 수 없는 지경이 될 때 당은 다시금 강공책으로 꽉 조인다. 2006년 제10차 당대회 개최 기간 중에는 분명히 관대한 정책을 폈으며, 대회가 끝난 후에 바짝 죄는 정책을 폈다. PMU18 사건 때 나타난 완화 정책은 당내의 다른 세력이 그들의 라이벌을 제거하기 위해 언론을 이용하려 했던 방침과 관련이 있었다. 그러나 거기엔 더 광범위한 관련 이슈가 있다. 당은 사회를 급속히 변화시키는 과정에서 여론을 관리할 새로운 방법이 필요하며, 더 조이거나 더 느슨하게 한 통제 방법 중 어느 것이 더 좋을지 숙고하고 있다. 장기적으로는 분명히 어떤 종류의 단속적 효과가 있었다. 즉 언론인들이 그들의 방향으로 한발 다가서면 당은 한발 물러났지만, 이전과 같이 멀리 물러난 것은 아니다. 최종적인 결과는 당과 정부에 대해 더 많은 주제 분야와 새로운 보도 방법이 단계적으로 허용되어왔던 것이다.

☆　　☆　　☆

당은 항상 여론을 따라잡으려 애쓰고 있다. 새로운 베트남에서 대부분의 일들이 그렇듯이, 언론은 신중한 정책 입안 과정을 통해서가 아니라 파라오pha rao, 즉 기업인들이지만 일부 사람들이 해적들이라고 말하는 기업 대표들에 의한 '울타리 허물기'를 통해 진화해왔다. 언론인들은 당원일 수도 있지만 또한 언론인으로서 자신의 이해관계를 갖고 있다. 그리고 종종 그 이해관계가 당원 신분보다 우선한다. 베트남의 언론은 이미 어떤 점에서는 서구 자본주의 국가의 언론처럼 행동하고 있다. 이익 추구의 필요성으로 인해 발행 부수 전쟁이 벌어지고, 상대 언론을 흠집 내는 데 열을 올리기도 하며, 더 외설스러운 내용을 게재해 독자들의 시선을 끌려고 한다. 이런 점은 TV 산업에서 가장 현저하다. 내전 종식 후 몇 년간은 오직 하나의 TV 채널이 있었으며 그것만으로도 대중의 TV 시청 욕구를 만족시키는 데 별 문제가 없었다. '베트남 텔레비전VTV'(이하 VTV)은 여느 사회주의 국가의 국영 독점 방송국과 마찬가지로 선전·선동 업무를 기대에 부응해 잘 수행해왔다. 1990년, 채널 수가 두 개로 늘었지만 방영 방식은 개선되지 않았다. 그로부터 10년 후에 VTV는 경쟁자가 생겼다. 이 이야기는 법률이 그것을 시행하는 사람들에 의해 곧잘 왜곡되는 나라인 베트남에서 행해지는 비공식적인 방법을 가장 잘 보여주는 사례에 속한다.

VTV는 '베트남 멀티미디어 코퍼레이션'(혼돈하기 쉽게 VTC로 알려져 있다)이라는 자회사를 설립해 최초로 국영 TV의 하부 조직으로 두었다. 2003년 7월에 이 자회사VTC가 체신부 관할로 넘어갔을 때 거기에 소속된 고위 관리들은 얼마간 큰돈을 벌 기회가 왔음을 알았다. 그것은 체신부의 장기인 송전탑 건설에 의한 돈벌이가 아니었다. 그 대신에 그들에게 굴러온 새로운 자산을 여섯 개의 채널을 가진 완전히 새로운 라이벌 미디어 네트워크를 구축하는 데 이용했다. 그 후 VTC와 VTV 간의 경쟁이 치열했다. 특히 올림픽, 월드컵 축구 및 미스 월드 경기와 같이 큰돈을 버는 호화로운 구경거리의 방영권을 둘러싼 경쟁이 뜨거웠다.

2006년, 비교적 새로운 현상으로 VTV가 미스 월드의 화려한 행렬을 합법적으로 방영할 권한을 샀다. VTV에게는 딱하게도 그해의 미스월드 행사는 수년래 가장 큰 태풍인 쌍산Xangsane이 베트남을 덮쳐 70명의 사망자를 내는 와중에 치러졌다. 사망자들에 대한 애도의 표시로 VTV는 그 행사의 방영을 연기하기로 결정했다. VTC는 그러한 도덕 관념에 별 관심이 없었다. 그들은 홍콩의 스타 TV가 방영한 화면을 몰래 녹화해 재방영하기로 했다. 그러나 사건이 소설처럼 반전되어 VTV는 변호사에게 의뢰해 우선 VTC에 방영 중단을 요구하고, 듣지 않을 경우 보상을 청구하기로 했다. VTC는 잘못을 인정하지 않을 수 없었고 VTV의 요구를 수용했다. 겨우 몇 달 동안에 VTC는 그런 종류의 사건을 두 번이나 일으켰다. 몇 달 전에 VTC는 무단으로 월드컵 축구 경기를 방영한 잘못으로 들리는 말로는 또 다른 라이벌 방송국인 FPT에 45만 달러를 보상했다고 한다.

　TV 경쟁사들 간의 그 같은 싸움은 베트남 미디어 산업에서 상업적 동기가 얼마나 치열한지를 보여주는 것이다. 모든 미디어 회사가 국영인데도 그러했다. 경쟁은 심지어 같은 계열의 자매회사들 간에도 치열했다. 미스 월드 방영 사건으로 인한 VTC의 곤경은 웹사이트인 베트남넷VietNamNet: VNN(이하 VNN)이 신나게 떠벌리는 바람에 더욱 깊어졌다. 두 회사 모두 체신부 산하에 있었다. 이들 두 회사의 경영자들은 각각 상대방 회사를 강력한 라이벌로 생각하고 서로 더 주목받으려 경쟁하는가 하면, 광고 수익과 순익을 두고는 더 격렬하게 싸웠다. 심지어 VNN은 인터넷 TV 방송국을 개설할 때 자매회사인 VTC보다도 VTV와 훨씬 더 협조적인 자세를 보였다.

　VNN의 운영 역시 표절에 의존했다. 그들은 웹을 통해 뉴스 프로그램 방영을 시작했으며 2004년 11월, 정부의 허가도 받지 않고 하노이 케이블 TV 시스템을 통해 뉴스 방송을 했다. 그들은 내부적으로 법을 지키기 위해 그 뉴스 방송에 '종합 정보'라는 제목을 붙였다. VNN의 경영 총책임자는 상관들과 다른 잠재적인 반대자들을 만족시킬 수만 있으면 이 모든 일을 계속할 참이었다. 그러나 법률적으로 어중간한 상태로 살아가는 데는 역시 문제가 있었다. VNN TV의 탐방 기자가 체신부 장관을 인터뷰하러 갔을 때 그 점을 깨달았다. 이 여기자는 이론상 자신의 최고 상관인 이 사람과의 인터뷰가 쉽게 끝날 것으로 생각했다. 그러나 체신부 장관은 어떤 이유에서인지 발언은 하면서도 촬영은 극구 사양했다. 나중에야 기자는 장관이 문제가 생길 경우를 대비해 그런 태도를 보였다는 것을 깨달았다. 만약 그가 뉴스 인터뷰를 하면서 카메라에 얼굴을 비쳤다면, 그는 더 이상 VNN TV가 뉴스 프로그램을 취급하는 회사가 아니라고 주장하지 못했을 것이다. 그는 VNN TV가 허가 없이 뉴스 프로그램 사업을 하고 있음을 아주 효과적으로 증명해주었다. 관계자들은 VNN TV가 비공식적으로 운영되는 것을 이미 알고 있긴 했지만 그 촬영 거절 사건이 실상을 더욱 부각시켜 준 것이다. VNN TV는 3년을 채 넘기지 못하고 문을 닫았다. 공식적으로는 이익을 내지 못해 문을 닫은 것으로 되어 있다. 그러나 충분히 돈을 벌지 못한 것은 이 회사가 방송 허가가 없어 시청자를 충분히 확보할 수 없었기 때문이다. 그리고 똑같이 표절에 의존하는 라이벌들과는 달리 이들이 방송허가를 받을 수 없었던 것은 궁극적으로 그들의 후원자들이 제대로 영향력을 행사할 만한 사람이 아니었기 때문이다.

수익 추구는 간혹 이념적 지시 사항이 포함될 때도 있지만 대체로 모든 다른 고려 사항보다 우선시된다. 때때로 수익을 많이 내는 기업에 대해서는 당이 통제력을 유지하기 위해 안간힘을 쓰기도 한다. 하노이의 지역 TV 방송국들과 특히 호찌민 시의 방송국들은 현재 많은 광고 수익을 올리고 있기 때문에 정부의 보조금을 필요로 하지 않는다. 그들은 보조금을 받지 않는데 왜 정부의 지시를 받아야 할까? 현재까지 그 답은 당의 처벌이 돈에 대한 매력보다 더 강력하다는 것이지만, 그처럼 돈과 처벌로 분할된 충성심은 점점 더 통제를 어렵게 만들고 있다. 상황이 이렇게 돌아가자 부득이 2006년 12월, 총리가 나서서 언론에 대해 더 철저하게 통제를 가하라는 지시를 내리지 않을 수 없었다. 총리는 그 지시를 통해 베트남은 절대로 민간 소유의 언론을 허용하지 않을 것이라고 밝혔다.[5]

그러나 언론사 한 곳은 이미 거의 민간 소유가 되었다. 크게 인기를 끌고 있는 온라인 사이트인 '브이엔익스프레스vnexpress.net'는 과학기술부 산하의 '투자진흥기술공사Corporation for Financing and Promoting Technology' 즉 FPT의 프로젝트로 출발했다. FPT는 고도로 기업가적인 경영으로(보응우엔잡 장군의 전 사위인 쯔엉자빈 박사가 사장으로 있다. 제1장 참조) 당초 직원 13명으로 시작했던 것이 일본과 유럽 회사들과 일련의 IT 아웃소싱 계약을 체결함으로써 이제 수천 명의 종업원을 거느리는 회사로 발전했다. 이 회사는 또한 베트남에서 가장 큰 인터넷 서비스 업체와 텔레콤 회사들 중 하나다. 2001년, FPT는 온라인 뉴스 사이트(브이엔익스프레스)를 개설해 VNN TV처럼 정부의 허가도 받지 않은 채 운영을 계속했다. 처음에 이 브이엔익스프레스는 '인터넷 콘텐츠 공급자'로 분류되었는데 이는 그들이 다른 곳에서 이미 제공된 자료를 모아 단지 공급한다는 의미였다. 사이트 편집자가 심사숙고한 끝에 선택한 이야기들을 제공하고, 이념적인 해설보다는 정보에 치중함으로써 고객 수가 엄청나게 빠른 속도로 늘어났다. 그들의 당초 사업 계획은 1년 이내 고객 수를 20만 명으로 늘리는 것이었다. 그들은 이 목표를 4개월 만에 달성했다. 그리고 사업을 시작한 첫해 말까지 7만 달러의 광고 수익을 올렸다. 이 회사는 베트남에서 정부 보조를 받지 않은 유일한 웹사이트였다. 1년 이상의 로비 끝에 브이엔익스프레스는 마침내 문화정보부의 허가를 받았다. 놀라울 정도로 쉽게 허가를 받은 것이다. 문화정보부는 브이엔익스프레스의 지도력을 보고는 온라인 신문에 관한 사항이나 잠재적인 중요성 따위는 따지지도 않고 허가를 내준 것이다.

브이엔익스프레스가 발전하면서 모기업인 FPT는 그들의 뿌리와는 다른 방향으로 발전해갔다. FPT 보유 주식의 단 8%만이 아직 국가 소유이고, 약 80%는 종업원과 외국 투자가들(미국의 반도체 회사인 인텔의 벤처 캐피털 자회사를 비롯해)의 몫이며, 나머지는 베트남에 뿌리를 둔 투자회사 소유이다. 이리하여 가장 중요한 베트남 언론매체 중 하나가 정부 정책과는 달리 거의 민간 소유가 된 것이다. 그들의 생존은 법보다는 회사 후원자들과 잠재적인 적대 세력(당과 정부의 다른 부서 사람들) 사이의 관계 균형에 달려 있다. FPT는 베트남에서 가장 큰 회사 중 하나가 되었으며 그들의 연줄은 당 지도부와 몇몇 대형 글로벌 기업의 이사회까지 깊이 닿아 있다. 설사 어려운 처지에 놓인다 하더라도 도움을 요청할 원군이 부족한 상태는 아니다. 말썽의 여지가 가장 큰 그들의 자회사인 VNN은 당분간은 어중간한 법적 상태로 존재할 듯하다.

✿　✿　✿

베트남 공산당은 국내에서 성장한 기업인들의 '울타리 허물기'에 대해서는 낙관하지만 외국 언론기관들에 대해서는 분명히 과대망상적인 피해의식을 갖고 있다. 이 나라에 주재하는 외국 특파원과 국제 언론매체는 국내 언론사와는 완전히 다른 종류의 규정에 의해 관리된다. 베트남 정부는 아직도 외국으로부터 전송되는 반갑지 않은 메시지들을 차단하려고 한다. 위성 안테나는 1997년에 중앙 정부기관 청사, 지방정부 청사, 고급 호텔, 라디오와 TV 방송국을 제외하고는 설치가 금지되었다. 외국 TV 방송을 보려면 케이블 방송 시청자로 가입해야 한다. 그러나 베트남 케이블 네트워크를 통해 BBC 월드 뉴스나 CNN 인터내셔널을 시청하는 사람은 누구나 오리지널 방송을 그대로 시청할 수 없음을 알고 있다. 오리지널 방송이 녹화되어 30분 시차를 두고 방영되는데 이 시차는 만약 베트남에 대한 어떤 언급 — 공격적인 경우 — 이나 중국 또는 쿠바에서의 정치적 변화와 같은 '자극적인' 뉴스가 있다면 그것을 지울 충분한 시간을 검열 당국에 주기 위해 필요한 것이다. 그 시차 방송이 없었던 유일한 시기는 2006년 11월 APEC 정상회의가 베트남에서 열리던 때였는데, 아마도 베트남을 방문한 외국의 모든 영향력 있는 인사들이 일반적으로 베트남에서 무슨 일이 일어나고 있는지를 알게 하고 싶지 않았고, 외국 매스컴의 거의 모든 보도가 긍정적일 것이라고 베트남 당국자들이 상당히 확신할 수 있었기 때문이었을 것이다. 이상하게도 베트남 당국의 검열은 유독 뉴스 채널에만 신경을 곤두세운다. BBC 월드 뉴스 수신은 방해를 받는 데 반해, 디스커버리 채널Discovery Channel이 내보내는 베트남 전쟁 때의 미국 무기의 효율성에 대한 다큐멘터리는 호전성을 불러일으키는 것인데도 얼마든지 시청이 가능하다.

해외 신문이나 잡지 역시 검열 대상이지만 베트남 당국이 전자혁명에 대처하는 데는 실패했다. 간혹 베트남의 외국인들은 훼손된 외국 신문이나 잡지를 발견한다. ≪파이낸셜 타임스≫나 ≪인터내셔널 헤럴드 트리뷴≫은 정보통신부가 지나치게 부정적이라고 단정한 기사 위에 은빛 페인트가 뿌려진다.[6] 2008년 4월, ≪이코노미스트≫가 베트남에 대한 부록을 발간했을 때, 베트남 내의 거의 모든 독자는 그 잡지에 무언가 결여되어 있음을 알았다. 부록의 제일 마지막 쪽이 떨어져나간 것이다. 부록의 제일 마지막 기사는 베트남 공산당의 미래를 조망한 것이었다. 정보통신부 검열팀은 베트남에 배포된 각 권의 그 부분을 면도칼로 조심스레 오려냈다. 검열팀이 차단하는 그 기사와 다른 여러 기사들이 웹사이트에서 쉽게 접근할 수 있는 것이라는 점을 감안할 때, 불온한 정보에 대한 이 같은 삭제가 베트남 내에서의 유통을 방지할 것이라는 생각은 터무니없다. 그러나 검열·삭제는 계속되고 있다. 검열 의식儀式이 그 효과보다도 더 중요시되고 있는 듯하다.

정부는 외국 언론기관이 베트남에 대해 무엇이든지 그들이 원하는 대로 보도하고 방영하는 것을 막을 수 없음을 알기 때문에 뉴스 생성 과정의 다른 한쪽인 정보 수집에 제한을 가한다. 언론법에 의해 외국 기자들은 취재 활동을 시작하기 5일 전에 외교부 언론과에 취재 요청서를 제출하게 되어 있다. 언론법에 따르면, 모든 취재 여행, 모든 인터뷰, 모든 전화 취재는 5일 전에 외교부에 신청해 허가를 받아야 한다. 원칙적으로는 만약 어떤 기자가 남부 베트남의 어떤 의사를 방문해 조류독감 발생의 심각성에 대해 문의하려 한다면, 그 대답을 듣기 위해 최소한 5일을 기다려야 하는데 그 5일 동안 조류독감은 전국으로 확산될 수 있다. 베트남에 주재하는 소수의 외국인 기자 모두는 거의 날마다 법률을 위반하고 있다고 해도 과언이 아니다. 그들 대부분이 취업 비자로 이럭저럭 현지 활동을 계속해나간다는 사실은 베트남 정부가 실제로 언론법에 별로 주의를 기울이지 않고 있음을 말해준다. 그러나 그 법은 분명히 시행되고 있다. 베트남의 다른 많은 법률처럼 언론법은 당국자들이 그것을 이용할 이유가 있을 때까지는 무시되고 묵살되겠지만 그것에 영향을 받는 사람들은 항상 그것을 떨쳐버릴 수가 없다.

필자는 몇 번 이 법률을 위반한 경험이 있다. 하노이 주재 BBC 기자로서 취재한 거의 모든 것은 실제로 취재 일선에 나서야 했을 때 끝도 없이 계속되는 공식적인 요식 체계 과정을 거쳐야 했다는 의미에선 불법이었다. 그리고 보도가 WTO에 가입하려는 베트남의 협상이나 외국 지도자들의 공식 방문에 치중하는 한 그 불법적인 취재 행위는 전혀 문제가 되지 않았다. 그러나 보도 방향이 좀 더 '곤란한' 영역 속으로 빗나가는 순간, 외교부 언론과는 진지하게 언론법을 들고 나왔다. 반체제 인사를 만나기로 전화 약속을 한 날, 외교부 언론과로부터 전화를 받았는데 그들에게 필자의 모든 활동을 밝힐 필요가 있다는 점을 일깨워주는 내용이었다. 문제의 반체제 인사의 집에 도착했을 때 보안 요원들의 거창한 환영을 받았다. 그들은 그 곳을 '막 지나가던' 영어에 능통한 학생의 도움을 받았는데 그 학생은 경찰이 필자의 이곳 출현을 반대한다고 통역해주었다. 또 한 번은, 아시아·태평양 정상회의를 앞두고 베트남 당국자들이 거리의 아이들을 하노이에서 내쫓고 있다고 주장하는 필자의 보도에 대해 외교부 언론과장이 정상회의장 복도에서 비자가 문제될 것이라고 큰 소리로 경고했다. 일단 정상회의가 끝나고 베트남이 WTO에 가입하게 되자 반체제 운동에 대한 필자의 후속 보도가 추가로 공식적인 경고를 받았고, 체류 비자를 연장해주지 않는다는 결정이 내려졌으며 2주 내에 베트남을 떠나라는 통고가 왔다.

베트남어 매체를 가진 외국 언론사는 베트남에 상설 특파원을 둘 수 없다. 하지만 최근 베트남 당국은 이 규정에 대한 그들의 태도를 누그러뜨렸다. 베트남 당국은 지금 BBC 베트남국局의 단기적인 기자 파견을 허용하고 있다. BBC 기자들은 베트남에 갈 때마다 경찰이 방문하고 업무를 감시하지만, 틈틈이 비교적 자유로운 취재 활동을 하는 것 같다. 그들이 가장 민감한 논제를 건드리지 않는 한 그러하다. BBC 베트남국의 웹사이트는 지금 베트남에서 가장 중요한 뉴스 공급 기관 중 하나로 꼽힌다. 이 웹사이트는 2005년 국가방화벽에 의해 차단되지 않았으며 지금은 베트남의 어떤 인터넷 사용자든 접속할 수 있다. 현지 언론들이 PMU18 사건으로 인한 해고 선풍과 소송 사건으로 침묵할 때 BBC 베트남어 사이트를 찾는 사람들이 점점 더 늘어갔다. 그 결과 이 사이트에는 국내 기자들이 논란의 소지가 있는 사건을 옛날처럼 파헤치지 못하는 것에 실망한 소식통들로부터 국내의 숨은 이야기에 대한 제보가 점점 더 쇄도하고 있다.

BBC 베트남어 사이트 같은 곳들이 유일하게 선택하는 특정한 이슈가 있다. 가장 놀라운 것 중 하나는 전 총리인 보반끼엣의 서거였다. 그는 2008년 6월 11일, 싱가포르 병원에서 사망했는데 이 뉴스는 온 세계에 재빨리 전파되었다. 그러나 베트남에서는 하루 반이 지나도록 그에 대한 아무런 보도도 없었다.[7] 2006년 9월, 타이 군부가 방콕에서 군사 쿠데타를 일으켰을 때 베트남의 보도 지연은 훨씬 더 길었다. 탁신Thaksin Shinawatra 타이 총리가 실각한 것을 베트남인들이 듣기까지는 며칠이 걸렸다. 사정이 이렇다 보니 베트남 언론들이 어떤 주장을 편다는 것은 솔직히 너무 위험하다. 그 후에 나온 당 지도부의 입장과 충돌하기 십상이기 때문이다. 당 지도부의 입장과 다른 주장을 하면 화요일 회합에서 지독한 비판을 받게 된다. 특정한 사건들은 거의 보도가 되지 않는다. 예컨대 2008년 3월의 티베트 봉기와 2007년 9월의 미얀마에서의 항의 시위는 베트남 국내 언론에서는 마치 그런 사건이 일어나지 않았던 것과 다름없었다. 이런 시기에 베트남인들은 외국 웹사이트로 몰려든다. 당은 국가 방화벽을 거쳐 입수되는 정보를 차단하는 데 크게 관심이 없는 것처럼 보이지만(방화벽에 대해 더 상세한 것은 제4장 참조), 국내 발행은 절대로 허용하지 않는다. 다시 한 번, 검열 의식儀式이 그 효과보다도 더 우선시되는 것 같다.

하지만 검열을 속이는 것은 심각한 문제를 일으킬 수 있다. ≪인텔라시아Intellasia≫는 베트남의 비즈니스 관련 보도를 전문으로 하는 독립 웹사이트다. 2001년에 설립된 이 웹사이트 회사는 두 사람의 호주인에 의해 운영되어왔는데, 회사를 두 곳으로 나누어 한 곳은 베트남에서 직원 14명으로 운영하고, 다른 한 곳은 호주에 근거지를 두었다. 이 회사는 6년 동안 말썽 없이 운영되었다. 하노이 쪽 동업자인 피터 리치Peter Leech는 2007년 6월 말에 당시 문화정보부MoCI(MIC로 되기 이전 약어이다)로부터 웹사이트의 뉴스 기사 중 일부가 '베트남에 대해 나쁜 것'을 이야기하고 있다는 경고 팩스를 받고 처음으로 시끄러운 일이 일어나겠다는 생각을 어렴풋이 했다. 한동안 ≪인텔라시아≫는 여러 소식을 전하는 중에 반체제 인사들에 대한 이야기를 곁들였던 것이다. 이 반체제 인사들에 대한 기사는 이미 주요 국제 뉴스를 제공하는 회사들이 다루었기 때문에 공공 정보가 된 뉴스였다. 리치는, 이런 뉴스는 '2년에 겨우 수십 건'에 이를까 말까 한, 다시 말해 자신들이 그 시기에 만들어내는 5만 건의 기사들 중 아주 작은 일부에 불과하다고 주장했다. 팩스를 받은 지 4일 후 ≪인텔라시아≫ 하노이 사무실은 '문화적인 범죄'를 다루는 경찰인 A25 요원들의 급습을 받았다. 문화정보부의 관리들도 함께 왔는데, 그들은 "불법 웹사이트를 운영한" 죄로 회사를 고발했다.

≪인텔라시아≫의 문제점은 그 회사가 두 종류의 법률 사이에 자리 잡고 있었다는 점이다. 웹사이트 자체는 인텔라시아닷컴intellasia.com으로 등록되어 있었고, 인터넷 서버는 미국에 실체를 두고 있었다. 따라서 ≪인텔라시아≫는 외국 언론매체로서, 하노이 사무실은 베트남 사무소로, 리치 자신은 현지 외국 특파원으로 등록했어야 했다. 하지만 이 회사는 마치 현지 웹사이트처럼 운영했는데 그러려면 intellasia.com.vn과 같은 '.vn' 도메인을 사용했어야 했다. 이는 엄격히 구분되어야 한다. 왜냐하면 베트남 도메인으로 등록하기 위해서는 그 사이트가 베트남 내의 컴퓨터가 주체가 되어야 하고 아울러 베트남의 통제를 전제로 해야 하기 때문이다. 베트남 회사가 곧바로 '.com' 도메인을 호스트로 삼는 것은, 비록 많은 대형 회사들

이 일상적으로 그렇게 하고는 있지만 위법이다. 베트남에서 삶의 아주 많은 영역이 그렇듯 웬만한 법규 위반은 어떤 더 큰일이 불거지지 않는 한 별로 문제가 되지 않는다. 그리고 일단 불거지면 그것이 매우 심각한 문제가 된다.

몇 주 만에 리치와 그의 아내 그리고 사무실 직원들이 잇달아 경찰에 호출되어 심문을 받았고 회사는 몇몇 신문, 특히 ≪안닌뚜도An Ninh Tu Do(수도 치안)≫(하노이 경찰 기관지)의 비난 공격을 받았다. 리치는 회사 사이트를 이용해 변호 행위를 한 죄로 1200달러의 벌금을 물었다. 그는 2007년 8월 말, 결국 베트남을 떠났다(그리고 일시적으로 아내와 아이들도 떠났다). 만약 떠나지 않으면 더 혹독한 벌을 받을 것이라는 경고를 받고서다. 미국에 기지를 둔 웹사이트는 베트남의 인터넷 접속 서비스업자들이 벌이는 '고의적 네트워크 마비'와 '컴퓨터 억지抑止' 및 차단 공격에 수일 동안 시달렸다. 이 글을 쓰는 현재 그 사이트는 아직 운영되고 있지만 사설의 관점이 변화를 보였다. "베트남 투자, 위험을 각오해야"라는 제목으로 된 베트남에서의 외국인 투자 전망에 대한 기사와 이와 동일하게 비판적인 기사들이 합류했다.

극단적인 사례이긴 하지만 이것은 베트남 당국이 온라인 미디어를 통제하려 할 때 겪는 어려움을 말해준다. 분명 이 같은 박해의 동기는 그 성격 자체가 국경 초월적이고 규제 체제regulatory regime인 웹사이트들에 대해 특별한 법적 규제 제도가 없는 상황에서 다른 사이트들에게 본때를 보여주는 것이었다. 한동안 당은 블로그 — 야후 360, 페이스북과 같이 해외에 기반을 둔 사이트를 사용하는 개인 웹사이트 — 를 어떻게 관리하느냐는 문제와 씨름을 해왔다. 대개 베트남인들이 사용하는 블로그의 주요 소재는 싱가포르와는 다르고 스웨덴의 블로그와 같은 것으로 팝뮤직, 영화배우 그리고 가십이

주를 이룬다. 대부분이 무해한 수다에 불과하긴 하지만 당은 통제되지 않는 이 인기 있는 매체 수단이 초래할 수 있는 결과를 우려한다.

그들의 염려는 최악의 악몽에 대한 예행연습일 수도 있었던 일이 일어난 2007년 말에 큰 근심으로 변했다. 중국이 영토 분쟁 중인 남중국해의 파라셀 군도와 스플래틀리 군도를 합병한다고 발표했을 때(더 상세한 것은 제9장 참조), 베트남의 블로그 세계는 국내외의 베트남인들을 자발적으로 하나로 묶는 격렬한 분노의 표출을 경험했다. 화난 블로거들은 하노이의 중국 대사관과 호찌민 시의 중국 영사관 앞에서 몇 월 며칠에 시위를 벌이자는(허가도 받지 않고) 말을 퍼뜨렸다. 당을 더욱 불안하게 한 것은 이 시위가 최근 세계 도처의 여러 중국 공관 앞에서 벌어지고 있는 항의와 시기가 일치하는 점이었다. 당국은 난처한 입장에 빠졌다. 자유롭게 시위를 하도록 내버려두고 싶지는 않지만, 그 동기에 공감이 갔고 아울러 억압하는 모습을 보여주고 싶지 않았다. 마침내 수백 명의 사람들이 베트남에서 시위에 돌입했는데 그들은 오로지 인터넷을 통해, 공식적인 허가 없이 동원된 것이다.

더 대담해지고 있는 신문들과 대부분의 온라인 뉴스 사이트가 이 항의 집회를 보도했다. 당 기관지인 ≪년전≫은 그 집회를 보도하지 않는 대신 외교부가 베이징에 외교적 항의를 했다는 보도에 집중했다. 그 후 화요일 회합에서 항의 집회에 대한 보도를 끝내라는, 예상되었던 정보통신부의 지시가 떨어졌다. 그러나 블로거들은 화요일 집회의 참석 대상자들이 아니었고, 인터넷을 통한 집회 보도는 계속되었다. 중국의 행동에 대한 베트남 정부의 대응이 오락가락한 것에 대해 비난 여론이 들끓었고 정부는 이를 잠재울 능력을 보이지 못했다. 결국 들끓던 여론이 서서히 잦아들긴 했지만 그것은 분명히 당국에 대해 긴급주의를 촉구한 것이었다. 정보통신부는 첫 시위가 일어나고 2주 만에 언론의 보도 활동을 재검토하는 회의를 개최했다. 그 회의에 참석한 관리들의 대부분은 "웹로거들을 통제하는 규정을 만들어야 한다는 데 입을 모았다".[8] 공산당 중앙 선전 선동 및 교육 위원회(언론 추이를 감시하는, 하노이의 단조로운 오피스 블록에 있는 한 기관) 위원장인 응우옌테끼 Nguyen The Ky 는 회의 석상에서 이렇게 말했다.

일부 블로거들이 최근 웹로그에 파라셀·스플래틀리 군도에 대한 나름대로의 의견을 개진하며 애국심을 보여준 것은 잘한 일입니다. 그러나 그들 중 일부는 공공의 무질서를 부채질하고 국가의 외교정책에 영향을 주는 항의를 유발하게 했습니다.

그 회의는 블로거들이 사회 혼란을 선동하거나 노골적인 성적性的 내용을 온라인상에 유포하는 행위를 방지하는 데 필요한 법규를 만들기로 합의했다. 정보통신부 차관인 도꾸이도안 Do Quy Doan 은 회의에서 이렇게 말했다.

블로거들은 자신들이 올린 정보뿐 아니라 접속하는 정보에 대해서도 책임을 져야 할 것입니다. 일단 명확한 규제법이 제정되면 블로거들 스스로 조심하여 건전한 정보를 올리고, 다른 건전한 정보에 접속하리라 생각합니다.[9]

한편 경찰은 낡은 방식의 통제 방법에 매달려 있었다. 55세의 응우옌호앙하이 Nguyen Hoang Hai — 그는 디에우까이 Dieu Cai 라는 가명으로 블로그를 만들었다 — 는 2008년 4월에 올림픽 성화가 베트남 전국을 도는 동안 파라셀·스플래틀리 군도에 대해 더 많은 항의를 해야 한다고 주장하다가 즉시 구금 되었다. 그가 첫 거리 항의에 참여한 후 감시를 받고 있었음이 분명했다. 그는 9월에 30개월 징역형을 받았는데 죄목은 엉뚱하게도 탈세였다. 안경 회사에 부동산을 임대해주었는데 임대료를 제대로 신고하지 않았다는 것 이다. 많은 사람들은 그 혐의가 날조된 것으로 간주했다.

몇 달 동안 당국은 블로그를 통제할 것인지, 통제한다면 어떤 방식으로 할 것인지를 두고 논의를 거듭했다. 정보통신부는 2008년 12월, 오직 '개인 적인' 정보만 블로그에 올릴 수 있다고 규정한 새로운 법규를 발표했다. 이 정부 포고No.97를 어기는 어떤 행위도 금지한다고 했다. 여기에는 "정부에 반대하거나 …… 국가 안보, 사회질서 및 안전을 해치거나, 갈등을 일으키 거나, 국가 안보, 군사 또는 경제적 비밀을 누설하는"[10] 어떠한 행위도 포 함된다. 당국이 싫어하는 거의 모든 행위를 망라하는 아주 폭넓은 금지 법 규였다. 인터넷의 발전을 감안하면 이 새로운 법규는 당국자들을 편안하게 잠자리에 들게 하는 것 이상의 의미가 있다고는 믿기 힘들다. 그들은 베트 남인들이 웹상에 100만 개 이상의 블로그를 갖고 있으며 효과적인 감시가 불가능하다는 점을 잘 알고 있다. 이 법규의 시행은 여타 미디어를 위해 이 미 확립된 패턴을 따르는 것 같다. 당국은 어떤 특별한 징후가 도를 넘을 때까지 그 법규가 무시되는 것은 참아낼 것이다. 그 후 개입하고 몇몇 위반 자의 벌칙 사례를 발표해 나머지 사람들의 탈법을 막을 것이다.

통제는 시장이 발전해온 방식으로 인해 어느 정도 더 쉬워졌다. 제1세 대 블로거들은 야후 360 사이트, 그다음엔 페이스북 사이트를 주로 이용했 는데, 둘 다 검열이 미치지 않는 미국에 기반을 두고 있다. 그러나 최근 블 로거들은 베트남에서 개발된, 베트남식 인터페이스를 가진 사이트에 우선 적으로 접속한다. 징www.Zing.vn은 비나게임VinaGame이 소유한 사이트인데

이 회사는 경이적으로 성공한 온라인 게임인 '볼람VoLam(검객)'을 개발했다. 2007년 중반에 맨주먹으로 시작한 포털 사이트 징Zing.vn은 채 6개월도 안 되어 베트남에서 가장 인기 있는 5대 웹사이트 중 하나가 되었다.[11] 게임, 음악, 영화, 미美에 몰두하는 부문이 있는 '징'은 그들이 표적으로 삼고 있는 이들이 누구인지를 분명히 알았고, 많은 블로거들이 야후에서 '징'으로 옮겨왔다. 이 웹사이트는 예기치 않게 당국자들에게도 고마운 사이트가 되었다. 베트남에 기반을 둔 웹사이트에 등록한 블로그를 통제하는 것이 외국 웹사이트에 등록된 경우보다 훨씬 용이할 것이기 때문이다. 콘텐츠가 나오기 전에 게시 자체를 검열할 수는 없지만 웹사이트의 관리자들에게 특정 종류의 콘텐츠를 삭제하도록 하는 것이 다른 사람들에게 유사한 내용을 게시하지 못하게 하는 압력이 되게 할 수는 있다.

그러나 이미 일부 기자들은 편집자의 검토를 받지 않은 기사를 공공 도메인에 게재하는 방법을 이용해, 검열 받지 않는 온라인 신문으로 블로그를 사용하고 있다. 이 가운데 가장 유명한 것이 '오신Osin'이라 불리는 블로그다. 오신은 후이죽Huy Duc이란 필명으로 가장 잘 알려진 베테랑 언론인이 만든 블로그다. 후이죽은 한때 ≪뚜오이째≫지의 기자였지만 문제를 일으켜 ≪타인니엔≫으로 옮겼고, 거기서 다시 문제를 일으켜 ≪사이공띠엡티Sai Gon Tiep Thi≫라는 사이공 비즈니스 협회Saigon Business Association 산하의 신문에 자리를 잡았다. 그러나 그는 2007년 8월, 자신의 생각을 더 자유롭게 펼치고 싶은 나머지 오신을 만들었다. 베트남에서 엄청난 인기를 끌었던 일본 텔레비전 연속극의 등장인물 이름을 블로그명으로 삼았다. 극 중에서 오신은 꿈을 실현할 돈을 벌기 위해 노예처럼 일하는 하녀였다. 후이죽은 자신을 '언어의 노예'라고 생각하고 생존을 위해 글을 썼지만 그의 블로그는 그에게 국제적인 명성을 안겨 주었다. 2009년 초, 그는 하루 평균 대략 1만 5000명이 블로그를 찾는다며, "지난해에는 방문객이 약 250만 명이었다"고 했다. 후이죽의 오신은 심지어 진보적인 신문도 다루지 않는 종류의 이슈, 예컨대 고위층의 부패, 공산당 내의 음모와 국제 관계 등을 기사화한다. 그는 이따금 일부 게시물에 대해 경고를 받지만 어떤 것도 삭제하라는 요구는 없었다며 다음과 같이 말했다.

일부 중앙당 정치국원을 비롯해 많은 사람들이 나의 블로그를 읽지만 약간의 불평이 있을 뿐이며, 그것도 직접 그들을 거명해 비판을 가할 때만 불평합니다. 아무튼 오신은 일부 관리들이 블로거들에 대한 규제법규를 만들 필요가 있다고 정부에 요구할 때 예증으로 사용한 블로그 중 하나입니다.

그러나 후이죽은 2009년 8월 오신 사이트에 지나치게 정곡을 찌르는 기사를 썼다. 그는 기사에서 동유럽의 전 공산주의 통치자들을 비난하고 베를린 장벽을 '치욕의 장벽'으로 기술했다. 그로부터 며칠 후 다시 한 번 그는 근무하던 신문사인 《사이공띠엡티》로부터 해고되었다. 그 신문사의 편집국장 쩐꽁카인Tran Cong Khanh은 AP 통신사에 "그의 기사 논조가 우리 신문사가 표방하는 것과는 다르기 때문"[12]이라고 해고 이유를 말했다. 다른 사람들은 이 해고가 베트남 언론의 취재 영역을 너무 여러 방향으로 멀리 넓히려고 시도한 기자 한 사람을 처벌하기 위한 구실에 불과했다고 생각했다. 그는 블로그 탄압의 가장 대표적인 희생자가 되었다. 후이죽은 여러 차례 직장에서 쫓겨난 것에 달관한 듯 여전히 블로깅을 계속하고 있으며 책을 써볼 생각을 하고 있다.

중대한 문제는 베트남 언론인들이 자유의 냄새를 맡은 지금 이런 모든 현상이 그들을 어디로 이끌 것이냐는 점이다. 왕복 4차선의 대로와 콘크리트 건물의 공공시설이 늘어서 있는 하노이의 쓸쓸한 서쪽 교외에는 공산당 훈련기관인 호찌민 정치학원이 있다. 여기는 당 간부들이 권력 구조 내에서의 진급에 필요한 교육을 받기 위해 오는 곳이다. 부속 건물 한 동에는 이 학원의 언론통신 연구소Press and Communication Institute가 들어 있는데 최근까지 베트남 유일의 언론인 훈련기관이었다. 먼지가 풀풀 나는 운동장이 있고, 병영처럼 생긴 건물들은 창의적인 미디어 산업의 인재를 배출하기보다는 혁명적인 언론기관 노동자들을 교육하도록 설계되어 있다. 그러나 미디어 산업이 폭발적으로 커졌기 때문에(2007년 1월에 당은 잘 훈련된 언론인 1만 3000명 외에 직간접적으로 언론에 종사하는 수만 명의 기여자와 보조자가 있는 것으로 추정했다),[13] 호찌민 정치학원은 언론인 교육에 대한 독점을 포기하고 다른 곳에 아웃소싱하지 않을 수 없었다. 지금은 언론인 교육과정이 하노이는 국립대학교에서, 남부는 호찌민 대학교에서 제공된다. 하지만 교과 과정은 거의 변하지 않았다. 마르크스·레닌주의 연구와 역사 및 미디어 이론에 관한 이수 과정은 길지만 실질적인 기능 연마나 실제 체험 또는 현대 언론의 규범에 대한 것은 짧다.

베트남의 언론 수준이 낮다는 증거는 많다. 베트남의 많은 편집자들은 사실을 체크하기보다는 신문 판매에 더 관심이 많다. 인터뷰는 기사의 필요성에 맞게 일정하게 '번안'되며 이따금씩 완전히 날조되기도 한다. 기자들이 기자회견에 참석하면 팁을 받는 것이 관습화되어 있다. 표면적으로는 그것이 비용을 지불하는 것으로 되어 있지만, 만약 어떤 회사나 정부기관이 좋은 보도를 바란다면 그 팁은 실질적으로 필요한 수수료와 같은 것이 된다. 10만 동(약 6달러)이라면 베트남의 하루치 평균 임금보다 많다. 하노이에서 일하는 어떤 기자가 받는 임금의 약 4분의 1이다. 광고 회사는 자신들의 고객에 대해 나쁘게 보도하는 기자들의 명단을 갖고 있는 것으로 알려졌다. 그들은 소액의 기본 팁을 넣은 특별히 지정된 봉투를 받는다. 이는 분명히 뇌물이지만 직장을 전전하는 기자들이 그것을 거절하기는 어렵다.

이런 상황을 개선하려고 나선 사람은 관영 베트남 통신사VNA의 해외용 웹사이트인 베트남 플러스vietnamplus.vn의 편집장 레꾸옥민Le Quoc Minh 이다. 쩐홍다오Tran Hung Dao 거리에 위치한 베트남 통신사의 스탈린식 건물에서 호찌민 학원 졸업생들에게 둘러싸여 있는 민은 어떤 것이든 그것이 이루어지는 방법을 변화시키는 것이 어렵다는 것을 알고 있다. 그러나 더 중요한 것은 그가 이 어려움을 어떻게 극복해야 할지를 알고 있다는 점이다. 그가 신망을 받는 가장 큰 요인은 돌아가신 그의 아버지 레푹Le Phuc 이 한때 '예술문화협회 전국 연합National Union of Arts and Cultural Associations' 부회장을 지낸 당 문화기관의 고위 인사였다는 점이다. 베트남식 체제에서 중요한 지위에 있는 아버지들은 자녀의 출세에 도움을 주는 것을 당연하게 여긴다. 심지어 죽은 아버지의 후광을 입기도 한다. 민은 자신의 웹사이트를 만들어 동료 기자들의 언론인으로서의 수준을 향상시키는 데 이바지했다. 베트남 저널리즘닷컴vietnamjournalism.com 은 실용적인 충고, 예컨대 기사는 어떻게 취재해 어떻게 쓰고, 조사는 어떤 방법으로 하며 도덕적으로 어떻게 처신해야 하는지를 설명하는 데 더 많은 시간을 할애한다. 그의 사이트는 결코 캠페인 사이트가 아니며 정부에게 법률이나 규정을 바꾸도록 로비하지도 않는다. 그것은 한 개인의 개혁 프로그램이며 그 효과는 오직 장기적으로 나타날 것이다.

레꾸옥민은 베트남의 '통치'를 개혁하기 위한 단계로서 언론의 수준 향상에 관심이 많은 외국 기부자들로부터 약간의 재정적인 지원을 받는다. 그러나 그는 그와 같은 이니셔티브가 갖는 가치에 대해 회의적이다. 국내 언론을 변형시키기 위한 해외로부터의 선의의 현금 지원은 현재까지는 사이트의 생산성에 크게 영향을 미치지 못했다. 외국인이 지원하는 강좌에 참여하기로 한 언론인들은 ─ 국내에서 며칠간 행하는 강좌든 또는 외국에서 더 오래 행하는 강좌든 ─ 일일 순번에서 가장 많이 탈락하는 경향이 있으며 그래서 더 젊은 하급 기자들의 참여율이 높다. 이 젊은이들은 공익을 대변하는 독립적인 신문을 어떻게 만들 수 있는지를 배우려고 서구 납세자들이 지원하는 강좌에 참여한다. 그러나 그다음에는 아무것도 변하지 않은 옛 뉴스 편집실로 되돌아, 자신들 위에 군림하는 상사들의 압박에 복종을 강요당한다. 외국 원조 자금으로 값비싼 훈련을 받은, 머리 좋은 젊은 기자들 대부분은 언론계에 환멸을 느낀 나머지 재빨리 외국 대사관의 홍보 담당 부서, 국제단체 및 다국적기업 등으로 대안적인 직장을 찾아 나선다.

그러나 현재 베트남 언론에 대한 공식적인 운영 지침이 서구 언론의 도덕적 자세를 의도적으로 반대하기 때문에, 언젠가 베트남 언론이 서구식으로 '개혁'되면 그들이 무엇을 잃게 될 것인지 곰곰이 생각해볼 필요가 있다. 정보통신부의 일부에서 언론을 '일반 상품'으로 취급하는 것도 모자라, 2003년에 도꾸이도안 차관이 그랬던 것처럼 언론이 '대중의 취향에 영합' 하는 것을 질타하는 나라는 드물다. 베트남의 전통적인 사고방식을 지닌 언론이 새롭고 신기한 것novelty과 시사적인 것topicality 에 대한 보도를 강박적으로 추구하는 것은 반대하면서 적어도 인류 평등적인 문제에는 천착하려고 하는 것, 그리고 일반적으로 서구 언론이 무시하거나 잊고 내버려두는 사람들, 이를테면 가난한 사람, 늙은이, 장애인, 시골 주민, 소수민족의 권리와 존엄성을 지키려는 것에 대해서는 칭찬받아 마땅하다. 베트남 언론은 노인, 특히 전쟁에 청춘을 바친 노인들은 최신 경향을 추구하는 곳에서도 무시되지 않고 존경받도록 하고 있으며, 가난한 사람들이 연민보다는 삶의 가치를 느끼게 만들고 있다. 전통적인 사고방식을 가진 언론들은 자신들의 직무가 이들 노인과 가난한 사람들에게 거짓 열망을 심어주는 것이라고 생각하지 않는다.

베트남 언론은 빠른 속도로 변하고 있다. 어느 날 급진적인 것으로 보이는 것이 어느새 진부한 것이 되고 있다. 당국은 이젠 시시콜콜하게 간섭하지는 않지만 그들이 느슨하게 풀어놓은 권력 지배를 계속하기 위해 안간힘을 쓴다. 이는 순탄치 않는 길이지만 당이 여론 관리에 대해 아무것도 모르고 그렇게 오랫동안 권력을 장악했었던 것은 아니다. 그러나 당국과 오늘날의 대중 사이에 갈라진 틈은 더 넓어지고 있다. 블로그, 게임 프로그램, 광택지로 된 패션 잡지로 인한 법석이 강렬하게 출세를 염원하는 사람들의 열망을 만들어내고 전달한다. 그 열망은 훨씬 더 복잡한 도시 문화를 변형시키고 아울러 그에 의해 변형된다. 호찌민 학원 교수들과 당 선전선동위원회의 공산주의 이론가들은 이 같은 발전에 계속 눈을 감고, 법규를 어설프게 보완하고 있다. 그들은 어떻게 하면 현대화하는 언론을 이용해 정치·사회 생활의 정점에 계속 머무를 수 있을지 늘 노심초사한다.

그러나 토론은 안전한 범위 내에서만 이루어진다. 정책 수행에 대한 비판은 용납하면서도 당에 대한 직접적은 비판은 엄금한다. 근본적으로 당은 아직도 언론이 사회 관리를 위한 도구가 되어주길 바란다. 이를테면 용납될 수 있는 한도 내에서의 부패는 모른 척 눈감아주고, 사회문제에 대한 인식은 높이고, 사회문제와 씨름하고 있는 당의 노력은 칭찬해주길 바라는 것이다. 왜 부패가 계속 만연하고 있는지, 또는 왜 사회문제가 풀리지 않는지를 너무 어렵게 보는 것은 용기가 없다는 의미다. 어떤 편집자는 이렇게 말했다. "당신이 최고위층 관리들과 싸울 수 없는 것은 그들이 당이기 때문이다. 그들은 희생양을 곧 찾아낼 것이다. …… 그들은 칼이 예리해지기를 원하면서도 너무 날카로워지기를 바라지 않는다."[14] 현재까지 당의 언론 관리자들은 그 업무에 꽤 능숙했음이 증명되었다. 그러나 언론 전문가들 사이에서 새로운 세대가 나오고 있다. 그들은 국제 문화에 밝고 현재 보스들과는 다른 일련의 목표를 갖고 있는 사람들이다. 이후 몇 년 동안의 갈등은 이들 신세대가 현존 언론 관리 시스템에서 어느 범위까지 반대파의 논리를 용납할 것인지, 그리고 그 시스템이 언론 자유의 갑작스러운 축소에 대한 저항이 일어나기 전에 어느 정도까지 화해의 손을 내밀지에 달려 있다고 할 것이다.

8

사라지기 전에 보라

See it before it's gone

오전의 선착장은 사람들로 북새통을 이룬다. 버스를 타고 온 밝은 색 옷을 입은 관광객들이 무리를 지어 기념품 가게의 차일遮日 밑 그늘을 찾느라 부산하다. 가이드들이 저마다 매표소에서 받은 입장권을 움켜쥐고 무더위에 지친 관광객들을 부두 울타리 안으로 안내해 왼쪽과 오른쪽으로 나아간다. 조수에 젖은 콘크리트 포장도로를 따라 구불구불 긴 행렬을 이루며 걷고 있는 한국인, 중국인, 미국인 그리고 유럽인들로 이루어진 이 단체 여행자들은 베트남에서 가장 유명한 관광 명소이며 세계자연유산으로 등재된 하롱베이Ha Long bay 투어를 시작할 목재 정크선을 찾아가고 있는 것이다. 머리 위의 음식·세탁물 박스, 발밑의 로프와 선박 계류 장치들을 요리조리 피해 가방과 카메라로 균형을 맞추며 걷다가 마침내 지정된 배다리를 건너 정크선에 오른다. 그제야 관광객들은 떠 있는 보호구역에 들어왔다는 안도감을 느끼며 자연 세계의 경이에 대한 기대가 높아진다. 그들이 탄 정크선이 뒷걸음질을 치면서 부잔교浮棧橋에서 멀어지면, 다른 관광객 300명이 밀고 들어와 배에 오르며 떠날 차례를 기다린다.

하롱베이는 진짜 장관이다. 2000개 이상의 석회암 탑들이 바다에서 솟아 있다. 멀리서 바라보면 그들은 하롱베이[下龍灣]라는 이름에 걸맞게 하늘에서 내려오는 용의 등지느러미 같다. 각각의 석회암 탑은 그 자체로 작은 자연보호 구역이기도 한데, 깎아지른 절벽과 편평한 정상은 매달려 있는 푸른 나무와 착 달라붙어 있는 야생동물들에게 안식처를 제공한다. 일부는 장대한 동굴과 복잡한 자연 조각품에 몸을 감추고 있다. 그 가운데 수십 개는 태풍을 피할 수 있는 자연항港이 조성되어 수상 어촌 마을이 들어서 있으며 마을 주민들은 관광객을 상대로 처음에는 해산물을 팔다가 차츰 청량음료와 사탕도 팔며 남부럽지 않게 살아가고 있다. 거기서 무슨 거래가 이루어질까 싶지만 2008년 한 해 동안에만 150만 명 이상의 관광객이 부잔교를 거쳐 하롱베이의 석회암 탑 사이를 배를 타고 오갔다. 베트남을 찾는 전체 외국 방문객의 45%가 이곳을 거쳐 갔다. 하롱베이는 베트남 관광산업의 아이콘이 되었다. 프랑스의 영화감독이며 배우인 레지스 와그니어Regis Wargnier가 1991년에 하롱베이에서 영화 〈인도차이나Indochine〉의 첫 장면을 촬영했을 때만 해도 이곳을 찾는 방문객 수는 한 해 10만 명도 되지 않았다. 지금은 그때의 스무 배 이상이 찾고 있다.

북쪽 국경에서 자동차로 오면 그리 오랜 시간이 걸리지 않는 이점을 이용해, 돈을 번 중국인들이 점점 더 외국 여행에 맛을 들이는 바람에 하롱베이는 해가 갈수록 더 북적인다. 베트남은 중국인들(물론 남부의 중국인)이 갈 수 있는 가장 가까운 외국이며, 하롱베이는 그들이 볼 수 있는 가장 가까운 절경이다. 대부분의 중국 관광객에게 경치 구경은 하찮은 듯하다. 그들에겐 외국에 왔다는 것이 외국을 구경하는 것보다 더 중요하다. 중국인 관광 그룹들은 선상에서 경치를 구경하기보다는 졸거나 잡담을 하거나 카드놀이를 하며 시간을 보낸다. 외국에서의 몇 시간은 버스 여행으로 진행되며, 역시 버스로 국경을 넘어 가정의 안전함과 안온함 속으로 되돌아간다. 그들이 집으로 가지고 가는 것은 외국을 여행했다는 위상이다. 그들이 두고 가는 것은 베트남의 문제이다. 하롱베이는 관광산업의 아이콘만은 아니며 베트남의 환경적 위기를 상징하는 곳이기도 하다. 다시 말해 하롱베이는 경제성장을 위한 질주, 품위 있는 삶에 대한 열망, 돈의 유혹, 사업적인 이익과 법규 사이의 갈등, 당국의 여러 계층 사이의 혼란, 그리고 무엇보다 미래에 대한 고려 없이 현재만을 보상하기 위한, 지속 불가능한 돌진의 표상이다. 하롱베이의 외면적인 아름다움은 지속되고 있지만 내면적으로는 죽어가고 있다. 하롱베이의 운명은 베트남 자체의 운명이 될 수도 있다.

와그니어 감독이 하롱베이에 왔을 때 해안은 맹그로브mangrove 숲으로 뒤덮여 있었다. 이제 그 숲은 사라지고 그곳에 흙을 매립해 만든 넓은 도로가 해안을 따라 뻗어 있다. 바이짜이Bai Chay와 혼가이Hon Gai라는 어촌이 커져 하롱이라는 이름의 큰 시市가 되었다. 바다 경치는 전혀 손상되지 않았지만, 육지는 번지르르한 고층 빌딩의 호텔, 그리고 카지노, 가라오케 술집, 최소한 한 곳의 닭싸움 도박판과 같은 여흥지로 뒤범벅이 되었다. 그러나 이 같은 미학적인 면은 하롱베이가 안고 있는 문제점들 중 가장 작은 부분이다. 바로 하롱Ha Long 시 북동쪽의 깜파Cam Pha 지역은 한 세기 이상 베트남 석탄 산업의 중심지였다. 이 지역에는 수십 제곱킬로미터에 걸친 황량한 폐광 지역이 펼쳐져 있는데 곧잘 내리는 집중호우로 인해 석탄 가루가 계속 강으로 흘러내린다. 얼마나 많은 석탄 분진이 강을 통해 바다로 흘러가 침전되는지 이제 그것을 채굴해도 채산이 맞을 정도가 되었다. 방죽 댐을 만들어 댐 안의 물을 퍼내고 침전물을 긁어내어 말리면, 이 나라 어느 골목에서나 눈에 띄는 풍로의 연료가 된다. 일부 단단하게 굳어진 덩어리는 덮개도 없는 트럭에 실려 운송되는 바람에 트럭이 지나다니는 도로의 주변 건물과 들판은 검댕으로 물든다. 이 석탄 침전물 대부분은 바다로 운송된다. 관광 정크선들이 하롱베이에서 되돌아올 때 혼가이 항구 외곽에 줄지어 서서 수십 척의 석탄 침전물 운반 거룻배들에 대한 근접 투어를 한다. 베트남의 석탄은 중요한 외화벌이 상품이다. 2008년에 석탄 수출로 약 15억 달러를 벌어들였다. 3분의 2는 중국으로, 나머지 대부분은 일본으로 수출한다.[1] 다른 거룻배들은 베트남 자체의 화력발전소가 있는 해안으로 석탄을 실어 나른다. 석탄 분진, 기름, 배 바닥에 괸 물, 중금속, 해운 산업에서 발생하는 다른 유기 퇴적물 등이 바다를 오염시키고 있다. 하롱베이로 가는 정크선을 탄 후 30분 안에 이런 모든 것들이 절정을 이룬다. 설상가상으로 국제 선박 항로가 이 만의 중앙을 가로지르고 있어 무역선들이 연락부절로 지나다닌다. 하롱베이를 포함하는 꽝닌 성 당국은 이 만의 바로 북쪽의 하이퐁 시에 시설이 잘 구비된 수심 깊은 항구가 있는데도 아랑곳하지 않고 항구를 건설하기로 결정했다. 지금은 7만 톤 이상의 선박들이 혼가이 항에 정박할 수 있다. 일부는 유람선이지만, 대부분은 매우 낮은 환경 기준을 가진 컨테이너선과 벌크선이다. 그리고 그 모든 선박들은 만의 얕은 바닷속에 있는 분진과 퇴적물을 휘저어 바다를 흠뻑 젖은 담요를 펼쳐놓은 것처럼 보이게 한다.

그리고 이것이 유일한 오염원은 아니다. 하롱베이의 산호와 물고기를 보호하는 필수적인 방벽으로 이용되었던 맹그로브숲이 황폐화되자, 만으로 흘러드는 강과 개울의 수위가 점점 낮아지고 그것들이 옮기는 흙을 걸러내지 못하게 되었다. 맹그로브숲이 바다를 깨끗하게 정수해 연약한 산호가 번성할 수 있었는데, 숲이 없어지자 토사가 거침없이 흘러내려 뒤덮었고 광합성을 가로막아 산호가 모조리 폐사되었다. 그다음엔 산호 속에서 먹이를 찾던 물고기들이 죽었다. 먹이사슬에까지 영향을 미친 것이다. 30년 전에 하롱베이의 바다는 생물로 충만했으며, 여러 세대에 걸쳐 이 바다를 삶의 터전으로 삼아왔던 어부들의 수확을 풍족하게 해주었다. 그들 대부분은 중국계로, 수세기 동안 중국과 인도차이나 사이를 왕래했던 사람들의 후예였다. 그러나 베트남과 중국의 관계가 악화(이에 대해 더 상세한 것은 제10장 참조)된 후인 1979년에 이들 어부와 여타 중국계 공동체 주민 대부분이 추방되었다. 약 3만 명이 떠난 것으로 추정되는데, 그들만이 많은 물고기를 잡을 수 있다고 생각하는 사람들이 이용하는 생선 시장이 큰 타격을 받았다. 베트남계 어부들 대부분은 적절한 장비도 없고 바다에 대한 지식도 부족해 가난하게 살았다. 그들은 그물, 낚싯줄 그리고 수세대를 이어온 기술 대신 폭약, 전기쇼크, 독약을 사용해 물고기를 잡았다. 이 때문에 양어장의 고기들이 떼죽음을 당했다. 어업으로 살아가던 많은 사람들이 이제 선상 마을에서 집약적 양어장으로 생계를 유지한다. 그러나 양어장 피드 스크류feed screw의 기름이 다른 여러 쓰레기와 함께 바다로 흘러들어 더 큰 문제를 낳고 있다.

해양 생물학자들은 세키 디스크secchi disk로 알려진 둥근 판자를 바다 깊숙이 넣어 바닷물의 청정도를 테스트한다. 일반적으로 열대성 바다에서는 수면에서 30미터 깊이의 판자를 볼 수 있으며, 2미터 깊이밖에 볼 수 없으면 나쁜 수질로 간주한다. 국제 환경학자들은 하롱베이 바다에서 기껏해야 수면으로부터 15센티미터 아래의 판자를 볼 수 없었다. 문제는 바다 쪽으로 내려가면서다. 분진이 녹아든 물은 초록색으로 혼탁해 수질이 훨씬 더 나빴다. 하롱베이의 모든 유람선은 승객들이 사용하는 화장실의 오수를 모아서 처리하는 정화조 시설을 설치한 것으로 알려졌다. 그 설치는 성청省廳

산하의 하롱베이 관리청이 자랑하는 환경관리 규정에 따른 것이다. 불행히도 그들은 유람선이 해안에 접안해 그 오물들을 쏟아낼 충분한 저장 시설을 구비하지 못했다. 업계에서 호화 유람선에 속하는 오직 소수의 선박만이 고객 부산물(오물)을 적절히 처리하는 데 필요한 탱크 네 개를 설치하고 있다. 이들을 제외한 다른 선박의 주인들이 할 수 있는 일이라곤 한 개뿐인 오물 탱크의 내용물을 확인할 수 없는 반죽으로 만들어 조용히 바닷속으로 다 쏟아낼 때까지 배를 이리저리 몰고 다니는 일이다. 1년에 150만 명이나 되는 유람선 승객들의 배설물이 하롱베이 바닷속에 그대로 버려지고 있다.

하롱베이 관리청의 일부 관리들은 오수 처리에 문제가 있음을 알고 있으며, 중앙정부의 몇몇 부서가 하롱베이 관리청에 바다 정화를 독려하고 있다. 그러나 하롱베이 관리청은 석탄 채굴이나 상업 선박의 운행에 대한 관리권이 없다. 그들은 오직 상급 기관인 성省 인민위원회에 건의할 수 있을 뿐이다. 그러나 상급 기관은 업계의 요구 또한 들어줘야 할 입장에 있다. 석탄광은 국영기업인 비나코민 Vinacomin 이 운영한다. 이 회사는 큰 수익을 올리며 수천 개의 일자리를 제공한다. 관광산업 역시 호황을 누리고 있는 것 같다. 하롱베이 관리청은 입장료로 연간 300만 달러를 거둬들인다. 그들은 "어디에 문제가 있단 말인가?"라며 의아해 한다. 그러나 관광객 수의 증가 속도가 완만해지고 있으며 하롱베이를 다시 찾는 외국 관광객은 소수에 지나지 않는다. 지금껏 성장해온 것은 시장의 싼 가격 덕분이다. 외국의 조언자들은 관리청이 하롱베이에 대해 관광객이 갖는 인상을 진지하게 연구하지 않았다고 말한다. 관광 경험의 질에 초점을 맞추거나, 시간이 흐르면서 관광 경험이 어떻게 변해왔는지에 대한 연구가 전무하다는 것이다. 세계에서 가장 중요한 자연환경 중의 하나에 대한 정책 개발 대부분이 특별 권익과 억측에 의해 진행되고 있다. 1994년에 하롱베이를 세계자연

유산으로 지정한 유엔 기구인 유네스코는 개선책을 권고하는 등 도우려 애쓰고 있다. 유네스코는 2007년, 하롱 만에서 제트스키를 금지시키는 데 성공했다. 그러나 깜파 석탄광산 인근의 신규 시멘트 공장 건설을 막는 데는 완전히 실패했다. 일반적으로 환경보호는 사람들에게 감명을 주는 곳에서만 실행되며 대형 비즈니스와 갈등을 일으키면 묵살된다. 관광 명소로서의 하롱베이는 생존하고 있지만 자연환경으로서의 하롱베이는 죽어가고 있다.

중앙정부는 꽝닌 성 당국에 환경을 개선시키도록 독려하는 데 무력하거나, 그럴 수 없거나 또는 그럴 뜻이 없는 것 같아 보인다. 하롱베이의 문제점은 정부의 자연환경부NoNRE가 잘 보여준다. 하롱베이에 관광객들이 많이 오는 것은 절경의 명성 때문이며 환경문제는 훨씬 후순위라는 식이다. 2007년, 자연환경부 차관이며 솔직하게 자기 의견을 피력하는 타입의 개혁가인 당홍보Dang Hung Vo는 문제점을 이해하고는 있었지만 정부가 단호한 조치를 취해야 하는 이유를 제대로 제시하지 못했다. 그는 다음과 같이 말했다.

나는 수많은 산업경제개발지구가 민감한 지역에 자리 잡고 있으며 이것이 환경 재해로 이어지고 있다는 점을 충분히 인식하고 있습니다. 우리는 하롱베이에서 경제 개발과 환경 사이에 균형을 맞출 필요가 있음을 이해합니다. 우리는 이 문제에 대해 매우 훌륭한 방안을 갖고 있습니다.

그러나 그는 이 해결책이 무엇이 될 것인지에 대해서는 접근하지 않았다. 당국자들에 대한 정부 밖의 압력 또한 미미하다. 환경오염에 대해 더 많은 기사가 신문에 나고 있긴 하지만, 관광객들을 겁주어 쫓아버릴지도 모르는 기사를 싣지 말도록 편집자들은 정기적으로 경고를 받는다. 오히려 대부분의 국내 언론은 증가하고 있는 관광객 수, 환경보호를 위한 새로운 법규(그것의 시행 여부는 상관없이)와 방문자들에 의한 감탄 논평과 같은 고무적인 보도를 한다. 2008년에 하롱베이 관리청은 스위스의 한 사설재단이 준비한 '세계 7대 자연경관'을 선정하는 글로벌 인터넷 투표에서 하롱베이가 선정되도록 투표자 수를 확보하려는, 매우 엉뚱한 부분에 상당한 주의를 쏟았다. 유네스코는 그와 관련된 어떤 것도 인정하길 거부했다. 그 결과 이 투표는 각국이 동원할 수 있는 온라인 투표자 수를 보여주는 것 외에는 별 가치가 없게 되었다. 그러나 하롱베이 관리청은 이것이 선상 화장실에 오수 시설을 제공하는 것보다 시간과 자원 측면에서 더 가치 있는 일이라고 생각한다. 베트남 언론들은 관리청의 우선순위를 문제시하기보다는 그 이면에서 그 캠페인에 보조를 맞추고 있다.

✦   ✦   ✦

국내 현실보다 베트남의 국제적인 이미지에 집중하는 이런 경향은 이 나라의 전반적인 환경 접근 자세에 영향을 끼치는 듯하다. 베트남은 환경에 관한 모든 서류에 서명 — 베트남은 자연보호에 대한 4대 협정을 비준한 소수의 동남아 국가들 중 하나다 — 했지만 환경 재해에 대해서는 동작이 굼뜬 나라이기도 하다. 베트남의 아주 많은 사회생활 영역에서 그렇듯이 문제는 실행이다. 문제를 인식하고 있는 사람들은 있다. 베트남은 1962년에 최초로 국립공원을 지정했고 1985년에는 최초로 국가 자연보호 전략을, 그리고 1990년 환경 친화적 개발계획을 수립했다. 얼핏 보아 그것은 인상적인 조치 같다. 그러나 베트남의 법규에는 큰 허점이 있다. 여러 법률이 서로 모순되며 그 문제점이 실제로 드러날 때 법규를 악용하거나 교묘하게 속이거나, 부인하는 사태가 벌어질 수 있다.

몇 년 전만 해도 베트남은 풍성하고 다양한 삼림 자원을 갖고 있었기 때문에 이 나라의 자연재해는 더 심각해질 수 있다. 베트남의 풍경을 '자연 그대로의 것'이라고 일컫는 것은 이상해 보인다. 10년 동안(1965~1975) 베트남의 자연환경이 일부에서 '생태계 파괴' — 벌채, 습지대의 배수 공사, 융단 폭격, 그리고 심지어 대홍수를 유발하기 위한 비구름 인자 뿌리기 — 라고 불렸던 미국 정책의 의도적인 타깃이 되었다는 점을 감안하면 그러하다. 방대한 영역의 자연 서식지가 파괴되었다.[2] 현재 베트남이, 삼림이 무성해지고 있는 몇 안 되는 국가들 중 하나가 된 이유는 1960년대에 전쟁으로 숲이 너무 많이 소실되었기 때문이다(문제는 지금 자라고 있는 것이 가구 산업을 위한 인공조림 아카시아와 유칼립투스라는 점이다). 그러나 전쟁과 그 후의 경제 개발 부진 또한 베트남의 넓은 지역을 산업화로부터 지켜주었으며, 나아가 1980년대부터는 국제 자연보호 단체들과 국내 전문가 몇몇이 그 지역을 자연 상태로 보존하기 위해 많은 노력을 기울여왔다.

현재 베트남은 국토의 약 6%가 국립공원이나 자연보존 구역으로 지정되어 있다. 이들 구역의 일부, 예컨대 침식작용으로 생긴 거대한 석회암 탑, 산간의 조밀한 삼림, 맹그로브 습지와 자연 그대로의 섬들은 세계에서 가장 볼만한 경관 중 하나다. 자연보존 구역은 코끼리, 코뿔소, 호랑이를 비롯한 지구상의 일부 회귀 동물들의 서식지다. 동물학자들은 몇 달에 한 번씩 멸종을 우려해왔던 종種이 실제로 사라졌다고 발표하곤 한다. 세계에서 가장 희귀한 동물인 '털코수달hairy-nosed otter', '사올라sao la'로 불리는 오릭스oryx를 닮은 솟과의 포유류, 하얀 입술의 킬백keelback 뱀, 수십 종의 희귀 난초 등이 사라진 것이다. 그러나 서식지가 파괴되는 동시에 식용이나 전통적인 약용으로 동물이 사냥되고, 뱀이 술병에 담겨지고, 수집가용으로 난초가 뽑힌다. 부자와 권력자용으로 된 규정이 있고 가난한 사람들을 위한 규정이 따로 있다. 비나코민이 하롱베이에서 계속 공해 물질을 배출하고 있는 것이 그 한 가지 사례다. 또 다른 것은 야생동물 거래다. 하롱베이의 서쪽 끝에는 하롱베이에서 가장 큰 섬인 깟바Cat Ba 섬이 있다. 유네스코가 '지구 생물권 보존 지역'으로 지정한 이곳은 하롱베이라는 왕관의 보석에 해당되는 곳임이 틀림없지만 지금 쓰레기장으로 변하고 있다. 거의 모든 섬이 보존 지역에 포함되어 있고 거의 절반은 국립공원으로 지정되었지만, 2001년에 남부 해안에 리조트 타운 붐이 일어난 이후 개발을 막은 적은 한 번도 없다. 키가 크고 홀쭉한 5층짜리 저가 호텔들이 해변에 대상형帶狀型으로 늘어서 있다. 바닷가에 하노이의 한 부분을 옮겨 놓은 것 같다. 더 큰 호텔들은 마을 끝머리에 있다. 이 길고 가느다란 지역에 방문객이 연간 35만 명을 넘는다. 그리고 하롱 시처럼 이곳의 주된 매력은 해안을 따라 늘어서 있는 술집과 음식점이다. 일부 레스토랑은 야생동물 음식을 공공연히 메뉴에 포함하고 있지만, 이를 삼가는 곳도 있다. 조직화된 일당이 사슴, 거북이, 뱀, 도마뱀 등 고객이 원하는 것이면 어떤 것이든 이틀 내에 공급해준다. 기호가 다양한데도 그들 모두를 공급해줄 수 있다. 섬 행정 당국은 최소한의 범위 내에서 이런 거래를 단속한다. 실제로 섬을 통치하는 깟하이Cat Hai 지구 인민위원회는 국립공원 지정이 해제되거나 규제가 대폭 감소될 수 있도록 노력을 기울인다. 이 지역에 호텔 개발을 확대하고 손님들에게 야생동물 고기를 마음대로 공급하기 위해서다. 그들은 미래에 대한 생각은 적고 순전히 단기간의 이익 창출에만 정신이 팔려 있다.

깟바는 결코 별난 곳이 아니다. 베트남의 거의 모든 소도시에는 닥산dac san ─ '명물' 음식 ─ 을 제공한다고 선전하는 음식점들이 있다. 일부 음식점은 진짜 현지 명물 음식을 제공하지만 그 이름에는 일반적으로 최고급 요리haute cuisine라는 의미가 붙지 않는다. 단골들은 친구나 대접해야 할 고객에게 자신의 위상과 남자다움을 과시하기 위해 드나든다. 식단은 청정해 보일지 몰라도 그 이면에는 천산갑穿山甲, 호저豪豬, 사향고양이가 손님들의 주문에 따라 줄줄이 죽어나갈 수 있다. 최고의 영예는 가장 비싸고, 가장 위험하고, 가장 많은 고기를 살 수 있는 사람들에게 돌아간다. 이 같은 야생동물의 식용 거래는 규모가 어마어마하다. 하노이 농업대학 연구원들이 2008년에 발표한 조사[3]에 따르면, 매년 약 100만 마리의 야생동물이 ─ 일부는 죽은 것으로, 일부는 신선하게 보이기 위해 살아 있는 것으로 ─ 베트남에서 불법으로 거래된다. 이 불법 거래에 대한 감독 책임을 맡고 있는 농림수산부의 계산으로는 거래의 단 1~2%만이 감독관들에 의해 저지된다. 매년 이토록 많은 야생동물이 제거되면 그 누적된 영향이 자연을 황폐화시킬 수도 있다. 1990년대 초, 베트남의 숲은 베트남과 중국의 미식가들을 위해 거대한 고기 저장소가 되었지만 만족할 줄 모르는 그들의 식욕을 채워온 지 20년 만에 저장소는 텅 비어 횡뎅그렁해 보인다. 국립공원에 대한 이야기는 거기서 얼마나 비상식적인 일이 벌어졌는지 보여준다. 라오스와의 경계에 위치한 뿌맛Pu Mat은 1990년대에 수십 명의 불법 거래자들이 활동하던 야생동물 거래의 허브였다. 10년 후 야생동물 포획 수량의 80%가 줄었고 거래자들은 소수만 남았다.[4] 남은 거래자들은 이제 라오스와 캄보디아, 심지어 말레이시아와 필리핀 같이 점점 더 먼 곳에서 야생동물을 사들여야 할 입장이 되었다.

베트남에는 야생동물 거래를 근절시키려는, 규모는 작지만 열심히 노력하는 사람들의 단체가 있다. 부티꾸옌Vu Thi Quyen은 단체의 지도자들 중 한 사람이다. 1999년, 꾸옌은 베트남 최초의 국립공원이며 현지인들에게 자연보호에 대한 교육을 실시하는 꾹프엉Cuc Phuong에서 국제 NGO들과 함께 일하고 있었다. 그녀는 동료 한 명과 함께 그 같이 중요한 일을 외국인에게 맡겨선 안 된다고 생각하고 베트남 최초로 '베트남, 자연을 위한 교육 Education for Nature, Vietnam: ENV'(이하 ENV)이라는 토착 환경단체를 만들었다. 환경보호운동은 그렇게 호락호락하지 않았다. 25세 여성인 그녀의 노력을 진지하게 생각하는 사람이 없었지만 2년간의 로비 끝에 ENV는 마침내 NGO 단체로서 등록 허가를 받았다. 그들은 대부분의 활동을 학교에서 한다. 새로운 세대에게 그들의 부모보다 더 친환경적인 생활을 하도록 격려하는 것이 그들이 하는 일이다. 그러나 ENV는 베트남 NGO 단체로는 유일하게 거슬리는 캠페인 의제를 갖고 있고, 고위 정치인들에게 접근하려 한다. 그들은 이것을 양면 공격 작전 ─ 견고한 관료 조직을 위아래로 동시에 달려들어 공격하는 작전 ─ 으로 이해하고, 이런 작전이야말로 황폐화하고 있는 야생 생태계를 보호하는 유일한 길로 본다. 그들이 주도해 가장 성공한 활동 중 하나는 야생동물 밀렵 범죄 핫라인을 만든 것이다.

국영 라디오와 TV는 밀렵을 목격할 경우 제보 전화를 하도록 장려하는 ENV의 광고를 내보낸다. ENV는 그 후 야생동물 고기를 파는 각 음식점에 법을 위반하고 있음을 상기시키고 당국에는 위반자들이 버릇을 고치길 거부한다고 신고하는 등 계속 자연보호에 진력한다. 그들은 음식점 약 1500곳의 자연보호 위반 사례 파일을 비치하고, 전국적으로 1000명 이상의 자원봉사자를 일정 기간 동원해 이들 음식점이 야생동물 고기를 계속 취급하는지 확인한다. 그들은 또한 웅담을 추방하기 위한 대대적인 홍보 활동을 전개한다. 가슴에 새겨진 반월형의 반점 때문에 '반달곰'으로 알려진 아시아 불곰이 매년 수백 마리씩 야생에서 잡혀와 웅담 거래에 희생된다. 그 결과 이런 종류의 곰이 국제자연보존연맹에 의해 '멸종 위기종'으로 분류되고 있다. ENV는 팝스타와 축구 선수가 웅담을 마시는 모습을 극적으로 표현해 웅담 섭취가 퇴영적이고 반사회적인 행동임을 부각시켰다. 웅담 가격이 2004년의 밀리리터당 15달러에서 2007년엔 1달러 50센트로 폭락했다. 그러나 웅담 거래를 근절하지는 못했다.

ENV와 국제단체의 지속적인 로비가 있은 후인 2005년, 농림수산부는 야생 곰의 포획을 막기 위한 새로운 규정을 발표했다. 곰 거래는 웅담의 추출·광고·판매 행위와 마찬가지로 불법이 되었다. 그것은 재치 있는 방법이었다. 이미 소유한 곰의 경우, 보유를 금지하는 대신에 — 곰들을 대규모 도축 업자에게 인도하거나 폐기할 수 있었다 — 곰에 마이크로칩을 붙여 등록되지 않은 곰을 감독자들이 쉽게 확인해 관리할 수 있게 했다. 그들은 새로 곰을 들여오거나 파는 행위를 금지함으로써 단계적으로 곰 거래가 소멸되기를 바랐다. 등록은 순조롭게 진행되었고 4000마리의 곰들이 '마이크로칩을 달았지만, 곰 농장들이 그 사업을 중지할 의사가 없음이 곧 분명해졌다. 2008년 7월에 농림수산부 산하 삼림청 감독자들은 하노이 외곽 하떠이Ha Tay 성의 한 농장에 미등록 새끼 곰 약 80마리가 사육되고 있다는 제보를 받았지만, 실제로는 성청 관리들이 이미 그 농장에 새로운 곰의 유입을 금지한 상태였다. 성청 관리들이 경찰과 함께 새끼 곰들을 압류할 목적으로 농장에 갔을 때, 곰들이 이미 하롱 시의 다른 농장으로 옮겨졌다는 사실을 알았다. ENV와 현지 관리 당국은 그 농장과 인근의 다른 농장 세 곳의 바깥에서 감시 작전에 들어갔다. 그들은 4일 동안 총 33대의 관광버스가 농장으로 들어오는 것을 보았다. 그들은 농장 안으로 들어가서 주로 한국인인 관광객들에게 살아 있는 곰에서 웅담을 추출하는 과정을 실황으로 보여주고 마시면서 구매를 권고하는 광경을 목격했다. 그런 행위는 전적으로 불법이지만 그러나 고속도로의 광고판으로 선전되고 있었다. 그 농장주들은 꽝닌 성 당국의 어떤 보호를 받고 있는 것이 분명했다.

웅담 단속은 한두 개의 우리에 곰을 길러 작은 액수의 돈을 버는, 관리들의 보호를 받는 데 필요한 뇌물을 감당할 수 없는 '소규모 자영업자들'에게는 효과적이었다. 대규모 곰 사육 농장은 대부분의 경우 법규를 교묘히 빠져나가는 데 성공해온 것으로 보인다. 더욱 고약하게도 하롱 시에서 문제의 80마리 곰 새끼들을 발견한 후인 2008년 4월, 농림수산부는 그 곰들을 압류하지 않고 멸종 위기에 빠진 동물의 사육을 금하는 이전의 모든 법규를 근본적으로 훼손하는 새로운 안내장인 통신 970 Correspondence 970 을 회람하기로 결정했다. 농림수산부는 보호받고 있는 동물을 단지 '사육하는 것'은 범죄행위가 아니며, 오직 행정적인 과태료 처분 대상으로 처리해야 한다고 지방정부에 통보했다. 단번에 지난 3년간의 모든 노력이 물거품이 되는 것처럼 보였다. 그럼에도 꾸엔과 ENV 동료들은 사태가 단계적으로 개선될 것으로 낙관한다. 그들은 새로운 '생물의 다양성에 관한 법률 Law on Biodiversity' 초안에 대해 국회의원의 자문 요청을 받았으며, 새로운 법규가 야생동물 보호의 대의를 천천히 증진시켜줄 것으로 믿는다. 그들이 직면한 문제는 베트남의 많은 다른 법규처럼 이 법규가 많은 해석을 허용하는 방식으로 입법되고 있다는 점이다. 야생동물 거래는 불법화하겠지만 멸종 위기종 동물의 영리적인 사육을 법적으로 허용할 것으로 보인다. 이 칠칠치 못한 절충안은 국제 자연보호주의자들의 거센 비난을 받았지만, 이것은 부분적으로는 2007년 초 ENV가 동물 보호에 관한 국제적인 관심을 세련되지 못하게 정치권력과 맞닥뜨리게 해서 벌어진 시끌벅적한 논란의 결과이다.

그때 ENV는 아마도 그러지 않는 게 나을 것 같다는 판단이 들었는데도 명백히 불법을 저지르는 것으로 보이는, 베트남에서 가장 부유한 사람들 중 한 사람과 대결하면서 국제 자연보호 단체 중 한 그룹과 손을 잡았다. 2006년, 호찌민 시에 기반을 둔 국제 NGO인 '위기에 처한 야생동물Wildlife At Risk: WAR'(이하 WAR)은 퍼시픽 비어Pacific Beer Company 의 사주社主인 응오두이딴Ngo Duy Tan이 자신의 개인 동물원에 혈통이 알려지지 않은 호랑이를 사육하며 번식시키고 있음을 알아냈다. 딴은 호랑이 사육 행위를 잘못된 일이라고 생각하지 않았다. 그는 2000년에 거의 죽어가는 호랑이 새끼 6마리를 '한 행상인'에게서 구입해 살려냈다며 당국과 언론에 당당하게 밝혔다. 그 사이에 6마리가 번식해 24마리가 되었다는 것이다. 그런 행위는 완전히 불법이었다. 베트남 법률은 특히 혈통을 모르는 호랑이의 번식을 금하고 있다(자연보호의 관점에서 만약 어떤 종의 야생동물을 보호하기 위해 사육하려면 그 혈통을 밝힐 필요가 있다. 그렇지 않으면 사육·번식이 이종교배로 이어질 수 있어 자연보호 행위가 쓸모없게 되고, 그 동물은 야생으로 다시 돌려보낼 수 없게 된다). WAR는 자연보호 관련 거대 단체들을 불러 모았다. '세계 야생동물 기금World Wildlife Fund: WWF'과 '국제 자연보호 연맹International Conservation Union'을 비롯한 여섯 개 단체는 베트남이 엄격하게 야생동물 거래를 단속하고 있다는 점을 증명해 보이기 위해 응오두이딴에게 강력한 조치를 취하라고 요구했다. 그러나 딴은 베트남에서 실질적인 파워를 갖고 있음을 과시했다.

대체로 정치적 진보파이며 경제적 개혁가로 알려진 보반끼엣 전 총리가 신문에 글을 기고해 "딴 씨가 불법 행동을 저질렀다고 볼만한 이유가 없다"고 말했다. 그의 개입 이후 베트남의 자연보호에 관한 법률과 국제 자연보호 단체들의 의견은 아무 쓸모가 없게 되었다. 2007년 3월에 현 응우옌 총리가 그 사건을 조사하도록 농림수산부에 지시했다. 3월 23일, 그 문제를 다루기 위한 관계기관 회합이 있었지만, 그 하루 전날, 역시 개혁주의자 성향의 기술 관료로 알려진 농림수산부 장관인 까오죽팟Cao Duc Phat이 호랑이를 어떻게 처리해야 할지 논의하기 위해 비행기 편으로 내려가 딴의 동물원을 찾았다. 다음날 관계기관 회의는 서로 완전히 모순되는 두 가지 결정을 내렸다. 우선, 관계기관은 호랑이들이 당연히 몰수되어야 한다는 데 합의했지만 호랑이들의 주인이 "임시로 계속 돌볼 수 있다"고 판시했다. 이것은 난센스였다. 법치는 이름뿐이었고 사실상 법이 완전히 무시되었다. 야생동물의 불법 거래 행위를 근절하려는 노력이 큰 차질을 겪게 되었다. 이 사건이 보여주는 분명한 메시지는 부와 권력 연줄이 쉽게 법을 조롱할 수 있다는 것이었다. 더욱 고약하게도 이전에 불법이었던 것을 이제 합법화하는 방향으로 변경되고 있다. 농림수산부가 자연보호 책무를 진지하게 수행하고 있다고 생각하는 사람은 드물었다. 농림수산부와 농촌지역개발부MARD 두 부서 모두에게 최우선 순위는 지방의 경제 발전이었다. 환경보호 활동가들은 이들의 환경에 대한 자세를 '쥐라기jurassic'라는 말로 설명한다. 관리들의 그 같은 우유부단과 야생동물에 대한 수요가 계속되는 한 야생동물 거래자들의 잠재적인 수익은 그들이 무릅쓰는 모험을 크게 능가할 것이다.

그러나 설사 농촌지역개발부가 자연보호 의무를 충실히 이행했다고 해도 문제가 다 풀리는 것은 아니다. 2008년 하노이 농업대학교 조사는[5] 거래되는 야생동물의 3분의 1이 주로 북쪽 국경에 있는 두 곳의 주요 통로를 통해 중국으로 수출된다고 추정했다. 이 거래가 중단될 가능성은 요원해 보인다. 당 기관지 ≪년전≫의 2002년 보도에 따르면 국경에서 근무하는 관리들의 4분의 3이 정기적으로 뇌물을 받고 있다고 전했다.[6] 어떻게 그런 일이 일어날 수 있는지를 아는 것은 어렵지 않다. 야생동물 거래 상인들은 매년 2000만 달러 이상의 수익을 내는 것으로 보이는데, 이 금액은 삼림청

산하 감시·감독 기구의 전체 예산보다 30배가 많다. 삼림 감시원의 월급은 50달러로 박봉이다. 야생동물 음식점들은 평균 이틀에 그 정도의 수익을 올린다. 어느 부서의 국가 관료도 부패에서 자유롭지 못하기 때문에 헌신적인 관리들마저 야생동물 밀거래와 전쟁을 벌이기는 불가능하다. 불법으로 포획한 살아 있는 야생동물을 경찰차, 영구차, 심지어 죄수 수송용 밴으로 운반한 사건이 있었다. 어떤 사건은 곰에게 환자복을 입혀 구급차에 싣고는 마치 중환자를 병원으로 이송할 때처럼 '수심에 찬 친척들'이 둘러싸고 내려다보며 운반했다. 삼림청은 한심할 정도로 인원이 부족하다. 한 사람의 감시원이 약 1400헥타르의 광활한 숲을 책임지고 있으며, 수단과 방법을 가리지 않을 정도로 결의에 찬 사람들을 상대해야 한다. 밀렵자들 대부분은 찢어지게 가난한 사람들이며 소수민족 출신이 많다. 그들에게 밀렵은 사느냐 굶어 죽느냐의 문제와 직결되어 있다. 밀거래자 대부분은 큰돈을 벌고 있는 다수 종족인 킨Kinh족 출신들이며 그들은 종종 권력과 영향력을 가진 사람들의 보호를 받는다. 특별히 군인은 야생동물 거래는 물론 불법 목재 거래에서도 거의 기소를 면제받는 듯하다.

베트남의 삼림 황폐화는 전쟁으로 인한 파괴 때문이기도 하지만 전후의 마구잡이식 벌목 탓도 크다. 1976년에서 1990년까지 베트남의 벌목꾼들은 1960년대에 미국이 베트남에서 에이전트 오렌지agent orange(고엽제)로 황폐화시켰던 250만 헥타르보다 결코 적지 않은 면적의 삼림을 파괴했다.[7] 당시 북쪽 산 대부분은 완전히 민둥산이 되었다. 전쟁과 마구잡이식 벌목이 합세해 국토의 4분의 3을 '헐벗은' 또는 '벌거숭이' 지역으로 만들었다. 이 같은 두 차례에 걸친 환경 재해의 심각성을 인식한 정부는 1992년에 원목과 제재목의 수출을 금지하고 벌목량 한도를 거의 90% 축소했다. 그 후 남은 '원시림'의 500만 헥타르에서 벌목이 금지되었으며, 정부는 산업용 목재

생산을 위해 500만 헥타르의 조림지를 조성했다. 이 계획은 2010년까지 벌목할 모든 원시림의 넓이에 근접한다. 이 계획은 응담의 경우처럼 서류상으로는 근사해 보이지만 목재 거래에서 오직 규모가 작은 업자들에게만 영향을 미쳤다. 대형 목재상들은 법을 무시하고 원시림 벌채를 계속하고 있다. 그러나 베트남에서 좋은 품질의 목재 공급이 점점 더 어려워지고 있기 때문에 대단위 목재 거래는 국경 넘어 라오스와 캄보디아로 옮겨갔다. 국경을 낀 산악지대는 전략적으로 군이 관할하는 민감한 지역이다. 군부가 무능한 탓인지는 몰라도 그들은 지금 삼림 파괴에 깊이 개입하고 있다.

☆ ☆ ☆

베트남에서 땅, 나무, 야생동물에 열광하는 사람들이 많은 이유는 많은 이익을 가져다주는 자원이기 때문이다. 아마도 이것은 최근에야 겨우 무서운 가난에서 벗어난 나라에선 당연한 일일 것이다. 국가적인 우선순위는 많은 그리고 계속 늘어나고 있는 인구의 생계를 책임지는 일이다. 그러나 베트남에서는 추가 요인이 있다. 자연환경은 이른바 인류에 대한 봉사에 사용될 또 다른 자원이라는 교조적인 마르크시즘에서 유래된 신념이 바로 그것이다. 그 같은 패턴은 공산당이 투자를 지시한 모든 부문에서 반복해 왔다. 잘살아보려고 안간힘을 쓰는 엄청나게 많은 수의 가난한 사람들과 결부된, 먼 하노이에서 입안된 (공산당 식) 국가발전계획과 생산 목표의 유산은 매 부문마다 처음에는 붐을 일으켰다가 이후에는 불황에 빠졌다. 커피, 캐슈너트cashew nut, 등나무 공예, 새우 양식업 등이 바로 그런 사례들이다.

중남부 해안의 냐짱Nha Trang을 빙 둘러싼 바다는 진짜 연안 바다 그대로며 생명이 충만한 것 같다. 맑고 푸른 물, 방대한 산호 암초, 내리쬐는 햇살. 그러나 거기엔 그들(물고기)이 없다. 관광객들이 사진을 찍고 있는 항구에 연한 청록색 칠을 한 수많은 배가 줄지어 서 있는 이유는 이제 잡을 물고기가 없기 때문이다. 냐짱은 세계적인 관광산업으로 활로를 모색하고 있다. 해안에 새 고층 건물인 쉐라톤 호텔이 이제 막 문을 열었다. 바닷가는 아름답긴 하지만 생태 환경은 사라졌다. 세계 야생동물 기금, 베트남 정부 그리고 유엔의 여러 연구는 베트남의 해안선을 따라 연안 어족 자원이 연속 고갈 상태에 빠졌음을 보여주었다. 이런 상태는 설사 오늘 당장 고기잡이를 금한다 해도 쉬이 어장이 복원되지 않을 것이란 의미다. 이것은 경제개혁, 정치적 지방분권, 외국의 원조로 인한 부수적 피해의 결과이다.

베트남 어업의 90%는 개인 소유이며 고기잡이의 대부분이 특정한 계절에 집중되어 있다. 어부들은 1년 중 일정한 기간은 논밭이나 건설 현장에서 일하며 고기가 돌아올 때쯤 바다에 나간다. 그들에겐 가외 수입이 필요하다. 경제가 성장하기 시작하자 더 많은 사람들이 배를 살 재원을 마련할 수 있게 되었다. 1986년에서 2000년까지 배를 소유한 사람의 숫자가 세 배가 되었다. 정부는 1990년대 말에 식품 공급을 증가시킬 의도로 많은 내해 고기잡이 어부들에게 외해로 나갈 수 있는 큰 배를 사도록 국제개발기금을 융자해주었다. 그러나 그들은 새로운 장비를 갖추었지만 외해에서 고기를 잡을 기술이 없었기 때문에 외해로 나가는 대신 자신들이 가장 잘 아는 내해로 다시 모여들었다. 그들은 더 큰 배와 더 큰 어망으로 풍부한 수확물을 거둬들였고 큰돈을 벌었으며, 지역 시장은 고기로 넘쳐났다. 그러나 몇 년간의 좋은 세월이 지나간 후, 작은 배와 기본적인 장비를 가진 계절성 어부들은 수확량이 줄어들고 자연보호 활동가들이 경종을 울리기 시작한 것을 알게 되었다. 상황은 꽝찌Quang Tri 성과 꽝빈Quang Binh 성에서 더욱 악화되어 이곳의 어촌 주민은 영양실조에 걸리기 시작했다.

정부는 새로 '2006~2010년을 위한 수산업 종합 계획', '2020년까지의 전략', '2007년의 수산업법'을 만들었다. 국제 전문가들은 이 모든 것이 베트남 정부가 문제점을 인정하고 자연보호에 초점을 맞춘 결과라며 찬사를 보냈다. 이것은 4만 척의 어선 중 2만 척을 폐선 처분해 내해 어업의 선단 규모를 2010년까지 절반으로 줄이는 계획이었다. 한 가지 주된 의견은 이들 폐선을 바다 밑에 가라앉혀 인공 산호초를 만든다는 내용이었다. 더 다급한 것은 어부들을 어떻게 하느냐는 문제였다. 농림수산부는 양식 어업 — 연못과 양어장에서 물고기를 기르는 — 이나 공업단지 노동자로 전업하기를 원했다. 그러나 새로운 일자리 창출은 어획량 감소 속도를 따라갈 수 있을 정도로 충분하지 않았다. 2008년에 연료 가격이 상승하자 어부들은 성 당국을 압박했다. 그들은 현지 선단 감축 계획을 미루고, 어획량을 늘리기 위해 다이너마이트, 전기 충격, 더 촘촘한 어망을 사용해 파괴적인 마구잡이식 고기잡이를 하겠다고 으름장을 놓았다. 그들은 그렇게 하는 대신 더 많은 지원을 해달라고 정부에 졸랐다. 2008년 5월, 농림수산부는 어부들이 90마력 이상의 엔진을 장착한 배를 구입할 수 있게 연간 3500달러 상당의 보조금을 지원한다고 발표했다. 어부들이 외해 어업의 기반을 갖추기에 충분한 금액이었다. 그들은 더 큰 배로 외해로 나가는 대신 내해로 몰려들었고 다시 한 번 고기의 씨를 말리는 남획으로 이어졌다. 지역 지도자들이 하노이에 기반을 둔 자연보호 성향의 전문가들보다 더 큰 영향력을 갖고 있는 것이 정치적 현실이었다.

냐짱에 그나마 남아 있는 해양 생물을 보호하기 위해 육지에서 가까운 거리에 위치한 한 무리의 섬 주위에 '혼문 해양보호구역Hon Mun Marine Protected Area: MPA'(이하 MPA)을 지정하는 데 세계은행이 자금 지원을 했다.

지정 당시 MPA는 모두 단단한 종으로 알려진 산호가 전체의 40%라고 자랑할 수 있었다. 아직도 곳곳에서 산호가 많이 보이지만 관리자마저도 그것들의 남은 생존 기간을 단 5년으로 본다. 냐짱의 한 잠수 회사 대표는 훨씬 더 비관적이다. "이곳에서 잠수하면 죽습니다. 끝장난다구요"라고 그는 침울한 표정으로 이야기했다. MPA에서 수영, 다이빙 또는 스노클링을 하는 사람에게 몇 달러의 요금을 받지만 제공해주는 것은 거의 없다. 그 돈은 다른 곳으로 가는 듯하다. 이곳에서 배들은 공공연히 그리고 불법으로 고기를 잡는다. 일부에선 아직도 폭발물을 사용한다. MPA 감시원들은 그걸 보고도 못 본 척 한다. 폭발물 사용자들이 감시원과 그들의 가족을 위협함으로써 침묵을 강요하는 것이다. 관광선은 산호초에 닻을 내리고 쓰레기를 버린다. 자연보호 구역으로서 효과를 내는 것으로 보이는 MPA의 유일한 곳 — 아무튼 지속 가능한 것으로 생각되는 극소수의 베트남 환경 프로젝트 중 진짜로 그럴싸한 곳 — 은 혼문 섬 북측에 있는 수백만 달러짜리 새(금사연金絲燕, 일명 바다제비) 둥지 기업이다.

이곳의 '카인호아 금사연 둥지사Khanh Hoa Salanganese Nest Co.'는 이 새들의 둥지가 있는 영역을 매우 조심스럽게 보호한다. 혼문 섬의 절벽과 동굴은 독일 금사연이 타액으로 만든 둥지를 이용해 새끼를 기르는 곳이다. 다른 새들 역시 이 같은 방법으로 자신의 둥지를 만들지만 독일 금사연은 잔가지나 다른 보조 재료를 쓰지 않는 유일한 새다. 카인호아 새 둥지는 동아시아의 음식점에서 매우 값비싼 진미 수프의 재료가 된다. 이 새의 생활 주기를 연구하고 둥지를 수집할 때 새들에게 큰 해를 끼치지 않도록 조심스레 작업하는, 회사 '사네스트SaNest'는 새들이 사는 절벽과 동굴에서 1년에 두 번 둥지를 수집하는 대가로 MPA 당국에 수백만 달러를 지불한다. 사네스트는 직업의식에 투철한 경비원을 고용하는데, 그들은 자동소총으로 무장

하고 있으며 밀렵자들의 절벽 접근을 막고 고속 모터보트를 탄 잠수부들
— 공원 입장료를 지불한 사람들일지라도 — 을 몰아낸다. 그러나 이 회사가 사
리에 맞게 사업을 하기 때문에 금사연 수확 권한이 해양보호 구역 당국, 현
지 수산업 당국 또는 관광 회사로 이전되는 일이 없었다.

공산당은 시장경제를 환영하면서도 아직도 산출 쿼터와 생산 목표에 관
한 미련을 버리지 않고 있다. 그들의 우선순위는 경제성장과 빈곤 퇴치다.
그러나 수산업은 강철 주괴鑄塊나 종이 두루마리 생산업과는 다르다. 수산
업은 가용 자원의 투입량을 늘린다고 해서 생산량이 증가하는 업종이 아니
다. 그럼에도 베트남 수산업 정책은 아직도, 어획량이 떨어져 다이너마이
트까지 사용하는 고기잡이 현실과는 거리가 먼 사람들이 세운 독단적인 목
표량에 근거해 입안되고 있다. 독립적인 연구와 비판적인 분석에 근거한
주장은 승진 가능성을 할당량에 맞추고 목표량을 완수하는 데 의존하는 지
역 당 간부들에게 전혀 환영받지 못한다. 오히려 그들은 자신들이 일을 잘
처리하고 있다는 인상을 주기 위해 목표치를 부풀린다. 수많은 어업 공동
체에 분명히 문제점이 있음에도 신문은 계속 수산업에 대한 좋은 소식을
보도한다. 한 가지 분명한 징후는 이전에는 던져버리거나 사료로 사용하며
'잡어'로 간주했던 생선 값의 상승이다. 지금은 그런 종류의 생선이 시장에
서 팔리고 먹는다.

✿　　✿　　✿

아직도 베트남 환경문제 중 많은 것들이 감춰지고 있지만 일부는 정도
가 너무 지나쳐 더 이상 숨길 수 없는 실정이다. 도시의 공해는 마침내 뜨
거운 논란거리가 되었다. 베트남은 사회주의적인 교통체제를 갖고 있다.

대부분의 개발도상국에서 부유한 사람들은 자가용을 타고 다니는 반면 가난한 사람들은 걷거나 대중교통을 이용하지만, 인류평등주의적인 베트남에서는 거의 모든 사람이 자신의 오토바이나 가족이 함께 쓰는 오토바이를 타고 다닌다. 베트남에서 오토바이는 도로 전체 차량의 98%를 차지한다. 하노이 인구 두 명당 한 대 꼴이며 시 도시계획 입안자들에 따르면, 매일 700대씩 늘고 있다. 호찌민 시의 아침저녁 러시아워에는 수만 대가 거의 정지하다시피 도로를 메워 오토바이 주차장을 방불케 한다. 오토바이 운전자들은 조그만 틈새만 있으면 비집고 들어가 소리를 지르고 쓰레기를 공중으로 던져버린다. 이런 현상은 비단 이 도시만의 일이 아니다.

대부분의 도시에서 수돗물은 마실 수 없을 뿐 아니라 목숨을 위협할 수도 있다. 수도 사정이 수년간 그 모양인데 호찌민 시는 상황이 너무 나빠 마침내 2008년 1월, 시 당국은 공개적으로 수돗물의 문제점을 이야기하기 시작했다. 그들은 선택의 여지가 거의 없다. 주민들은 오염 물질 냄새를 느낄 수 있고 약간 회색빛이 도는 시꺼먼 물이 그득한 수로에 흰 배를 드러내고 죽은 물고기가 떠 있는 것을 볼 수 있다. 그러나 베트남에서 대중이 어떤 것에 대해 신경을 곤두세울 때 종종 그러했듯이 공해에 대한 당국의 첫 공식적인 반응은 외국인을 비난하는 일이었다. 동나이Dong Nai 강가에 위치한 타이완인이 경영하는 글루탐산소다MSG(인공 조미료 원료로 쓰이는 화학 물질) 공장이 새로이 심한 압박을 느끼는 첫 번째 회사가 된 것은 그 때문이다.

중부 고원지대에서 발원하는 맑고 깨끗한 동나이 강은 산악지대를 거치면서 급류와 폭포를 만들다가 평원으로 흘러들어 몇 가닥으로 나눠지고 마침내 남중국해로 흘러간다. 얼핏 목가적인 풍경 같지만 동나이 강은 도시지역 77곳과 베트남에서 가장 공해가 심한 지방 다섯 곳 — 2008년도 세계은행 보고서가 정의했듯이 — 가운데 세 곳을 거쳐 흐른다. 이들 세 지방(동나이, 빈즈엉, 호찌민 시)은 거대한 규모의 외국 투자를 끌어들였는데 특히 직물, 의류, 금속 가공, 식품 가공과 같은 저임금 제조업이 주종을 이룬다. 이들 회사는 저임금과 최소한도의 환경 규제를 찾아 이곳으로 왔다. 베트남 공업단지의 3분의 2는 중앙 폐수처리 시설을 구비하고 있지 않으며 남부 지역의 이들 공장 상당수는 환경적으로 민감한 습지대에 자리 잡고 있다. 티바이Thi Vai로 알려진 동나이 강 지류 주변에 사는 농부들은 수년 동안 양어장 고기와 농작물이 독성 폐기물로 인해 죽어간다고 불만을 토로해왔지만 아무런 조치도 취해지지 않았다. 하지만 2008년 초, 일본 선박 회사가 티바이 지역의 공해가 강 입구에 정박해 있던 선박의 강철 외피를 3밀리미터나 갉아먹었다고 주장하며, 그곳으로의 선박 운행을 거절했다. 이것은 이 지역 경제에 직접적인 위협으로, 결국 당국이 행동에 나서지 않을 수 없게 되었다.

글루탐산소다 생산 회사인 베단Vedan이 베트남의 첫 공해 속죄양이 되었다. 베단이 오염 주범으로 지목된 것이 호찌민 시 열대생물학연구소의 도안까인Doan Canh 교수에게는 놀라운 일이 아니었다. 그의 연구팀은 1997년에 이 회사가 정화 처리를 하지 않은 폐수를 티바이로 내보내는 사실을 처음 알아냈다. 그때는 베단이 유일하게 강을 오염시키는 중대한 공해 배출 기업이었다고 그는 말한다. 그는 폐수 배출에 대한 더 엄격한 단속을 요청했지만 묵살되었다. "우리는 과학기술환경부에 보고서를 제출했습니다. 그러나 유감스럽게도 그 보고서는 별로 주목을 받지 못했습니다." 그 회사가 결국 공해 물질을 배출한 혐의로 고발된 후에 그가 한 말이다. 2008년 8월 말경에는 15킬로미터의 강줄기가 생물학적으로 죽어 있었다. 강을 끼고 있는 양어장들의 고기가 모두 폐사했다. 베단은 아직도 매달 100만 리터 이상의 정화되지 않은 폐수를 강에 쏟아 붓는다. 이 회사는 정화 처리 비용을 아끼려고 지하에 불법적으로 설치한 세 개의 배수관을 통해 폐수를 버렸다. 그러고 싶은 유혹을 느낄 만도 했다. 드디어 베단을 고발해 책임을 추궁하게 되었을 때 부과할 수 있는 벌금은 고작 1만 6700달러였다. 베단을 본보기로 삼아 처벌하기 위해 갖은 노력을 다하고 있는 당국은 '아직 지불하지 않은 환경 복원비'라는 명목으로 700만 달러라는 상당한 돈을 청구했다. 그러나 베단은 계속 이의를 제기하며 지불을 미루었다. 일부 관리들은 공장 폐쇄를 원했지만 베트남의 환경법들이 이런 조치를 내리기에 충분할 정도로 강력하지 못하다는 것을 알았다. 그 대신 베단은 불법적으로 설치한 배수관을 파내야 했고, 폐수처리 시설이 감당할 수 있는 수준 이내로 생산량을 축소시켜야 했다.

그러나 베단이 고발 조치를 당하고 있던 바로 그 순간에도 티바이에 공장이 있는 다른 회사들은 여전히 폐수를 쏟아내고 있었다. 베트남 환경보호국은 강 부근에 있는 200여 개의 회사들이 하루에 3400만 리터의 폐수를 계속 강으로 흘러보내는 것으로 추산했다. 벌금 수준이 아주 낮고 폐수처리 비용이 높기 때문에, 벌금을 물더라도 폐수 방출을 계속하는 것이 경제적으로 이득이었다. 그러나 마침내 공해 문제가 신문 1면에서 다루어지게 되고, 베트남 사람들은 점점 강이 얼마나 오염되고 있는지, 이를테면 도시 폐수의 14%만이 정화되고, 하노이와 호찌민 시 병원의 모든 폐수와 폐기물이 그대로 강과 매립지에 버려지며, 매립지는 불법적으로 유독성 폐기물을 받고 있고, 그리고 그 침출수가 지역 상수도 수원지로 흘러들어 가고 있음을 알게 되었다. 일부 다른 외국 회사들이 본보기로 처벌되었다. 예컨대 현대조선 합작회사는 60톤의 유독 폐기물을 그냥 버리려 한 것으로 알려졌고, 다른 한국 회사로 글루탐산소다 제조사인 미원 또한 강물을 오염시킨 혐의로 2000달러의 벌금을 물었다. 관리들은 대체로 타이완과 한국 회사를 지적하며 교묘하게 법규를 피해 조직적으로 불법행위를 저지르려 한다고 비난하기 시작했다.

그러나 외국 회사에는 곧잘 비난을 퍼부으면서도, 적어도 그에 못지않게 오염 물질을 배출하는 회사들 — 그러나 국영기업이란 이름의 회사들 — 에는 별로 주의를 기울이지 않는다. 베트남에서 가장 공해가 심한 지역은, 다시금 2008년도 세계은행 보고서에 따르면 동나이 강변의 현대식 공업지대가 아니라 하노이 북쪽 약 75킬로미터 지점에 있는 타이응우옌Thai Nguyen 시의 깜자Cam Gia 구역이다. 그곳은 불운하게도 구소련과 중국 개발원조의 초기 수혜 지역이었다. 1950년대부터 이 시는 지독한 유독 공정有毒工程 목록에서 선택했음 직한 제조 공정을 필요로 하는 회사들의 보금자리가 되었다. 이를테면 타이응우옌 철강 회사, 타이응우옌 석면 슬레이트slate 공장, 타이응우옌 코크스용cokes 석탄 제조회사, 타이응우옌 코우킹coking 화학 공장, 호앙반투-타이응우옌 제지 회사가 이곳에 있다. 종합 철강 공장으로 들어가는 기찻길에 올라 보면 그 거대한 규모가 확연히 드러난다. 그곳은 한때 밝은 색의 불그스레한 뺨을 가진 영웅들, 용광로와 고압선 철탑 그림이 그려진 사회주의 리얼리즘의 선전 포스터에서 축복받은 그런 종류의 장소였다. 사실상 그곳은 검정이 묻은 얼굴을 한 노동자들, 굴뚝, 석탄 찌꺼기 무더기 등 열대지방에 우랄 지역의 한 부분을 옮겨놓은 것 같다. 종업원 1만 1000명과 그 가족들은 베트남에서 가장 나쁜 수질 오염, 두 번째로 나쁜 토지 오염 그리고 세 번째로 나쁜 공기 오염을 가까스로 견디며 살아가고 있다.

공해 문제가 대도시에 국한된 것은 아니다. 1960년대에 미군의 폭격을 피하기 위해 산업생산 시설이 부분적으로 분산되었을 때 거대한 콘크리트로 된 이상한 건물들이 북부 베트남 이곳저곳의 논 위에 세워졌다. 이들 거대한 건물 중 하나는 타이응우엔 서쪽의 푸토Phu Tho 성에 세워진 람타오 Lam Thao 비료 공장이다. 이 조립식 누벽壘壁 아래쪽에는 손수 만든 오두막에서 점토로 벽돌을 만들며 살아가는 마을이 있다. 공장 옆에 서 있는 굴뚝들은 아황산가스와 다른 유독 가스를 쏟아낸다. 비오는 날이면 마을 사람들은 유황과 염화수소를 함유한 산성비를 흠뻑 맞는다. 1997년에 미국 연구원인 다라 오루크Dara O'Rourke가 그곳에 갔을 때 현지의 한 여성은 "아무렴요, 우리는 국물 음식에 양념을 넣을 필요가 없어요"[8]라고 농담을 했다. 1962년, 비료 공장이 들어서기 전에 농부들은 과일 나무를 길렀다. 지금 그 나무들은 다 말라죽고 그 지역은 '암癌 마을'로 알려져 있다. 현지 의사인 레반톤Le Van Ton은 2007년에 15명(주민 7000명 중)이 암으로 죽었는데 이 숫자는 매년 증가하고 있다고 말한다.[9] 이따금 폐수가 바로 논밭으로 흘러들어 마을 사람들이 이를 항의하자 몇 년 후 회사는 작은 홈통과 정화 처리 시설을 만들었다. 그러나 그 홈통이 새고, 회사는 종종 수리를 게을리 한다. 거기서 새어나온 폐수는 땅에서 개천으로 그리고 결국 홍하로 흘러들어 나중엔 하노이까지 가게 될 것이다.

마침내 그런 일들이 변화하기 시작할 징후가 보이고 있다. 주로 람타오 주위에 사는 주민들의 압력 때문이다. 공해라는 추악한 실상은 이제 감추기가 불가능하며 주민들의 분노가 치솟고 있다. 베트남 당국자들과 함께 일해온 국제 전문가들은 환경문제로 중국에서 분출한 항의 소동을 당국자들이 알게 되었으며 국내에서 유사한 소요가 일어나는 것을 사전에 방지하기 위해 움직이고 있다고 말한다. 여기까지 오는 데 긴 시간이 걸렸다. 공해 배출에 대한 농민들의 오랜 불만이 계속 묵살되어왔던 것이다. 하지만 이제는 공해 문제로 도시 중산층이 동요하고 있고, 정치가들이 귀를 기울이기 시작했다. 국회는 공해 스캔들에 대한 공청회를 자주 개최했고, 총리와 자연환경부MoNRE 관리들은 환경에 큰 문제가 있음을 인정했으며, 당국이 진지하게 대처하고 있다는 표시로 공안부가 새로운 환경경찰 부서를 설치했다. 세계은행 보고서는 공해가 결국 경제성장을 해칠 것이며(만약 사람들이 병에 걸리거나 투자자와 관광객이 베트남을 멀리하게 되면), 국제 원조가 쓰레기 더미를 치우는 나라에 도움을 줄 것이라는 점을 베트남 정부가 이해하도록 도와주었다.

★　　★　　★

공해는 베트남에서 거대한 문제지만 다른 환경문제도 그런 재앙이 될 잠재성을 가지고 있기 때문에, 만약 최악의 예상이 현실화된다면 이 책의 나머지 부분은 쓸모없는 내용이 될 것이다. 그런 사태가 온다면 대규모 이주 사태가 일어날 것이고 아마도 경제 붕괴와 정치적 혼돈을 가져오게 될 것이다. 문제는 그런 결과를 제때에 차단하거나 완화하기 위해 어떤 방안을 강구할 수 있느냐에 달려 있다. 2007년도 세계은행 보고서가 내린 결론에 따르면, 베트남은 해수면 상승으로 최악의 피해를 입을 5개국 중 하나이며 해수면이 1미터 이상 상승하면 '재앙으로 이어질 가능성'이 있다는 것이다.[10] 과연 사태가 그렇게 악화될 것인지를 아는 사람은 물론 없다. '기후변화에 대한 국제 패널Internal Panel on Climate Change: IPCC'은 금세기 말까지 해수면이 59센티미터 상승할 것으로 예상하지만, 다른 쪽에선 일단 기온이 일정한 한계에 도달하면 추가 상승은 훨씬 더 극적으로 빨라질 수 있다고 주장한다. 설사 이런 일까지는 일어나지 않고 더 보수적인 예측이 옳다 해도, 남부 베트남에서의 그 결과는 — 아무런 대처를 하지 않는다고 가정할 때 —

끔찍할 것 같다.

해수면이 1미터 상승하면, 인구가 가장 조밀하고 경제적으로 유용한 지역을 포함해 베트남 국토의 5%가 바다 밑으로 잠길 것이며 600만 명이 직접적인 영향을 받을 것이다. 예를 들어 벤쩨Ben Tre 성의 경우, 가장 높은 곳이 겨우 해발 1.5미터이다. 이 지역은 강과 바다로 둘러싸인 섬이기 때문에 약간의 해수면 상승으로도 엄청난 참화를 가져올 수 있다. 어떤 식으로든 예방 조치를 취하지 않는다면 호찌민 시의 거의 절반이 물에 잠길 것이다. 이 도시는 이미 매우 취약한 상태다. 사이공 강이 중간 수위 이상인 1.35미터만 되어도 강물이 제방을 넘어온다. 시의 일부 지역은 매달 침수되고 있다. 2008년 11월, 호찌민 시는 기록상 49년 만에 가장 높은 만조를 경험했는데 제방이 무너지고 몇몇 구역이 물에 잠겼다. 삼각주 지역은 아주 편평하기 때문에 메콩 강의 경우 바다에서 80킬로미터 떨어진 깐토Can Tho 시와 같은 내륙 먼 곳까지 조수가 밀려온다. 그해의 마지막 몇 달 동안은 매우 높은 만조로 시의 하수구가 역류해 오수가 거리에 가득했다. 어린이들은 그 오수 속에서 물놀이를 즐겼다. 만약 해수면이 높아진다면 그 후에 오는 조수와 폭풍해일이 훨씬 더 높아질 것이며, 그로 인한 파괴가 재앙 규모에 이를 가능성이 있다. 많은 산업단지가 삼각주에 자리 잡고 있기 때문에 이 나라 제조업 기지의 절반이 위협받게 될 것이다.

예상한 대로 온난화가 더 심해지고 태풍이 그 진로를 바꾸기라도 한다면 폭풍해일이 더 자주 올 것이다. 중부 베트남은 줄곧 태풍에 시달리는 지역인데 앞으로 횟수가 더 늘어나고 그 세기도 더 강해질 것으로 예상된다. 베트남에서 이곳은 이미 가장 가난한 지역 중 하나인데 이처럼 재앙을 몰고 오는 기후가 투자를 쫓아낼 것으로 보인다. 태풍의 진로가 더 남쪽으로 옮겨가 자연재해에 대한 준비가 덜 된 지역을 덮칠 것이라는 증거도 있다.

태풍이 주민과 재산에 주는 타격 또한 점점 더 커지고 있는 듯해 쌀 수확량의 격감, 빈곤 증대, 주민의 대규모 이주 강요, 교통 시설과 기타 기간 시설의 유실 등 전반적으로 이 나라에 심각한 재앙을 몰고 올 우려도 있다. (해수면 상승으로) 사람들이 부득이 남부 저지대를 떠나게 되면 다른 지역의 자원에 압박을 가할 것이다. 특히 도시와 중부 고원지대와 같이 이미 피로감을 느끼고 있는 지역으로 향하면 더욱 그러할 것이다. 가장 중요한 농업 지역의 상실과 매년 경작하는 벼 수확량의 감소는 식량 공급량을 격감시키고 가격은 상승시킬 것이다. 정기적인 해수 범람은 메콩 강 삼각주 토양의 염도를 더욱 높여 곡물 수확은 더욱 감소하고 현지의 물고기·새우 양식업을 황폐화시킬 것이다.[11] 베트남과 국제사회가 지금 직면한 문제는 이런 문제들에 대해 어떻게 대처해야 하느냐는 점이다.

'기후 변화에 대한 국제 패널'과 세계은행이 베트남이 겪을 수도 있는 위기를 강조한 이후 줄곧 외국 정부들의 관심이 높아졌으며, 이 나라가 환경 국가로서의 자격을 증명해 보이길 원한다. 외부 세계는 모든 수준의 리베이트 기회가 생기는 사실상의 대규모 공공사업 프로그램 ― 제방 축조, 홍수 예방 계획, 새로운 기간 시설 등 ― 에 자금을 제공할 준비가 되어 있다. 이것은 베트남에 대한 지속적인 대규모 원조 가능성을 의미하며, 자금을 제공하던 많은 국가가 지원을 축소한다면 베트남의 경제가 '중간 소득 국가'의 지위에 도달했다는 의미와 같다. 정부의 농촌지역개발부MARD 기술 관료들은 정무직 상관들이 대규모 제방 공사를 벌이는 것이 주로 실리적인 이유 때문이라는 것을 개인적으로 인정한다. 그들은 실제로 해수면 상승의 결과에 대해 꽤 낙관적이다. MARD 내에는 "우리는 베트남인이다. 우리 국민은 간난에 잘 견디고 영리하다. 우리는 전쟁에 이겼고, 이런 어려움도 잘 이겨낼 것이다"라는 내용과 유사한 감정이 있는 것 같다.

국제사회가 베트남에 큰 액수의 돈을 지원하며 거창한 계획을 세우면 그 돈이 잘못 사용될 위험이 상당히 높다. 더 큰 제방을 축조하는 데는 더 큰 부정적인 면이 있다. 몇몇 상황에서 제방은 태풍이 온 후 물이 빠져나가지 못하게 해 홍수를 더 악화시킨다. 또한 제방은 강물의 흐름과 그것이 남기는 침전물의 양에 영향을 미쳐 수로를 막히게 하거나 훼손하는 원인이 된다. 이러한 것들은 적절한 계획으로 관리될 수 있지만 돈이 쓰인 곳을 얼른 보고 싶어 하는 외국 자금 지원자들의 조급증과 베트남 현지 당국자들의 만성적인 단견, 조직적인 부패가 결합되면 그들이 수십억 달러의 비용으로 해결하려고 의도했던 것과 거의 비슷한 규모의 큰 문제를 일으킬 수 있다. 기후 변화 기획회의에 참석하는 환경론자들은 아직 적절한 평가가 이루어지지 않았는데도 프로젝트를 성사시키기 위해 혈안이 된 해당 국가 대표들을 거의 공황 상태에 빠진 사람들 같다고 설명했다. "해수면 상승은 중기적인 문제이며 우리는 단기적인 조치와 장기적인 재해에 대해선 논의를 원하지 않는다"라고 그들 중 한 사람이 말했다.

수십억 달러짜리 건설 계획은 아마도 그것을 가장 필요로 하는 사람들 — 환경 변화로 이미 영향을 받고 있는 매우 가난한 사람들 — 에게는 도움이 되지 못할 것이다. 남중부 해안 도시인 꾸이논Quy Nhon의 해안 지역은 판잣집들이 점령하고 있다. 강력한 조류가 바다에 면한 부분을 침식해 수백 채의 집이 이미 유실되어버렸다. 만조 때와 악천후 때는 남아 있는 집들에도 바닷물이 들어온다. 같은 일이 다낭Danang에서도 일어난다. 겨우 몇 년 전에 영국의 '어린이 구호기금Save the Children Fund'이 태풍으로 집을 잃은 사람들을 위해 콘크리트로 된 집을 지어준 곳이다. 내륙의 산악 지역에 사는 주민들은 강력한 태풍으로 도로가 유실되고 다리가 파괴되어 외부와 차단되어 있다. 그들은 미등록 거주자들이며 생활양식은 주변적이다. 이곳 주민들은 공식적인 통계에 나타나지 않기 때문에 그들의 필요에 주의를 기울인 적이 거의 없다. 다낭 시를 보호하기 위해 건설되는 새 제방은 매 킬로미터당 60만 달러의 비용이 든다. 그것이 대표적인 정부 건설 프로젝트였다면 건설 비용의 10%와 30% 사이의 어떤 금액이 관리들과 중개자들에 대한 리베이트로 사라졌을 것이다. 해변에 살다가 집을 잃은 사람들은 아무런 혜택도 받지 못했다.

✪　　✪　　✪

그런 역설적인 상황은 비참하다. 아직도 기후 변화에 대한 기여도가 최하위 국가군에 속하는 베트남은 다른 대부분의 국가들보다 기후 변화의 영향을 더 많이 받게 될 것이다. 아무튼 베트남은 세계에서 열세 번째로 인구가 많은 국가로서 머지않아 공해 배출 빅 리그 국가군에 들어가게 될 것이다. 인구는 계속 늘어나고 더 부유한 나라 사람들이 당연시하는 소비재들, 이를테면 오토바이, 텔레비전 세트, 냉장고, 냉방기기, 현대 생활에 필수적인 다른 여러 제품을 점점 더 많이 소유하게 될 것이다. 정부는 전력 배전망과 발전소를 확충하고 제조업자들은 계속 공장을 짓고 있어, 온실가스와 다른 오염 물질의 배출량이 급격이 증가할 태세다.

환경 당국은 많은 장애에 직면했다. 환경보호를 위한 조직적인 감시 체계가 없고 중앙정부 부서들은 환경 관련 법규를 강력하게 집행할 의지도 능력도 별로 없어 보이며 공해배출업체, 야생동물 거래업자와 기타 법규 위반자들이 쉽게 지역 관리들을 매수하고 처벌을 피해간다. 베트남 정부의 정책 우선순위는 앞으로 한동안은 경제성장과 일자리 창출이 될 것이다. 이미 '더러운' 공장을 운영할 계획을 세운 외국 회사들은 '적절한 곳을 물색하기 위해' 여러 성省을 돌아다닌다. 그들은 일자리와 돈을 성 당국자들과 주민들에게 안겨주기만 하면 법규를 기꺼이 악용할 수 있게 해주는 곳을 택해 공장을 세울 것이다. 정부가 하롱베이와 냐짱과 같은, 베트남의 환경 보석들을 계속 좋은 상태로 보존해갈 수 없다면, 10년 또는 20년 안에 일어날 일들을 고려해 전국 64개 성에 자극을 주고 적절히 지도할 수 있을 것 같아 보이지 않는다.

모든 성은 경제성장을 원한다. 그들에게 공해, 지나친 자원 개발 또는 환경 파괴를 억제하도록 강요하는 일에 적극적으로 나서는 사람이 거의 없다. 하노이에서 더 강력한 법규를 만든다 해도 지방 사람들이 그것을 적절히 잘 이행할 수 있기까지는 오랜 시간이 걸릴 것이다. 그래서는 어떤 것들을 위험에서 구하는 일이 너무 늦어진다. 하롱베이의 해양 생물이 복원될 것 같지가 않다. 벌거벗은 산들은 여전히 그대로 남게 될 것이고 많은 희귀종 동물들이 아마도 멸종할 것이다. 해수면 상승이라는 망령이 이 모든 문제를 무색하게 하고 있다. 앞으로 무슨 일이 벌어질지 정확히 아는 사람은 아무도 없지만 전문가들은 베트남이 (해수면 상승으로) 심각한 그리고 아직도 그 전모를 완전히 예상할 수 없는 피해를 입을 것이라고 입을 모은다. 베트남에는 아직도 일부 아름다운 경관을 가진 명승지와 몇몇 놀라운 야생 동물들이 있다. 사라지기 전에 그것들을 보러 가라.

9

적을 친구로

Enemies into friends

아마도 가장 훌륭한 택일은 아니었던 것 같다. 누가 미국 태평양군의 베트남 항구 방문을 주선했는지 모르지만 그가 강한 역사의식을 갖고 있었다고 할 수는 없다. 그렇지 않고서야 왜 두 척의 미국 군함을, 그 것도 인도차이나에서 미국의 패배를 확정한 날로부터 정확히 30년 후에 사이공 강에 보내겠는가? 2006년 7월 2일, 미국 태평양함대 소속의 소해 정 USS 패트리어트함과 구조선 USS 셀버함이 베트남 항구로 들어왔다. 이 날은 사이공이 함락된 지 15개월 만에 두 개의 베트남이 공식적으로 하나 가 된, 통일 30주년 기념일이었으며 1976년에 사이공과 그 주변 지역이 호 찌민 시로 정식 개명된 날이었다. 큰 팡파르를 울리며 축하할 날은 아니었 지만 오래된 옛 기억을 가진 사람들에게 그날은 미국의 베트남 군사 개입 ― 프랑스의 식민통치에 자금을 지원하고 무기를 공급해주기로 한 1950년의 미국 결정부터 4반세기 후 사이공 철수에 이르기까지 ― 이 무익했음을 요약해 보여 준 날이었다.

2006년 7월, USS 패트리어트함 함장인 리처드 브롤리Richard Brawley는 새로운 종류의 미군 개입을 선도했다. 워싱턴은 참을성 있는 개입을 했다. 그들은 무리한 요구는 하지 않으면서 프랑스인들과의 전쟁 이후 편집증과 의심으로 가득 찬 주문mantra을 외워댔던 군대와 서서히 화해하고 있는 것이다. 그것은 옛 상처를 잊고 과거의 증오가 아닌 미래의 희망에 근거한 새로운 관계를 구축하는 과정이다. '관계 회복'을 촉진하기 위해 패권국이 수용 가능한 새로운 버전의 역사가 더 강한 쪽의 주장에 의해서만이 아니라 더 약한 쪽의 ─ 미래에 강국이 되리라는 희망 아래 ─ 화답에 의해서도 펼쳐지고 있다. 정글에서의 일대일 대결, 미국 청년들과 보이지 않는 적 사이의 전투, 성가신 골리앗과 교활한 다윗 사이의 싸움, 그리고 화해 …… 그야말로 할리우드 버전이다. 이 버전에는 B-52와 네이팜탄, 화평 공작pacification programme 암살단이나 고엽제의 항공 살포와 같은 집단 학살은 들어 있지 않다. 이 할리우드 버전에서 베트남의 공포는 미국의 것으로 대체된다.

페트리어트함과 셀버함의 수병들은 부지불식간에 그 과정의 일부가 되었다. "그들은 현대 베트남을 직접 체험할 기회가 전혀 없었습니다. 단지 할리우드 영화와 역사책을 통해 막연한 생각을 갖고 있을 뿐입니다"라고 브롤리 함장은 기자들에게 말했다. 두 척의 미군 함정은 5일 동안 머물렀는데 수병 180명이 함상에서 미국 독립기념일을 축하해야 할 정도로 긴 시간이었다. 1966년과 1970년 사이에 베트콩 게릴라들이 미 제25보병사단에 극심한 타격을 가한 전쟁터였던 꾸찌Cu Chi 땅굴 ─ 교활한 다윗이 성가신 골리앗을 제압했던 곳 ─ 을 직접 돌아보지 않더라도, 그때의 참패를 되새기게 하는 데 이보다 더 좋은 방법이 있겠는가? 셀버함의 다이버인 알래스카 앵커리지 출신의 존 소머스Jon Sommers는 기자들에게 자신은 "아마도 사진 몇 장을 찍으며 베트남 투어를 할 것으로 생각했다"[1]고 말했다. 베트남은 그와 그의 선상 동료들에게 전쟁 영화 속과 같은 곳일 것이다.

이번 미 해군의 베트남 방문은 2003년 말에 양국 관계를 군사적인 측면으로 발전시키기 시작한 이후 네 번째다. 이 네 차례 방문 이전의 마지막 방문은 1975년 4월 말 당시 사이공에서 미국인이 탈출하기 위한 항공 공수空輸였다. 그러나 양국 어느 쪽도 — 베트남 쪽에서는 더더욱 — 그런 말을 입 밖에 내지 않았다. 미군의 베트남 방문에 대한 공식적인 환영 파티가 당푹호아Dang Phuc Hoa 대령 주관으로 열렸는데, 그의 환영사도 "이 지역과 베트남의 안보를 보장하는 동시에 테러리즘과의 투쟁을 촉진하고 양국의 선린 관계를 공고히 하기 위해 상호 군사 방문은 계속될 것"이라고 했다. 베트남은 사실 테러리즘으로 골머리를 앓는 나라가 아니며 남중국해에서의 문제점도 크지 않지만, 그것은 양국이 별 논쟁 없이 투쟁에 동의할 수 있는 성질의 것이다. 한편 지역 안보는 약간 더 민감한 문제다.

미국 군함의 방문은 두 차례에 걸친 더 형식적인 외교사절 방문의 중간 시기에 이루어졌다. 당시 미국 국방장관 도널드 럼스펠드가 그보다 한 달 전에 베트남을 방문했고, 미 태평양군 사령관이 그보다 2주 후에 도착할 예정이었다. 럼스펠드는 잠깐 들른 것이 아니었다. 2006년 중반까지도 이라크와 아프가니스탄에서 전쟁이 격렬하게 계속되고 있는 가운데 그가 하노이에서 이틀 밤을 보내기 위해 짬을 낸 것이다. 그의 방문에는 분명히 어떤 민감한 부분이 있었다. 베트남 외교부 싱크탱크이며 애널리스트인 따민뚜안Ta Minh Tuan은 그의 방문에 대해 이렇게 말했다. "베트남은 미국과 중국과의 관계를 다루는 데 매우 조심스럽다. 베트남은 중국인에게 어떤 심려를 끼치길 원하지 않으며, 그래서 럼스펠드의 방문에 대해 두드러진 행동을 보이지 않으려 애쓰고 있다." 그러나 그것이 유일한 원인은 아니었다. 비록 베트남 전쟁이 끝난 지 30년이 지났지만 미국 국방장관의 출현은 아직도 많은 베트남인에게 리더십과 외관 양면에서 민감한 문제였다.

표면적으로 하노이 사람들은 럼스펠드의 방문에 대해 매우 무덤덤한 태도를 보였다. 1972년 12월의 크리스마스 공습으로 유린되었던 캄티엔Kham Thien 거리에서마저 아무도 당시 닉슨행정부의 각료였던 누군가를 공개적으로 비난하는 사람이 없었다. 지금 그 거리는 4~5층 건물들이 늘어서 있고 형형색색의 네온사인이 번쩍이며, 거대한 거미줄 같은 전선들이 무질서하게 이리저리 얽혀 있는 전형적인 하노이 주요 거리의 모습을 하고 있다. 크리스마스 휴가를 전후한 11일 동안에 쏟아 부은 폭탄 2만 톤으로 하노이에서 약 1300명의 시민이 죽었지만, 이 도시의 일부에 무차별 폭력을 자행한 그날 밤의 물질적 증거는 그 거리 남쪽에 있는 소박한 기념비 하나가 전부이며 그마저 잠긴 철문 안쪽에 있다. 그날 저녁 캄티엔 거리의 방공호에 있던 사람들은 그때의 공포, 그리고 몇 시간 후 그들이 더는 인식할 수 없을 정도로 폐허가 된 주위를 둘러보며 당황해 하던 일을 아직도 똑똑히 기억한다. 여든두 살인 중하Dung Ha 노인도 그들 가운데 한 사람이었다. 그러나 폭격을 명령한 사람들을 '나쁜 사람들'이라고 말하면서도 그는 과거가 아닌 미래를 본다.

내게 럼스펠드 씨에게 말할 기회가 주어진다면, 제발 다른 나라들보다 베트남에서 더 많은 사업을 하라고 말할 것입니다. 이곳은 정치에 관해 미국과 유사한 여러 종류의 관점들이 있으며, 그리고 사랑, 경제 및 사회 분야 등 다른 것들도 미국과 다르지 않습니다.

거리에서 만난 그와 다른 사람들은 분명히 정부 측 안내자 없이 말하긴 했지만 그들이 털어놓은 소감은 모범 답변처럼 느껴졌다. 그런 답변은 베트남의 어느 곳에서나 외국인, 특히 기자가 과거에 대해 물을 때 반복되는 유창한 변설이었다. 그런 답변을 되풀이하기 싫어하는 사람들은 아예 입을 닫고 아무 말도 하지 않는다. 폭격 당시 방공호로 피했던 한 할머니가 문제의 그 비석이 있는 장소 뒤편 골목길에 앉아 있었다. 할머니는 이름을 말하려 하지 않았다. 그녀는 다음과 같이 말했다.

그날 밤 나는 너무 놀라 그 이전의 모든 기억을 잊어버렸습니다. 아무 생각이 나지 않습니다. 내가 하도 겁에 질려 있었기 때문에 우리 가족은 평화조약이 체결된 후에야 피난처에서 이곳으로 돌아왔습니다. 모두가 공포에 떨었습니다. 모든 곳이 황폐해져 우리는 돌아오는 길을 도무지 찾을 수가 없었습니다.

공포심이 그녀를 기억상실증에 빠지게 한 것이다. 도널드 럼스펠드를 만날 기회가 있으면 무슨 말을 하겠느냐고 물었을 때, 그녀의 대답은 침묵이었다. 한참 만에 그녀는 "나는 너무 늙어 그에게 무슨 말을 해야 할지 모르겠습니다"라고 했다. 미국에 대한 그녀의 의견을 물었더니, "나는 매우 단순한 사람이고 많은 생각을 하지 않습니다. 엄청 많은 폭탄이 떨어졌고 많은 사람들이 죽었습니다"라는 대답이 돌아왔다. 그녀의 침묵은 이웃들의 상투적인 답변보다 훨씬 설득력이 있었다.

더 젊은 세대들이 더 낙관적이고 열린 태도를 보이는 것은 사실이다. 캄티엔 거리에서 미국 청바지 모조품을 파는 올해 스무 살의 짠투와Chan Thu Wah는 전형적인 젊은 세대 성향을 보여주었다. 그녀는 다음과 같이 말했다.

우리는 과거를 닫고 미래를 열기를 고대합니다. 베트남의 젊은 세대는 역동적이고 영리합니다. 젊은 세대가 미국에서 공부할 기회를 갖게 되면 미국 정부가 그들의 능력을 인정할 것으로 봅니다. 미국은 세계에서 가장 큰 경제 대국이며 인간 개발 수준이 가장 높은 나라입니다.

베트남 국민 절대다수는 베트남전에 대한 직접적인 기억이 없다. 대부분이 약간의 간접적인 기억을 갖고 있거나 할 정도다. 부모가 자녀들에게 자신이 직접 경험한 이야기를 하는 경우는 드물다. 일부 부모들은 그 같은 충격적인 경험을 바로 잊고 싶어 하며, '공식적 잊어버리기'라는 의도적인 전략도 있다. TV 드라마는 '신뢰할 수 없는 압제자들과 싸우는 고결한 공산주의 전사들'이라는 낡고 진부한 수사법을 사용하지만 바오닌Bao Ninh 의 『전쟁의 슬픔Sorrow of War』 같이 베트남전의 진정한 공포를 그린 소설들은 그런 표현을 무시한다. 그리고 미국과 이전보다 더 좋은 관계를 가지는 것과 같은 정제된 이야기에 트집을 잡으려는 어떤 시도도 일체 보이지 않는다. 베트남전의 개인적인 기억들에 대한 표현은 공인 역사서에서 삭제되었다.

2006년 8월, ≪LA 타임스≫가 1965년부터 1973년까지 베트남에 주둔했던 모든 미 육군사단이 전쟁 범죄에 연루된 증거를 발견한 1970년대 초 국방부 조사 내역을 보도했다. 규탄의 목소리가 높았다. 육군 조사관들은 1968년 미라이My Lai 학살 외에도 거의 200명의 시민이 학살당하고, 더 많은 사람들이 부상을 입거나 고문이나 성폭생을 당한 320건의 사건을 확인했다. 또한 그 조사는 메콩 강 삼각주에 주둔한 제9보병사단이 '빠른 급행열차 작전Operation Speedy Express'을 시작한 지 채 1년도 안 되어 1만 명 이상을 죽인 혐의를 병사들로부터 밝혀냈다. 전체적으로 학살에 대한 조사는 전시 중 미군의 행위에 대한 고발이 언젠가는 공식적인 미국 정보원源으로부터 분명히 나오리라 예상할 수 있는 수준에까지 이르렀던 것이다. 베트남 정부가 무고한 시민들에 대한 잔학 행위를 비난하거나 책임을 져야 할 사람들에 대한 철저한 조사와 처벌을 요청하는 것은 그리 어려운 일이 아니었을 것이다. 그러나 베트남 정부 대변인의 공식적인 반응은 다음과 같았다.

이 나라는 지난 30년 동안 재건되어왔다. 하지만 우리는 고난을 극복하기 위해 아직 더 많은 노력을 해야 한다. 베트남 국민은 절대 잊지 않겠지만 평화로운 삶을 추구하는 우리의 정책은 미래로 눈을 돌리고 있다. 중요한 것은 우리가 그런 비극의 재발을 막도록 노력하는 일이다.[2]

그러나 '평화로운 삶을 추구하는' 공식적인 정책에는 망각이 필요했다. 매케인 상원의원이 2008년 미국 대통령 선거에 출마해 유세를 하고 있을 무렵, 1967년 하노이 상공에서 비행기가 격추되었을 때 매케인을 구출했다고 주장하는 사람들과 매케인이 감옥에 있을 때 그를 감시했다고 주장하는 사람들을 취재하려는 몇몇 해외 언론사 기자들의 베트남 방문을 베트남 외교부 홍보실이 도와주었다. 아니나 다를까 외교부가 제시하는 공식적인 과거는 단조롭고 점잖았다. AP 통신, AFP 통신, CNN, BBC, 알자지라, ≪워싱턴 포스트≫, ≪인터내셔널 헤럴드 트리뷴≫ 기자들은 '하노이 힐튼' ― 매케인과 다른 포로들이 1973년 석방될 때까지 구금되어 있던 호아로Hoa Lo 감옥 ― 의 책임자였던 쩐쫑두옛Tran Trong Duyet 대령에게 안내되었다. 대령이 기자들에게 엮어내는 이야기는 모범이 될 만한 '공식적인 잊어버리기'였다. 이를테면, 훌륭한 대접을 받았던 포로들은 경비병들과 좋은 관계를 유지했으며 지금 모든 사람들은 미래로 눈을 돌리고 있다는 식이었다. 그러나 하노이에 사무실을 둔 기자인 스테인글라스Matt Steinglass는 한걸음 더 나아가 매케인을 경비했던 다른 몇 사람을 추적하려 했다.[3] 스테인글라스가 이전에 인터뷰한 적이 있는 한 사람은 바로 사라져버렸고 그를 고용했던 재향군인회는 그에 대해 아는 바가 없다고 주장했다. 그로부터 몇 주 후 스테인글라스는 미 대사관 행사장에서 아직도 재향군인회에 적을 두고 있는 사람을 만났다. 이 제3의 사나이는 매케인이 은혜를 모르는 사람이라고 주장하는 것 외에 다른 사람에 대한 언급을 거부했다. 이틀 후 스테인글라스는 그가 위험수위에 이른 고혈압으로 병원에 입원해 있다는 사실을 알아냈다. 원하지 않는 기억을 상기해내는 데서 오는 스트레스가 아마도 그에겐 너무 견디기 힘든 압박이 되었던 듯하다.

베트남전에 참전했던 많은 베트남인은 자신들이 무언의 격렬한 분노에 빠져 있음을 느낀다. 그들은 자신들이 왜 싸웠는지, 자신과 동료들이 무엇을 괴로워했는지, 그것을 얼마나 부당하다고 느꼈는지 알고 있다. 그러나 미국의 지원과 재원이 베트남에 필요하다고 당이 결정했기 때문에 그 기억들 중 어느 것도 공개적으로 밝히지 못하게 금지령을 받고 있다. 진실을 이야기하면 미국과의 관계를 훼손할 수 있다는 것이다. 중간에 끼어 있는 그들은 침묵을 지키거나 아니면 사라져야 한다. 베트남전이라는 완전한 괴물 ─ 산업적인 규모의 학살, 아주 적은 단기적 이익을 위해 그처럼 장기적인 해악을 입히는 과학기술의 전개, 신체와 환경에 입힌 엄청난 상혼 그리고 전쟁에 참여한 사람들의 상상할 수 없는 정신적 고통 ─ 은 미국이 베트남의 필요 사항과 그들의 과거 개입에 그들 자신을 조화시키는 것을 아주 어렵게 하는 괴물이며, 결과적으로 베트남인들이 '양국 관계 정상화'의 대가로 잊어야 하는 괴물이다. 그 잔학 행위가 일부 결함이 있는 병사들의 행위였다면 사죄하기가 훨씬 수월할 것이다. 그러나 미국으로서 베트남 개입의 가장 괴롭고 끔찍한 측면은 그것이 '국가 정책'이었으며 그래서 사죄하기가 훨씬 더 어렵다는 점이다.

베트남이 이 모든 것을 잊게 만든 가치는 무엇일까?[4] 간단히 말해 베트남이 근본적으로 필요한 경제 개발과 안보이다. 미국과의 관계를 정상화하지 않았다면 베트남은 아직도 경제 제재 조치로 고통당하고 있을 것이고 세계은행과 대부분의 다른 다국적 원조도 없었을 것이며, WTO에도 가입하지 못했고 수십억 달러의 외국 투자도 놓쳤을 것이다. 또한 중국의 속국이 되었을지도 모른다. 베트남은 최근 역사에 대한 기억을 번영되고 안전한 미래에 대한 기대와 교환했다. 베트남의 10대와 대학생들은 그 거래에 대해 거의 염려하지 않는다. 그들은 노골적으로 미국과 미국의 아이콘을 우상화한다. 2006년 4월에 마이크로소프트사의 빌 게이츠 회장이 하노이를 방문했을 때, 그가 경제대학교 Economic University 캠퍼스에 도착하는 것을 보기 위해 너무 많은 학생이 나무에 오르는 바람에 나뭇가지가 부러졌다. 몇 달 후 미국 재무장관인 헨리 폴슨 Henry Paulson 이 연설을 하기 위해 같은 대학교 강당에 섰을 때 성공한 투자은행가가 되는 방법을 배우려는 수백 명의 열망에 찬 학생들로 초만원을 이루었다. 폴슨은 그들을 열광하게 했다. 그는 윗도리를 벗고 와이셔츠 소매를 걷어 올리고는 노트도 없이 강연했으며, 학생들 사이를 걸어 다니면서 질문을 받고 답했다. "베트남 공산당은 영광되고 영원하리라"(거의 모든 공공건물에서 볼 수 있다)라고 찬양하는 글씨가 적힌 기치 아래서, 그는 학문의 가치, 모험적인 계획, 일과 생활의 균형을 강조했다. 대체로 학생들이 평상시 강의실에서 듣는 무미건조한 소재와의 현격한 차이가 참석한 수많은 학생들을 미국적인 대의에 빠져들게 하는 충분한 수단이 되었다. 그러나 베트남과 미국과의 관계는 '정상'이 아니며 '공식적인 잊어버리기'가 계속되는 한 정상이 될 수 없을 것이다. 이러한 문제점들이 은연중에 드러나고 있지만 '위안부 문제'가 제2차 세계대전이 끝난 지 50년 만에 되살아나 한일 관계를 괴롭히고 있듯이, 아마도 베트남의 다음 세대들이 다시 그 문제를 들고 나와 양국 관계를 시끄럽게 할 날이 올 것이다. 일단 그들의 기본적인 필요성이 충족되면 헨리 폴슨에게 갈채를 보내던 학생들은 어느 날 미국에 대해 다른 견해를 표명할 것이다.

★　★　★

잊어버리기와 기억하기는 베트남이 또 다른 핵심적인 전략 관계로 다루는 중국과의 관계에도 필수적인 구성 요소다. 그러나 미국과의 좋은 관계가 기억을 억누르는 데 의존한다면, 베트남과 중국과의 격동적인 관계는 그들 자신의 재조명에서 연유한다. 중국 문화와 베트남 문화 사이의 유사성은 누가 봐도 쉽게 알 수 있으며 특히 베트남 문화를 인도차이나 반도 내 다른 국가들과 비교해보면 그러하다. 그러나 찰스 디킨스가 언젠가 '작은 차이의 자기도취증narcissism of minor difference'(본래는 프로이드의 이론에서 나온 것임)이라고 말한 것처럼, 베트남은 다소간 중국에 대한 반대를 자신의 윤곽을 명확히 드러내는 수단으로 삼는다. 베트남 도시들의 주요 거리 이름 대부분은 과거 중국인들과 싸웠던 실제적인 또는 신화적인 남녀 영웅의 이름으로 되어 있다. 서기 40년에 반란을 주도한 쭝Trung 자매의 이름을 딴 하이바쭝Hai Ba Trung, 938년에 '중국'으로부터 나라를 분리시킨 최초의 통치자로 간주되는 응오꾸옌Ngo Quyen, 1076년에 중국의 송나라와 싸운 리트엉끼엣Ly Thuong Kiet, 1284년 몽골군을 물리친 쩐흥다오Tran Hung Dao, 1428년 명나라의 침입을 물리친 레로이Le Loi / 레타이또Le Thai To, 1789년에 청나라의 침입을 물리친 응우옌후에Nguyen Hue/꽝쭝Quang Trung 등 수많은 사례가 있다. 대부분은 케케묵은 신화에서 나온 인물들이다. 1979년까지 두 나라는 '베트남'과 '중국'의 국경선에 서로 이의를 제기하지 않았으며 그 문제로 서로 적대해 싸우지 않았다. 지난 1000년 동안 일어난 전쟁은 주로 북부의 여러 제국과 침략군에 대항해 일어선 모반자들, 지역 지배자들 그리고 자칭 왕들의 싸움이었다. 하지만 이 모든 것이 중국에 대한 저항이라는, 모진 시련으로 단조된 훌륭한 베트남이라는 20세기 민족주의 신화에 포함되었다.

나라 이름조차 중국에 대항해서 지었다. 1802년에 응우옌 왕조의 첫 황제인 자롱Gia Long은 새로운 나라를 '남베트Nam Viet'로 부르고 싶어 했다. 그러나 중국 황제가 거부했다. 그에게 남베트(남부 베트)는 '북베트' ― 오래전에 한漢 제국에 편입된 중국의 서남부 성省들 ― 에 대한 영유권 주장을 넌지시 암시하는 것이었다. 중국 황제는 새로운 나라는 베트남〔越南〕 ― '베트〔越〕의 남쪽에'라는 의미 ― 으로 불려야 한다고 주장했다. 응우옌 왕조는 마지못해 동의했지만 그 후 자신들의 서류에서는 중국이 강요한 이름인 '베트남'보다 '다이남Dai Nam, 大南' ― 큰 남부 ― 이라는 다른 이름을 일방적으로 사용하기로 했다.[5] '베트남'이라는 현재의 이름은 20세기 초에 민족주의자들에 의해 부활했는데, 주로 프랑스 식민지 당국이 나라를 세 개로 분할한 ― 두 개의 보호령인 통킨Tonkin과 안남Annam, 식민지인 코친차이나Cochin China로 ― 것에 저항해 옛 통일 왕조의 이름을 부활시킨 것이다.

이들 민족주의자들은 선조들과는 매우 다른 중국에 대한 견해를 취했다. 20세기 대부분의 기간에 베트남 민족주의자들과 공산주의자들은 중국으로부터 계속해서 성역을 제공받고 격려를 받았다. 1940년대부터 '미국인이 벌인 전쟁'이 끝날 때까지 중국의 지원이 없었다면 베트남 공산주의자들은 결코 이기지 못했을 것이다. 그러나 일반 대중인 양국 국민 사이에서 화해를 증진시키려는 그들의 애면글면한 노력은 결실을 거두지 못했다. 1970년대 초, 학생들은 양국 사이의 우정을 강조하는 가사로 된 노래를 배웠다. "베트남과 중국은 강과 산들로 연결되어 있어 …… 입술과 이와 같은 사이라네 …… 입술이 찢어지면 이가 시리다네"라는 내용의 가사였다. 그러나 1970년대 말, 두 나라가 전쟁을 하면서 그 노래 가사는 비공식적으로 다음과 같은 내용으로 바뀌었다. "베트남과 중국은 안마당으로 연결되어 있는 것 같은데 …… 그들은 공동 화장실을 사용하며 그 퇴적물을 두고 싸움질을 하고 있네. 중국이 항상 더 큰 몫을 원하네." 중국의 지정학적 책략에 대한 근본적인 우려는 단순한 편견이다. 베트남의 중국인 공동체 주민들은 자신들을 비엣호아Viet Hoa라 부른다. 킨족이 다수를 이루는 대부분의 베트남인들은 중국인들을 따우tau — 영어로는 '친크chink(딸랑딸랑하는 동전 소리)'로 번역될 수 있는 경멸적인 표현 — 라 칭한다. 이 용어는 자국의 중국인 소수민족을 바따우ba tau라 하고 국경 너머 중국 본토인을 본따우bon tau라 함으로써 전체 중국인에게 똑같이 적용된다. 이 용어는 은어가 아니고 일상 대화에서 사용되는 말이다. 편견은 두려움에서 나온다. 베트남인들은 자신들을 중국인보다 더 창의적인 문화민족으로 보지만 도무지 간파할 수 없는 중국인 기업들의 조직망과 경쟁할 수 없다고 생각한다. 베트남인은 이것을 모든 지역을 차지할 목적에서 동남아 전역으로 촉수를 뻗어가는 외견상 폐쇄된 공동체로 간주한다.

중국에서 베트남으로 자양물과 재난, 둘 다를 실어오는 홍하처럼 양국 두 공산당 사이의 껄끄러운 관계는 베트남에 원조와 재해 둘 다를 가져왔다. 공산 중국은 때때로 자신들의 전임 제국들도 인식하고 이따금씩 사용했을 만한 방식으로 공산 베트남을 다루었다. 1950년대에 베이징은 비참한 결과를 가져온 자신들의 토지개혁 정책을 따르도록 하노이에 강요했다.

1960년대 말, 중국은 당시 베트남에 파견되어 있던 수천 명의 자국 고문관들을 통해 '문화혁명'을 수출하려고 했지만 하노이가 저항하는 바람에 무위로 끝났다.[6] '미국인이 벌인 전쟁' 초기 단계에서 중국 지도부는 베트남이 협상으로 전쟁을 끝내기보다는 미국을 수렁에 빠뜨리기 위해 장기적인 '인민전쟁'을 전개하길 원했다. 그러나 1972년에 베이징이 미국과 국교를 수립하고 하노이 정권의 전쟁 승리가 분명해진 후에는 중국의 입장이 변했다. 그들은 베트남의 통일을 반대했다.[7] 하지만 베트남인들은 한편으로는 전쟁 노력에 사활이 걸린 중국의 지원을 계속 받기 위해 노력하면서도 변화된 중국의 요구를 받아들이길 거부했다. 그들은 중국의 완충국이 되기를 원하지 않았다.

하노이는 그 대신 소련으로부터 더 큰 지원을 받으려 애를 쓰면서 중국과는 거리를 두려 했다. 1975년에 전쟁이 승리로 끝남과 거의 동시에 베트남 지도부는 지나치게 자신만만해졌다. 소련이 자금 지원을 하기 시작하자 베트남은 베이징의 요구에 점점 더 주의를 덜 기울일 수 있었다. 1950년대 말 이래 소련과의 갈등에 빠진 중국은 자신들이 고립되지 않을까 두려워하기 시작했다. 1978년에 베트남은 러시아의 블라디보스토크로부터 중앙아시아를 거쳐 아프가니스탄, 인도, 동남아에 이르기까지 중국과 국경을 맞댄 나라들로 구성된 '친소련' 아치형 국가군에 참여했다. 베트남은 다른 한편으로 중국이 캄보디아의 크메르루주 정권과 관계를 발전시킴으로써 자신들 역시 고립되지 않을까 우려했다. 하노이는 소련의 지원을 등에 업고 베이징을 향해 훨씬 오만하게 행동했다. 소련과의 군사동맹, 베트남 국적의 중국인 학대, 국경 지역에서의 무력충돌 횟수 증가, 그리고 남중국해의 파라셀 및 스플래틀리 군도에 대한 하노이의 영유권 주장에 대한 중국의 항의를 묵살했다.[8]

중국도 물론 이 과정에서 결백하지 않았다. 특히 캄보디아의 크메르루주 정권에 대한 지원은 현지에서의 계획적 대량 학살과 베트남에 대한 일련의 유혈 공격을 점점 더 증가시키도록 부추기는 역할을 했다. 1978년 크리스마스에 크메르루주군의 월경越境 습격으로 수백 명, 아마도 수천 명의 시민이 사망한 것에 대한 보복으로 베트남 인민군이 캄보디아로 진격해 들어가 크메르루주 정권을 무너뜨렸다. 크메르루주 동맹군에 대한 베트남군의 압박을 경감시키면서 아울러 하노이의 불복종을 응징하려는 시도에서 (그리고 워싱턴의 암묵적인 승인 아래),[9] 중국은 1979년 2월, "그들에게 교훈을 가르치기 위해서"라는 유명한 말과 함께 북부 베트남에 침입했다. 그러나 귀중한 교훈을 배운 쪽은 베트남이 아니라 중국이었다. 실전에서 단련된 베트남군은 중국군의 전진을 저지했고 결국 후퇴하게 만들었다. 라오까이 Lao Cay와 많은 다른 북베트남 도시에서 비교적 최근에 시작한 건축 프로젝트들은 이 전쟁에서 중국군이 후퇴하면서 자행한 파괴의 증거다. 중국인은 그 후 다른 방식에 의한 전쟁 — 캄보디아에서의 크메르루주 게릴라에 대한 지원, 그리고 1988년 양국이 간단한 해전을 벌일 때까지 남중국해에서의 긴장 고조 — 을 계속했다.

그러나 1980년대 말에 들어오면서 베트남이 위기에 빠졌다. 캄보디아 무력 점령과 북부 국경 방어의 필요성이 정규군을 125만 명으로 늘리게 만들었다. 미국의 추산으로는 당시 베트남의 군사비가 1985년도 국내총생산의 거의 5분의 1에 달했다.[10] 전쟁은 예산 출혈을 강요해 나라 살림을 몹시 쪼들리게 했다. 무언가 방안을 모색해야 했다. 미하일 고르바초프가 페레스트로이카를 시작한 것으로 보아 소련이 영구적으로 베트남을 지원하지 않을 것임이 분명해졌다. 정책 변화가 필요했다.

당시 외교부 장관이던 응우옌꼬탁Nguyen Co Thach과 그의 지지자들은 베트남이 직면하고 있는 주된 위협은 경제적 후진성이며, 그것을 극복하는 길은 국제금융과 기술 공급원 — 서방국가들 — 과의 협력이 필요하다고 주장했다. 그의 접근법은 1988년 5월 당 정치국의 추인을 받았다. 아직도 비밀문서로 분류되어 있는 정치국의 '결의 13Resolution 13'이 소련에 대한 단일 의존 대신 '다방향성 적응multi-directional orientation' 외교를 승인한 것이다.[11] 그것은 극적인 변화였으며 베트남이 자본주의 진영에 참여하는 계기일 수 있었지만 최초의 이 개방은 그 후 발생한 여러 큰 사건에 압도되어버렸다. 베이징의 천안문 광장 항의 집회가 분쇄된 지 두 달 후인 1989년 9월, 그리고 동유럽 공산 정권들이 속속 붕괴되는 와중에, 베트남 공산당 지도부는 자신들이 다음 차례가 될지도 모른다는 공포에 사로잡혔다. 당서기장인 응우옌 반린Nguyen Van Linh은 중앙위원회에서 당의 급선무는 사회주의를 지키는 것이며 미국의 선의를 믿는 사람들은 '천진한 사람들'이라고 말했다.

1990년 여름에 접어들자 지도부의 다른 부서들은 다른 방향으로 나아가고 있었다. 외교부 장관인 탁은 미국 정부 관리들을 만나기 위해 몇 주 동안 뉴욕에 진을 치고 기다렸다. 9월 말이 지나서야 마침내 국무장관 제임스 베이커를 만날 수 있었다. 그러나 때가 너무 늦었다. 탁 장관은 이미 보수적인 구세력에 의해 공격을 받고 있었다. 9월 2일에 서기장 린, 총리 도무이Do Mui, 도무이의 전임자이며 숨은 실력자인 팜반동Pham Van Dong은 베트남 독립기념일 기념식에 불참하고, 1970년대 중반 이후 처음으로 중국 지도자들을 만나기 위해 청두成都로 날아갔다. 지난 10년간의 적대 관계를 '공식적으로 잊은' 지도부는 캄보디아 문제의 해결에 대한 중국의 모든 요구를 수락하고 워싱턴보다 북경과 우선적으로 화해했다. 다음 해에 열린 제7차 당대회에서 탁 외교부 장관이 당 정치국에서 해임되었다.

그러나 탁의 퇴진에도 불구하고 아직도 현대화를 지지하는 사람들이 양

보안을 얻어낼 수 있었다. 국회는 제국주의 국가들인 서구에 적의를 드러내면서도 이미 정치국에서 승인한 '다변화' 정책을 추인했다. 이같이 두 얼굴을 한 외교정책은 1992년 6월에 열린 중앙위원회의 중대한 회의에서 계속되었다. 그 회의는 베트남이 상대해야 할 국가들의 친소親疎 등급을 – 예컨대 중국, 쿠바, 북한과 같은 공산주의 친구 국가를 제일 상위로, 미국을 제일 하위로 – 정했지만, 역내 국가들과의 협력과 세계 경제 강국들과의 관계 증진을 베트남 외교정책의 최우선순위로 명시했다. 그 같은 제스처는 베트남이 공산주의 국가들과 결속하는 방향은 유지하면서도 실제 움직임은 국제적인 협력을 지향한다는 것이다. 그로부터 3년 내에 베트남은 아세안ASEAN에 가입했고 미국과의 외교 관계도 수립했다. 옛 자본주의 적들과의 관계, 특히 안보협력 문제에서는 아직도 큰 제한이 있었다. 그러나 그 후 1997년 3월 7일에 중국이 베트남을 미국의 팔 안으로 밀어 넣었다. 중국은 베트남과 중국 두 나라 모두 영유권을 주장하는 통킨 만의 한 지역에 석유 시추선인 깐딴 3호Kantan Ⅲ를 파견했다. 이에 대한 대응으로 베트남은 아세안 회원국의 모든 대사들을 불러들여 상황을 브리핑하고, 그 후 획기적인 단계로 미국 태평양함대 사령관인 프루어Joseph Prueher 제독을 하노이에 초청했다. 중국은 프루어 제독이 방문한 지 1주일 만에 석유 시추선을 철수시켰다. 베트남의 국제 관계에서 새로운 국면이 시작된 것이다.

베트남 지도자들은 중국과의 관계에 가로놓인 실체를 잘 알고 있다. 베트남이란 나라 전체가 중국의 일개 성省 규모이고, 산업 생산과 소비자들이 필요로 하는 많은 부분이 중국과의 수출입에 의존하며, 중국은 규모가 더 크고 더 정교한 군사력을 갖고 있다. 그들과의 전면 대결은 재앙이 될 것이다. 그러나 베트남은 아직 방어할 세력을 가진 나라이며, 특히 남중국해에서 자신들의 영토와 자원에 대한 주장은 단호하다. 결과적으로 베트남은 싸우는 전쟁을 택해왔으며, 그럴 때 그들은 매우 신중했다. 베트남은 대부분의 전쟁에서 단기적으로는 설 자리를 잃었지만 나중에 다시 쟁취한다는 희망을 버리지 않았다. 예를 들어 1990년 베트남은 중국에 핵심적인 사항을 양보해 캄보디아 문제를 해결했다. 그 덕택에 하노이는 여타 동남아 국가들과의 관계를 개선했고 그때까지 겪고 있던 국제 경제 제재 조치에서 벗어났다. 중국과의 그 거래는 점차 국제 투자를 크게 증가시켜 비약적인 경제 발전을 이루게 했으며 당의 통치력을 강화시켰다. 그리고 베트남은 다음 몇 해 동안 캄보디아에서 중국의 동맹군(크메르루주)을 노련하게 압도해, 현지 친하노이 정부의 입지를 강화했다. 단기적인 손실이 장기적인 이익을 가져온 것이다.

같은 종류의 계산법이 북쪽 국경 지역에서도 이루어진 것으로 보인다. 중국과 베트남이 1999년 연말을 이틀 앞두고 합의에 이른 것은 베트남 측이 1979년에 중국군에게 점령당한 114제곱킬로미터를 양보하고 나서였다.[12] 그 결과 국내에서 분노의 물결이 일어났고, 그 결정에 노골적으로 반기를 들었던 반체제 인사들에 대한 강경 조치가 내려졌다. 그러나 베트남은 길고 좁은 산악 숲지대 한 조각을 잃은 대신 긴장을 완화시킬 수 있었고, (중국의 신경을 건드리지 않으면서) 국경 지역에 군대를 주둔시킬 수 있게 되었으며, 중국과의 국경무역을 시작할 수 있게 되었고 다른 안보 문제에 더 많은 관심을 기울일 수 있게 되었다. 이익이 비용을 훨씬 능가했다. 그 이후 베트남과 중국은 또한 통킨 만에서의 경계선에 합의하고 어업협정을 체결했으며, 2006년 4월에는 이 지역에서 양국 해군이 합동 순찰을 시작했다.

그러나 양국 관계에서 긴장은 아직 남아 있다. 게다가 서로 노골적으로 강한 적의를 드러낼 가능성이 상존한다. 부각되고 있는 문제점은 두 가지다. 그중 하나는 지금은 조용하지만 장기적으로는 더 중대한 문제로 불거질 수 있는 것이다. 베이징은 메콩 강에 큰 관심이 있다. 이 강은 중국이 관장하는 지역에서 발원해 베트남에서 끝난다. 중국은 메콩 강 상류와 그 지류에 댐을 15개 건설하고 있으며 이 때문에 이미 강의 수량이 줄어들고 있다. 다른 하나는 남중국해에 있는 군도 두 개, 즉 파라셀과 스플래틀리의 영유권 문제이다. 중국의 주된 통상 항로에 널려 있으며, 석유 매장량이 클 것으로 추산되고, 서로 차지하기 위해 갈등을 빚은 역사가 있는 이 섬들은 대중의 관심사는 물론 공적인 분노의 표적이 되었다. 2007년 12월 9일 일요일, 베트남에서는 30년 이상 보지 못했던 광경이 목격되었다. 성난 민족주의자들에 의한 거리 시위였다. 중국은 파라셀, 스플래틀리, 그리고 다른 일련의 섬들을 새로운 지방정부 관할로 편입시켰다고 발표했다. 중국의 눈으로 보면 이 자치주 수준의 부서는 약 250만 제곱킬로미터의 바다 ― 그 국경선은 필리핀과 말레이시아 연안까지 멀리 뻗어 있다 ― 를 관할한다. 이메일, 문자 메시지, 비공식 웹사이트로 함께 협력하고 있는 주로 남녀 학생들인 약 250명의 젊은이들이 하노이의 중국 대사관 앞에 모여 베트남 국기를 흔들며 '중국 타도'를 외쳤다. 항의는 산만했지만 격정적이었으며, 누가 시켜서가 아니고 완전히 자발적인 듯했다. 그들을 이끄는 지도자는 없었고 경찰은 늘 하던 관행대로 의심에 가득 찬 눈길로 외신 기자들을 다루었다.

당은 중국 대사관 맞은편의 군사 박물관을 방문하는 모든 관광객이 보는 앞에서 시위대와 대치하는 추한 꼴을 보이기 싫어서인지 시위를 허용하기로 결정한 듯했다. 또한 그 시위는 베트남 정부가 국민으로부터 자국의 이익을 지키라는 압력을 받고 있다는 점을 중국에 상기시키는 쓸모 있는 목적에 공헌하는 것이기도 했다. 항의는 하노이와 호찌민 시에서 일요일을 택해 두 차례 정도 행해졌지만 더 조직화되어갔다. 아마도 청년동맹 소속인 듯한 사람들이 티셔츠 바람으로 중국의 패권주의를 비난하는 슬로건을 두른 채 나타난 것이다. 당은 그 시위를 통제해 흐지부지 흩어지도록 유도했다. 그러나 시위자들은 시위 전에 미국, 호주, 프랑스, 영국의 해외 베트남 공동체에 의한 중국 대사관 앞에서의 시위를 모방해온 터였다. 이때만은 국내외 모든 베트남인이 단합한 것처럼 보였다. 세계의 모든 베트남인이 동의할 수 있는 것이 한 가지 있다면, 그것은 중국을 싫어한다는 점일 것이다.

✦　✦　✦

중국과 미국은 베트남이 균형을 맞춰야 하는 그런 나라들이 아니다. 이 두 나라는 베트남 지도부 내에 흐르는 두 큰 조류 ― 바깥 세계와 더 큰 통합을 지지하는 측과 그것을 더 의심하는 측 ― 의 표상이 되는 나라들이다. 통합주의자들의 온상은 서부 하노이의 새 대학교 지구의 6차선 도로에서 좀 떨어진 골목길에 있는 단조로운 건물이다. 거기서 '베트남 외교 아카데미 Diplomatic Academy of Vietnam'가 외교부 외교관들을 교육하며 나라의 미래를 궁리한다. 이 아카데미의 '유럽 및 미국 연구센터 Centre for European and American Studies' 출신인 따민뚜란 Ta Minh Turan 의 말을 들어보면 이곳이 어떤 곳인지 짐작할 수 있다. 그는 젊고 개방적이며, 한때 국가 기밀로 간주되었던 이슈들을 외국인들과 기분 좋게 토론하는 그런 사람이다. 베트남이 미국과 더 가까운 관계를 추구하는 이유에 대한 그의 설명은 거의 현대화주의자들의 선언서 수준이다.

우리의 정책은 베트남의 경제 발전을 위한 평화적인 국제환경을 유지하는 것이며 미국은 이것에 매우 중요한 역할을 할 수 있다. 사람들은 미국이 중국에 대한 어떤 종류의 대항 세력으로 만들기 위해 베트남을 자신들의 영향권 속에 둔다고 생각하는 경향이 있지만, 나는 그것은 사실이 아니라고 말할 것이다. 우리의 정책은 시종일관 같았는데 베트남과 중국 사이에, 그리고 베트남과 미국 사이에 균형 관계를 유지하는 것이다. 미국은 이 지역에서 매우 중요한 역할을 하고 있으며, 우리가 하려고만 한다면 미국과 더 가깝고 더 큰 협력 관계를 발전시킬 수 있다. 우리는 투자와 안보, 친구를 필요로 한다. 나는 우리가 지금 바른길을 가고 있다고 생각한다. 미국은 좋은 파트너가 될 수 있다.

이것은 전 총리인 보반끼엣이 충분히 인식했던 내용이다. 베트남은 될 수 있는 대로 많은 국제 주역들을 베트남의 '그물에 걸려들게' 해야 한다는 아이디어를 개발한 사람도 그였다. 그는, 베트남이 외국을 두려워하기보다는 그들을 활용해야 한다고 주장했다. 국제 주역들의 이해관계가 베트남 공산당 당료들의 이해관계와 일치하면, 그들은 베트남의 독자성과 당의 국가 장악력 둘 다를 지키는 데 도움을 줄 것이라고 했다. 그래서 그의 의견이 결실을 맺게 된 것이다. 베트남의 입지와 미얀마(버마)의 그것을 비교해 보라. 이들 두 국가는 모두 한 집단이 계속해서 권력을 유지하는 일당 국가이며 두 국가 모두 지역 전략상 중요성이 큰 나라이다. 그러나 미얀마가 유럽과 미국으로부터 고도의 압력을 받고 있는 국가인 반면, 베트남은 수십억 달러의 외국 원조와 투자 자금을 받고 있다. 미국 행정부는 결코 베트남에 변화와 불안정을 조성해 그곳에 투자한 인텔, 나이키, 포드, GE와 모든 미국 회사의 수십억 달러에 달하는 이권을 위태롭게 하지 않을 것이다. 국제 자본주의 국가들은 베트남의 공산당 통치에서 상당한 이익을 얻고 있으며, 그들에게 베트남의 안정은 말썽을 피우는 소수의 반체제 인사들의 석방보다 훨씬 더 중요하다. 보반끼엣은 2008년에 사망했지만 결국 그가 가게 될 내세에서 앞서간 공산당 지도자들이 어느 편이든 간에 그들을 잡고 한바탕 큰 소리로 웃을 것임에 틀림없다.

베트남 지도부 내 보수파는 기자들과의 인터뷰를 피하는 경향이 있다. 그 지지자들은 바깥 세계에 대한 의심과 제국주의 음모에 관한 편집증을 키우는 안보 기득권층 속에 은신하고 있다. 그들은 모든 곳, 특히 '평화로운 발전'의 위협에서 음모 — '소프트' 파워를 통해 공산주의를 훼손하고 인권을 존중하도록 압력을 가하는 '적대 세력'의 사악한 음모 — 를 찾아낸다. 그들은 용서받을 수 있다. 과거에는 편집증이 그들에게 큰 도움이 되었다. 프랑스에 저항한 혁명 운동의 성공, 초강국의 화력 앞에서도 버틴 베트남 민주공화국(북베트남)의 생존, 그리고 적들의 음모에도 불구하고 계속 유지하고 있는 사회주의 베트남 공화국(통일 베트남)의 독립이 바로 그 모든 증거이다. 미국의 관찰자들은 종종 대부분의 베트남 정책 입안자들이 나타내는 의심의 수준에 당혹감을 감추지 못한다. 그러나 베트남의 입장에서 그 의심은 더할 나위 없이 정당하다. 1975년 이전 베트남에 대한 미군 개입의 전체 역사는 음모, 회유, 로비, 압력 행사, 군사 쿠데타 획책으로 점철되어 있었다. 그리고 그것은 바로 명목상의 동맹국에 대해 워싱턴이 저지른 행동이었다. 베트남인들은 미국과 밀접한 안보 유대 관계에 있는 국가들(콜롬비아, 이집트, 파키스탄, 필리핀이 좋은 사례다)의 당대의 경험을 살펴보며, 주권의 상실, 워싱턴을 선호하는 데서 오는 국가 이해관계의 왜곡, 그리고 종종 나라의 생존에 대한 조직적 위협을 가중시키는 단기적인 전술적 이익의 추구가 행해지고 있음을 알고 있다. 의심은 워싱턴의 진심 어린 포옹에 대한 적절하고 합리적인 대응으로 생각할 수 있다.

이들 두 그룹 — 통합파와 보수파 — 사이의 상호작용 또는 우열을 가리기 힘든 싸움이 베트남 외교정책의 특성을, 또는 더 자주 외교정책의 결핍을 말해준다. 이들의 싸움은 인식 차이에 기인한 것이긴 하지만 반드시 이념적인 것만은 아니다. 두 파벌 모두 전환기에 당이 계속 권력을 유지하기 위한 길을 모색하고 있다. 일부 지도자들은 정권을 보전하기 위한(또는 그 안에서 오직 자신들의 이익을 보전하기 위한) 최선의 길이 강력한 국가를 유지하고, 어떤 잠재적인 적에게 겁을 주기 위해 중국과의 동맹을 계속하며, 되도록 변화에 크게 저항하는 것이라고 판단했다. 그들은 국영기업 부문(더 자유로운 상업의 결과를 두려워하는)과 보안대에서 동맹군을 찾고 있다. 그들의 반대파인 통합주의자들은 경제를 개방하고 국제정치 체제에 참여해 적들을 중화시키는 것이 권력을 유지하는 최선의 길이라고 믿는다. 이들은 민간 기업 부문과 전문가계층에서 동맹군을 찾고 있다. 이들 두 그룹 간의 논쟁은 이념의 수사학을 차용하긴 하지만 그들은 이 싸움에서 현재에 관한 것 못지않게 과거의 투쟁 기억에 많이 치중해 있다. 아직도 반제국주의라는 용어를 입에 올리는 이들이 많이 있다. 그런 주장을 믿을 사람들은 아주 드물 것이다. 그러나 이 용어는 지금 다른 주장을 위한 구실로 사용된다. 편이 갈라진 실질적인 이유는 중요한 전략 때문이기보다는 사소한 책략 때문이며, 이념 때문이기보다는 파벌 때문이다.

강경파·보수파·안보 기득권층(여러분이 그들을 무엇이라고 부르든)의 편집증은 때때로 기괴한 결론으로 이끈다. 2003년 미국의 이라크 침공을 지켜본 후 그들 중 일부는 힘 있는 패권 국가들이 베트남에게도 동일한 짓을 할 것이라고 확신하게 되었다. 미국의 학자인 부빙Alexander Vuving은 2003년 4월과 9월 사이에 하노이에서 몇몇 외교정책 관리들을 면담했는데, 그 관리들은 모두 어떤 다른 정책적 이슈보다는 미국의 이라크 침공에 더 많은 관심을 보였다. 이와 동시에 그들의 라이벌인 현대화주의자들은 미국이 이라크에 몰두하면 중국이 동아시아에서 너무 많은 자유재량권을 갖게 될 것이라고 우려했다.[13] 결국 미국의 이라크 침공에서 오는 우려와 중국에 대한 의구심이 결합해 베트남은 그 후 몇 해 동안 가장 중대한 전략적 결정을 내리게 된다. 당은 2003년 7월의 중앙위원회에서 외교정책에서 공식적으로 이념을 제거하는 새로운 '조국 방어 전략'을 채택했다. 이 회의에서 여러 국가들이 '파트너'나 '투쟁의 대상'으로 지목되었지만, 이 구분은 그 국가의 제국주의적 특성을 기준으로 삼은 것이 아니라 순수하게 베트남에 대한 해당 국가의 자세에 근거한 것이었다.[14] 중앙위원회 표결 4개월 후에 베트남 국방부 장관이 워싱턴 D.C.를 방문했고, 미국 군함 한 척이 28년 만에 처음으로 베트남 항구를 방문했다. 당시 베트남 주재 미국 대사인 버가트 Raymond Burghardt에 따르면, 이 일로 양국은 전략적 문제들을 논의하는 계기를 마련했다.[15]

일은 천천히 진행되었다. 베트남은 계속해서 미국의 가장 훌륭한 백인 제독들의 구애를 받았다. 미 태평양군 사령관, 함대 사령관과 많은 다른 고위 장교가 줄을 이어 하노이의 웅장한 새 국방부 건물을 방문했다. 매 방문 때마다 웃음꽃이 피었지만 방문은 대체로 실질적인 큰 진전 없이 끝났다. 2007년 1월의 방문에서, 미국 태평양함대 사령관인 러프헤드Gary Roughead 제독은 다만 일기예보에 관한 정보를 교환하자는 제의를 강조했을 뿐이었다. 전통적으로 중요한 군사협력의 출발점이 되는 합동 수색과 구조 훈련마저 지나치게 물의를 일으킬 수 있는 안건으로 비쳤다. 러프헤드 제독은 강직한 성격이어서 베트남 측에 전 미 해군 기지였던 깜라인Cam Ranh 만으로의 접근도, 다른 어떤 곳의 기항권寄港權도 요구하지 않았다. "우리는 동남아에서의 기항권을 탐내지 않는다. 우리는 태평양에 핵 추진 항공모함을 떠웠고, 비상시 즉각 대응할 수 있는 전진 배치 전력을 일본에 두고 있다. 우리는 동남아에 기지를 둘 필요가 전혀 없다"고 그는 말했다. 그러나 다른 애널리스트들은 미국이 실제로 기항권에 관심이 없다면 왜 베트남에 그토록 공을 들이는지 이해가 되지 않는다고 했다. 베트남 측 인민군 고위 간부들은 심지어 호놀룰루와 샌디에이고에서 개최되는 협의회에 참석해서라도 미국 제독들을 만나고 싶어 한다. 그러나 베트남의 협력은 전쟁으로 실종된 미군들에 대한 수색과 그들이 미국으로부터 받길 원하는 특정한 것, 예컨대 군사교육 그리고 1975년 베트남전 종전 때 그들이 노획한 모든 미군 장비의 부품에 한정되었다.

군사협력은 두 나라 사이에 가로놓인 가장 난처한 이슈 중 하나, 즉 고엽제에 대한 미국의 후속 조치에 점점 더 발목이 잡히고 있다. 거의 8000만 리터의 에이전트 오렌지와 또 다른 종류의 고엽제가 1961년과 1971년 사이에 베트남에 살포되었다. 말라야Malaya(현 말레이시아)에서 영국군이 펼친 작전을 본받아, 군사기지 주변의 식물들을 말려 죽이고, 공산군 보급로를 드러나게 하며, 장차 매복처가 될 가능성이 있는 덤불을 없애기 위해 화학약품이 살포된 것이다. 살포된 고엽제 대부분은 다이옥신dioxine — 지금까지 제조된 가장 강한 유독 물질 중 하나 — 오염을 가져왔다. 미국 기록에 따르면, 총 260만 헥타르에 고엽제가 살포되었는데 절반 이상은 적어도 네 차례 살포되었고, 200만 명에서 500만 명의 사람들이 직접 다이옥신 세례를 받았다.[16] 한 대의 비행기에 실린 12만 리터 분량의 고엽제를 통상 4~5분 동안 뿌려야 하는 것을 30초 동안에 마구 쏟아버린 위급한 경우가 적어도 42회였다. 그 아래 지상에 있는 어느 누구든 다이옥신을 흠뻑 뒤집어쓸 수 있었다.

하노이 외곽에 있는 '평화 마을Peace Village'은 다이옥신 중독으로 심각한 불구로 태어난 수천 명의 어린이들을 돌보는 전국 12개 평화 마을 중 하나이다. 그들의 부모는 고엽제가 살포된 지역에서 살았거나 전쟁을 치른 사람들이었는데 몇 년 후 그들로부터 눈, 손발 또는 음경이 없거나 지나치게 머리가 크거나, 또는 심각한 정신장애를 가진 아이들이 태어나기 시작했다. 평화 마을의 참상은 단지 빙산의 일각에 지나지 않는다. 수만 명의 불구아들이 치료를 거의 받지 못하거나 전혀 받을 수 없는 산간 마을에 살고 있거나, 또는 치료비가 너무 비싸 가난한 부모가 이러지도 저러지도 못한 채 마을과 도시에서 창피하다는 이유로 가족이 숨겨 남의 눈에 띄지 않게 살아간다. 다이옥신 중독과 질병 사이의 관련성은 서구에서는 이미 충분히 확인되었지만 베트남에서 고엽제에 노출된 것과 질병 사이의 관련성은 그로 인해 가장 손실을 많이 보게 될 쪽 ─ 미국 정부와 고엽제를 만든 화학 회사, 특히 다우Dow와 몬산토Monsanto ─ 에서 강력한 반론을 제기하고 있다. 미국 법원은 아직 그 관련성을 인정하지 않았다. 1984년, 고엽제 관련 화학 회사들은 법정 밖에서 화해의 의미로 미군 피해자들에게 1억 8000만 달러(후에 증액되었다)를 지불하는 데 동의했지만 책임을 인정하지는 않았다. 총 5만 8000명이 화학 회사들로부터 1인당 평균 3800달러를 받았다. 미국 의회는 1991년에 '미국 재향군인 원호처US Department of Veterans Affairs'가 명부에 기입된 다이옥신 관련 장애를 입은 참전 재향군인들에게 ─ 척추뼈 갈림증spina bifida 에 걸린 그들의 자녀에게도 ─ 연금을 지급하도록 의결했다. 2000년에 확인한 결과 7520명에게 연금이 지급되고 있었다. 같은 시간 같은 장소에 있다가 같은 병에 걸린 베트남 사람들에겐 어떤 명목으로든 한 푼의 돈도 지급되지 않았다.

2007년, 미국 정부는 마침내 베트남에서의 다이옥신 오염에 대해 확실히 얼마간의 책임이 있었음을 ─ 그러나 고엽제가 살포된 곳이 아니라 저장했던 장소에 한해서 — 시인했다. 미국은 현재 다낭의 옛 미군 공군기지(현 국제공항)의 오염된 흙을 걷어내기 위해(현지 수돗물에 다이옥신이 더는 녹아들지 않게 하기 위해) 해마다 약 300만 달러를 지불하고 있다. 추가로 다른 공군기지 두 곳도 정화 작업이 시작될 것으로 보인다. 미국 정부가 베트남에서의 다이옥신 오염에 대한 책임 인정을 꺼려온 것은 당연하다. 그들이 자국의 재향군인들에게 한 것처럼, 고엽제 살포로 병을 얻은 것으로 믿는 수백만 베트남인에게 같은 조치를 취했다면 그 비용이 쉽게 수십억 달러에 이르렀을 것이다. 더욱 놀라운 것은 아주 최근까지도 베트남 정부가 이 문제를 추궁하길 꺼려왔다는 점이다.

'베트남 고엽제 희생자 협회Vietnamese Association for Victims of Agent Orange: VAVA'(이하 VAVA)는 다이옥신 중독자들을 위한 주요 의료제공기관이 아니다. 그 일은 베트남 적십자사가 해왔는데 자금 사정이 허락하는 범위 내에서였다. 사실상 VAVA는 마침내 표면화된 베트남의 성난 양심을 대변하는 조직이다. 이 조직은 정부가 고엽제 문제에 대해 미국에 너무 유연한 자세를 보이고 있다고 느낀 당내 소수 인사들이 더 투쟁적인 역할을 맡기 위해 특별히 만든 것이다. 하노이는 미국과의 외교관계 협상 과정에서 고엽제 문제를 끼어 넣는 것이 협상에 전혀 도움이 되지 않는다는 점을 일찍이 알고 있었다. 워싱턴으로서는 베트남전 때 실종된 미군 병사들을 찾는 작업에 대한 베트남 측의 협조가 최우선 사항이었던 반면, 국민의 대량 고엽제 중독에 대한 하노이 측의 논의 요구는 받아들일 입장이 아니었다. 내심 양측의 입장이 극명히 대조적인 것이 꺼림칙했지만 베트남은 거의 선택의 여지가 없었다. 국가의 외교적 고립을 끝내는 일이 급선무였던 지도부는 모든 다이옥신 문제를 의제에서 그냥 빼버렸다. 그러나 그 문제가 제외된 것을 둘러싸고 군부와 보건 관련 기관에서 불만의 소리가 터져 나왔다. 참전 용사들과 당의 일부 인사들로부터 그에 대해 어떤 조치를 취해야 한다는 압력이 점점 높아지기 시작했다. 2002년에 미국-베트남 정부 합동 조사를 시작한다는 첫 시도가 있었지만 서로 얼굴을 붉히며 결렬되었다. 베트남 측은 미국인의 전쟁 행위를 비판하는 사람들이 주도했으며 양국 관계가 급속히 악화되었다. 2003년, 공식적인 협상 통로가 차단됨으로써 대표단이 떠나버렸고 그 문제를 더 공격적인 방법으로 추구할 VAVA를 설립했다.

VAVA는 정계에 연줄이 좋은 사람들로 구성되었다. 부회장인 응우옌 쫑 냔Nguyen Trong Nhan 교수는 은퇴한 의사로 전 보건부 장관이었다. 그는 하노이 안과병원 사무실에서 짬을 내어 협회 운영을 도왔다. 그러나 정부로부터는 지원이 거의 없었다. 고엽제를 제조한 다우, 몬산토 그 외 다른 화학 회사들에 대한 법적 소송비용을 마련하기 위해 VAVA는 음악회 등 기타 모금 노력을 해야 했다. 냔 교수와 VAVA 회원들은 고엽제 문제에 대해 공격적인 접근을 했다. "나는 베트남의 고엽제 피해자들을 도와가며 미국 화학 회사들을 상대로 소송을 제기할 것입니다. 우리는 베트남에서 그들의 제품이 사용된 것에 대해 보상을 요구하고 있습니다"라고 그는 말했다. VAVA는 문제의 화학 회사들을 상대로 전쟁 범죄라는 죄목의 고소장을 뉴욕 시 브룩클린 지방법원에 제출했다. 그러나 해당 화학제품이 의도적으로 시민에게 손상을 주기 위해 배치된 것이 아니며 그 당시에는 널리 알려진 부작용도 없었다고 피고 회사들이 주장한 것은 비교적 단순한 변명이었다. 이 소송은 2005년에 기각되었으며, 2008년에 항소했고, 마지막으로 2009년 미국 대법원에 의해 기각되었다. 더 많은 조치가 계획되고 있지만 VAVA가 택한 고도의 정치적인 접근은, 그것이 아무리 그렇게 주장하는 사람들의 눈에 법적으로 정당해 보일지라도 미국 법원을 납득시킬 것 같지 않다.

VAVA는 고엽제 살포와 질병 사이의 관련성을 증명하는 전문적인 증거를 충분히 수집해 정리하지 못했다. 냔 교수에게 이것은 전혀 불필요한 것으로 보인다. 그는 다음과 같이 말했다.

우리는 약 300만 명의 베트남 사람들이 고엽제 희생자였던 것으로 추산합니다. 우리는 그들이 매우 심각한 질병을 갖고 있으며, 그들의 자녀와 손자 또한 많은 종류의 장애가 있음을 발견했습니다. 여러 해 전에 우리는 독일, 러시아, 일본의 도움으로 이 사람들의 혈액과 지방조직 속의 다이옥신 농도를 조사했고, 수치가 매우 높다는 것을 알게 되었습니다. 다른 증거 수집이 필요 없는 이유는, 모든 과학자들이 몸속의 다이옥신 농도는 시간이 지날수록 감소하는 것으로 알고 있고, 다이옥신 농도 수치가 매우 높다는 것은 이들이 다이옥신의 희생자라는 것을 말해주는 것이기 때문입니다. 그들이 만약 고엽제가 살포된 곳에 있었다면 그들을 희생자로 인정해야 합니다.

이것은 뉴욕과 워싱턴 D.C.의 판사들을 납득시키기에 충분하지 않았다. 법원 소송은 미국의 배상을 요구하는 사람들의 에너지를 소진하는 방향 전환에 지나지 않게 되었다. 베트남 정부는 VAVA와 지지자들에게 대체로 쟁점 자체는 피하면서 소송에 열중하게 했다.

그러나 그 후 2006년 말, 일단 베트남이 WTO 가입 협상을 마무리하고 미국 의회가 베트남과의 영속적 정상 무역 관계Permanent Normal Trading Relations를 승인하자, 베트남 측은 마침내 그들이 고엽제 문제를 어떤 지렛대로 활용할 것임을 분명히 했다. 적절한 한 가지 해결책이 발견되었다. 더 강경한 조치를 주문한 곳이 군부였고, 미국 군부는 더 밀접한 안보 관계를 추구했기 때문에, 베트남 정부는 고엽제 문제를 국방부에 위임했다. 만약 미국이 군사문제의 진전을 원한다면, 그들은 고엽제 문제에 대해 어떤 양보를 해야 할 것이다(다행히도 어떤 유익한 조사와 계약 수정도 똑같이 국방부를 거치도록 되어 있었다). 2006년 11월, 고엽제 문제가 처음으로 두 나라 국가원수 사이에서 논의되었고, 그 후 2007년 2월, 미국은 다낭 정화에 자금 지원을 할 것이라고 발표했다. 그들이 취한 조치는 규모가 작고 더 오래 걸리며, 더 적은 수의 사람들이 어떤 종류의 보상을 받게 될 것이지만, 마침내 어떤 진전이 이루어지고 있다. 베트남 측에서 미국에 더 공격적인 목소리를 내는 사람들의 주류 이탈로 완화된 양국 관계에서 아직 남은 문제들의 해결이 진전을 촉진했다. 미국과의 전략적 친선을 도모하기 위해 다시 한 번 과거의 쓰린 기억들이 억제되었다.

✪　　✪　　✪

베트남의 미국과의 관계는 기억의 억제가 특징이고 중국과의 관계는 기억의 날조가 특징이라면, 제3국들과의 관계는 기억의 회복이 특징일 것이다. 베트남 지도자들은 지금 대체로 반제국주의라는 수사를 피하고 있지만 그들은 아직도 냉전시대에 확립된 친선 관계를 활용한다. 베트남은 군사장비 대부분을 계속 옛 동유럽권에서 구매한다. 러시아가 베트남에 군함, 제트 전투기, 미사일을 공급하고, 우크라이나가 항공기와 성능이 향상된 해군 함정을 판매했으며 벨라루스가 재난용 국내 보안장비를 공급한다. 북대서양조약기구NATO 회원국인 폴란드와 체코마저 베트남에 옛 소련제 중고 탱크를 판매했다.[17] 베트남 주재 동유럽 국가 대사관 바깥에 늘어선 행렬은 그곳에서 일하거나 결혼해 정주하는 사람들이 많고, 수출입 비즈니스가 활발하며 양쪽에 흩어져 있는 가족 사이의 밀입국 계획이 있고, 여러 경향의 사회주의 정당들 사이의 유대가 계속되고 있다는 뜻이다.

옛날의 이념적 연결 고리는 베트남의 가장 중요한 두 군사 협력국인 러시아와 인도와의 관계를 이어주는 귀중한 부분이다. 이들 세 국가는 자국을 각각 상대 국가들의 "전략적 파트너"라고 선언했다.[18] 러시아는 베트남의 가장 큰 무기 판매국이고, 인도는 베트남이 자생적 무기 생산 기반을 갖추는 일을 돕는다.[19] 이들 두 나라 모두 베트남의 연안 석유산업에 투자해왔다. 두 나라 모두 베트남이 매력을 느끼는 몇 가지 특성을 공유하고 있는데 예컨대 두 나라는 거대하고, 새로운 다극 세계에서 발언권이 큰 나라들이고 멀리 떨어져 있으며, 모두 중국과 갈등을 빚는 나라들이란 점이다. 다시 말하면, 이들은 베트남을 도와주면서도 결코 지배하려 들지는 않을 것이란 점이다. 자국의 지역 경쟁국과 국경을 맞대고 있는 파트너로서는 베트남에겐 인도가, 파키스탄에겐 중국이 제격일 수 있다. 베트남 군부는 앞으로 언젠가 자신들이 외국과 갈등을 빚어 전투를 해야 할지도 모를 가장 유력한 장소로 남중국해의 베트남 쪽 앞바다를 지목한다. 베트남은 현재 그곳에서 대규모 무력시위를 할 만한 능력이 부족한 상태다. 러시아와 인도는 양국 모두 바다 위에서의 무력시위 경험이 풍부하며 둘 다 베트남에 함정과 미사일을 공급하고 있다. 인도 해군은 현재 적어도 미국의 방문 횟수만큼 베트남 항구를 방문한다.

베트남은 이들과의 관계를 자신들이 옛 소련과 가졌던 종류의 동맹 관계로 전환하는 것에 대해서는 생각하지 않는다. 그 대신 베트남은 그들을 이용하길 원하며 세계 여타 국가들과도 밀접한 관계를 갖길 원한다. 미국이나 중국과 너무 밀착해 그들의 위성국으로 전락할 위험을 방지하기 위해서다. '하노이 국제관계연구소Institute of International Relations in Hanoi'('베트남 외교 아카데미'의 옛 이름)의 미발표 논문 한 편은 그것을 이렇게 설명한다.

강대국들의 의제에서 베트남이 거의 주목을 받지 못하고 힘과 지위 면에서의 취약점을 감안하면, 베트남 혼자서는 중국이나 미국과 안정된 균형을 이룰 수 없다. 그러므로 러시아, 인도, 일본, 유럽연합, 아세안과의 파트너십은 중국과 미국에 대한 균형추로서 아주 필요하며, 그것이 이들 두 강대국과의 관계를 조화롭게 할 것이다.[20]

이 다섯 개의 균형추 가운데서 아세안이 가장 중요한 것으로 증명되었다. 아세안에 가입하고, 회원국들과의 모든 국경 분쟁을 재빨리 해결한(캄보디아와 해묵은 논란을 벌이고 있는 해안 국경선과, 미얀마와 필리핀이 개입된 스플래틀리 영토 분쟁의 일부를 제외하고는) 베트남은 중국과의 관계 입지를 강화하기 위해 일련의 새로운 자기편들을 만들어냈다. 일단 아세안과 중국이 2002년에 남중국해에서의 '행동선언Declaration Conduct'에 합의하자, 스플래틀리 군도 영유권 분쟁은 중국과 논의하는 과정에서 베트남 단독이 아닌 아세안을 위한 전체적인 문제가 되었다. 베트남은 무역 거래에서도 북쪽 국경에서 산업 초강국의 충격을 완화하기 위해 아세안이 나서서 중국과 합의해주도록 압력을 가했다. 물론 하노이는 베이징과의 '특별한 관계'를 계속 발전시켜왔지만, 아세안을 끌어들임으로써 중국이 남중국해에서 압력을 강화하려고 할 때 입게 될 잠재적인 손실을 증가시켰다.

또 다른 대對중국 '균형추'가 될 수 있는 유럽연합은 베트남이 바라는 것만큼 중요한 역할을 하지 못했다. 유럽연합은 베트남 경제에 거의 미국만큼 중요하다. 유럽연합은 베트남의 수출 상품을 미국만큼 수입하며(유럽연합과 미국이 각각 17%와 18%를 수입하고 있다), 거의 일본만큼의 현지 투자(유럽연합과 일본의 베트남 투자는 각각 15%와 17%다)와 엄청난 액수의 개발 원조를 하고 있다. 유럽 기업들은 유전, 금융 서비스, 슈퍼마켓 부문의 대형 투자자들이다. 그러나 베트남은 유럽연합이 베트남에 기여하는 것만큼 그들을 우선순위 목록에서 높은 위치에 두지 않는다. 베트남은 꽤 오래전부터 '우호협력협정PCA'을 유럽연합에 계속 요구해왔다. 양측은 2005년에 계획수립 문서strategy paper에 합의했지만 베트남은 더 강력한 어떤 것을 원하고 있다. 유럽연합은 그 방안에 찬성하면서도 그것을 우선순위로 보지는 않는다. 유럽연합의 한 외교관은 "그런 것은 필요 없습니다"라고 말했다. 그 이유 중 일부는 모든 우호협력협정에는 유럽 의회에서 정의한 여섯 개 항목 — 인권보호에 관한 규정을 포함해 — 이 포함되어야 하기 때문이다. 이것이 하노이에겐 난제인 듯하다. 그럼에도 베트남은 미국과 중국의 중력重力에 대한 또 다른 균형추로서 유럽과의 관계를 뒷받침할 정식합의서를 계속 요구하고 있다.

❂ ❂ ❂

이 같은 여러 중력들 사이에서 어떤 종류의 입지를 모색하려는 베트남의 시도는 새로운 다극적인 글로벌 질서의 전형이다. 베트남은 강대국들에게 베트남의 미래에 대한 지분을 주되 자신들의 입지 모색 시도에 영향을 줄 만큼의 너무 큰 지분은 주지 않으려 한다. 아마도 그것은 과거에 대한 어금버금한 기억 — 영원한 압제자로서의 중국과 20세기 해방자로서의 중국, 그리고 20세기 파괴자로서의 미국과 21세기 투자자로서의 미국 사이에서 어느 것을 그들의 진정한 모습으로 보아야 할지 헷갈리는 기억 — 에 근거해 경쟁적으로 외국인 혐오증을 일으키고 있는 베트남, 특히 지도자들을 아는 데 도움이 될 것이다. 일부 베트남인들은 옛 냉전시대, 소련과 중국, 예전의 처리 방식에 익숙해 있다. 그들은 '미국인이 벌인 전쟁' 기간에 갖은 간난을 겪고 국제사회주의에서 활로를 찾아왔다. 지금 그들에게 그런 꿈을 포기하라는 것은 그들과 죽은 전우들이 그 영광되고 비참했던 시기에 쟁취하려 했던 모든 것을 부정하라는 것과 같다. 다른 한 그룹은 서구에 익숙하고 자본주의의 혜택을 즐긴다. 이들은 중국을 보호자가 아닌 협박자로 보며, 국제적 통합이 베트남에 부와 더 큰 안보를 가져다 줄 것으로 믿는다.

베트남인들이 바깥 세계와의 접촉이 점점 더 늘어남으로써 통합주의자들의 입지가 더욱 강화되고 있다. 공식 대표단, 견학 여행, 관광, 해외 베트남인의 영향이 국가 지도부의 사고방식을 크게 변화시키고 있다. 그들은 자녀를 서구에 유학시키고 서구 사업가들을 상대한다. 그 방식은 아마도 일방통행인 듯하다. 통합 반대 그룹의 마지막 보루는 국가 안보인 것 같다. 그러나 무슨 일이 일어날지 누가 알겠는가? 모든 사람을 만족시키려는 그들의 노력을 보고, 그리고 그들의 깜짝 놀랄 만한 돌진을 보고, 사람들은 베트남이 과거를 잊고 지난 수세기 동안에 입은 마음의 상처를 억누른다고 생각할지 모른다. 그러나 거의 모든 가정에 조상을 위한 제단을 모셔놓고 있는 나라에서 과거를 억눌러 잊는 일은 절대로 있을 수 없다. 수십 년 동안 과거사의 공식적 제기는 공산당에 의해 효과적으로 관리되어왔지만 새로운 과학기술의 확산이 통제의 효과를 감소시키고 있다. 집요하게 추진했던 고엽제 소송 사건과 남중국해에서의 중국의 조치에 대한 자발적인 항의 시위는 과거사 기억하기가 재발하고 있음을 말해준다. 아마도 억지로 잊게 했던 과거사를 젊은 세대들이 다시 소생시켜 국제 관계의 순조로운 발전을 저해할 날이 올지도 모른다. 그동안 베트남 정부는 귀에 거슬리게 반미反美 목청을 높일 수도, 공공연히 반중反中을 표방할 수도 없었다. 이들 두 나라의 지원 없이는 베트남 경제가 일자리를 제공할 수도, 생활수준을 국민이 요구하는 만큼 높일 수도 없었을 것이다. 그랬다면, 사람들의 기억

보존 — 그것이 진실이든 허구이든 — 보다 훨씬 더 중요한 정권의 생존이 위태로워졌을 것이다.

10

분열과 분할

Schisms and divisions

응우엔티뉴호아 Nguyen Thi Nhu Hoa 의 손가락이 컴퓨터 좌판의 리턴 키 위에서 머뭇거렸다. 그녀의 손가락이 키를 누르면 격렬한 온라인 '블로그 전쟁'을 일으켜 베트남 사회에서 오랫동안 금지되어왔던 긴장 상태를 조성함으로써 국가의 금기 사항을 깨뜨리게 될 것이다. 이것은 뉴호아가 바라는 바가 아니었다. 그녀가 하려고 했던 것은 다만 자신의 연고지인 사이공과 수도인 하노이 사이의 차이에 대해 약간 뼈 있는 이야기를 블로그에 올리는 일이었다. 그녀는 지금까지 살아오면서 하노이에 대해, 아름다운 하노이, 전 인민의 고향, 베트남 문화의 산실이라고 들어왔다. 그런데 2006년 11월, 뉴호아는 하노이를 둘러보고 자신의 눈을 의심하지 않을 수 없었다. 그녀는 그곳에서 "불결하고 추한 거리 …… 굴러다니는 구식 오토바이들 …… 느리기 짝이 없는 인터넷 접속 …… 형편없는 음식 …… 느려터진 서비스와 세련미의 심한 결핍"을 보았다. 그녀는 자신의 블로그 독자들에게 하노이는 유행의 첨단을 걷는 사이공 젊은이가 살 곳이 못 된다고 썼다. 그녀의 글 제목은 'ㄴ'을 'ㄹ'로 발음하는 북부 지방 사람들의 악센트를 가차 없이 흉내 낸 '지긋지긋한 하로이Fucking Ha Loi'였다. '하노이'를 '하로이'로 철자를 바꾼 것 자체가 하노이에 대한 모욕일 텐데, 여기서 한 걸음 더 나아가 '하로이'는 '강 안쪽'이라는 하노이란 말의 의미를 '더러운 강속을 걸어서 건너기'로 바꾸는 것이었다.

야후 360 사이트에 자신의 생각을 적어 올리는 수백만 베트남 젊은이 가운데 한 명인 뉴호아는 '베크라이스Be Crys(작은 크라이스)'라는 가명으로 위와 같은 내용의 의견을 올렸다. 그러나 그녀의 블로그에 관한 소문이 퍼진 지 얼마 지나지 않아 그 글을 올렸기 때문에 곧 그녀의 신원이 드러났다. 크라이스/뉴호아는 가장 우수한 학생만 선발하는 국립학교인 사이공의 명문 '영재고등학교Secondary School for the Talented'의 열일곱 살짜리 학생이었다. 이 학교는 미래의 엘리트 — 장차 크게 성공할 사람들 — 를 길러내는 데 주안점을 두고 있다. 뉴호아는 바로 중산층 모반자였다. 불과 며칠 만에 그녀의 블로그에 약 9000건의 댓글이 올라왔다. 진짜 블로그 전쟁이 벌어진 것이다. 뉴호아는 자신의 글이 이렇게 큰 주목의 대상이 된 것에 몹시 당황했다. 그녀가 한 일이라곤 모든 사람들이 이미 알고 있는 것을 말한 것뿐이었다. 그 모든 사람들과 차이가 있다면 그녀가 그것을 '공개한 것'이었다.

수도의 '낙후성'(대부분의 외국인들이 매력을 느끼는 — 이런 말을 할 만하다 — '낙후성')에 대한 뉴호아의 충격적인 반응은 오랜 기간에 걸쳐 공식적인 선전에 의해 만들어진 이미지가 그녀의 눈에서 갑자기 무너져 내려 일어난 것이다. 그 이미지는 여행 제한 조치와 가난으로 베트남 국민이 자신들의 소재지에 묶여 있는 한 유지될 수 있었지만, 많은 베트남인이 나라 곳곳을 여행하게 됨으로써 북부와 남부 사이의 현격한 차이를 알게 되었다.

하지만 그에 대한 공개적인 논의는 금기 사항이었다. 나이 많은 세대들 사이에는 전쟁에 대한 정신적 상처와 국가의 분열 재개에 대한 공포가 너무나 강하게 남아 있다. 그런데 열일곱 살 소녀가 이런 국가적인 가면을 벗겨버린 것이다.

하노이에 존재하는 것으로 추정되는 패권은 역사적 사실들을 수집해 공식적으로 승인된 베트남의 국가 역사를 만드는 사실상의 기초가 된다. '공식 역사正史'는 국가의 정신적인 고향이 북부 베트남이며 남부는 다만 몇 세기 전에 북부 사람들이 거기에 진출해 국가 역사의 일부가 되었을 뿐이라고 가르친다. 다수 종족명인 '킨Kinh'이라는 공식 명칭마저 '북쪽에서 온 사람'을 의미한다. '킨'은 '수도'를 의미하는 '킨도Kinh do'에서 유래했다. 이 국가적인 신화는 공산당 집권 이전 까마득한 옛날에 만들어진 것이지만 현 집권 세력의 주요 버팀벽 중의 하나이다. 이 신화 옹호는 통일된 남북 베트남에 대한 하노이의 지배권을 정당화하는 데 도움을 주지만 그것은 또한 주요 소수 종족이 다수 종족에 대해 계속 불만을 가지는 주된 이유이기도 하다.

'공식 역사'에 따르면, 베트남은 독특한 '베트남인'의 정체성을 가진 종족이 북부 홍하 삼각주에 정착했을 때인 기원전 3세기에 건국되었다. 이 설명에서 '베트남인'인 킨족은 서기 938년에 국가를 가진 자주적인 국민으로 나타나기 전 수세기에 걸친 중국의 식민통치 기간에 자신들의 고유성을 보전해온 것으로 되어 있다. 그 후 수세기 동안 그들은 '공식 역사'에서 '남진March to the South'이라 부르는 기간에 점차 지배권을 — 그리고 베트남 영토를 — 남쪽으로 확대했다. 이런 이야기는 이념적 목적을 가진 국가의 내력인 고전적인 '건국 신화'에 나와 있다. 역사적 사실을 보면 베트남의 발전 내력이 훨씬 더 복잡했음을 알 수 있다. 여러 통치자들이 베트남의 여러 지역을 별도로 지배했으며 여러 제국이 성쇠를 되풀이 했고, 중국과의 관계도 시대에 따라 다양했다. 자롱 황제가 1802년에 나라 이름을 '베트남'으로 (비록 그는 다른 이름으로 부르길 원했지만) 짓기 전까지 인도차이나 반도에 '베트남'이라 불리는 국가는 없었으며, 20세기에 들어서도 한동안 자신들이 '베트남'이라 불리는 나라의 국민이었다고 일관성 있게 생각하는 사람도 없었다.

가장 문제가 되는 것은 베트남의 역사서가 킨족이 남진할 때까지 중부와 남부 지역은 주인 없는 땅이었음을 시사하고 있다는 점이다. 실제로 그 지역은 수세기 동안 다른 두 문명의 지배를 받았다. 인도의 영향을 받은 주민들로 힌두교에 이어 훗날 이슬람교로 개종한 짬Cham족이 대략 기원전 200년에서 서기 1471년까지 중부 지역과 남부 '베트남' 일부를 다스렸다. 짬족의 일부 분파들은 이보다 훨씬 오랫동안 버텼다. 현재의 닌투안Ninh Thuan 성 주변인 남동부 베트남의 한쪽 모퉁이는 1932년에 와서야 '베트남'의 일부가 되었다. 남부의 나머지 지역은 크메르Khmer족의 고향이었다. 그들은 남진해온 '베트남'군에 의해 축출될 때까지 메콩 강 삼각주와 훗날 사이공이 되는 지역을 포함한 그 부근 지역을 통치했다. 사이공 자체는 아직 공식적으로는 크메르 제국의 일부였던 1698년에 '베트남' 왕실군의 전진기지가 되었으며 1859년에 프랑스군이 점령했다. 이 거류지가 독립 '베트남'의 일부가 된 기간은 고작 161년이었다. 이 모든 것은 짬족과 크메르족의 역사가 북부를 통치한 여러 그룹과 똑같이 베트남 역사의 중요한 일부로 보인다는 점을 시사하지만, 이것은 베트남의 '공식 역사' 관점은 아니다.

상당수의 짬족과 크메르 소수민족이 베트남의 '공식 역사'와는 매우 다른 그들 나름의 역사 해석을 하면서 남부 베트남에 살고 있다. 크메르족은, 특히 킨족이 그들의 존재를 하찮게 여기고 크메르족 역사를 깡그리 무시하는 데 대해 계속 불만을 품고 있다. 크메르족은 아직도 자신들을 캄보디아의 '고지 크메르upper Khmer'족에서 분리된 크메르 크롬Khmer Krom — 저지 크메르lower Khmer족 — 으로 여긴다. 1000년 이상 남부 베트남을 통치한 크메르족의 나라였던 짬빠Champa 왕국 유적의 거의 대부분은 냐짱Nha Trang 시 주변에 널려 있는 거대한 벽돌 탑(그들 중 일부는 최근에 '복원'한다는 구실로 파괴되었다)과 다낭 시 박물관의 굉장한 조각품들로 남아 있다. 13만 명의 짬족 후예들이 그곳에 살고 있었지만(주로 이슬람교도로) 남쪽 여러 지방으로 뿔뿔이 흩어졌다. 다른 소수민족들도 짬족이나 크메르족과 유사하게 '공식 역사'에서 배제되었다는 느낌을 갖고 있다. 중부 고원지대와 북서부 산악지대에 거주하는 10여 개의 소수민족들은 과거 역사에 대해 완전히 다른 해석을 하고 다른 언어를 사용하며, 하노이와는 거의 유대감을 갖지 못하고 있다.

공정하게 말해 하노이는 이들 소수민족에 대한 배려에 최선을 다했다. 1930년대 공산당 창당 초기부터 동남아의 다른 나라들 — 타이와 라오스 — 이 오랫동안 등한히 해왔던 소수민족들의 생활 방식과 권리를 존중했다. 그러나 그들이 국가를 건국한 이후부터는 지배적인 자세가 역력해졌다. 당국은 자주 소수민족을 '시대에 뒤진 사람들'이라고 말하며 그들의 농업을 '발전'시키고 고유 풍습을 금지함으로써 그들을 '교화'한다는 정책들을 내놓곤 한다. 그것은 세계 도처에서 소수민족에게 행해지는 다른 유사한 교화 임무의 사례 — 공동체 와해, 분노 그리고 이따금 반정부 소요 유발 — 에 친숙해진 결과이다.

꽤 큰 규모의 인구를 가진 소수민족의 존재(전체 인구의 약 15%)는 다수 민족인 킨족이 서로 강력한 연대 의식을 갖게 되는 이유가 된다. 건국신화 — 베트남이 외부인들과의 투쟁을 통해 구축되었으며 국토를 꼭 지켜내야 한다는 믿음 — 가 굳건하게 유지되는 것도 그 때문이다. 그러나 킨족 사이에도 많은 차이가 있으며 이것은 꽤 자주 농담으로 표현된다. 농담에서 핵심이 되는 구절은 다양하지만 논지는 일정하다. 남부 사람은 개방적이고 관대하며, 북부 사람은 보수적이고 냉정하다. 그리고 중부 사람은 단호하고 인색하다. 어느 날 한 소년이 시장에서 생선젓갈 병을 떨어뜨려 깨뜨린다. 북부 사람이 그 소년에게 조심성이 없다고 꾸짖는다. 남부 사람은 소년에게 새 젓갈을 사도록 돈을 주고, 중부에서 온 어떤 사람은 소년 곁으로 슬금슬금 다가가 땅에 떨어진 젓갈을 숟가락으로 담으려 한다.

이 같은 고정관념은 항상 과장되기 마련이지만 이런 이야기는 베트남 여러 지역의 생활상에 관한 어떤 일면을 일깨워준다. 살아가기에는 남부가 더 수월하다. 메콩 강 삼각주의 비옥한 토지는 풍요를 가져다주었으며, 그곳의 서로 다른 문명은 상거래망을 활성화시켜 번영을 일구게 해주었다. 중부 지방의 혹독한 생활 조건은 이곳 사람들이 아주 가난하게 사는 주된 이유이며, 종종 그 지역 출신들이 정치적으로 아주 크게 성공하는 이유가 되기도 했다. 이 같은 환경적 차이가 다른 지역에서 서로 다른 정치적 문화가 생겨나는 유일한 이유는 아니지만, 다른 곳에서 서로 매우 다른 사회가 구성되는 현상이 두드러지고 있다. 불운하게도 홍하의 흐름을 전혀 예측할 수 없었던 북부 지방의 각 마을들은 가뭄 때도 홍수 때도 살아남을 수 있는 방식으로 진화해왔다. 지금도 그들은 마을 주위에 둑을 쌓고, 강력하고 보수적인 행동 강령을 가진 계층적인 기관이 관리하는 중앙 집권화한 공동체를 선호하는 경향이 있다. 하지만 남부 지방을 관통하는 메콩 강의 흐름은 홍하와는 매우 다르다. 캄보디아 중심부에 자리 잡은, 저장 용량이 어마어마하게 신축적인 똔레삽Ton Le Sap 호수가 천연 저수조로서 메콩 강의 흐름을 조절해준다. 이를테면 우기에는 물을 잔뜩 저장하고 건기에는 물을 풀어 홍수와 가뭄 문제를 줄여준다. 메콩 강 삼각주의 마을들이 더 개방적이고 덜 계층적이며 사회가 덜 보수적인 이유가 오직 이 때문이라고 말하는 것은 지나치게 단순화하는 해석이겠지만, 설명의 한 부분이 되는 것임에는 틀림없다.

하노이와 사이공 둘 다 강을 끼고 발전해왔지만 하노이는 도시의 뒷문으로 홍하가 들어오지 못하게 제방을 쌓았다. 홍하의 예측할 수 없는 흐름이 제방을 만들게 했고 그 제방을 따라 가난하고 소외된 사람들이 집단으로 거주하는 황폐 지구의 띠가 생겨났다. 하노이는 안쪽의 여러 호수 주변에 집단 취락지가 발전해 중심부가 형성되었는데 이곳은 도시 뒤편의 제방으로 둘러싸인 마을들의 확대판이다. 그것은 상징적으로 외부의 영향을 최소화하고 있는 것처럼 보인다. 사이공에서 강은 도시의 초점이다. 강은 상업 거래와 새로운 아이디어를 가져다주며 환대 속에 도시 심장부를 가로질러 흐르고 있다. 사이공 강은 수세기 동안 이곳에 무역 상인들을 실어 날랐고, 사이공을 수출입항은 물론 인종과 사상의 용광로로 만들었으며, 불교사원과 교회는 물론 모스크와 힌두사원의 집합소로 만들었다. 또한 강이 사이공을 다른 지역보다 더 먼저, 그리고 철저한 프랑스 식민지가 되게 했다.

사이공과 메콩 강 삼각주로 이루어진 코친차이나는 베트남의 다른 지역이 명목상으로나마 응우옌 왕조의 통치 아래 — 비록 프랑스의 '보호'를 받긴 해도 — 있는 동안 프랑스의 식민지로 합병되었다. 일반 농부들에겐 그 구별이 분명하지 않았을지 몰라도 코친차이나는 프랑스 법률로 다스려졌다. 프랑스 법률의 지배를 받는다는 것은 예컨대 더 큰 언론 자유를 누릴 수 있음을 의미했다. 식민지 경제 — 농장 농업, 상품 시장과 세계화 — 가 북부 또는 중부 지역보다 이 지역에 훨씬 빨리 그리고 더 깊이 침투했다. 이 모든 요소가 북에서 늦게 내려온 킨족, 그리고 이전부터 존재하던 짬족, 크메르족, 그 외 다른 인종들과의 혼합 요소와 결합했다. 이곳에서 베트남의 여타 지역들과 매우 다른 구조와 전망을 가진 사회가 어떻게 발전할 수 있었는지 쉽게 이해할 수 있다. 하지만 가끔씩 이런 내용이 과장되곤 한다. 특히 아직도 옛 전쟁(베트남전)을 정당화하려는 사람들에 의해 행해진다.

'미국인이 벌인 전쟁'에 대한 가장 큰 거짓말은 북부 베트남이라고 불린 한 나라와 남부 베트남이라고 불린 또 한 나라와의 싸움이었다는 것이다. 그렇지 않았다. 그 전쟁은 두 개의 정치 지도자 집단 사이의 싸움이었으며 두 집단 모두 전체 베트남에 대한 통치권을 주장했지만 미래에 대한 비전이 서로 달랐다. 한쪽은 하노이를, 다른 한쪽은 사이공을 근거지로 했지만 그것은 (1954년 제네바 평화협정에 의해) 총선거를 유보하는 일시적인 해결책으로 의도된 것이지 국가의 정식 분할이 아니었다. 이같이 엄연한 기본적 사실이 아주 틀리게 언급되어야 했다는 것이 이상한 일이긴 하지만 그것은 냉전시대 선전 선동의 영향력이 많은 사람들에게 깊은 인상을 남긴 결과이며 오늘날까지도 그들의 국가관에 영향을 주고 있다. 베트남은 단일민족 국가가 아니다. 그래서 이번 제10장에서 통일이라는 공식적인 외관 이면에 도사리고 있는 분열과 분할을 다루는 것이다. 그러나 베트남은 중간에 오랜 기간 분할된 적이 없는 나라이며 그들의 존재가 현대의 문명 충돌에 의해 위협을 받고 있는 것도 아니다. '미국인이 벌인 전쟁'에서 베트남의 쌍방 전투원들은 '북부 사람들'이나 '남부 사람들'을 서로 증오했기 때문에 싸운 것이 아니다. 양쪽 모두 통일 열정을 강조하는 민족주의 운동의 상속인들이었다. 그들의 분할은 이념·사회에 대한 국가의 역할, 종교와 많은 다른 정치적 이슈를 잠재웠다.[1]

이 같은 베트남 역사의 긴 관점에서 보아, 1954년 자본주의 국가와 공산주의 국가로의 분할부터 1975년 공산주의 국가로 재통일될 때까지의 21년은 그 앞뒤의 세월보다 덜 중요하다. 그러나 그 21년은 남부 베트남의 연속성이 코친차이나의 자유분방한 프랑스식 자본주의와 베트남 공화국RVN의 미국식 자본주의 사이에 있었음을 의미한다. 이 연속성은 통일 후 1979년 사회주의 베트남에서 경제개혁이 시작되기 전까지 사실상 억압된 적이 한 번도 없었다. 북부에서는 자본주의가 비교적 최근에 소개되었지만 자본주의는 지난 150년 가까이 남부 베트남을 채무불이행 상태에 있게 했다.

1975년 4월 공산 인민군이 사이공의 대통령궁 정문을 밀고 들어왔을 때 북부 지도자들에게는 그것이 군사적·이념적으로 그리고 역사적으로 하노이의 우월성을 확인시켜주는 것처럼 보였다. 북부 베트남은 미군을 이겨 승리에 도취했다. 하노이는 또 다른 군대, 즉 북부 관료라는 군대를 남쪽에 보냈다. 북부 관료들은 남부가 북부와는 매우 다른 경제 상황임을 고려하지 않고 북부 이미지로 개조하려 했다. 그러나 그들의 관료적 이념은 벽에 부딪쳤다. 자본주의는 결코 박멸되지 않았다. 공산주의 이론가들이 더 치욕스럽게도 공산주의가 승리한 베트남의 지방 한 곳에서 공산주의 문제로 고초를 겪었다. 점점 그들은 하노이의 공산주의가 국가의 문제점 전체를 해결할 수는 없다는 현실에 직면해야 했다. 오만이 곧 콧대가 꺾일 형국이었다.

지금까지도 하노이의 통치가 남부에서 어느 정도 먹혀드는지, 이를테면 하노이의 패권을 인정하는 '공식 역사'를 남부에서도 받아들이고 있는지 공식적인 담론만으로는 알 수 없다. 그러나 남부의 기업가 정신이라는 유산이 없었다면 베트남은 붕괴되었을지도 모른다. 공영화·집단화를 제창하며 '매판買辦자본가'(주로 소수민족인 화교들)를 매도하는 하노이의 가혹한 캠페인에도 불구하고 남부에서는 옛 상거래 방식이 살아남았다. 하노이 정권의 정책 실패가 분명해졌을 때인 1979년, 당시 호찌민 시 당서기장이었으며 훗날 총리가 된 보반끼엣과 같은 남부 지도자들은 겨우 먹고살 만큼 버는 '실용적인'(비공산주의적인) 생활 방식을 용인했다. 호찌민 시 당국은 농부들로부터 시장 가격으로 쌀을 사들였고, 수입과 수출의 흐름을 계속 유지하기 위해 베트남을 탈출하지 않았던 화교 기업가들이 홍콩, 싱가포르, 타이완과 무역 거래를 하도록 허가해주었다. 그 같은 '울타리 허물기'는 하노이가 강요하는 규율을 어기는 것이긴 했지만 경제를 살려냈다.

결국 국가사회주의가 국민의 생활을 지탱해줄 수 없게 되자 하노이는 부득이 경제를 개방하지 않을 수 없었으며 그에 따라 남부가 크게 유리해졌다. 맨 처음 온 외국 투자자들은 화교 공동체의 거래처들이었다. 그들은 규제와 이념의 제한이 덜한 남부가 비즈니스에 더 적절한 곳임을 알았다. 또한 남부는 전쟁 기간에 미국 납세자들이 부담하여 건설한 도로와 항만 시설의 이점이 있었다. 1990년에서 1994년까지 모든 외국인 직접 투자의 60%가 호찌민 시와 이웃한 세 곳의 성, 즉 빈즈엉Binh Duong, 동나이Dong Nai 그리고 바리어붕따우Ba Ria-Vung Tau라는 '석유 생산 성'으로 몰려들었다.[2] 남부의 성들에 대한 이 같은 이점은 경제성장을 장려하기 위해 처음 시작된 인센티브 조치로 증폭되었다.

베트남 정부는 각 성이 목표치를 초과 달성하는 수익을 계속 사용하도록 허용했다(지금도 허용하고 있다). 북부 지역의 성 대부분은 국영 부문을 발전시켜 수익을 늘리려고 안간힘을 썼다. 그러나 남부 지역 네 개 성의 지도자들은 더 열린 마음으로 외국인에 대한 의심을 불식하고 투자 유치를 위해 해외로 눈을 돌렸다. 그것이 효과를 내기 시작했다. 섬유, 의류, 식품 가공 같은 노동 집약적인 제조업이 떼를 지어 몰려왔으며 이들이 지불하는 세금과 관세가 성을 부유하게 만들었다. 잉여금(상납금과 장려금을 제외한 나머지)은 더 나은 기간 시설과 서비스를 위해 재투자되었으며, 이것이 다른 외국인 투자자들을 끌어들이는 촉매제 역할을 하여 성장의 선순환을 창출해냈다. 통일 이후 권력의 정점에서 대부분 배제되었던 남부 지도자들은 자신들이 국가 정치의 정상에 올라갈 가능성이 없다는 것을 알았다. 그 대신 그들은 수익의 흐름을 유지하느라 국가의 법규를 어길 필요성 따위에 괘념치 않으면서 주민을 행복하게 하는 데 진력했다.

하노이 측으로서는 일부의 반대가 있긴 했지만 우선 국가에 돈이 필요했기 때문에 남부의 그 같은 '울타리 허물기'를 중지시킬 수 없었다. 1980년대에 각 지방정부는 중앙정부에 의존해 소련의 원조 자금을 배당받았다. 그러던 것이 1990년대 들어와 소련 원조가 끊기면서 중앙정부는 남부에서 벌어들이는 잉여금에 의존했다. 그에 대한 응분의 대가는 강력한 재분배 정책이었다. 남부의 잉여금은 아직도 북부와 중부 지역의 생활수준을 국가 평균에 근접하도록 향상시키고 국가적 통일과 당의 권력 장악을 보전할 수 있게 하는 정부의 자금원이 되고 있다.

현재 잉여 수익을 올리는 성은 11곳이다. 네 곳은 하노이 자체를 포함해 북부에 있고 두 곳이 중부, 다섯 곳은 남부에 있으며 전체적으로 남부의 다섯 곳의 수익이 전국 성 수익의 절반을 차지한다. 차츰 남부 사람들은 국가를 위해 무언가를 해야겠다는 의도를 갖기 시작했다. 북부 출신 노동자들이 남부에 있는 대량생산 공장의 조립라인과 건축 현장을 향해 떼 지어 내려온 것처럼 남부의 정치 지도자들은 '북을 향해 행진'했다. 국가주석인 응우옌민찌엣(2006.6~2011.7)은 남부 빈즈엉 성에서 산업계의 실세로 성장하면서 정상의 자리에 오르기 시작했다. 총리인 응우옌떤중 역시 남부 사람이다. 2006년 이후 처음으로 남부 사람들이 가장 강력한 정치적 지위 세 개 중 두 개를 차지했다. 당 정치국에는 북부 사람보다 남부 사람이 더 많다. 베트남 사람들은 흔히 "북부인들은 미군을 이겨 몰아냈지만 남부인들은 러시아인을 이겨 몰아냈다"고 말한다.

그렇다면 지금도 남부인들에게 불만이 남아 있을까? 물론 모두가 만족해하는 것은 아니다. 당은 내부적으로는 북부의 오만이 실패를 자초했음을 인정하는지 모르지만 아직 외부적으로는 인정하지 않는다. 현재로선 최근 역사에 대해 유일하게 인정되고 있는 해석은 '공식 역사'뿐이다. 여기에는 북부가 남부를 구한 것으로 되어 있다. 남부의 공산주의자들인 베트콩Viet Cong 의 역할은 경시되고 베트남 공화국RVN(이하 RVN)을 위해 싸운 사람들은 반역자로 취급된다. RVN의 군인과 관리, 그리고 심지어 그들의 자녀까지 아직도 차별대우를 받고 있다. 그들은 국가와 공공 부문에서 직장을 얻기가 어려우며 설사 얻었다 해도 승진이 힘들다는 것을 알고 있다. 공산군 측 상이용사들은 적당한 연금과 다른 혜택을 받지만 RVN 측 상이용사들은 연금도 혜택도 없어 홀로된 사람들은 자선에 의지해 살아가야 한다. RVN이 조성했던 군인 묘지는 방치·유기되고 있다. 이 모든 일이 많지는 않지만 상당수의 주민들에게 깊은 상처를 준다.

하지만 지금 불평불만이 가장 많은 곳은 베트남의 2대 핵심 성장 지역인 호찌민 시와 하노이 외곽이다. 정부가 불균형을 시정하려 애쓰고 있긴 해도 계속 뒤처지는 곳이 생긴다. 다낭 시는 그런대로 잘하고 있는 것 같지만 중부 대부분의 지역들이 생활고에 시달리고 있다. 후에는 한때 베트남의 수도였던 곳인데 지금은 침체 지역이 되었으며 북부와 남부의 급속한 발전으로 옛 수도라는 지위가 무색해졌다. 과거 베트남에서 가장 큰 권력을 가진 3대 정치 지도자 중 한 명은 항상 중부에서 나왔는데 지금은 한 사람도 없다. 또한 중부 지방에서는 더 위험한 패턴이 나타나고 있다. 다른 지역과의 격차보다도 중부 '내부'에서의 격차가 점점 커지는 것이 문제다. 다수 종족인 킨족 주민이 앞서가는 만큼 소수민족 주민 – '공식 역사'에서 항상 받는 쪽으로 내몰리는 사람들 – 이 뒤처지는 것이다.

✹　✹　✹

예비 신부가 그녀 머리 위 높이의 고대高臺로 올라가려고 불안정한 자세로 나무 계단을 붙잡고 한발 한발 올려놓는다. 고대 위로 거대한 범선처럼 치솟은 부분은 이 (전시용) 공동주택의 지붕인데 측면이 몹시 가팔라 거의 수직으로 보인다. 고대 안엔 마을의 모든 사람이 앉기에 충분한 공간이 있다. 공간의 천정은 큰 대나무 서까래가 공중을 향해 높이 솟아 꼭짓점에서 서로 만난다. 건물 바깥에는 지붕 능선을 따라 매달아 놓은 액막이 의식 용구들이 바람에 흔들리고 있다. 그러나 이 가운데 어느 것도 예비 신부를 크게 성가시게 하지 않는다. 그녀는 고대에 오르는 것을 포기했다. 그녀의 하이힐이 지나치게 뾰족하고 입고 있는 드레스가 너무 거추장스러웠기 때문이다. 사진사가 통나무 계단 중간에 엉거주춤하게 멈춰 있는 예비 신부의 사진을 찍어야 할 판이다. 예비 신랑이 씩씩하게 아래서 예비 신부를 부축하랴 후세에 남길 사진을 찍기 위해 포즈를 취하랴 정신이 없다.

하노이의 베트남 민족학 박물관 정원은 시의 부유한 예비 신랑·신부들이 결혼 기념사진을 찍는 가장 인기 있는 장소 중 하나가 되었다. 매 주말

마다 수십 쌍이 화려한 옷을 입고 스타일리스트, 슈피터shoe fitter, 메이크업 아티스트, 드레스 디자이너, 사진사, 그리고 그들의 조수를 한 무리 이끌고 나타난다. 그들은 정원을 한 바퀴 돌며, 공동주택(바나르Bahnar족의 주거 형태)의 나무 계단에서 포즈를 취하거나, 롱하우스long house (에데Ede족의 주거 형태, 가축과 함께 살기 위해 긴 집을 짓는다) 옆에 서거나, 또는 약간 장난기가 발동하기라도 하면 선정적으로 표현한 무덤 조각상(자라이Gia-Rai족이 만든) 옆에서 익살을 부리며 사진을 찍는다. 예비 신랑·신부들이 정원을 빙빙 돌며 사진을 찍을 때마다 박물관에 파견된 소수민족 그룹이 전원적인 배경 인물이 되어주며 그들의 과시적 소비에 한몫 거든다. 이렇게 찍은 사진은 앨범으로 만들어지고 결혼식 날 하객들이 돌려가며 볼 것이다. 그러니 왜 결혼 축하 사진을 안 찍겠는가? 숲과 연못으로 이루어진 민족학 박물관 지역은 수도에서 몇 안 되는 잘 손질한 평화로운 녹색 공간 중의 하나이며, 시가지 확대로 점점 더 보기 어려워지고 있는 과거 시골 생활상에 시민들이 쉽게 접근해 회상해볼 수 있게 해주는 곳이다. 박물관 측은 사진 찍기 수수료로 짭짤한 수익 — 전국에서 가장 현대적인 박물관을 만드는 데 도움이 되고 있다 — 을 올리고 있으며 결혼 커플들은 이곳에서 어느 정도 멋진 사진들을 얻고 있다.

그러나 이들 킨족 커플이 평소 같으면 피하려고 애쓰던 (소수민족) 사람들의 집 앞에서 군이 포즈를 취하며 세련미를 과시하는 것에는 뭔가 마음을 불편하게 하는 것이 있다. 박물관 전 관장인 응우옌반후이Nguyen Van Huy는 이 역설적인 상황에 고개를 내젓는다. 후이 교수는 조용하면서도 당찬 사람으로, 베트남의 소수민족들을 연구하고 기리는 데 일생을 바쳤다. 사람들로 북적거리는 하노이에서 어떻게든 박물관을 지을 장소를 찾아낸 사실 하나만 봐도 정계에 그의 연구를 지원하는 사람들이 있음을 말해준다.

민족학 박물관을 짓게 된 것은 부분적으로는 후이 교수가 아버지께 바치는 선물이기도 하다. 그의 아버지는 베트남 민족학의 창시자이며 베트남 전쟁 때 공산당이 소수민족들을 자신들의 편으로 끌어들이는 데 도움을 주어 승리에 크게 기여한 사람이다. 박물관 외곽 도로명은 그의 이름을 따서 지었다. 후이 교수는 "많은 사람들이 이처럼 그들(소수민족)에게 선심을 쓰는 체합니다. TV 다큐멘터리는 그들을 '진보가 더디고' '원시적'이라고 말하고 그들이 사는 곳은 '방치되고' 있습니다"라고 말했다. 그는 소수민족들을 그런 낙후된 상태로 두는 것이 관광산업에 계속 이로울 것이라는 생각에 비판적이다. 다음은 후이 교수의 말이다.

예를 들어 관광 회사들은 북서 고원지대 사람들의 '러브 마켓'에 관한 이야기를 합니다. 그러나 소수민족 사람들 사이에서는 '러브 마켓'과 같은 말이 없습니다. 그것은 관광객들을 끌어들이기 위해 지어낸 말에 불과합니다. 아주 비열한 행동입니다

북서부 고원지대의 아주 높은 곳에 있는 사빠 Sa Pa 라는 읍이 '러브 마켓' 산업의 중심지다. 그곳은 많은 베트남인들 사이에서 음탕한 곳으로 명성을 얻고 있는데 킨족이 장악한 현지 당국이 의도적으로 그렇게 광고했기 때문이다. '러브 마켓'의 전설 — 소수민족 그룹의 소년·소녀들이 사랑의 상대자를 찾아 즐긴다는 것 — 은 저지대에 사는 킨족 사람들의, 표면적으로는 더 보수적인 도덕관념에 대한 대안으로 만들어진 것이다. 그 전설에는 약간의 근거가 있다. 장이 서는 읍에서 젊은 남녀들이 모여 사랑을 즐기는 풍습이 있었던 것이다. 그러나 그것은 고대로부터 전해져 오는 의식은 아니고 가장 오래된 사례가 1919년에 행해졌던 것으로 보인다.

사빠는 소수민족 마을들로 둘러싸여 있는데도, 읍 당국이 '용의 턱' 언덕에 테마파크를 만들어 방문객들이 계곡으로 내려가 곳곳을 다니는 수고를 하지 않고도 소수민족의 문화를 경험할 수 있게 했다. 입장권을 구매한 후 방문객들은 기념품 가게들을 지나 언덕으로 올라가 킨족 출신 댄서들이 다른 소수민족 복장으로 변형된 토속 춤을 추는 튼실한 대나무 집으로 들어간다. 소액의 입장료에 비해 재주 부리기, 여흥, 볼거리 등이 풍성한 편이지만 막상 소수민족 사람들은 자신의 문화에서 배제되고 있다. 예비 신랑·신부의 사진 찍기처럼 소수민족 출신들은 다수 민족인 킨족이 자신들의 이미지를 만들고 있는 곳에서 배경 역할만 한다. 사빠의 흐몽Hmong족을 위해 남겨놓은 유일한 장소는 길거리다. 킨족이 장악한 은행들에서 융자를 받거나 역시 킨족이 장악한 현지 관청으로부터 필요한 허가를 받지 못해 가게를 열 수 없는 그들은 길거리에서 교묘하게 외국 관광객에게 접근해 팔찌와 자질구레한 장신구를 판다. 이 행상 소녀들은 사빠 주변의 마을 출신인데 읍에서 다섯 명 꼴로 방 하나를 빌려 살면서 생활비를 아껴 가족의 수익을 보충한다. 그들의 가족은 돈을 벌 수 있는 것에 감사하면서도 킨족 사회의 더 큰 성공에 분개한다.

흐몽족은 자신들이 베트남의 소수민족 스펙트럼spectrum에서 나쁜 대접을 받는 쪽에 속한다는 것을 알고 있다. 베트남에 비교적 늦게 도착한 — 겨우 200~300년 전에 중국으로부터 이주해왔다 — 그들은 다수 종족인 킨족으로부터 마치 유럽인이 종종 집시족을 정직하지 못하고 파괴적이며 야만적이라고 취급하는 것과 매우 유사한 취급을 받는다. 그들의 화전식 개간이 숲을 파괴하고 다른 소수민족의 영역을 침해해 종족 간에 유지되는 기존 질서를 어지럽힌다는 비난을 듣는다. 소수민족 스펙트럼의 다른 한쪽 끝에 있는 몇몇 종족들은 흐몽족보다 훨씬 더 높은 대접을 받는다. 그들은 다수족인 킨족이 베트남에 이주한 이후의 환경에 잘 적응했고, 프랑스 식민주의자들이 에볼뤼에evolué — 문명이라고 할 수 있을 정도로 발전된 상태 — 라고 말했을 정도가 되었다. 베트남에서 가장 큰 권력자인 공산당 서기장 농득마인은 소수민족인 따이Tay족 출신이다. 원래 북동 고원지대에서 살았던 따이족은 중국과의 국경지대 일부를 지배했다. 학교 교과서에서는 따이족을 강하고 용감무쌍한 종족으로 그린다. 삶의 대부분의 모습에서 따이족과 또 하나의 소수민족인 므엉Muong족은 킨족과 거의 구별이 안 된다.

정부는 공식적으로 베트남에 53개의 소수민족 집단이 있다고 밝혀왔는데 그 규모는 각각 약 150만 명 안팎인 따이족과 타이족Thai부터 겨우 300명 정도 되는 브라우Brau족, 오두Odu족, 로맘Romam족에 이르기까지 다양하다. 공산당은 거의 처음부터 그들에게 유화 정책을 폈다. 공산당은 프랑스군에 맞서 게릴라전을 펴기 위해 고원지대로 피하기 전에도 이른바 '애국적인 소수민족'에 대한 레닌의 견해를 채택했다. 후이 교수에 따르면, '해방을 지지하는 공동체들을 결합시키기 위한' 베트남 공산당의 1935년 결의안은 오늘날까지도 여전히 당 정책의 길잡이 역할을 한다. 공산주의자들과의 싸움에서 프랑스군과 미군 모두 분할 통치라는 고전적인 식민지 게임으로 승부했다. 그들은 소수민족의 사회적 위치를 강화하고 다수 종족인 킨족에 대한 불만을 조장했다. 프랑스군은 북서 지방에 므엉족과 타이족을 위한 자치 지역을 각각 만들었다. 그들은 멀리 남으로 내려와, 상호 공통점이 없는 중부 고원지대 소수민족들 사이에 공동의 '몽타냐르Montagnard'(산악 주민) 정체성을 조장하기 위해 '남인도차이나 산악 주민들의 나라Pays Montagnard du Sud Indochinois'를 만들었다. 이 몽타냐르 정체성의 중요한 요점은 소수민족들을 단합시켜 그들이 킨족이 지배하는 민족주의 세력과는 다르다는 것을 강조하는 것이었다. 그 효과는 오래 지속되어 고원지대에서 자치의 꿈이 좀처럼 사라지지 않았다.

프랑스가 떠난 후 베트남 공화국RVN(남부 베트남)은 고원지대 주민들의 자치권을 대폭 축소하고 이 지역으로 이주한 킨족 주민들을 고무하기 시작했다. 이에 대응해 일부 고원지대 주민들은 자치권을 회복시켜주겠다고 약속한 공산주의자들과 연합했다. 나머지 주민들은 결국 킨족에 대해 편견을 가진 '피압박민족 해방 연합전선United Front for the Liberation of Oppressed Races: FULRO'을 결성했다. 그러나 그 후 그들은 공산당을 지지하는 파와 미국의 후원을 받는 파로 갈라졌다. 전시에 중부 고원지대는 격렬하고 피비린내 나는 전쟁터로 변했다. 공산주의자들은 이 지역을 기지와 수송로로 활용했다. 미국은 광대한 지역을 '무차별 포격 지대'로 선언해 에이전트 오렌지로 고엽枯葉 작전을 펼치고 B52 폭격기로 강타했다. 약 20만 명의 고원지대 주민이 사망한 것으로 보이며 주민의 85%가 피난길에 올랐다.[3] 이 소름 끼치는 기간에 고원지대 주민들의 한 분파는 킨족뿐 아니라 이전에 '몬탸냐르' 아래서 무리를 지었던 다른 그룹들과 구별하기 위해 스스로를 '데가르Degar'로 부르기로 했다. 데가르라는 명칭은 에데Ede족 사람들이 스스로를 표현하는 데 사용하는 이름인 에데가Ede Ga에서 유래했다. 여분으로 '르,'가 붙은 것은 바나르Bahnar족과 므농가르Mnong Gar족과 같은 다른 그룹들이 포함되었기 때문에 그 의미를 확대 해석하기 위해서였다. '데가르'는 신화적인 역사, 복음주의 개신교, 새로운 자치 요구를 혼합해 매우 다른 기원을 가진 소수민족들을 하나로 묶으려고 시도하는 새로운 '인종민족주의ethno-nationalism'를 표방했다.

공산당은 일단 전쟁에서 승리하자, 소수민족들의 복잡한 혼합을 정성들여 장려하는 일종의 혁명 운동과 같은 행위를 중지하고 국경을 굳게 지키려는 전형적인 현대 국가와 같은 행동을 하기 시작했다. 고원지대에 킨족

이주민이 증가했다. 그들은 토지를 개간하고, 일자리 창출과 경제 작물의 재배를 위해 곳곳에 국영 농장이 포함된 '신경제지구NEZ'를 만들었다. 고원지대를 사회주의 안전지대로 만들기 위해서라고 말하며 재교육이 필요한 당원, 지원자, 정치범, 화교 상인들이 저지대에서 수송되어 왔다. 고원지대 소수민족들은 전통적으로 화전 농업을 해왔다. 그들은 화전으로 일군 땅을 단기간 이용한 후, 척박해진 땅이 다시 복원될 때까지 여러 해 동안 다른 곳으로 가 다시 화전을 일구어 산다. 그러나 '몽타냐르'의 미군 특수부대와의 관계와 소수민족이 공산당 통치에 계속 저항하고 있다는 점을 고려해, 하노이는 당이 잘 감시할 수 있는 한 곳에 그들을 묶어놓고 꼼짝 못하게 하려고 했다.

그 결과는 하노이 당국의 성공이었다. 고원지대에 '신경제지구' 25곳이 설치되었고 '데가르'의 봉기가 봉쇄되었으며, 베트남은 세계에서 두 번째로 큰 커피 생산국으로 올라섰고 방대한 수의 일자리가 생겨났다. 1975년 이후 수년 동안 대략 400만 명에서 500만 명이 고원지대로 이주한 것으로 생각된다. '신경제지구' 정책이 폐기된 이후에도 이주는 계속되었고, 그들이 '갈색 금'이라고 부르는 커피 농사로 쉽게 돈을 벌 수 있다는 매력이 사람들을 끌어들였다. 그러나 주로 소수민족으로 이루어진 고원지대 주민들에게 이 모든 것은 재앙이었다. 1975년에 닥락Dak Lak 성의 주민 중 약 절반이 소수민족 출신이었는데 2002년에는 기껏해야 5분의 1에 불과했다.[4] 이런 변화와 함께 당은 '상호부조'의 전통을 강조하며 고원지대 주민들에게 사회주의 문화(즉 킨족 문화)를 계속 심어주고 있었다. 토박이 문화 중 어떤 것들 — 노래, 춤, 수공예 — 은 장려했지만 화전 농업, 공동 주거생활communal living, 정령 숭배와 같은 '퇴영적인 생활 방식'은 억압했다. 비위생적인 매장埋葬이 금지되었고 결혼 의식은 '덜 낭비적인 것'으로 조정되었다. 심지어 전통

적인 노래의 가사도 당 관리들에 의해 개사되었고 어린이들에게 새로운 가사를 가르쳤다.[5]

고원지대 소수민족들의 사정이 진짜 끔찍해진 것은 토지 소유권이 개인에서 집단으로 바뀌었을 때였다. 전통적으로 개인 소유였던 토지를 공동으로 관리한다는 것이었다. 그러나 일단 경제개혁이 시작되자 토지는 킨족이 구입하거나 무단 경작하거나 혹은 훔쳐가는 대상물이 되었다. 정부는 중부 고원지대의 빈곤이 극적으로 감소된 것은 그들이 전체를 위해 개인을 희생해가며 생활을 개선시킨 증거라고 종종 주장했다. 그러나 그 수치를 인종별로 분석해보면 이야기가 달라진다. 1993년, (세계은행 계산에 따르면) 킨족의 빈곤율은 45%인 데 비해 소수민족은 95%였다. 2004년까지 킨족의 빈곤율은 15%로 떨어졌으나 소수민족은 75%에 머물러 있었다. 2001년에 커피 가격의 지구적인 대폭락 사태(주로 베트남의 과잉생산 결과로)가 벌어졌을 때는 사태가 아주 지독한 방향으로 꼬여갔다.

자신들 방식(화전)으로 농사를 지을 수 없고 조상 대대로 물려받은 토지는 저지대 이주자들이 탈취해 가고, 전통적인 문화가 사라지는 것을 지켜보던 많은 데가르족 주민들 — 그들은 이미 복음주의적 열정으로 증오심을 북돋웠고 미국 급진파 지원자들의 선동을 받고 있었다 — 은 점점 투사로 변해갔다. 2001년, 그리고 다시 2004년에 마침내 분노가 끓어 넘쳐 폭동으로 변했다. 토지 분규, 보안 단속, 그리고 미등록(그래서 불법이 된) 신앙 집회에 대한 억압에 자극을 받은 수천 명의 데가르족 주민들이 마을에서 고원지대의 주요 도시까지 긴 거리를 행진했다. 그 수가 엄청나서 보안군을 제압하고 계속 전진했다. 그들은 자치주 허용과 종교의 자유를 요구하다 마침내 경찰과 군대에 의해 해산되었다. 2004년 부활절 주말에는 시위 규모가 더 커졌고 (일부에서는 총 3만 명이 참여한 것으로 추산하고 있다) 당국으로부터 전보다 훨씬 나쁜 대접을 받았다. 주민 열 명 이상이 보안군과 킨족 이주민들에 의해 살해되었다. 보안군은 고원지대에 계엄령에 준하는 조치를 내리고 모든 도로에는 군인들을 파견해 지키게 하고, 각 마을에는 경찰 검문소를 설치해 주민들의 동향을 감시했다.

그 항의는 전적으로 자발적인 것이 아니었음이 분명하다. 항의의 기초는 미국에 기반을 둔 '몽타냐르 재단Montagnard Fdoundation Inc.: MFI'(이하 MFI) 소속 지원자들이 닦았다. 이 단체는 한때 미군과 싸웠던 전직 공산군 전사戰士들이 운영한다. MFI는 기독교 단체가 분명하며 스스로를 '피압박민족 해방 연합전선FULRO'의 후계 단체라며 고원지대의 자치를 요구한다. 지금은 고원지대 소수민족 주민의 거의 절반이 기독교도이다. 전통적인 정령신앙 의식에 사용되는 장소와 동물, 의식 용구를 빼앗기고 이와 동시에 지방 관리들로부터 지속적인 문화적 공격을 받고 있는 데가르족 주민 대부분은 한때 예전 생활의 토대가 되었던 신앙 의식儀式을 포기하고 그 공백을 메우기 위해 복음주의 기독교신앙으로 옮겨갔다. 하느님 말씀이 지역 목사들에 의해 전파되고 필리핀의 송신 장치를 통해 현지어로 방송된다. 이 모든 것을 미국 기독교인들이 지원한다. 주민들의 종교 선택은 미국 보수파의 이해관계와 연결되어 있어 당국자들의 편집증을 더 악화시켰지만, 종교 귀의는 주민들이 의식적으로 그것에 일부 매력을 느꼈기 때문인 것으로 보인다. 공산주의 당국자에게 협조하는 가톨릭이나 다른 종류의 기독교와 달리 복음주의 기독교는 분명히 데가르족을 킨족과 분리해 대접한다.

중부 고원지대에 대해 해박한 지식이 있는 일부 서방 전문가들은 고원지대 소수민족에게 새로운 접근 정책을 펴고 싶은 순수한 욕구가 공산당 내에 실제로 있지만, 간부들이 무엇을 어떻게 해야 할지를 모르는 것 같다고 말한다. 고원지대 주민들의 생활을 개선시키기 ― 국제 원조 단체들의 지원을 받아 — 위해 채택한 정책 대부분은, 전통적으로 이동성이 있는 사람들을 강제로 정주시키고, 생계 농업 대신 시장 중심 농업을 장려하며, 부패하고 인종차별주의적인 현지 관리들을 통해 자금을 공급하는 등 애당초 문제를 일으킨 것들의 단순 확대였다. 고원지대의 상황은 이러한 정책들이 위기를 해결할 시점을 이미 넘어선 것으로 보인다. 소수민족이 너무 많은 토지를 빼앗긴 것이다. 개인주의적인 종교인 개신교로의 집단 귀의는 토지의 공동소유에 대한 사회적 근거를 서서히 훼손해왔다.

베트남에서 대부분의 소수민족을 위한 미래는 가망이 없어 보인다. 고원지대에서 도시와 멀리 떨어져 있는 마을들은 절대 빈곤에 허덕이고 있지만, 더 잘 살기 위한 가장 손쉬운 길인 도시로의 이주는 배운 것이 많지 않거나 일자리를 찾고 편의를 제공할 지인이 없는 사람들에게는 그림의 떡이다. 북서부 지방 출신의 많은 소수민족이 도시로 가는 대신 중부 고원지대로 이주해 와 문제를 더욱 악화시키고 있다. 상황은 더욱 나빠지고 있는 것 같다. 세계은행에 따르면, 2004년에 소수민족이 베트남 빈곤층의 39%를 차지했다. 그들은 크게 낙오되고 있고, 일부는 자포자기로 술과 마약에 중독되었으며 다른 일부는 더 호전적이 되어가고 있다. 어떤 대책을 강구해야 하지만 소수민족에 대한 베트남의 인종차별적인 내력을 감안할 때 그렇게 될지는 확실하지 않다.

❈   ❈   ❈

몽타냐르 재단MFI과 같은 단체들은 가끔 중부 고원지대의 문제점은 공산당이 종교를 싫어하기 때문에 생긴 것이라고 주장한다. 그러나 베트남 공산당은 신앙 '그 자체'를 반대하지는 않는다. 그들이 반대하는 것은 자치적인 종교 단체이다. 당의 이러한 자세는 베트남의 모든 중요한 종교 그룹 ─ 불교, 가톨릭, 복음주의 개신교, 베트남의 특별한 두 개의 종교, 까오다이Cao Dai 와 호아하오Hoa Hao ─ 의 극히 일부 분파가 사람들을 선동하고 저항하며 어떤 경우에는 당이나 국가에 한두 번쯤 싸움을 건 것을 감안하면 특별히 이상할 것이 없다. 이 같은 상황임에도 당은 종교를 박멸하려 하지 않았다. 당은 '미신'과 '퇴영적인 풍습'에 대해 반대하는 선전을 하거나 종교 그룹들의 일을 방해하고, 신앙인들을 냉대하긴 했지만 종교를 억압하기보다는 통제해야 하는 어떤 것으로 간주하면서 대체로 매우 실용적인 태도를 보였다.

변화는 북부 공산주의 이론가들의 확신에 금이 간 1980년대 초의 위기와 함께 왔다. 그들은 남부적인 경제 모델의 강점을 (적어도 개인적으로) 인정하지 않을 수 없었듯이 자신만만했던 무신론이 국가의 정신적·사회적 욕구를 충족시키는 데 실패했음을 인정하지 않을 수 없었다. 그것은 당이 모든 사회적 욕구를 충족시킬 수 있다고 주장하는 승리자들의 사회주의적 서술이 끝났음을 의미했다. 그 이후로 당은 통치에 대한 또 다른 버팀벽으로서 종교를 자신들 편으로 끌어들이는 방안을 모색해왔다. 대중 동원의 수단으로 사회주의 이념의 효율성이 쇠퇴함으로써 대량 소비의 시대에 걸맞게 국민의 행동을 통제할 새로운 방법을, 그리고 세계화 열풍에 직면하여 설득력 있는 새로운 국가 정체성을 찾지 않을 수 없게 된 것이다.

옛 표상이 재해석되고 옛 전통이 개혁되며, 한때 퇴영적이고 미신적인 것이라고 생각한 개념들이 새로운 관심의 대상이 되어가고 있다. 그래서 이전에는 반동적인 유교 엘리트주의의 산 증거라며 천대했던 하노이 서원 書院이 새로 단장되어, 베트남 문화에서 늘 교육이 중요시되었음을 증명해주는 역할을 맡게 되었다. 유교 이념은 국민에게 예禮와 온당한 품행의 중요성을 가르치길 원하는 통치 엘리트에게 분명히 매력적이긴 하지만 그것은 보수적인 사회철학이고, 그리고 새로 되살아난 민간의 종교적 풍습이 행하는 방식으로는 현대 베트남에서 대중의 영혼을 사로잡지 못한다.

민간신앙은 아주 많은 사람들을 움직이게 하는 힘이 있으며 그들의 마음을 기쁘게 하는 무질서 상태anarchy가 사회를 혼란시킬 수 있다. 캄보디아와의 국경 도시인 짜우독 시 외곽에 있는 바쭈어쑤Ba Chua Xu — 왕국의 귀부인 — 사당은 1년에 100만 명 이상이 찾는다.[6] 방문객들은 여러 이유 때문에 이곳을 찾지만 대체로 물질세계에서의 어떤 간청을 하기 위해 온다. 예컨대 다산, 부, 행복 또는 단지 시험 합격을 빌기 위해 오는 것이다. 공식 안내서에 따르면, 베트남에는 75명의 '지모신地母神'이 모셔지고 있으며 각 소재지는 그 지방 절이나 공동 주거·주택이며 지난 시대에 갸륵한 일을 해 받들어 모시는 등 그 지역 자체의 특별한 신들이 있다. 이들 절이나 공동 주거·주택은 열심히 미신을 근절하려고 했던 당 기간요원들이 한때 마을 상점으로 개조해 사용했던 바로 그 건물들이다. 점점 증가하는 영성靈性 수요에 부응하기 위해 점쟁이, 무당, 지관地官이 다시 생겨났다. 도시의 직장인들은 왜 좋은 연인을 만날 수 없는지 알아보기 위해 점쟁이를 찾거나, 노한 조상들을 달래기 위해 인형을 사서 태우고 있음을 조심스럽게 인정한다.

반세기 전만 해도 식민주의에 나라를 잃게 한 주범으로 비난을 받았던 바로 그 풍습이 지금은 세계화 열풍에 맞서 국가의 정체성을 지키는 표상으로 새로 부활하고 있는 것이다. 공식적인 문화단체들 — 전통문화연구소와 전국의 모든 문화·관광 기구들 — 은 한때 금기시했던 활동을 재해석·재평가하고 그 안에서 국민 문화의 정수를 찾아내고 있다.[7] 과거에 지주계급의 지배를 강화시킨다고 매도했던 연례적인 마을 축제가 한편으로는 공동체 활동으로, 다른 한편으로는 관광 자원으로 되살아났다. 그러나 수많은 사람들이 이들 새로운 옛 축제는 물론 조상숭배와 같은 '미신적 풍습'에 큰 열의를 보여왔다는 것은 그들이 미신 풍습을 새로운 국가선전 재료의 일부로서뿐 아니라 정통성을 가진 어떤 특별한 것으로 여기고 있음을 말해준다.

혁명이 다시 원점으로 되돌아온 것으로 보인다. 마르크스주의자로서 당 간부들은 과거 한때 이들 옛 의식을, 자연을 통제할 수 없는 대신 받들어 모시는 사람들이 갖는 두려움의 표상으로 간주했다. 그러나 지금 그들은 당 또한 자연의 힘을 통제할 수 없음을 인정하고 있다. 세계화가 문을 쾅쾅 두드리고 있고 당은 그 옛날식 의식에서 도움을 청하고 ― 비록 다른 방법으로라도 ― 있다. 그간의 세월동안 당은 옛 지주계급을 숙청하고 그 자리를 차지해왔으며, 옛 의식은 이제 더 이상 당에 반대하지 않고 당과 조화하는 어떤 것을 대변한다. '객관적인' 계급 기반을 잃었던 옛 의식은 이제 행렬의 맨 앞에서 당 관리들의 축하를 받을 수 있고, 모든 사람들이 참여할 수 있게 되었다.

민간신앙은 대체로 개인과 가족의 영성이 그 진원이며 극도로 비조직적이다. 당은 조직적인 종교의 관리에는 매우 다른 접근법을 택해야 했다. 하노이에서 가장 유명한 불교사원은 15세기에 건립된 꽌수사Quan Su Pagoda 이다. 베삭Vesak ― 석가 탄신일 ― 과 같은 종교 축제가 열릴 때는 노란색의 작은 절 구내는 불붙인 향을 든 사람들로 가득 차며 그들은 기도실 정면의 납골 항아리를 찾는다. 늦게 오는 사람들은 기도실 안으로 들어갈 수 없을 정도로 만원이 되고 올라가는 계단도 참배자들로 가득 찬다. 기도실 안에는 갈색 옷을 입은 승려와 여승이 염불을 하는데 웅얼거리는 소리가 절 담장 밖의 오토바이 소음이 들리지 않을 정도로 크다. 홀의 뒤쪽과 베란다에는 여승이 입은 것과 같이 길고 품이 넓은 갈색 승복을 입은, 그러나 여승들보다 훨씬 더 젊고 모양새가 더 좋은 두건을 쓴 여인 수십 명이 기도서를 펴놓고 앉아서 염불에 동참한다. 이들 여인은 베트남의 불교 부활에 가장 중요한 역할을 하는 후원자들의 일부이다.

그들은 이 절에, 때로는 그들 가족의 발복發福 기원에 시간과 돈을 아낌없이 쓴다. 이런 여인들은 텔레비전의 익살 프로그램과 이따금씩 정부 관리들이 내뱉는 비판의 대상이 되곤 했지만, 이 중산층 여인들은 여봐란 듯한 신앙심 과시를 통해 나름대로 인생의 의미를, 그리고 무엇보다도 신분의 자긍심을 찾아왔다. 그들은 과장된 몸짓으로 크게 숨을 내쉬며 남이 잘들을 수 있게 기도하는데 절 바깥이라면 꽤 꼴사나워 보일 방법으로 절 안에서 주목을 끈다. 큰 그룹들은 버스를 대절해 국내 여러 절을 돌아다니며 기도한다. 이들의 가정생활에서 기도는 특별한 부분이 될 수 있다. 어떤 이들은 두 칸짜리 집의 방 하나 전체를 정성스러운 제단으로 꾸민다. 과거 한때는 이 모든 것이 낭비적이고 퇴영적인 것으로 간주된 적이 있었다. 그 시절 같았으면 당 관리들이 이들 여인의 집을 방문해 가족과 사회에 대한 의무에 충실하도록 일깨워주고 시간과 돈을 더 건설적인 목적에 사용하도록 충고했을 것이다. 이제 그런 일은 있을 수 없다. 지금 그 여인들은 자유롭게 원하는 일을 하며 이들의 손 큰 행위가 전국의 불교사원 재건에 도움이 되고 있다.

2006년도 석가탄신일에는 꽌수사의 소란스러운 기도 장소에서 몇 미터 떨어진 길고 좁은 회의실에서 조용한 만남이 있었다. 한쪽에는 회색 옷을 입은 남자들이 일렬로 앉아 있고 그들의 맞은편에는 짙은 황색과 갈색 옷을 입은 남자들이 역시 일렬로 앉아 있었다. 당과 정부의 대표자들이 공인 불교사원에 인사를 하러 온 것이다. 회색 옷을 입은 사람들 쪽에서 붉은 꽃으로 화려하게 장식한 꽃다발을 준비했고, 약속된 시간에 베트남 불교 교단의 상임 부총재이며 가장 신망이 높은 틱타인뚜Thic Thanh Tu 스님이 들어오고 정부 종무宗務위원회 응오엔티Ngo Yen Thi 회장이 그를 맞았다. 두 사람은 의자에 앉아 서로 손을 잡고 사교적인 인사말을 나누었다. 그런 다음 정부 대표는 스님에게 꽃다발을 건네고 회색 옷과 짙은 황색 옷을 입은 사람들이 박수를 쳤다. 이 장면은 옆방에서 요란하게 기도에 열중하는 장면과는 달리 신문에 생생하게 보도되었다.

꽌수사는 베트남에서 유일하게 공인된 불교 조직의 본부 사찰이다. 1981년 11월 당국은 전국의 아홉 개 불교 종파 대표들을 이 절에 불러 '진리Dharma, 국가, 사회주의'라는 좌우명 아래 모든 종파가 '베트남 불교 교단Vietnam Buddhist Sangha'이란 이름으로 통합하도록 '설득'했다. 그 후 이 불교 교단은 베트남 조국전선의 소속 기관이 되었다. 베트남 조국전선은 노조, 여성동맹, 청년동맹, 기타 '대중 단체'를 통해 공산당 통치를 강화하고 확대하는 조직체다. 불교 교단은 베트남 조국전선의 일원이 되면서 국회의석 두 자리를 얻어, 승려의 짙은 황색 승복과 털모자가 의사당 회의실의 회색 정장과 군복의 바다를 밝게 해주었다. 이것이 바로 당과 행복하게 공존하는 ― 조용하고 말 잘 들으며 충성스러운 ― 종류의 종교이다.

베트남의 불교 단체 가운데는 당이 매우 다른 태도를 보이는 또 다른 그룹이 있다. 바로 '베트남 통합불교 교파Unified Buddhist Church of Vietnam: UBCV'(이하 UBCV)인데 이 단체는 현재 어정쩡한 상태로 존속하고 있다. 공식적으로는 불법 단체이며 엄격하게 활동을 제한받지만, 용인되기도 하는 단체다. UBCV는 베트남 중부 지역에 그 뿌리를 가진 불교 특유의 공격적인 성향을 대표한다. 후에와 다낭 출신의 불교 승려들은 현대 베트남의 모든 정권에 반기를 들었다. 1963년에는 남베트남 응오딘디엠Ngo Dinh Diem 정권의 반불교 정책에 항의해 승려 수십 명이 분신했으며, 그 이후에도 UBCV는 저항의 전통을 고수하고 있다. 본부는 파리에 있지만 가장 중요한 전진기지는 호찌민 시의 타인민젠 승원Thanh Minh Zen Monastery이다. 밖에서 보기엔 사무실 건물 같은 이 승원은 시 중심가와 공항 사이의 간선도로에서 약간 벗어나 있다. 오른쪽 반대편에는 이 승원에서 가장 이름난 수련생으로 현재 이곳에서 '사찰 연금 상태'에 있는 틱꽝도Thich Quang Do 스님의 행동을 계속 감시하기에 알맞은 기지가 될 수 있는 경찰서가 있다.

틱꽝도 스님과 UBCV는 국가보다 양심의 명령에 따를 권리를 지속적으로 요구하고 있다. 그는 전화로 "불교도이면서 공산주의자가 되기는 불가능합니다"라고 말했다. 당은 이 승원의 잠재적인 위력을 두려워한다. 2008년 7월에 승원의 전 원장인 틱후옌꽝Thich Huyen Quang 스님이 입적入寂했을 때 UBCV는 남승과 여승, 평신도 추종자 6000명이 장례식에 참례했다고 주장했다. 이 승원을 불법화할 수도 있겠지만 당은 그들과의 대결이라는 위험을 원하지 않는다. 그 장례식은 엄중한 보안 조치를 취하고 외국인의 참석을 막았지만 식은 충돌 없이 치러졌다. 하지만 정부는 UBCV가 2007년 여름에 그랬듯이 농부들의 항의 시위를 지원하려 하거나 태풍 피해자들을 위한 구제 사업을 벌이려고 할 때마저 강경책을 편다. 승원에서의 기도는 허용하면서도 거리에서의 설법은 허가하지 않는다.

베트남의 모든 종교 집단은 정부 종무위원회로부터 공식적인 승인을 받아야 하며 그 후 종교 집회를 개최할 때마다 신고를 하고 참석자 명단을 보고해야 한다. 이 같은 방법으로 정부는 — 적어도 서류상으로는 — 전국에 공인된 신자 수가 정확히 얼마나 되는지 '알게 된다'. 등록되지 않은 교회와 사찰은 종교 활동이 허용되지 않는다. 이 제도에 대한 협상은 특히 가톨릭교회와 어려움이 많았지만 교회와 정부는 현재 마무리 조정에 이른 것으로 보인다. 2007년 1월, 하노이 중심가에서 성요셉 성당의 종이 신자들을 부르듯 땡그랑땡그랑 울리자, 성당 내의 성직자와 70명의 미사 참석자들의 생각은 온통 지구 반대편의 사태 진전에 쏠려 있었다. 그 시간 바티칸에서는 응우옌떤중 총리와 그들의 정신적 지도자인 교황 베네딕트 16세가 함께 앉아 베트남 공산당 지도자와 교황 사이의 사상 첫 회담을 하고 있었던 것이다.

수십 년 동안 공산당은 가톨릭교회를 식민주의의 도구로, 신자들을 적과 내통하는 불순분자로 간주해왔다. 1951년, 베트남 주교들은 가톨릭 신자는 절대로 공산주의자가 될 수 없다는 바티칸 노선을 재천명하는 공식 서한을 발표했다. 프랑스군을 물리치고 북베트남이 독립을 선포하자 100만 명에 가까운 가톨릭교도가 공산 통치를 피해 남으로 내려왔다. 1958년에 교황대사가 머물던 하노이의 바티칸 '대사관'이 폐쇄되었다. 그 후 몇 해 동안 가톨릭 신학교 폐교, 성직자에 대한 억압, 교회가 맡았던 교육과 사회봉사 활동의 정부 이관 조치들이 이어지고 성당 건물들이 황폐해갔다. 그럼에도 가톨릭교의 신앙 활동이 금지된 적은 없으며 교회는 얼추 그 기능을 유지하고 있었다. 그 후 종교의 자유를 더 크게 허용하라는 외국의 압력 아래 당은 예수의 공현公顯이라도 경험한 듯 가톨릭교회는 이제 적개심에 불타는 제국주의의 앞잡이가 아니며, 공산당과 같이 중앙 집중화되고 계급 제도를 가진 조직이라는 것을 깨달았다. 그들은 이제 거래를 할 수 있었다.

가톨릭 신자들이 합법적으로 소속할 수 있는 유일한 조직은 '베트남 애국 가톨릭신자 단결 위원회Solidarity Committee of Patriotic Vietnamese Catholics'였다. 불교 교단의 경우와 마찬가지로 이 위원회는 '베트남 조국전선'에 소속되어 공산당의 직접적인 감독을 받는다. 하지만 교회 지도부인 베트남 주교 위원회는 베트남 조국전선 소속이 아니다. 그들은 직접 바티칸과 연결되어 있다. 바티칸과 당 양쪽에 성직자 임명과 기타 교회 활동에 대한 거부권을 주는 이 같은 불안정한 타협에 당과 교회 모두 그런대로 만족하고 있었다. 이것은 중국의 경우와는 매우 다른 상황인데, 이렇게 된 한 가지 이유는 바티칸이 하노이와 함께 해결책을 모색해왔기 때문이다. 바티칸은 베이징을 설득해 중국 역시 교회와 국가 사이에 균형을 맞추는 '베트남 방식'을 찾을 수 있기를 원했다. 베트남에는 응우옌반리 신부와 같이 다루기 힘든 성직자가 다수 있다. 이들은 대체로 현지 관리들과 당에 맞서왔지만(리 신부에 대한 더 상세한 내용은 제6장 참조) 전체적으로 교회는 정치활동과 완전히 거리를 두었고 어떤 반발도 피해왔다.

하지만 '애국적인 위원회'인 교회를 감독하는 형식 구조가 점점 부적절해졌다. 성직자들이 정부의 어느 부서와도 직접 교섭해 필요로 하는 일을 할 수 있기 때문이다. 성직자들이 무슨 일을 꾸미는지 국가가 알고 있는 한 그들을 그냥 내버려둬도 무방했다. 성당을 수리하는 것은 베트남에서 자주 있는 일인데 국내에서 마련할 수 있는 자금으로는 도무지 감당할 수 없어 해외 공급원으로부터 지원을 받아왔다. 국가는 외국으로부터 오는 거액의 지원금을 보고도 못 본 척 해야 했다. 하지만 다른 재산상의 문제에 대해서는 아직도 사태가 악화될 소지가 있다.

가톨릭교회는 공산당이 권력을 잡기 전에 자신들이 소유했던 토지의 일부를 되찾으려 하고 있다. 그들이 이전에 보유했던 자산은 특히 남부 베트남에서는 매우 큰 규모였다. 하노이에서마저 가톨릭교회가 시에서 가장 큰 병원 두 개 — 하나는 아직도 '성바울 병원'으로 불리고, 다른 하나는 지금은 '비엣쿠바Viet-Cuba 병원'으로 알려져 있다 — 에 대한 소유권을 주장할 수 있는 소지가 있다. 두 병원 모두 본래 가톨릭 재단에서 운영했다. 2008년 9월에 가톨릭교회의 토지를 둘러싼 두 건의 논란이 국제 뉴스가 되었다. 하나는 성당에서 한 블록 남쪽에 있는 이전의 교황청 대사관 부지에 관한 것이었고, 다른 하나는 남서쪽 동다Dong Da 거리에 있는 부지에 관한 것이었다. 2007년 말, 정부가 이 두 부지를 개발업자에게 매각할 계획이라는 소문이 나기 시작했다. 그 타이밍이 묘했다. 그간 정부와 가톨릭교회의 관계가 여러 분야에서 개선되어왔기 때문에 새삼 논란을 유발한다는 것이 기이해 보였다. 2008년 말, 양쪽 부지에 관련된 교구민과 경찰 사이의 충돌을 기화로 긴장이 높아졌다. 그러나 당은 일단 긴장을 고조시킨 후 다시 가라앉히려는 결정을 했음이 분명했다. 한 뼘의 땅도 매각되지 않았고 두 부지 모두 공원 용지로 전환한다고 발표했다. 이는 이 땅의 미래가 협상의 대상이 될 수 있음을 암시하는 것이었다. 경찰과의 충돌로 체포된 교구민들을 집행유예로 풀어주었으나 도를 넘는 행동을 하지 말라는 경고를 잊지 않았다. 가톨릭교회에도 이전 재산을 찾겠다고 함부로 나서지 말라는 경고를 보냈다.

정부와 가톨릭교회의 관계는 아직 해결해야 할 많은 문제가 있긴 하지만 사회 구휼을 하는 교회의 역할에 관해서는 훨씬 더 협조적이다. 정부는 새로이 급속하게 도시화하고 있는 사회에서 발생하기 시작한 문제들을 해결할 자원이 부족한 상태다. 그 간격을 메우기 위해 당은 사회 구휼의 '사회화' − 실제로는 민영화 − 를 장려해왔다. 정부는 만성질환자, 불구자, 늙고 집 없는 사람들, 거리의 아이들 그리고 특히 에이즈 환자에 대한 가톨릭교회의 봉사 활동을 허용해왔다. 정부 자체의 통계에 따르면 가톨릭교회는 자선·인도주의 센터 1000여 곳을 운영하고 있다. 이러한 활동 대부분이 정식 허가를 받지 않았는데도 현지 당국이 적극적으로 장려한다. 2008년, 당은 통일 후 처음으로 가톨릭교회의 구휼 단체인 '카리타스 베트남Caritas Vietnam'의 등록 허가서를 갱신해 줌으로써 이 제도의 공식화를 향해 큰 발걸음을 내디뎠다. 하지만 가톨릭교회가 열심히 시도하고 있으나 실현하지 못하는 분야가 있다. 바로 교육이다. 법적으로는 베트남에서 누구든지 학교를 세울 수 있다. 종교 단체들은 학교 건립 신청을 계속해왔으나 아직 정부가 받아들이지 않고 있다. 정부는 일단 대중 교화의 수단을 자신들이 독점하기로 작정한 것 같아 보이지만 아마도 머지않아 이것 역시 변할 것이다.

✪　✪　✪

절의 염불 소리와 영매 의식靈媒儀式의 목소리가 들린다는 것은 베트남 공산당 통치가 점점 정교화해가고 있음을 소리로 보여주는 증거이다. 문화 담당 관리들은 당의 입장을 보강해주는 조직화된 민중적인 종교의 부활을 획책해왔다. 당은 신자들이 신앙 의식을 훨씬 더 큰 어떤 것 ─ 신앙 공동체, 조상들의 계보, 베트남 민족, 국가, 비록 장막에 가려 잘 보이진 않겠지만 궁극적으로는 공산당 ─ 에 연결하도록 하여 부흥시켰다. 그것은 이들 신앙이 잘못된 것이라는 의미가 아니라, 과거와는 다른 방식으로 허용한다는 것이며 그 차이는 다소간 의도적인 당 전략의 결과라는 것이다. '훌륭한' 불교도 및 가톨릭교도를 '나쁜' 불교도 및 가톨릭교도와 구별하고, 마을 영매 의식에서 지주계급을 당으로 대체함으로써 당은 스스로 '훗날의 정치적' 위치를 만들어내려 한다.

그러나 설사 당이 종교와 새로운 타협점을 찾는 데 성공한다 하더라도 특정한 소수민족들과 타협점을 찾기까지는 아직도 갈 길이 멀다. '남으로의 행진'과 먼 산악지대를 통제하기 위한 돌진으로 피해를 입었던 사람들은 당에 대해서뿐 아니라 국가에 대해서도 매우 다른 관점을 갖고 있다. 그런 관점은 당의 통치가 무기한으로 계속되든 내일 당장 끝나든 별로 달라지지 않을 것이며 같은 불만이 계속될 것이다. 사실 언젠가 베트남에서 중앙 권력이 무너지고, 중부 고원지대에서 킨족 이주자와 토박이 소수민족이 토지 소유권을 둘러싸고 싸움을 벌여 대량 학살이 일어나는 결과를 상상하기가 그렇게 어렵지 않다. 현재로서는 다수 종족인 킨족 대표가 일을 바로잡기 위해 전에 빼앗았던 토지를 소수민족에게 반환하고 화해를 시도한다는 것은 생각할 수도 없는 일이다. 그들이 그렇게 하기 위해서는 필자가 이 책에서 '공식 역사'라고 불렀던 것 중 덧붙인 부분을 뜯어내야 하기 때문에 그들에게는 도무지 있을 수 없는 일이 되는 것이다. 이 이야기 모음집(공식 역사서)은 킨족의 자신감과 지배권을 뒷받침하며, 아울러 당의 지배권 역시 뒷받침한다.

새로운 포괄적인 '역사'를 쓰기 위해서는 지난 2000년간의 인도차이나 반도 역사에 대한 비판적인 재평가가 필요할 것이며, 베트남의 발달 과정에서 일반적으로 인정된 사실들 중 많은 것 — 특히 잇단 침략자에 대해 불퇴전의 투쟁을 벌인 불변의 민족에 관한 것과 영토의 경계를 확대하기 위한 킨족의 '보완 임무'에 관한 내용 — 에 의문을 갖고 재검토해볼 필요가 있다. 그 같은 개정이 현 국가의 민족적 정통성에 의문을 제기하는 것이라고 말할 것까지는 없다. '공식 역사'에는 북쪽에서 침입해오는 세력 에대한 어떤 저항 — 기원 1세기든, 10세기 또는 20세기든 — 에 관한 기록이 없다. 베트남이 2300년 동안 단일민족이었다는 이야기가 의심스러운 것이라면 역사적으로 전국 또는 국토의 일부에 대한 하노이의 통치권 주장 역시 의문의 대상이 될 수 있다. 이것은 베트남에서 여러 해 동안 새로운 국사책이 발간되지 않는 이유를 설명해주는 것이기도 하다. 베트남전은 여전히 절대로 입에 올려서도 치유하려 건드려서도 안 되는 전쟁이다. 그 전쟁은 아직도 계속되고 있다.

어떤 것도 바꿀 수 없다는 것일까? 바꿀 수야 있겠지만 그렇게 하는 데는 현재 당이 과시하는 것보다 훨씬 더 큰 미래에 대한 자신감이 필요할 것이다. 만약 당이 '공식 역사'를 묶어놓은 끈이 느슨해져도 국가에 손상이 되지 않을 수 있다는 확신이 생긴다면 아마도 역사를 바꿀 수 있을 것이다. 그러나 그렇게 하는 데는 당과 그 적들 ― 국내외의 ― 사이의 화해가 우선되어야 한다. 현재까지 당은 적들이 그것(공식 역사)에 반대하기보다는 그들 자신을 거기에 조화시키고 있다고 주장해왔다. 그러나 아마도 이것은 변할 것이다. 베트남은 아직도 사람들을 놀라게 할 능력을 갖고 있다.

나오며

  베트남에서 장차 일어날 일 중에 필연적이다 싶은 것은 아무것
도 없다. 이 나라가 번영할지 쇠퇴할지는 주로 공산당의 선택에 달려 있다
고 할 것이다. 베트남이 번영에 성공할 구성 요소는 이미 갖춰져 있다. 그
중 일부는 젊은 인구, 높은 교육 수준, 대규모 외국인 투자 등 쉽게 가늠할
수 있는 것들이다. 다른 것들은 덜 분명하다. 특히 국민의 낙천주의, 활기,
욕구가 그러하다. 그러나 이러한 요인들은 쉽게 약화될 수도 있고 손상될
수도 있다. 베트남은 장차 문제가 될 만한 것들 – 이를테면 신진 엘리트의 사
장死藏, 국가의 공동화, 자연환경의 남획, 종족 간의 불평등, 그리고 앞에서 설명한
여러 요소들 등 – 을 그냥 묻어두고 있다. 이 모든 문제점은 마음만 먹으면
해결할 수 있는 것들이다. 그것들이 오랫동안 방치되면 될수록 사태가 더
욱 악화될 것이다. 문제는 당 지도부가 제때에 달라붙어 해결할 의지를 가
지고 있느냐는 데 있다.
  필자는 베트남 공산당이 지금 자유민주주의의 길로 가고 있다고 생각하

지 않는다. 어쩌면 '관리 민주주의managed democracy'의 길로도 가는 것 같지 않다. 이 두 조건 모두 모종의 주권이 국민에게 있음을 의미하는 것이며 당이 생각하는 방식이 아니다. 당은 국가 관리에 더 많은 국민의 참여 – 특히 마을 수준에서 – 를 허용할 준비를 하고 있지만 국민이 통치하도록 준비하는 것은 아니다. 모든 정황으로 미루어 보아 당이 계속 정책 수립과 집행을 관장할 태세이다. 국민은 권력 남용과 비효율성에 대해 경종을 울릴 권리를 갖고 있지만 당 지도부나 그들 피보호자의 새로운 정책 제시나 권력 영구화를 비난할 권리는 없다. 부패, 환경 파괴, 재정 불안과 같은 문제의 실질적 원인은 결과가 위기로 변할 때까지 비밀에 부치거나 무시된다.

베트남 독립 이후 공산당은 광범위한 감시와 동원 가능한 망상 조직을 통해 국가에 대한 지배력을 유지해왔다. 그러나 나라가 부유해질수록 이런 시스템을 유지하기가 더 어려워질 것이다. 임금 상승은 전지적全知的 보안 감시 시스템의 유지 비용을 감당할 수 없게 할 것이고, 독자적으로 수익을 올릴 수 있는 시민들에게 그런 것(감시와 밀고)을 묵살할 수 있는 더 큰 능력을 줄 것이다. 도시 생활의 무수한 분주함에 몰입하는 젊은이들은 당의 지시라고 해서 쉽게 동원되지 않는다. 각 지역의 당-정부는 감시와 동원이라는 전통적인 직무가 없어지면 공동화空洞化될 것이며 그들의 권위는 서서히 쇠퇴해 사라질 것이다. 당은 새로운 사회를 관리할 수 있는 새로운 제도를 필요로 하게 될 것이다. 그들은 가족과 공동체 의리라는 베트남의 강력한 전통을 중요한 동맹군으로 삼고 있지만 이에 대한 보상으로 그들의 자치권을 더 존중해주어야 할 것이다.

과거 20년 동안 당은 경제성장을 이룩하고 일자리를 창출해줌으로써 국민의 충성을 이끌어냈다. 농업·산업 제품의 생산이 증가하고 제조업이 발전해왔지만 생산 비용은 환경 파괴에 의해 적정선을 유지해왔다. 어업이 붕괴되었으며 강은 유독성 폐기물로 죽었고, 도시는 대기오염으로 질식할 지경이 되었다. 이제 그 대가를 국민이 치르고 있다. 현재의 성장 패턴은 사실상 지속 불가능하다. 하노이와 호찌민 시 근교 지역에 거대한 산업집합 도시를 건설할 예정이라면 훨씬 더 엄격한 환경보호 정책을 실행해야 하며, 그렇지 않으면 그곳은 전혀 사람이 살 수 없는 곳이 될 것이다.

경제성장은 농촌 지역보다는 도시에, 소수민족보다는 다수족인 킨족에게 훨씬 더 큰 혜택을 주었다. 도시에서 멀리 떨어진 지역들이 경제 발전에서 뒤처지고, 그런 지역에서 종족 간의 불평등이 확대되고 있기 때문에 소수민족이 더 큰 소외감을 갖게 될 것이다. 경제적인 불만이 인종적인 불만으로 옮겨갈 수도 있다. 이런 점에서 중부 고원지대는 이미 절망적이며 상황이 점점 더 악화되고 있는 것 같다. 메콩 삼각주의 크메르족이나 북서 고원지대와 남중부 연안 지역에 사는 그룹과 같은 다른 소수민족들의 상황은 중부 고원지대의 경우만큼 나쁘지는 않지만 정치적 문제로 쉽게 진전될 수 있다.

지금까지 당은 국가의 발전과 변화를 합리적으로 잘 관리해왔다. 베트남은 유고슬라비아의 동족·이웃 종족 살해 사태나 동유럽의 충격 요법도 겪지 않고 스탈린주의에서 시장경제로 이동했다. 그러나 하루가 다르게 점점 더 사회는 복잡해지고, 거기서 파생되는 문제들이 점점 더 난마亂麻처럼 뒤얽혀가고 있다. 당은 혼자서 그것들을 해결할 수 없다. 간극이 커지는 불평등과 고질적인 부패와 같은, 그들이 직면한 도전은 점점 기술적이 아닌 정치적인 문제가 되어가고 있으며 이를 해결하기 위해서는 일부 신진 엘리트를 받아들여야 할 것이다. 당은 과거 수년간 기득권층이 국가의 안정을 위협할 때는 이들을 제어해 해결할 수 있었지만 지금은 그럴 능력이 점점 약화되는 듯하다. 도시 출신의 당원이 점점 늘어나고 있으며 그들의 성분도 점점 부르주아화하고 있다. 최고위층과 지방 지도자들은 자신들을 건드리지 못하게 해주는 비호 조직망을 만들어왔다. 기득권익이 인계되고 있는 것이다.

베트남 공산당은 70년 이상의 진화를 통해 국가적인 리더십과 집단 책임에 대한 강한 기풍을 발전시켜왔다. 그 기풍이 엘리트들 사이에 규율을 유지하고 각자의 의견 차이를 관리 가능한 범위 이내로 한정되도록 해주었다. 내부의 상이한 이해관계를 논의해 어떤 합의점에 이를 수 있게 당내 민주주의가 허용되었다. 베트남이 직면한 가장 큰 문제는 사회가 더 부유해지고 더 다양화해 갈 때 공산당이 계속 그 역할을 수행할 수 있을지 여부이다. 당이 비즈니스 엘리트의 도구가 되면 다른 그룹들, 특히 노동자들은 당 조직 밖에서의 활동을 선택할지도 모른다. 게다가 당 바깥의 사회에서 새로운 세력이 나타나고 있는 형국이다. 당이 정책결정 과정에서 이들과 협조할 방법을 찾지 못하면 이들은 다루기 힘든 상대가 될 수도 있다.

그렇게 하게 하는 압력이 없으면 이들 문제점 중 어느 것도 중점적으로 다루어지지 않을 테지만 영향력을 가진 은밀한 조직망이 이에 대한 신중한 분석을 방해하고 있다. 베트남의 운명은 동남아의 다른 과두 독재 국가들과 똑같이 되어가고 있는가? 그럴 가능성이 충분이 있지만, 그렇게 될 것 같지는 않다. 당은 통치에 대한 도전을 막기 위해 오랫동안 언론 자유를 속박해왔다. 그런데 이젠 최고위층 사람들의 개인적 이익을 위해 표현이 더욱 억제되고 있다. 그들의 개인적 이익이 국가보다 우선 사항이 되고 있다. 아직 국가의 이익을 우선시하는 사람들은 지원을 필요로 한다. 그들은 불쾌한 진실을 찾아낼 수 있는 언론을 필요로 한다. 그들은 불만스러운 의견을 발표할 공인이나 유명 인사들을 필요로 한다. 그들은 국가 지도부에 압력을 행사할 수 있는 능력을 필요로 한다. 베트남이 아시아의 네 마리 호랑이 경제 수준에 도달하기 위해서는 언론의 자유를 속박에서 풀어줄 필요가 있다. 자유로워진 언론은 단기적으로는 문제를 일으킬 수 있으나 결국 훨씬 더 심각한 많은 문제를 사전에 예방해줄 것이다.

주

들어가며: 또 하나의 베트남

1   Gore Vidal, *Reflections, Upon a Sinking Ship*(Boston, MA: Little, Brown, 1969).

1. 공산주의적 자본주의의 훈련장

1   초기 수년간의 경제개혁에 대한 이 같은 설명은 애덤 포드Adam Fforde의 저작을 참고한 것임. See Chapter 1 of his *Vietnamese State Industry and the Political Economy of Commercial Renaissance: Dragon's Tooth or Curate's Egg?*(Oxford: Chandos, 2007).

2   정부 포고 188-HDBT 전문, 같은 책 36쪽에서 인용.

3   애덤 포드는 최초로 출판물에서 이 용어를 사용한 사람을 두 사람의 베트남인으로 지목한다. 즉 담반누에Dam Van Nhue와 레시티엡Le Si Thiep이 1981년에 *Nghien Cuu Kinh Te*, Vol.5, No.10에서 사용했다는 것이다.

4   Nguyen Tri Hung, *The Inflation of Vietnam in Transition,* Discussion paper 22(Centre for ASEAN Studies, University of Antwerp, January 1999),

5 David Dollar, Paul Glewwe and Jennie Ilene Livack, *Household Welfare and Vietnam's Transition*(World Bank Technical Paper 389, 1998).

6 Adam Fforde, *Vietnamese State Industry,* p.43.

7 베트남 정부 통계, 위 보고서 p.xxiii에서 인용.

8 Martin Gainsborough, "Key issues in the political economy of Doi Moi," in Duncan McCargo(ed.), *Rethinking Vietnam*(London and New York: Routledge Curzon, 2004), p.43.

9 Agence France Presse, 15 December 1999, Quoted in Carlyle Thayer, "Reform immobilism: the prospects for *doi moi*." Paper presented at Nitze School of Advanced International Studies, November 2001, http://www.펨.inc.org/conference/pdf/thayer 1.pdf.

10 Carlyle Thayer, "Vietnam's integration into the region and the Asian Financial Crisis." Address to EuroViet 4 Conference, Passau, Germany, 16 September 1999, http://www.unsw.adfa.edu.au/hass/images/politicspdf/pol.ct/vietnam pdf.

11 Martin Gainsborough, "Key issues," p.50.

12 Scott Cheshier and Jago Penrose, *Top 200: Industrial Strategies of Vietnam's Largest Firms*(Hanoi: UNDP Vietnam, 2007).

13 같은 책.

14 Jago Penrose, Jonathan Pincus and Scott Cheshier, "Vietnam: beyond fish and ships," *Far Eastern Economic Review*(September 2007).

15 Jonathan Fincus and Vu Thanh Tu Anh, "Vietnam: a tiger in turmoil," *Far Eastern Economic Review,* May 2008.

16 "Embarrassment for Vinashin as Graig Handymax sprins leak," *Lloyd's List,* 10 April 2006.

17 David Dapice, "Fear of flying: why is sustaining reform so hard in Vietnam?" Paper presented as the 4th High Level Roundtable Meeting-Assistance to the 20-year review of Doi Moi in Vietnam Project, Hanoi, 15-16 June 2006.

18 Scott Cheshier, *State Corporations, Financial Instability and Industrialization in Viet Nam.* UNDP Vietnam Policy Dialogue Paper, Hanoi, 2009.

19 같은 글.

20 Quoted in Scott Cheshier, Scott Robertson and Bill Stoops, "SOE Sector: the number one challenge, *Vietnam Focus,*" August/September 2008, Dragon Capital, Ho Chi Minh City, Vietnam.

21 "Vietnam to issue legal framework on operations of state-owned corps," *Nhan Dan* (The People) newspaper, 15 September 2008.

22 Katariina Hakkala and Ari Kokko, *The State and the Private Sector in Vietnam.* Working Paper 236(European Institute of Japanese Studies, Stockholm School of Economics, June 2007).

23 D.C. Ngyuen, A. T. Pham, V. Bui and D. Dapice, *Why Don't Northern Provinces Grow Faster?*[Hanoi: Central Institute for Economic Management (CIEM) and United Nations Development Program, 2004].

24 Jonathan Pincus and John Sender, "Quantifying poverty in Viet Nam: who counts?" *Journal of Vietnamese Studies,* vol.3, No.1, pp.108~150.

2. 토지수용과 보상

1 VietNamNet Bridge, "Exporting Rice at low prices, a bitter lesson," 5 August 2008.

2 VietNamNet Bridge, "Worries about rice prices," *Saigon Business Times,* 30 September 2008.

3 Inter Press Service, "Vietnam: Good harvests don't bring good sales," 6 November 2008.

4 VietNamNet Bridge, "Rice price plunges into chaos," *Saigon Times,* 18 September 2008.

5 같은 글.

6 Asian Development Bank, "Linking the poor with rice value chains," www.markets4poor.org Briefing1.

7 Asian Development Bank, "Markets for the Poor"(the participation of the poor in the value chain for tea), www.markets4poor.org.Briefing4.

8 Dang Nguyen Anh, Cecilia Tacoli and Hoang Xuan Thanh, *Migration in Vitnam: A Review of Information on Current Trends and Patterns and their*

Policy Implications(UK Department for International development: London, 2003), www.eldis.org.

9   Sandra S. Huang, "Situational analysis on urban migrants in Vietnam - a report for Oxfam International."

10   Hy Van Luong, "Wealth, power and inequality: global market, the state and local sociocultural dynamics," in Hy V. Luong(ed.), *Postwar Vietnam: Dynamics of a Transforming Society*(Lanham, MD: Rowman & Little field, 2003), pp.81~106.

11   Pamela McElwee, "From the moral economy to the world economy: revisiting Vietnamese peasants in a globalizing era," *Journal of Vietnamese Studies*, Vol.2, No.2, pp.57~107.

12   Hy V. Luong, "Introduction," in Hy V. Luong(ed.), *Postwar Vietnam: Dynamics of a Transforming Society*(Singapore: Institute of Southeast Asian Studies, 2003).

13   See Pamela McElwee, "From the moral economy," p.92.

14   Dimitrios Konstadakopulos, "Environmental and resource degradation associated with small-scale enterprise clusters in the Red Rivex Delta of northern Vietnam," *Geographical Research* 46(1), November 2008. See also Mike Douglass et al., *The Urban Transition in Vietnam* Honolulu, Fuoka and Hanoi: UNCHS/UNDP: University of Hawai'i, Department of Urban and Regional planning January 2003, Chapter 1.

3. 길거리에서 생계 꾸리기

1   William Turley, "Urbanization in war: Hanoi 1946-1973," *Pacific Affairs*, 48, Autumn 1975, pp.373, 379, Quoted in William Logan: *Hanoi: Biography of a City*(Sydney: University of New South Wales Press, 2000), p.136.

2   구시가지에는 36개 이상의 거리가 있다. '36'은 베트남인들이 구어체로 '많다'는 의미를 나타내기 위해 사용하는 숫자일 뿐이다.

3   Lisa Drummond, "Street scenes: practices of public and private space in urban Vietnam," *Urban Studies,* Vol.37, No.12(2000).

4 이 고찰에 대해 에릭 함스_{Erik Harms} 에게 감사드린다. See Erik Harms, "Vietnam's civilizing process and the retreat from the street: a turtle's eye view from Ho chi Minh City." Paper submitted to *City and Society*.

5 David Koh, "Negotiating the socialist state in Vietnam through local administrators: the case of karaoke shops," *Sojourn*, Vol.16, No.2(2001), pp.279~305.

4. 할아버지가 너를 지켜보고 있다

1 호커우 가족 등록 시스템에 대한 이야기는 앤드루 하디_{Andrew Hardy} 의 다음 글 참조. "Rules and resources: negotiating the household registration system in Vietnam under Reform," *Sojourn*, Vol.16, No.2(2001), pp.187~212.

2 *Birth Registration in Vietnam,* Country report prepared for the Fourth Asia and Pacific Regional Conference on Universal Birth Registration, 'Record, Recognise, Respect'(Bangkok, 13-17 March 2006), http://www.plan-international.org/pdfs/vietnamcp.pdf.

3 WHO, "Vietnam's helmet law saves lives," Associated Press, 14 December 2008.

4 Interview with Do Trung Ta on Vietnam Express website, trans. in VietnamNet Bridge *Witnesses of Historical Internet Moments*, 22, October 2007.

5 VietnamNet Bridge, "Internet in Vietnam tops in growth," 12 November 2007.

6 VietnamNet Bridge, "Ten persons who brought internet to Vietnam," 29 November 2007.

7 Ministry of Foreign Affairs press briefing, 10 August 2006.

8 The Citizen Lab at the Munk Centre for International Studies, University of Toronto; Berkman Center for Internet & Society at Harvard Law School; the advanced Network Research Group at the Cambridge Security Programme, University of Cambridge; and the Oxford Internet Institute, Oxford University.

9 OpenNet Initiative, *Internet Filtering in Vietnam in 2005-2006: A Country Study,* August 2006, www.opennet.net/vietnam.

10 Amnesty International, *Viet Nam: A Tightening Net: Web-based Repression and Censorship*, 21 October 2006, Index Number: ASA41/008/2006, p.7(www. amesty.org).

11 Joerg Wischermann, "Vietnam in the era of Doi Moi: Issue-oriented Organizations and their relationship to the government," *Asian Survey*, Vol.43, No.6(November-December 2003), pp.867~899.

12 같은 글.

13 Thaveeporn Vasavakul, *Rebuilding Authority Relations: Public Administration Reform in the Era of Doi Moi*. Adan Fforde and Associates Pty Ltd for the Asian Development Bank, submitted May 2002.

14 '결사에 관한 법률(Law of Association)'의 역사에 대해 통찰력을 보여준 아이오아 대학교의 시델Mark Sidel 교수에게 감사드린다.

15 Andrew Wells-Dang, "Political space in Vietnam: a view from the rice-roots." Paper presented at University of Birmingham(UK, September 2008). 공원 캠페인에 대한 모든 정보는 이 신문에서 나왔다.

16 "Farmers organizations in Vietnam - rural members in an emerging civil society?" in *Towards Good Society*, documentation of a workshop of the Heinrich Boll Foundation, held in Berlin 26-27 October 2004. http://www.boell.de/downloads/asien/Towards-6.pdg.

17 Dpa Minsk Belarus planning training for Vietnam's police, 30 January 2007.

5. '당맞이 봄맞이〔迎黨迎春〕'

1 For more on this see Mandy Thomas, "Out of control: emergent cultural landscapes and political change in urban Vietnam," *Urban Studies*, vol.39, No.9(2002), pp.1611~1624.

2 For more on this process, see Mark Sidel, *Law and Society in Vietnam: The Transition from Socialism in Comparative Perspective*(Cambridge University Press: Cambridge, UK, 2008), p.45.

3 Matt Steinglass, "Vietnam elections attract candidates from outside Communist Party, but few win," Voice of America website, 17 April 2007.

4   Edmund Malesky and Paul Schuler, "Why do single-party regimes hold elec-
     tions? An analysis of candidate data in Vietnam's 2007 National Assembly
     Contest." Paper presented at the 2008 Annual meeting of the Political Science
     Associate, Boston, USA.

5   같은 글.

6   Quoted in Bristol-Vietnam Project, *Vietnam after the Tenth Party Congress:
     Emerging and Future Trends*(University of Bristol, May 2006).

7   Martin Gainsborough, "Corruption and the politics of economic decentralization
     in Vietnam," *Journal of Contemporary Asia,* January 2003.

8   For more on this see David Koh, *Wards of Hanoi*(Singapore: Institute of
     Southeast Asian Studies, 2006).

9   C. Thayer, "Current dynamics of Vietnamese society and external challen-
     ges." Paper presented at the Conference on Sustainable Development in
     vietnam, Maryland, 13 November 2003.

10   Quoted in Bristol-Vietnam Project, *Vietnam after the Tenth Party Congress.*

11   *Nhan Dan*, 15 January 2007. See http://www.nhandan.com.vn/english/life/
     150107/life-v.htm.

12   Karen Valentin, "Mass mobilization and the struggle over the youth: the role
     of Ho Chi Minh Communist Youth Union in urban Vietnam," *Young*, 15,
     2007, p.299.

13   이 숨은 이야기를 알려준 멀레스키Eddy Malesky에게 감사드린다. See Eddy
     Malesky "Gerrymandering-Vietnamese style: escaping the partial reform
     equilibrium in a non-democratic regime," *Journal of Politics*, 71: 1(2009),
     pp.132~159.

14   Martin Gainsborough, "From Patronage to 'Outcomes': Vietnam's Commu-
     nist Party Congress Reconsidered," *Journal of Vietnamese Studies*, Vol.21,
     pp.3~26(2007).

6. '블록 8406'의 성쇠

1   숙청은 아마도 남부 베트남(베트남 공화국)에서 무력 투쟁을 확대하는 문제보

다 베트남 민주공화국(북부 베트남)의 사회주의를 공고히 하는 것이 급선무라고 주장하는 사람들에 대한 캠페인으로 보는 것이 더 정확한 관찰일 것이다.

2 For more on Hoang Minh Chinh's life see Zachary Abuza, *Renovating Politics in Contemporary Vietnam*(Boulder, Co: Lynne Rienner, 2001) and Robert Templer, *Shadows and Wind*(London: Little, Brown/Penquin, 1999), Chapter 7.

3 Letter from Hoang Minh Chinh to CPVN Secretay-General Nong Duc Manh and others, 2 December 2005, available online at www.avhrc.org/pdf/hmc_urgent_report2.pdg.

4 응우옌반다이와 레티꽁냔에 대한 이러저러한 평가는 2006년 가을 하노이에서 이루어진 저자와의 인터뷰에서 나온 것이다.

5 Committee for Human Rights in Vietnam, News Bulletin, December 2006 http://human-rightsvn.blogspot.com.

6 Interim Platform, Vietnam, Progression Party, 8 September 2006, available at www.vietnam progression.org.

7 Press release from Committee for Human Rights in Vietnam, 9 February 2007(probably written by Nguyen Van Dai himself).

8 응우옌반다이 이외에 이 사건에 연루된 사람들은 호앙띠엔Hoang Tien, 응우옌칵또안Nguyen Khac Toan, 즈엉티쑤언Duong Thi Xuan, 그리고 박응옥즈엉Bach Ngoc Duong 이었음.

9 Reform call by ex-Vietnamese PM, BBC News Online, 10 May 2007, http://news.bbc.co.uk/1/hi/world/asia-pacific/6638347.stm.

10 마이클 마린Michael Marine 대사의 기자회견은 2006년 12월 13일, 하노이에서 있었다.

7. 예리한 칼날, 그러나 지나치게 날카롭지는 않다

1 "Senior officials investigated for allegedly taking bribes in Vietnam corruption scanda," Associated Press, 13 April 2006. See also "Forgotten money-bag suggests deputy minister received briges," *Thanh Nien*, 13 April 2006.

2 VietNamNet Bridge, "NA corridor buzzing over journalist arrest case," 14 May 2008.

3   "Report on the trial of four defendants who are former reporters and ex-police investigators," *Thanh Nien*, 15 October 2008.

4   러셀 헹 Russell Heng 은 데이비드 마 David Marr 의 책 속의 그 자신의 장(章)에서 이에 관한 이야기를 썼다. *Mass Media in Vietnam,* Monograph 25 Canberra, Dept of Political and Social Change, australian National University, 1998. See in particular, CPVN Directive 79 of 11 March 1986 allowing the press to write about Party self-criticism sessions and Directive 15 of 21 September 1987 entitled "Better utilization of the press in the struggle against negativism."

5   "Vietnam vows not to privatize state-owned media," Associated Press, 1 December 2006.

6   See, for example, lain Finlay and Trish Clark, *Good Morning Hanoi*(Simon & Schuster Pymble: NSW, Australia, 2006), p.117.

7   Roger Mitton, "Chronicle of a death untold," *Straits Times,* Singapore, 22 June 2006.

8   "Vietnam must regulate blogs, say officials," AFP Hanoi, 25 December 2007.

9   같은 글.

10 "Vietnam tightens controls on bloggers," Agence France Press, 23 December 2008.

11 Data from alexa.com. Accessed 1 June 2009.

12 Popular Vietnamese blogger fired by newspaper. Associated Press 27 August, 2009.

13 "Vietnam press advances alongside the people," commentary by Quang Son, Voice of Vietnam radio website, 10 January 2007.

14 Quoted in Catherine McKinley, "The Press in Vietnam: to what extent does the state-owned press combat corruption?" Unpublished MSc dissertation, Center for Economic and Management Studies, University of London, 4 November 2007.

8. 사라지기 전에 보라

1 "Vietnam's top coal port resumes operation," Reuters, 11 August 2008.

2 E. J. Sterling, M. M. Hurley and Le Duc Minh, *Vietnam: A Natural History* (New Haven and London: Yale University Press, 2006).

3 Nguyen Van Song, "Wildlife trading in Vietnam: situation, causes & solutions," *Journal of Environment & Development*, Vol.17(2008), p.145.

4 World Bank, *Going, Going, Gone ··· The Illegal Trade in Wildlife in East and Southeast Asia,* July 2005.

5 Nguyn Van Song, "Wildlife trading in Vietnam."

6 같은 글, p.145.

7 Keith Barney, *Central Plan and Global Exports: Tracking Vietnam's Forestry Commodity Chains and Export Links to China*(Washington, DC: Forest Trends, 2005), www.foresttrends.org.

8 Dara O'Rourke, "Community-driven regulation: towards and improved model of environmental regulation in Vietnam," in Peter Evans, *Liveable Cities: The Politics of Urban Livelihood and Sustainability*(Berkeley: University of California Press, 2002).

9 Agence France Presse, "'Cancer Village': the dark side of Vietnam's industrial boom," 1 December 2008.

10 Dasgupta Susmita, Benoit Laplante, Craig Meisner, David Wheeler and Jianping Yan, *The Impact of Sea Level Rise on Developing Countries: A Comparative Analysis.* World Bank Policy Research Working Paper 4136, February 2007.

11 ICEM report, 2008. Jeremy Carew-Reid, "Rapid assessment of the extent and impact of Sea Level Rise in Viet Nam International Center for Environmental Management Indooroopilly," Queensland Australia, February 2008.

9. 적을 친구로

1 "Two US Navy ships dock in former Saigon: sailors to celebrate July 4 in

Vietnam," Associated Press, 2 July 2006.

2   Le Dung, Official Government spokesman, Ministry of Foreign Affairs press briefing, Hanoi, 10 August 2006.

3   Matt Steinglass, "Two Nations held captive by a distant war," The National, 17 October 2008. http://www.thenational.ae/article/20081017/REVIEW/21482 2325/1008.

4   기억하기와 잊어버리기의 전략적 유용성에 대해 좀 더 상세한 것을 알려면 다음 책 참조. Gerrit W. Gong, "The beginning of history: remembering and forgetting as strategic issues," Washington Quarterly, Vol.24, No.2(Spring 2001), pp.45~57.

5   Alexander B. Woodside, Vietnam and the Chinese Model(Cambridge, Mass.: Harvard University Press, 1971). Quoted in Benedict Anderson, Imagined Communities(London: Verso, 1991).

6   Odd Westadds and S. Quinn-Judge(eds), The Third Indochina War: Conflict between China, Vietnam and Cambodia(London: Routledge, 2006), p.5.

7   Robert S. Ross, The Indochina Tangle: China's Vietnam Policy 1975-79(New York: Columbia University Press, 1988), pp.24~26.

8   같은 책, pp.240~243.

9   James Mann, About Face(New York: Knopf, 1999), pp.98~100. 만 Mann은 등소평이 1979년 말 백악관을 방문했을 때 카터 대통령에게 1979년 중국군의 베트남 공격에 대해 해명했다고 말하고 있다.

10 United States Pacific Command, Aisa-pacific Economic Update, Vol.2(Honolulu: USPACOM). Quoted in Jorn Desch, and Ta Minh Tuan, "Recent changes in Vietnam's foreign Policy", in Duncan McCargo(ed), Rethinking Vietnam(London: Routledge, 2004).

11 Alexander Vuving, "Strategy and evolution of Vietnam's China policy," Asian Survey, Vol.46, No.6(November/December 2006).

12 Alexander Vuving, "Grand strategic fit and power shift: explaining turning points in china-Vietnam relations," Paper presented at the conference 'Living with China', organized by Rejaratnam School of International Studies, Nangyang Technological University, Singapore, 8-9 March 2007.

13 Raymond F. Burghardt, Old Enemies Become Friends: US and Vietnam(Wa-

shinton, DC: Brookings Institution, November 2006). http://www.brookings.edu/fp/cnaps/commentary/burghardt20061101.htm.

14 Vuving, "Strategy and evolution."

15 Burghardt, *Old Enemies Become Friends*.

16 Jeanne Mager Stellman et al., "The extent and patterns of usage of Agent Orange and other herbicides in Vietnam," *Nature*, vol.422(17 April 2003).

17 Carlyle A. thayer, "Vietnam People's Army: development and modernization." Presentation to Brunei Institute of Defence Studies, 24 July 2008.

18 러시아는 2001년에 베트남과 전략적 동반자 관계 수립에 합의했고, 인도는 2007년 베트남과 합의했다. 인도와 러시아는 2000년 이후 전략적 동반자 관계에 있다.

19 Thayer, "Vietnam People's Army."

20 Institute for International Relations, Ministry of Foreign Affairs of Vietnam. Unpublished official study on Vietnam's policy towards great powers. Quoted in Pham Quoc Dat, "Vietnam coping with China and the limitations of balance of power politics." Unpublished MA thesis, London Metropolitan University, December 2004.

10. 분열과 분할

1 For more on this line of argument see Christoph Giebel, "National Liberation and the Cold War in Viet Nam: spatial representation of war after 1945." Paper presented at the Sixth EuroViet Conference, Hamburg, June 2008.

2 Edmund Malesky, "Straight ahead on red: how foreign direct investment empowers sub-national leaders," *Journal of Politics*, Vol.70, No.1(January 2008).

3 Gerald Cannon Hickey, *Free in the Forest: Ethno-history of the Vietnamese Central Highlands, 1954-1976*(New Haven: Yale University Press, 1982).

4 Sylvie doutriaux, Charles Geisler and Gerald Shively, "Competing for coffee space: development-induced displacement in the Central Highlands of Vie-

tnam," *Rural Sociology,* Vol.73, No.4(2008).

5   Oscar Salemink, "The King of Fire and Vietnamese ethnic policy in the Central Highlands," in Ken Kampe and Don McCaskill(eds), *Development or Domestication? Indigenous Peoples of Southeast Asia*(Chiang Mai: Silkworm Books, 1997), pp.488~535.

6   For more on the shrine see Philip Taylor, *Goddess on the rise: Pilgrimage and Popular Religion in Vietnam*(Honolulu: University of Hawaii Press, 2004).

7   Philip Taylor, "The goddess, the ethnologist, the folklorist and the cadre: situating exegesis of Vietnam's folk religion in time and place," *Australian Journal of Anthropology*, Vol.14, No.3(2003).

베트남 연구도서 안내

미국의 베트남전 참전 관련 도서는 수천 종이나 있는 데 반해 전문 학자가 아닌 언론인이나 일반 문필가가 베트남의 역사와 문화를 비교 적 쉽게 접하고 이해할 수 있도록 저술한 책은 놀랍게도 찾아보기 힘들다. 필자는 베트남에 특파원으로 근무했던 경험을 살려 이 책을 쓰게 되었다. 로버트 템플러Robert Templer의 『*Shadows and Wind: A view of Modern Vietnam*』(Little Brown/Penguin, 1999)은 1997년 아시아 금융 위기를 맞아 분투하느라 경직된 국가 — 매우 다른 모습의 베트남 — 를 그렸다. 이 시기에 집필되었지만 템플러보다 낙관적인 시각을 보인 다른 책은 머리 히버트 Murray Hiebert의 『*Chasing the Tigers: A portrait of the New Vietnam*』(Ko-dansha, 1996)이다. ≪LA 타임스≫ 하노이 특파원으로 근무한 적이 있는 데 이비드 램David Lamb은 그의 책 『*Vietnam, Now: A Reporter Returns*』(Public Affairs, 2003)에서 베트남의 일부 매력을 소개했다.

베트남에 대한 여행기와 회상기를 쓰고 싶어 하는 이들이 점점 늘고 있다. 그중 두 사람이 특히 눈에 띈다. 『*Catfish and Mandala: A Two-Wheeled Voyage through the Landscape and Memory of Vietnam*』(Picador, 2000)를 쓴 앤드루 팜_{Andrew X. Pham}과 『*The House on Dream Street: Memoir of an American Woman in Vietnam*』(Algonquin Books, 2000)을 쓴 데이나 색스_{Dana Sachs}가 바로 그 사람들이다.

오랫동안 국제적인 주목을 그토록 많이 받아온 나라에 대해 (외국인이) 쉽게 이용 가능한 보편적인 역사서가 없다는 것은 특기할 점이다. 예일대 역사학과의 벤 키어넌_{Ben Kiernan} 교수가 집필한 『*A History of Vietnam From Earliest Times to the Present*』(Oxford University Press, 2011)가 다소나마 그 공백을 메울 수 있을 것 같다. 그동안 스탠리 카노_{Stanley Karnow}의 『*Vietnam: A History*』(Penguin, 1997)이 아마도 가장 잘 알려진 책(미국 PBS TV 시리즈물로 방영되기도 했다)이긴 하지만 제목에 '역사'라는 단어가 들어갔음에도 불구하고, 그리고 초기 시대의 역사를 개관한 장章이 있긴 하지만 전쟁 부문의 역사를 그다지 많이 다루지 않았다. 20세기의 베트남에 관한 이야기는 즈엉반마이엘리엇_{Duong Van Mai Elliott}의 책 『*The Sacred Willow: Four Generations in the Life of a Vietnamese Family*』(Oxford University Press, 2000)에서 한 가족의 이야기를 통해 들려준다. 외국 학자들은 주로 전문가를 대상으로 하여 세부적인 것에 치중한 책을 많이 썼다. 초기 시대부터 10세기에 이르는 베트남의 역사서로 가장 권위 있는 책인 키스 테일러_{Keith Taylor}의 『*The Birth of Vietnam*』(University of California Press, 1991)도 그중 하나다. 20세기의 베트남에 관해 시리즈를 낸 데이비드 마_{David Marr}의 『*1945: The Quest for Power*』(University of California Press, 1995)도 중요한 베트남 역사서이다.

'미국인이 벌인 전쟁'(베트남전)을 미국인의 시각으로 쓴 책은 서가와 창고를을 가득 메우고 있다. 균형 잡힌 시각을 유지하기 위해 독자들은 윌리엄 두이커William Duiker의 여러 작품들 — 그의 교과서적인 작품인『*Sacred War*』(McGraw Hill, 1995)를 비롯해 — 을 접해보는 것이 좋을 것이다. 베트남 전쟁을 베트남인(하노이 측)의 시각으로 쓴 책인 바오닌Bao Ninh의『*Sorrow of War*』(Secker and Warburg, 1993)는 지금까지 쓰인 책 중에서 가중 훌륭한 전쟁 이야기 중 하나로 부각되고 있다. 바오닌을 커트 보네거트Kurt Vonnegut (소설『갈라파고스Galapagos』의 작가)에 비유한다면, 제임스 존스James Jones(소설『지상에서 영원으로From here to eternity』의 작가)에 비유할 수 있는 레루Le Luu는『*A Time Far Past*』(University of Massachusetts Press, 1997)를 썼다. 1970년에 27세의 나이로 전사한(베트남전에서) 군의관 당투리쩜Dang Thury Tram이 남긴 일기는 앤드루 팜Andrew X. Pham이 번역해『*Last Night I Dreamed of Peace: The Diary of Dang Thuy Tram*』(Harmony Books, 2007)라는 이름으로 출간되었다. 두 책 모두 벙커bunker에 숨어 조국 해방을 위해 싸웠던 사람들의 시각으로 쓰인 전쟁 이야기이다.『*Ghosts of War*』(Cambridge, 2008)를 비롯해 권헌익Heonik Kwon이 최근에 쓴 두 책은 전쟁에 대한 기억과 저승으로 가지 못하고 이승을 맴도는 유령들과의 정신적 만남을 통해 베트남전의 문화적 유산을 탐구한다.

현지 베트남인의 문학은 창의적인 사람들의 정신을 좀먹는 공식 검열 때문에 오랫동안 타격을 받아왔다. 작가 한 사람이 가장 용감한 사람으로 부각된다. 바로 즈엉투홍Duong Thu Hung으로, 그녀는 1980년대에 당국과 일대 전쟁을 치른 끝에 첫 작품을 출간했다. 그녀의 가장 잘 알려진 작품인『*Paradise of the Blind*』(Penguin Books, 1994)는 1950년대의 토지개혁 운동의 난폭성과 공산당의 더 나은 사회를 위한 소망의 소멸에 초점을 맞추고 있지만, 일련의 여러 우수한 책 중 하나일 뿐이다. 당국의 눈 밖에 난 또 한 사람의 작가는 응우옌후이티엡Nguyen Huy Thiep으로 그가 쓴 소설인 『*The General Retires*』(Oxford University Press, 1992)는 출판 스캔들을 일으켰다. 그가 더 최근에 낸 작품집은 응우옌응우옛깜Nguyen Nguyet Cam과 데이나 색스Dana Sachs가 편집한 『*Crossing the Rive: Short Fiction by Nguyen Huy Thiep*』(Curbstone, 2003)이다. 다른 베트남 작가들의 훌륭한 작품집으로는 호안타이Ho Anh Thai와 웨인 깔린Wayne Karlin이 편집한 『*Love after War: Contemporary Fiction from Viet Nam*』(Curbstone Press, 2003)가 있다.

후인사인통Huynh Sanh Thong의 『*An Anthology of Vietnamese Poetry*』 (Yale University Press, 2001)는 베트남의 시에 대한 훌륭한 입문서이다. 웹사이트인 베트남 리터러처 프로젝트Viet Nam Literature Project(www. vietnamlit.org) 는 베트남의 시들을 더 많이 소개하고 있다.

베트남 사회의 발전 추이에 대해 이 책에서 다룬 것보다 더 깊이 있는 개관을 원하는 사람이라면 주로 대학생 독자를 염두에 두고 쓴 다음 두 권의 책 중 하나를 읽으면 좋을 것이다. 바로 덩컨 맥카고Duncan McCargo가 편집한 『*Rethinking Vietnam*』(Routledge Curzon, 2004)과 히르엉Hy V. Luong이 편집한 『*Postwar Vietnam: Dynamics of a Transforming Society*』(Rowman and Littlefield, 2003)이다. 끝으로 여러분이 베트남 문화에 대한 더 깊은 통찰을 원한다면, 반후이응우옌Van Huy Nguyen과 로럴 켄들Laurel Kendall이 편집·발행해 미국 자연사 박물관에서 전시하기도 한 『*Vietnam: Journeys of Body, Mind, and Spirit*』(University of California Press, 2003), 『*Fragments of the Present*』(Hawai'i, 2000)와 네일 제이미슨Neil L. Jamieson이 저술한 『*Understanding Vietnam*』(University of California Press, 1995)을 비롯해 인류학자인 필립 테일러Philip Taylor의 저서들 속에서 발견할 수 있을 것이다. 마크 애슈윌Mark A. Ashwill과 타이응옥디엡Thai Ngoc Diep의 『*Vietnam Today: A*

Guide to a Nation at a Crossroads』(Intercultural Press, 2004)는 베트남을 재빨리 이해할 수 있는 안내서이다.

그리고 이 책이 다룬 주제들 중 어느 것에 대해 더 깊은 내용을 알고 싶은 사람은 각 장의 '주석'에 나열한 책들과 신문 기사를 추적하면 소기의 목적을 이룰 것이다. 그 자료들은 필자가 베트남을 이해하는 데 크게 도움을 주었다.

닮은 듯 닮지 않은 듯, 가까운 듯 먼 듯

베트남의 북부 항구도시인 하이퐁의 지명이 바다를 방어한다는 의미의 해방海防에서, 그리고 하롱베이의 하롱이 하롱下龍이라는 한자 발음에서 왔다는 걸 알고는 그곳 역시 한자문화권이었으니 그러려니 했는데, 수도인 하노이가 하내河內라는 것을 알았을 때는 화들짝 놀랄 정도로 온갖 정감이 한꺼번에 몰려왔다. 그도 그럴 것이 '하내'는 어릴 때 하루에도 수차례씩 입에 올리거나 머리에 떠올리는 고향 인근의 마을 이름(정확히는 경남 창녕군 길곡면 증산리 하내 마을)이었기 때문이다. 이미 오래전에 돌아가셨지만 지금도 가슴이 찡하도록 그리운 큰 고모님이 그 마을에 시집가 사셨기에 '하내 고모'라는 말을 자주 입에 올렸고, 또한 그 마을에서 시집온 하내라는 택호를 가진 할머니가 우리 마을에 계셨는데 성질이 걸걸해 마을 사람들과 충돌이 잦고 욕쟁이 할머니로 소문나 있어 마을에서 '하내'라는 말이 더 자주 회자된 것이다. 아무튼 송꼬이 강 안쪽에 위치한 하노이와 낙동강 안쪽의 고향 인근 마을이 다 같은 '하내'라고 생각하니 갑자기 하노이가 고향 인근 마을과 자매결연이라도 맺은 것처럼 가깝고 정겹게 느껴졌다.

베트남의 역사와 문화가 한국과 매우 닮았다는 것은 이미 널리 알려진 바다. 남베트남의 한국 대사관 공사로 재직하다 사이공 함락 때 월맹 공산군에게 체포·투옥되어 5년여 억류 생활을 한 바 있는 이대용李大鎔 씨는 모 잡지에 기고한 글에서 "한국과 베트남의 역사와 문화는 일란성 쌍둥이처럼 닮은 것으로 생각한다"고 했다.

그렇다. 베트남 역사서 첫 몇 장만 펼쳐 보아도 이 말에 수긍이 간다. 기원전 207년에 남베트南越국을 세운 조타趙陀라는 인물은 그 행적으로 보아 위만조선을 세운 위만衛滿과 빼닮았고, 한漢의 무제武帝가 이 나라를 정복해 7개 군郡을 설치한 것도, 같은 무제가 위만조선을 정복해 한사군漢四郡을 설치한 것과 너무나 닮았다. 호동왕자好童王子와 낙랑공주樂浪公主를 닮은 이야기가 나오기도 하고, 당唐이 남베트국을 멸망시켜 그곳에 안남도호부安南都護府를 둔 것도 고구려 고토에 안동도호부安東都護府를 둔 것과 닮았다. 몽골의 침입을 받으면서 민족의식이 높아가자 건국신화를 완성해 설화집 『영남척괴嶺南摭怪』를 발간한 뒤에 역사서인 『대월사기전서大越史記全書』를 편찬한 것도 우리의 『삼국유사』, 『삼국사기』 편찬 사정과 흡사하다. 중세사와 현대사를 펼쳐 보아도 닮은 점은 계속된다.

하지만 이 유사성은 두 나라 모두 중국과 접경해 고대로부터 유교를 비롯한 중국 문화의 영향을 받으면서 생겨난, 우연한 지정학적인 결과일 뿐이다. 두 나라가 인종적인 연결 고리가 있거나 역사적으로 돈독한 문화적 교류가 있었던 것은 아니다. 그래서 서로 닮은 점이 참 많으면서도 이론적으로 그러려니 하는 것일 뿐 두 나라 국민들 각각이 느끼는 이질감은 동남아시아의 다른 나라와 크게 다를 바 없다. 베트남 현지에 사는 어떤 한국인의 블로그에서 바로 그런 마음의 글을 읽은 적이 있다. 그는 한국과 베트남의 미디어에서는 두 나라가 참 많이 닮았다고 하지만 현지에서의 느낌은 그렇지 않다며, 차라리 문화적 동질감이 전혀 없는 나라에 사는 것보다 괴리감이 클 때가 많다고 했다.

말하자면 한국과 베트남의 유사성은 형해화形骸化해 현실적인 활용에 별 쓸모가 없는 유사성이라고나 해야 할 정도인데, 이렇게 된 데에는 위에서 말한 인종적·역사적 관계 외에 베트남이 한국이나 일본처럼 자신의 문자를 개발해 한자를 병용하는 정책을 쓰지 않고(한자병용 정책을 썼다면 한국과 일본 사이의 버금갈 정도의 문화적 관계가 맺어졌을 것으로 본다) 로마자를 사용함으로써 한자와 완전 결별한 데서도 원인이 있는 듯하고, 무엇보다도 정치체제가 자유민주주의와 공산주의라는 대척 관계에 있고 '월남전'이라는 역사적 상흔이 있기 때문인 것도 같다.

이젠 좀 더 돈독하게

이 책 『비상하는 용 베트남』은 이처럼 '닮은 듯 닮지 않은 듯, 가까운 듯 먼 듯'한 두 나라 관계를 염두에 두고 읽는 것이 좋을 것 같아 좀 긴 서론을 달았다. 공산주의 정치체제라는 것을 제외하면 1950년대에서 1970년대까지의 한국을 자꾸 떠올리게 하는 이 책의 내용이 한국 독자들에게 동병상련同病相憐의 마음을 넘어 동기상구同氣相求의 정신을 갖게 할 수도 있겠다 싶어서다. 1992년 통일 베트남과의 국교 수립 이후 인적·물적 교류가 기하급수적으로 늘어나, 이젠 해마다 베트남을 방문하는 한국인이 85만 여 명,

한국을 방문하는 베트남인이 14만 여 명에 이르는가 하면, 한국 기업들의 현지 투자액이 미구에 400억 달러를 돌파하고, 정부의 대외협력기금EDCF 이 1조 6000억여 원이나 제공된 점을 고려할 때, 그리고 근년 들어 한국으로 시집온 베트남 신부가 5만 명을 넘어서고 앞으로도 계속 급격한 증가세가 예상되어 혈연적인 사돈 국가로까지 발전하고 있는 점을 감안할 때 이제는 베트남을 전혀 새로운 안목으로 바라봐야 하는 날이 온 것 같아서다. 또 하나 한국 독자들에게 이 책이 갖는 중요성은 이 책을 읽으면서 자주 북한을 반추해볼 수 있다는 점이다. 같은 공산주의 국가이면서도 1인 독재체제인 북한이 베트남과 같은 집단 지도체제로 전환할 경우의 여러 상황들을 이 책을 통해 유추해볼 수 있는 것이다.

BBC 하노이 특파원으로 근무하다 당국의 눈에 나 추방당하기도 했던 저자 빌 헤이턴은 언론인다운 차분하고 냉철한 눈으로 베트남을 통찰한다. 이 책은 베트남에 대한 여행기도, 연구서도, 역사서도 아니고, 예리한 관찰력을 지닌 한 기자가 베트남을 거대한 취재원 삼아 종합적으로 취재한 특종기사 모음집이라는 것이 더 알맞은 표현일 것 같다. 우선 기자다운 간결하고 매끄러운 필치가 책을 술술 읽게 해주며, 사람들이 베트남에 대해 관심을 가질 만한 대상이나 주제들을 잘도 집어내 펼쳐 보이고 기지가 번뜩이는 흥미로운 진단을 내린다. 예컨대 베트남의 국제관계를 진단하면서 "미국과의 관계는 기억의 억제가 특징이고 중국과의 관계는 기억의 날조가 특징이라면, 제3국들과의 관계는 기억의 회복이 특징일 것이다"라는 표현으로 요약하는 식이다.

베트남 사람들은 마음을 잘 열지 않아 그들의 진의를 오해하거나 사태의 올바른 흐름을 잘못 짚는 경우가 종종 있다는 말을 자주 듣는다. 이 책의 저자 역시 그런 점을 지적한다.

베트남은 자신들의 비밀을 잘 지켜가고 있다. 장기 체류 외국인들도 그들 주위에서 일어나는 일에 대해 베트남 친구들이 부지런히 아주 분명한 설명을 해줄 때까지는 이해하지 못하며 천천히 사태를 인식하게 된다. 뉴스 보도를 끝내고 여러 번 획기적인 보도를 했다고 생각했지만, 사실은 자주 BBC 베트남 사무소의 현지인 친구나 동료가 필자가 전혀 모르는 이야기에 대한 몇몇 중요한 본질을 지적해주고 나서야 비로소 사태의 진전을 '실제로' 이해할 수 있었다. 이면에 거대한 조류가 흐르는데 표면의 잔물결만 평가했었다는 생각을 여러 차례 했다. 이 책은 바로 그러한 이면의 조류를 평가하기 위한 시도다.

저자의 이러한 고백은 이 책이 베트남의 진면목을 보여주고 있다는 방증이기도 하다. 그리고 또한 지금까지 나온 베트남에 관해 쓴 많은 평가서들 중 일부 내용에는 진실과 거리가 먼 것이 있을 수도 있다는 방증이기도 하다. 아무튼 이런 점은 국가나 개인을 불문하고 베트남인들과의 접촉에서 특히 유의해야 할 사항일 수 있겠다.

저자는 베트남의 공산당 지도부에 대해선 매우 비판적이다. 그들은 자유민주주의의 길은 물론 관리민주주의 길로도 가지 않으려 하고 오직 자신들의 기득권 유지를 위해 공산주의 체제를 고수하려 한다는 것이다. 베트남은 번영의 구성 요소는 이미 갖춰져 있으며, 그중 일부는 젊은 인구, 높은 교육 수준, 대규모 외국인 투자 등인데 이 나라가 번영할지 쇠퇴할지는 주로 공산당의 선택에 달려 있다고 강조한다. 저자는 만약 공산당이 계속 기득권 유지에만 골몰한다면, 그들의 몰락을 재촉할 큰 변혁이 올 수도 있음을 은근히 암시하기도 한다. 즉, 베트남 독립 이후 공산당은 광범위한 감시와 동원 가능한 망상 조직을 통해 통제력을 유지해왔지만, 나라가 부유해질수록 이런 시스템을 유지하기가 더 어려워질 것이며, 임금 상승이 전지적全知的 보안감시 시스템의 유지 비용을 감당할 수 없게 할 것이고 독자적으로 수익을 올릴 수 있는 시민들에게 감시와 밀고의 의무를 묵살할 수 있는 능력을 줄 것이라고 강조한다. 그래서 장차 베트남에서 일어날 일 중에 필연적이다 싶은 것은 아무것도 없다며 공산당 지도부에 은근히 겁을 준다(2014년 6월 28일, 60여 명의 베트남 공산당 원로들이 당 중앙위원회에 공개서한을 보내 사회주의 포기와 중국에 대한 의존 탈피를 요구했다는 외신 보도를 보면, 베트남의 정치적 장래가 다른 공산국가들보다는 훨씬 밝은 것 같다는 생각이 든다 ― 옮긴이).

이 책에 나오는 외국인들 이야기 가운데 한국인에 대한 이야기가 제법 큰 비중을 차지한다. 우선 초대형 국영기업들이 한국의 재벌들을 벤치마킹해왔음을 지적하고 있으며 삼성의 7억 달러짜리 휴대전화 공장 이야기도 하고, 베트남 젊은이들이 한국 10대들을 본뜬 헤어스타일을 한다는 이야기와 하롱베이 관광을 즐기는 한국인 관광객 이야기도 나온다. 한국인 소유의 일부 공장들이 몰래 폐수를 버리다 벌금을 낸 이야기도 나오고, "주로 한국인들이 탑승한 33대의 관광버스"가 곰 사육 농장에 들어가 살아 있는 곰으로부터 추출한 웅담을 사 먹는다는 매우 충격적인 이야기도 하고 있다. 앞으로 이 책을 읽고 베트남을 방문하는 사람들은 한국의 발전을 부러워하고 본받으려는 베트남인들에게 경멸받는 행동은 절대로 하지 않으리라 믿는다.

끝으로 이 책의 원전을 우리말로 옮기는 데 도움을 주신 분들에게 심심한 감사의 말씀을 드린다. 조인순 씨는 미흡한 표현들을 바로잡아 번역서의 격을 높여주었고, 주식회사 한국파크의 기획 담당 박범준 이사님은 베트남어 고유명사를 한국어로 표기하는 데 많은 도움을 주셨다. 로마자 표기로 된 베트남어 고유명사의 발음이 까다로워, 이 분의 도움이 없었다면 큰 어려움을 겪었을 것이다. 별첨 '나는 왜 베트남에 투자했나'라는 글은 베트남 정부가 1986년 도이모이 정책을 펴며 외국인 투자를 허용하자 베트남에 진출해 30년 가까이 현지에서 사업체를 크게 경영 중인 (주)한국파크 박찬용 대표의 글이다. 앞서 이야기했듯이 한국 기업들의 베트남 투자액이 곧 400억 달러를 돌파하는 시기에 현지 투자의 경험담은 현지의 투자 환경이나 노동력 등에 관심을 있는 독자들에게 크게 도움을 줄 것으로 생각한다.

2016년 1월
이종삼

별첨 나는 왜 베트남에 투자했나

필자는 1970년대부터 무역업계에 투신했으며 1980년대에 봉제품 제조·수출에 직접 뛰어들었다. 1980년대 한국은 민주화를 위한 열기가 분출되어 정치적 혼란기였지만 제조업과 수출은 호황기를 맞이했다. 이른바 3저 현상으로 경제가 고성장을 지속했다. 1인당 국민소득은 1977년 1000달러에 달했고 1987년에는 3200달러에 달했다. 따라서 한국은 중산층의 폭이 확대되고 있었다.

고속 성장에는 어두운 면이 있기 마련이다. 당시 한국은 노사분규의 소용돌이 속에 거의 모든 제조업이 홍역을 앓고 있었다. 1980년대 중반 이후 임금이 매년 10% 이상 상승했는데 이는 노동생산성 증가를 훨씬 상회한 것이었다. 봉제 수출은 직접적인 타격을 받게 되었다.

급기야 봉제품의 원가에서 차지하는 노동임금의 비율이 25%를 넘어 30%에 육박하게 되었다. 그때 노동임금이 원가의 30%를 넘으면 한계산업화해 경쟁력을 완전히 상실할 것으로 판단했다. 그래서 자구책을 강구하지 않을 수 없었다. 해외 생산기지를 찾기 시작했다. 중국을 비롯해 동남아시아, 서남아시아 여러 나라를 방문해 주로 봉제 공장을 살펴보면서 생산성과 품질을 면밀히 검토했다. 당시 한국의 많은 봉제업체들은 중국으로 생산기지를 옮기기 시작했다. 하지만 필자는 중국보다 베트남으로 눈을 돌렸다. 왜냐하면 중국은 이미 연안을 중심으로 소득 수준이 상당히 올라 봉제업에 매달리기에는 생산 적지가 아닌 것으로 보았기 때문이다.

그런데 마침 베트남 정부는 1986년 12월 낙후된 경제를 재건하기 위해 도이모이 정책(혁신과 개방)을 발표했다. 이 정책은 공산주의 체제하에서 농민들이 초과 생산한 쌀을 시장에 자유롭게 판매할 수 있도록 허용한 것이다. 말하자면 시장경제 체제를 지향하겠다는 것으로 외국인 투자자에게도 문호를 개방했던 것이다.

처음 베트남에 진출한 1980년대 말에는 그야말로 수출용 봉제 공장을 짓고 근로자를 모집하고 훈련시켜 선진국 시장용 제품을 생산하는 것이 목표였지만 전력 공급 등 인프라가 제대로 갖추어지지 않아 '맨땅에 헤딩하는 식'이었다. 그러나 무엇보다 인상적인 것은 맡은 바 업무에 충실한 공무원과 근로자 개개인의 품성이었다. 작업자는 작업이 끝나면 그때마다 매번 스스로 검사를 한 후 다음 작업물을 시작했는데 이러한 각 개인의 책임 의식에 매료되었다. 물론 각 생산 라인에는 검사반이 있어 별도의 검사를 한다. 한국에서는 개인 성과를 더 중시하기 때문에 검사는 검사반이 했고, 겉보기에는 훨씬 많이 작업을 한 것으로 보이나 상당히 많은 불량품이 발생해서 어려움을 겪은 바 있다. 더구나 세계 유명 브랜드 상품을 주로 생산해 공급하므로 불량품 발생을 최소화하는 것이 가장 중요한 일이었다.

지금까지 30여 년 동안 베트남 현지에서 제조업을 하며 베트남 근로자들을 겪어보니 온순한 국민성, 섬세한 손재주, 지시 사항을 가감 없이 수행하는 수동적인 작업 태도가 봉제업에는 최선이라는 판단이 섰다. 물론 당시의 근로자 급여는 기타 경쟁국에 비해 가장 낮은 선이었다.

1989년 제1공장을 소규모로 시작했다. 개업 후 3개월이 지나자 손익분기점을 넘어섰다. 고무적이었다. 노동임금의 원가 비중은 6% 선이었다. 성공에 대한 확신이 섰고 자금이 뒷받침되는 대로 확장을 서둘렀다. 시작 후 1년간 가장 큰 애로 사항은 언어 소통 문제였다. 관리 책임자 한 명이 영어로 통역하는 것 이외에는 현지어 통역을 두지 않았다. 한국에서 파견된 생산 관리자들의 현지어 습득은 무척 빨랐다. 얼마 가지 않아 공장용 언어가 습득되고 아울러 현지인과의 공고한 유대 관계가 형성되었다. 돌이켜보면 소통이 제대로 되지 않아 입은 적지 않은 손해보다는 인간관계 형성이라는 더 큰 자산을 얻게 된 것이다.

베트남 전쟁 중 만들어진 도로, 항만 덕분에 자재와 완제품 운송에 전혀 어려움이 없었다. 더욱이 사이공 강을 따라 여러 곳에 항구가 있어서 홍콩을 오가는 화물선의 운송을 용이하게 해줬다. 베트남이 시장경제 체제로의 이행을 본격화함에 따라 각종 인허가, 수출입제도도 무척 간편화되어 초기에 해외 투자 업체들이 당면한 애로사항을 덜어 주었다.

한편, 세관의 감시는 엄격했다. 원자재가 면세 통관되기 때문에 국내 시장으로의 불법 유출을 철저히 통제한 것이다. 수출용 봉제품을 생산하다 보면 바이어의 긴급 주문에 대응하기 위해 급할 땐 때로 편법을 동원하기도 했지만, 결국 현지 법규를 철저히 준수하기로 결심했다. 모든 서류를 완벽히 하여 내용과 서류가 항상 일치하도록 각고의 노력을 경주했다. 그 결과 1년 후 우수 업체로 선정되어 수출입 검사 면제 업체로 지정받기도 했다. 어느 나라에서나 마찬가지겠지만 항상 정도를 걸어야 모든 일이 순탄하게 진행된다는 것을 베트남에서도 실감했다.

회사 조직의 현지화는 빨리하면 할수록 발전이 그만큼 빨라진다고 생각한다. 현지인을 책임자급으로 기용해야 하는데 여기에는 많은 위험이 따른다. 결국 회사 업무 시스템을 완벽하게 만들어 조직의 힘으로 운영되도록 하는 것이 상책이다. 그렇게 되면 모든 직원이 운영자operator가 된다. 회사가 잘 돌아가게 하려면 충성심이 있는 현지인 운영자를 지속적으로 길러내야 한다. 사실, 베트남은 경제가 장족의 발전을 지속하고 있지만 아직까지도 필요한 책임자급 전문 인력을 구하기가 지극히 어려운 실정이다. 실례로 3년 전 신설 공장을 가동했는데 현지에서 마땅한 기술 인력을 도저히 확보할 수 없어 필요한 기술자 대부분을 중국에서 구해야 했다.

제조업에서 가장 신경 쓰이는 문제는 무엇보다 노사분규라고 생각한다. 결론적으로 말하면 현재 베트남에서는 크게 문제되지 않는다. 노사문제가 한국에서와 같이 과격하지 않고 거의 모든 분규가 조용한 가운데 발생한다. 구타, 파괴와 같은 극단적인 행위는 극히 드물다. 대부분의 분규는 급여 문제에서 발생하는데 정부 지침을 따르면 큰 문제없이 해결된다.

최근 베트남 내 공장들이 생산하는 의류와 봉제품을 살펴보면 각종 고급 브랜드의 비중이 상당히 높아졌다. 어떤 브랜드는 해외 생산 본부를 아예 베트남으로 옮겨 운영하고 있다. 베트남에서도 모든 비용이 상승하고 원가에서 차지하는 노동 임금의 비중이 20% 선에 육박하고 있지만 임금이 저렴하고 양질의 노동력이 공급되는 대체 생산국이 보이지 않는다. 2013년 말 현재 베트남의 1인당 GDP는 4000달러에 달해 소득이 과거에 비해 상당히 높아진 것이 사실이다.

하지만 전체 인구 9300만 명 중 40세 이하가 69%를 차지해 노령화 문제가 아직 등장하지 않았고 노동자가 5200만 명에 달한다. 이러한 노동력 때문에 해외 투자자들이 몰려오고 있다. 더구나 동남아시아에서 유교의 영향을 가장 많이 받은 베트남 인력은 우수하다는 평가를 받고 있다. 현재 미국이 주도하고 있는 TPP Trans Pacific Partnership 의 일원이기도 한 베트남은 앞으로 상당 기간 봉제업이 번성할 것으로 기대된다.

2016년 1월

(주)한국파크 대표 박찬용

찾아보기

지은이_ **빌 헤이턴**(Bill Hayton)

2006~2007년에 BBC 베트남 특파원을 지낸 BBC 뉴스 기자이며 프로듀서이다. 그는 베트남에서 영국의 ≪타임스≫와 ≪파이낸셜 타임스≫, 그리고 태국의 ≪방콕 포스트≫에 기고하기도 했다.

옮긴이_ **이종삼**

부산대학교 영문과, 동 대학원 영문과를 졸업하고, 대기업 간부를 거쳐 현재 번역가로 활동 중이다. 옮긴 책으로는『소용돌이의 한국정치』,『밀레니엄의 종언』,『미국개조론』(이상 공역),『읽는다는 것의 역사』,『강대국 일본의 부활』,『나쁜 유전자』,『한미동맹은 영구화하는가』,『누가 선발되는가?: 하버드, 예일, 프린스턴의 입학사정관제』,『표준: 현실을 만드는 레시피)등 다수가 있다.

한울아카데미 1860

비상하는 용 베트남
BBC 기자가 본 오늘의 베트남

지은이 I 빌 헤이턴
옮긴이 I 이종삼
펴낸이 I 김종수
펴낸곳 I 한울엠플러스(주)
편집책임 I 조인순

초판 1쇄 인쇄 I 2016년 1월 20일
초판 1쇄 발행 I 2016년 1월 25일

주소 I 10881 경기도 파주시 광인사길 153 한울시소빌딩 3층
전화 I 031-955-0655
팩스 I 031-955-0656
홈페이지 I www.hanulmplus.kr
등록번호 I 제406-2015-000143

Printed in Korea.
ISBN 978-89-460-5860-6 93910(양장)
      978-89-460-6096-8 93910(학생판)

※ 책값은 겉표지에 표시되어 있습니다.
※ 이 책은 강의를 위한 학생용 교재를 따로 준비했습니다.
   강의 교재로 사용하실 때에는 본사로 연락해주시기 바랍니다.